教育部人文社会科学重点研究基地
云南大学西南边疆少数民族研究中心书系

教育部人文社会科学重点研究基地云南
大学西南边疆少数民族研究中心资助出版

继承与开拓：
魁阁传统与扎根云南本土的新时代研究

余翠娥　主编

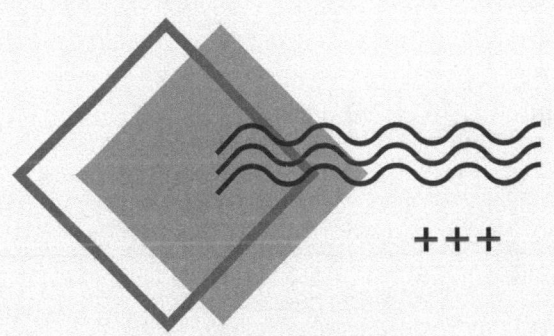

学苑出版社

图书在版编目（CIP）数据

继承与开拓：魁阁传统与扎根云南本土的新时代研究 / 余翠娥主编 . -- 北京：学苑出版社，2024. 12.
ISBN 978-7-5077-7090-2

I . C91-53

中国国家版本馆 CIP 数据核字第 2025KG6173 号

出 版 人：洪文雄
责任编辑：战葆红
出版发行：学苑出版社
社　　址：北京市丰台区南方庄 2 号院 1 号楼
邮政编码：100079
网　　址：www.book001.com
电子信箱：xueyuanpress@163.com
联系电话：010-67601101（销售部）　010-67603091（总编室）
印 刷 厂：北京建宏印刷有限公司
开本尺寸：710 mm × 1000 mm　1/16
印　　张：29.5
字　　数：430 千字
版　　次：2024 年 12 月第 1 版
印　　次：2024 年 12 月第 1 次印刷
定　　价：88.00 元

目 录

序 / 1

社会学本土化的实践
　　——云南大学社会学系（1938—1954）……丁　靖 / 1

绪论 / 3

一、社会学本土化的实践：吴文藻与云南大学社会学系 / 33

二、"魁阁"时期云南大学社会学系本土化的实践 / 57

三、后魁阁时期：1946—1951 / 87

四、艰难的调整：1951—1954 / 111

五、结论与讨论 / 153

整合与分化：榆村经济社会变迁（1945—2021）……刘忠文 / 175

导论 / 177

一、传统时期榆村的社会经济 / 209

二、1949—1978 年榆村社会经济 / 225

三、改革开放以来榆村经济生活变迁 / 242

四、结论 / 260

边境贸易中的社会网络变迁
——以云南省都龙口岸为例……蒋 平 / 267

导论 / 269

一、长期互惠孕育的强关系纽带 / 291

二、非正式边境贸易与强关系纽带 / 305

三、边境贸易正式化催化的弱关系纽带 / 337

四、结论及反思 / 349

嵌入性视角下生态移民的生计变迁研究
——以云南省C市为例……李 洪 / 355

导论 / 357

一、C市移民的宏观生计背景与生态移民历史 / 378

二、嵌入性视角下的生计冲击与经济行动选择 / 390

三、"嵌入"之后：分化与风险 / 433

四、结论与讨论 / 446

序

一、立足西南边地的社会学中国化：魁阁先辈的学科追求

在社会科学的发展中，中国化这一概念通常与本国化、本土化、处境化、在地化等相近概念混用。这些概念意在阐述这样一种现象或过程，即来自他国或其他地区的知识体系和方法进入本国（本地）时，与本国（本地）的知识体系和方法进行结合，更好地适应本国（本地）的文化。

社会学作为一门产自西方社会的外来学科，在其19世纪末传入中国以后，同样面临中国化的问题。这一倡导在20世纪早期被吴文藻为代表的本土社会学者明确提出。吴文藻回国任教后，针对当时"社会学在知识文化的市场上，仍不脱为一种变相的舶来品"的情况，提出了"社会学中国化"的学科建设思想。他倡导将西方的学科知识与中国国情结合起来，通过本土化改造，解释和解决中国的实际问题，使中国式的社会学扎根于中国的土壤，建立起具有自主性、现代性和应用性特征的中国化的现代社会学学科。具体来看，早期社会学的中国化实践主要包含了四个方面：一是将社会学的理论和方法与文化人类学或社会人类学结合起来。吴文藻认为，社会学理论与中国本土的人类学或文化研究相结合，可以更深入地理解和研究中国社会。二是倡导社区研究。吴文藻主张进行社区研究，既可以了解中国社会的微观结构和动态，同时也可以避免纯粹的抽象理

论研究的不足。他鼓励研究人员深入中国各个社区，进行实地调查和观察，以获取第一手资料。三是注重培养独立的科学人才。吴文藻认为，推动社会学的中国化，需要培养本土的、具有独立思考和研究能力的科学人才。他提倡建立完善的教育体系，培养社会学和其他社会科学领域的人才。四是建立社会学中国化的研究机构。吴文藻倡导建立专门的研究机构，进行社会学的中国化研究。这些机构可以作为学者们交流和合作的空间，推动社会学在中国的本土化和专业化。[1]

创建于20世纪30年代的云南大学魁阁研究室是中国最早开展本土经验研究的社会学学术机构之一，也是社会学本土化的最早践行者。1938年，吴文藻受云南大学校长熊庆来之邀来到云南，创立了云南大学社会学系，吴文藻任系主任。魁阁研究室正是在此期间成立的社会学研究机构。1939年，吴文藻受燕京大学委托在昆明建立了"燕京大学—云南大学社会学实地调查工作站"。为了躲避轰炸，工作站迁到昆明郊区的呈贡县，入驻当时呈贡古城村南门外的魁星阁上，后来这个研究室就被称为"魁阁"。直到1945年9月工作站迁回昆明。1940至1945年期间，魁星阁为工作站的师生提供了教学、研究和生活的空间。1940年吴文藻离开昆明之后，费孝通成为这个工作站的负责人。机构人员同时是云南大学社会学与人类学系的教师，在教书之余展开各项实地调查研究。[2]在首任系主任吴文藻和费孝通、杨堃等著名学者带领下，云南大学社会学系成了研究成果斐然、具有广泛国际影响的著名系科，"魁阁"也成为中国社会学历史上的重要学术名片和学术符号。

---

[1] 吴文藻：《论社会学中国化》，北京：商务印书馆，2010年。
[2] 阎明：《中国社会学史：一门学科与一个时代》，北京：清华大学出版社，2010年，第183页。

魁阁研究室的实践体现了立足西南边地的社会学本土化思路，其中尤其突出的是本土人才培养、深入本地社区和机构开展调查以及注重本土知识和西方理论的结合几个方面。

一是注重本土人才的培养和成长。在首任系主任吴文藻的带领下，当时的社会学系吸引和培养了一大批中国本土的青年人才，这些学者包括费孝通、李有义、史国衡、谷苞、田汝康、胡庆钧、陶云逵等，他们成长为中国社会学的最早一批本土人才。社会学作为一门从西方社会引入的外来学科，培养自己的本土学者是推动学科发展的重要途径，本土人才的优势不仅在于文化理解的亲和性，更在于关怀本土本国社会发展、投身本土社会服务的爱国主义情怀。

二是深入云南各地社区和机构开展实地调查研究。社区调查既包括农村社区也包括城镇社区，研究内容涵盖了社区的经济、基层政权、文化和城乡关系等各个方面。费孝通基于禄丰市大北厂村的调查写成《禄村农田》，张之毅基于易门县李珍庄村的调查写成《易村手工业》，基于玉溪市中卫社区写成《玉村土地与商业》，基于洱村调查写成《洱村小农经济》。谷苞在1941至1942年基于几次调查写成《化城村乡的传统组织》和《化城镇的基层行政》。除此以外，还有胡庆钧深入呈贡县龙街乡的大河口村（河村）和中卫乡的安江村（安村）调查写成的《呈贡基层权力结构》，田汝康于1940年冬天深入滇缅边境的芒市那目寨进行了为期5个月的社会调查写成《芒市边民的摆》，许烺光两次深入大理喜洲（西镇）写成经典著作《祖荫下》，史国衡深入云南的工厂调查写成《昆厂劳工》和《个旧矿工》等。

三是西方理论和方法与本土知识的结合。魁阁研究室的工作方法是大家分散去到选定的社区做调查，回来后大家一起讨论。费孝通认为，这种学风继承了马林诺夫斯基（B. Malinowski）的传统，是从伦敦政治经济学院人类学系传来的。其主要特点就是采取理论和实际密切结合的原则,每个研究人员都有自己的专题,到选定的社区里去进行实地调查,然后在"席明纳"(seminar)里进行集体讨论,个人负责编订论文。除此以外,当时的社会学系还通过举办一系列的学术演讲鼓励师生开展深入的理论与现实问题研究。1942年,社会学系举办了一系列有影响的学术演讲,1月30日选派多位教授参加学术演讲,其中吴文藻演讲《关于社会之问题》,陶云逵演讲《边疆社会问题》。10月28日,费孝通致函当年的熊庆来校长,请求拨给学术演讲所用教室,计划从11月16日起,每周一举办一次社会学公开演讲,共7次。11月21日,熊庆来以校长名义向全校发出社会学系演讲布告,共分7讲:李有义的《汉夷杂区经济》、费孝通的《小农经济的基础》、费孝通的《乡村手工业的两种形态》、张之毅的《土地与资本》、史国衡的《战时后方新工业的人力基础》、许烺光的《巫术与医药》、谷苞的《乡村行政结构》。[1]

二、新时代的西南边疆社会:中国式现代化下社会学研究的当代使命

总结历史,是为了更好地传承魁阁先辈的学术精神;聚焦当下,可以更好地服务于新时代中国社会的现代化。以费孝通先生为代表的魁阁先辈的学术研究,究其根本是寻找中国农村社会的现代出路。进入21世纪的今天,曾经作为魁阁学术研究和服务田野基地的西南边疆社会已经经历巨大转型,正在朝着中国特色的现代化边疆社会迈进。

---

[1] 云南大学、云南省档案馆:《云南大学史料丛书·学术卷》,昆明:云南大学出版社,2010年。

（一）西南边疆地区的发展对中国式现代化具有重要而独特的意义

西南边疆地区的发展是中国式现代化的重要组成部分。中国式现代化是人口规模巨大的现代化，西南边疆地区拥有众多的人口。推动西南边疆社会的发展，不仅可以提高当地民众的生活水平，还能够实现人口素质的整体提升，为中国式现代化提供坚实的人口基础，是实现人口规模巨大的现代化的重要组成部分。

西南边疆地区的发展是实现全体人民共同富裕的需要。中国式现代化是全体人民共同富裕的现代化。西南边疆地区由于历史、地理等因素，经济发展水平相对滞后，人民生活水平有待提高。与东部沿海地区相比，西南边疆地区的经济发展水平和综合实力还存在较大差距。推动西南边疆地区的经济与社会发展，既是缩小与东部地区差距、实现区域协调发展的需要，也是提高居民收入水平、逐步实现全体人民走向共同富裕的需要。

西南边疆社会的发展对于稳边固边、维护国家统一和民族团结具有至关重要的意义。这片辽阔的区域不仅承载着丰富的历史文化和自然资源，更是国家边疆安全的重要屏障。作为连接东南亚、南亚等地区的重要门户，西南边疆地区不仅在国际贸易和文化交流中扮演着重要角色，也面临着各种复杂的国际和边境环境。

西南边疆社会的发展对于铸牢中华民族共同体意识、实现中华民族伟大复兴具有重大价值。西南边疆地区是多民族聚居的地区，拥有丰富的民族文化传统。推动该地区的社会发展，可以促进各民族之间的交流与融合，促进民族团结与社会和谐，进一步铸牢中华民族共同体意识。同时，通过保护和传承民族文化，可以丰富中华民族的文化内涵，提升国家软实力。推动西南边疆民族地区的经济社会发展，可以增强国家的凝聚力和向心力，为实现中华民族伟大

(二)中国式现代化背景下西南边疆的发展为社会学提出了新的研究使命

从实求知、学术报国是魁阁先辈的重要学术精神,对当前社会学的学科建设仍然具有重要启发。新时代的社会学学科既要遵循学科发展规律,也要高度契合国家经济社会发展的重大战略需求。位于西南边疆地区的云南省,其重要的战略定位包括"民族团结进步示范区""生态文明建设排头兵""面向南亚东南亚辐射中心""努力成为我国民族团结进步示范区、生态文明建设排头兵、面向南亚东南亚辐射中心"。西南边疆地区现代化过程所发生的急剧转变及其发展命题,既是社会学应该回应的社会需求,也为新时代中国社会学本土化知识生产提供了很好的田野基地。当前的西南边疆社会在很多方面亟待更丰富更深入的研究。

推进乡村全面振兴的相关议题。如何有力有效地推动乡村振兴是西南边疆地区当前的迫切任务。由于历史、地理和经济等多方面的原因,西南边疆地区往往存在基础设施落后、产业发展不足、人才流失严重等问题。从乡村振兴的任务和内容来看,无论是产业振兴、组织振兴、生态振兴、人才振兴还是文化振兴,西南边疆地区都需要深入探索符合其区位和文化特点的有效路径。西南边疆地区如何结合当地实际,发挥资源优势,促进产业融合发展,提高乡村治理水平,实现乡村全面振兴,是一个需要深入研究的课题。

挖掘和保护民族文化资源以及促进文化振兴的相关议题。西南边疆地区拥有丰富多彩的民族文化资源,这是中华民族文化宝库中的重要组成部分。在推进中国式现代化的进程中,如何保护和传承这些宝贵的文化资源,如何通过挖掘和弘扬民族文化的独特价值以增强文化自信和文化自觉等方面都需要专门深入的研究。同时,也要探索如何将传统文化与现代文明相结合,推动文化产业创新发展,提升文化软实力,推动西南边疆地区的文化振兴。

推进城乡协调发展方面的议题。现代化是社会从传统到现代的全方位转变过程,其中除了工业化、民主化等过程以外,还伴随着城市化水平的提高。相对于东部地区,西南边疆地区的城市化水平较低,城乡差距也比较突出。加快基础设施建设,提高公共服务水平,加快城乡一体化建设,缩小城乡发展差距,是西南边疆地区实现中国式现代化的必然要求。

铸牢中华民族共同体意识的相关议题。西南边疆地区是多民族聚居的地方,研究西南边疆地区各民族间的交往、交流、交融情况,分析民族关系的现状和发展趋势,探讨如何促进各民族和谐共处、共同发展是铸牢中华民族共同体意识的重要议题。

推动西南边疆地区各族人民共享发展成果、实现共同富裕的相关议题。西南边疆地区如何促进脱贫攻坚与乡村振兴的有效衔接,找到适合西南边疆地区的产业发展道路,通过增产增收提高当地居民的生活水平,这些是保证各民族居民共享改革发展成果和实现共同富裕的物质基础,也是确保区域现代化与整体现代化同步进行的根本。

边境开放和安全稳定以及兴边富民的相关议题。西南边疆地区作为中国与南亚东南亚的交汇点,承载着重要的战略地位。作为辐射中心,这里不仅是贸易、物流的重要通道,更是文化交流、科技合作的桥梁。在中国式现代化推进过程中,西南边疆地区如何加强基础设施建设,提升互联互通水平;如何优化产业结构,推动产业升级和转型;如何有效应对地缘政治风险,确保地区的稳定与发展;如何积极参与国际合作与交流,提升边疆地区的国际竞争力和影响力;如何加强边境治理水平,推动西南边疆地区实现持续、稳定、繁荣的发展等问题,都需要进行深入研究和探讨。

总而言之，中国式现代化背景下的西南边疆社会有很多新的时代命题需要研究，亟待新时代的社会学者深入探索。

三、传承和开拓：云南大学社会学硕士研究生的探索

传承魁阁学术传统是新时代社会学学科建设和人才培养不忘初心的要求。20世纪50年代初院系调整后，魁阁学术传统在云南大学仍有延续。1995年，云南大学重新恢复社会学系并设置了社会学专业。自恢复社会学系以来，云南大学社会学系致力于培养掌握社会学基本理论与方法，传承社会学中国本土化的魁阁学术传统，扎根西南边疆，服务新时代社会发展需要的社会学专业人才。

本书从2020至2023年社会学硕士研究生的毕业论文中选择了具有代表性的四篇论文。第一篇是关于"魁阁"学派学术思想、研究方法和学术史与社会学中国化的研究；第二篇是对魁阁时期张之毅曾经调研过的但最终调研报告丢失的田野点——榆村进行的实地研究；第三篇是对边境贸易中的社会网络变迁进行的田野研究；第四篇聚焦于西南边疆社会发展过程中的生态移民的生计变迁问题。

《社会学本土化的实践——云南大学社会学系（1938—1954）》是对云南大学社会学系在1938至1954年期间的社会学本土化实践进行的知识社会学研究。论文以社会学本土化为研究视角，梳理、分析云南大学社会学系1938至1954年间的教学与科学实践。论文利用民国时期云南大学及社会学系相关档案、报纸、图书等史料，以吴文藻开创、费孝通主导、杨堃领导至社会学系1954年取消并入经济系、历史系这一段学科史为背景，对每一段时期云南大学社会学系的师生培养、教学研究进行梳理，尤其是对还未引起学界关注的1948—1954年这段时间由杨堃主导的社会学系的教学研究、生产实习的梳理与分析，力图从中国社会学史中发掘社会学本土化在云

南的实践经验，为学界有关社会学本土化问题的讨论提供新的材料和可能性。

《整合与分化：榆村经济社会变迁（1945—2021）》是对魁阁时期张之毅曾经调研过的田野点——榆村进行的实地研究。论文从整合与分化的角度，按照时间维度划分为三个时间段，描述榆村不同时间段的特征及其影响因素，分析了榆村的经济社会变迁。1949年之前的社会（主要是1945至1949年这个时间段）体现了传统社会或者伦理社会特征，论文主要探讨了这一时期家庭经济整合对个体的影响，整合方式主要是依靠血缘、地缘进行的先赋性整合。从1949到1978年的中国社会，也称总体性社会，整合方式主要是政治整合，先赋性的社会整合从属于国家层面的政治整合。新政权的建立将个体从家庭中抽离出来，直接嵌入"个体-国家民族"的轴线中去，使个体和国家面对面。1978年后社会发生翻天覆地的变化，中国社会结构发生了总体性的转变，从一个分化程度较低、分化速度缓慢、具有较强同质性的社会加速分化。农村的分化首先是在村庄里，社会分化的同时个体意识日渐独立，个体化进程反过来又加速整个社会经济分化，导致个体之间、区域之间社会经济和社会地位产生两极分化。社会整合与社会分化是社区变迁中的两种重要过程，该论文的研究视角体现了整体性视角，以社区整体作为研究对象，属于综合研究的一种探索。论文试图通过榆村经济社会变迁的研究回答这样的问题，即传统社会下以家户为单位的家庭经济整合方式在不断分化的社会里发生了什么变化？结合理论思考，作者认为，随着社会不断分工，现代化推进，个体化社会的到来，个体从家庭中脱嵌出来，这给个体带来了流动、选择和自由，但由于缺乏相应的制度保障和支持，个体的经济生活充满了不确定性和不可预测性，甚至得自己独自面对社会风险。

《边境贸易中的社会网络变迁——以云南省都龙口岸为例》以社会网络分析范式为理论背景，通过历史叙事的方式对都龙口岸边境贸易发展及社会网络中强关系、弱关系纽带作用的变化进行了探讨。论文的主要线索是围绕都龙口岸边境贸易的正式化过程讨论经济活动中强关系、弱关系纽带效用的变化。研究发现，在边境贸易的初期发展阶段中，由于管理非正式、开发滞后等原因，边民间长期互惠关系孕育出的强关系纽带在促成灰色性质的跨境经济互动中发挥着巨大的作用。随着口岸建设进程的推进，都龙口岸正式升级为国家一类陆路口岸后，人流、物流管理的加强使边民间社会网络面临断链。在组织管理科层的加剧、外来资本输入的双重推动下，平台化、高信息效率的弱关系逐渐取代强关系的地位。在边境贸易正式化的推进过程中，灰色贸易的停止让原本的边贸繁荣村出现了村落空心化、边民边缘化等现象。边民、政府、外来投资者之间因群体内聚力的增加而互相产生隔离。村内青壮年劳动力在养家、房屋贷款等多方面的压力下大量外流。隔离产生的边民边缘化现象不仅标志着灰色贸易的终止，更蕴含着边疆经济开发中边民与边境贸易正式化的矛盾。青壮年劳动力不断外流，口岸建设不断地吸引外来劳动力，这一矛盾将成为限制边境贸易正式化释放巨大动力的阀门。论文最后做出了思考，认为诸如都龙口岸的边境地区要实现经济的蓬勃发展，需要采取杜绝灰色贸易行为、优化口岸进出口商品结构、增加一般贸易占比等措施。但在微观社会结构层面则应注重弱关系纽带作用建设缺失所造成的问题。同时，在下一步的建设中应妥善考虑边民与边境贸易的关系，让边民及其优势成为推动边境经济建设的巨大助力。

《嵌入性视角下生态移民的生计变迁研究——以云南省C市为例》关注的是生态移民的生计变迁问题。论文基于嵌入理论，运用质性研究的调查方法和纵向比较研究的分析方法，以C市的Y新村、

X民宿村、L小区及在建安置社区四个不同时期的移民社区为研究案例，社区内生态移民为研究对象展开研究。论文围绕搬迁补偿安置政策、移民就业变迁、移民社区的结构与资源、移民的社会文化心态等进行资料收集，对生态移民的生计变迁进行全过程、多角度的影响要素分析、行动选择分析与结果分析，展现了移民农户动态的生计变迁过程。研究发现：第一，在形塑移民生计的过程中，政治嵌入性通过影响结构嵌入性与认知嵌入性对生态移民的生计变迁施加影响，文化嵌入性作为外部因素直接作用于生计变迁。具体表现为：搬迁补偿安置政策的资源再分配使安置社区的社会关系重组及移民的生计资本发生变动，再通过转型期社会文化的外在影响，农户的生计发生多样性变迁。第二，从就业行业、就业方式与就业空间三个维度来识别和提炼生态移民生计变迁的轨迹和方式，发现生态移民的生计遵循着"农转非"轨迹、"自雇转他雇"轨迹、"本地转异地"轨迹，生计方式从移民前的本地农业自营和非农业受雇为主转为本地农业受雇、非农业受雇、异地农业自营与异地非农业受雇多元并存的形态。移民农户分化成土地承包大户、创业者、农业帮工、外出租地者、农民工等生计群体。这一过程最终产生的影响包括社会支持网络弱化、持续性收入流中断、低质量就业与不稳定就业。论文通过C市的实证研究展现了生态文明建设过程中生态移民面临的转变，客观分析了其积极效应和带来的冲击与压力：新型城镇化发展时期，生态指标被纳入城市化评价体系，通过严格管控自然保护地范围内非生态活动，推进生态核心区内居民、耕地、企业有序退出，发展集约型、绿色型、可持续型的城市，以此实现生态与经济的双赢。C市的生态移民搬迁项目正是对这一绿色发展观的实践，采取了土地流转、企事业单位退出、房屋住宅拆除搬迁等一系列措施。这一项目初衷是正向利好的，但移民项目也带来村落社区的解体、社会关系的弱化、稳定生计模式的动荡等一系列副作用。对此，论文提出了一些主张：对移民农户整体上采取人力资源投资与项目投资策略，以提升移民主体能力、开发本地就业机会；对农业依赖型的移民采取农业再开发策略，以农民为主体，发展集体农业生产。

综合来看，本书所选论文体现了云南大学社会学研究生学术研究上承先启后的取向。即自觉梳理魁阁历史遗产，注重魁阁学术传统的传承，同时又关注新时代西南边疆社会现代化过程中的社会学议题，呈现了面向当下和探索未来的开拓意识。

从研究范式来看，本书所选论文除了第一篇属于文献研究，其余几篇都是深入具体社区或机构开展实证调查的成果，这一点比较好地体现了社会学注重经验研究的学科特点。自法国社会学家孔德提出社会学这一概念以及实证方法的倡导至今，社会学的主流研究一直以实证研究为特点。正如孔德所倡导的，"观察优于想象"。社会学从诞生之时起就致力于一种区别于思辨研究的范式，通俗来说就是倡导放下书本而到现场去看看究竟发生了什么。深入具体的社会，就要关注社会现实，对当前社会的现状与变迁保持学术敏感性。本书所选论文关注的议题中，关于村庄在城市化过程中的空间变迁、边境贸易中的社会网络、农村外流人口与村庄的关联以及生态移民的生计变迁都是西南边疆社会变迁中的现实问题，属于社会学的常见主题。

从研究地点和研究对象来看，本书所选论文研究地点全部都在西南边疆地区，延续和传承了云南大学社会学魁阁时期注重西南边地的本土化传统。

从研究方法来看，本书所选论文使用的方法以质性研究为主，定量研究相对较少。质性研究是魁阁时期学术前辈的主要研究方法，这种研究方法通常以个案研究为特征，选择社区或机构，深入实地开展参与观察和访谈等，收集质性资料，再做深入的扎根理论分析。这一研究方法特点也是 20 世纪前期中国社会学的典型特征。相对于早期的社会学，定量方法越来越多地得到了广泛应用。

当然，这些论文肯定也存在或多或少的不足，有的论文对理论的把握还不够深入，有的论文可能在研究方法上还存在不够严谨的地方，有的论文收集的资料还不够丰富，等等，但能够赓续魁阁学术传统，扎根新时代的西南边疆社会，这本身就是有意义的。任何一项研究的不足本身也就是未来的学人及其研究有待不断完善和提升的潜在空间。

余翠娥

（云南大学社会学系副主任、副教授）

2024 年 6 月于昆明翠湖北路

社会学本土化的实践
——云南大学社会学系（1938—1954）

作　　者：丁　靖
　　　　　云南大学民族学与社会学学院
　　　　　2017级社会学专业硕士研究生
指导教师：马雪峰

绪论

（一）研究缘起及意义

1838 年法国实证哲学家孔德（Auguste Cornte）在《实证哲学研究》第 4 卷中正式提出"社会学"概念，并将其作为一门新的学科提出要求。20 世纪初的中国处于急剧的变动中，作为"西学"的一部分，社会学于此时被引入中国，承担解救民族危机、建立现代化国家之责。在之后的探索实践中，学界发现要实现这一责任，就要进行社会学本土化的尝试、走社会学本土化的道路。

为什么社会科学需要进行本土化的尝试而自然科学不需要，即没有生物学本土化、物理学本土化等问题？因为早期学者们看到了社会学学科特性与自然科学的不同，自然科学具有普遍性，而社会学是需要理论与实践相协调前进的社会应用性学科，会随着社会的多元变化而相应做出调适变化，现实的社会构成与人类行为不能单纯地运用自然科学传递给社会科学的方式方法厘清。人在社会中是多元、变动的，从个体到群体、从单一到多元，这背后涉及了伦理、价值等问题，它们往往与事实混合在一起不容易被剥离，或者是剥离开便会失去其原有意味。[1] 简单来说，社会学是研究社会中人的行动与逻辑的学科，我们既需要研究可见的现象又需要体会到费孝通所提倡的那些看不见的重要因素。

将社会学理论与社会调查结合（即后来的田野调查），以重视本土经验，是社会学本土化实践之要义。而践行这一尝试的典型则是以吴文藻为中心的燕京学派及其后期在云南大学社会学系的延续。燕京学派的本土化实践是广为学界所知，但中国社会学本土化另一

---

[1] 翟学伟：《社会学本土化是个伪问题吗》，《探索与争鸣》2018 年第 9 期，第 49—57 页。

个重要阶段——云南大学社会学系 1938—1954 年这个教研实践阶段却鲜有综合书写,因此,对这一时期云南大学社会学系史的挖掘、梳理就显得极其重要。将社会学史与社会学本土化的有机结合也是一种尝试,从以往的研究中,可以看出有诸多关于学科史研究及社会学史研究的文献,关于云南大学的史料梳理有云南大学志、云南大学史料丛书,而关于云南大学社会学史研究的只有几篇文章及刘兴育的《云南大学民族学人类学史略(一九三八至一九四九)》[1]一书,研究主要集中在民国时期,新中国成立后杨堃主系时期社会学系的发展则成为史实梳理中的一大空白,而将云南大学社会学系 1938—1954 年的整个史实与社会学选题相关联,特别是与本土化这一议题相融合的则几近于无,因此对这一问题的尝试也是一种学术探索,笔者希望在这方面有所研究。

社会学是现代性的产儿,[2]社会学本土化作为现代化不可分割的一部分,[3]对于当代社会治理、社会发展都起着不可忽视的作用。吴文藻、费孝通、杨堃诸位系主任所带领的当时社会学系教学及社区研究,开启了云南大学社会学系的新篇章,也为社会学本土化的探索进行了新实践、新探索,因此围绕这一时期的档案文献等的梳理以论证云南大学社会学系在教学与研究这两方面的努力,作为中国社会学本土化实践的一个典型也是论文的中心点。

---

1 刘兴育:《云南大学民族学人类学史略(一九三八至一九四九)》,昆明:云南民族出版社,2009 年。
2 周晓虹:《西方社会学历史与体系(第一卷·经典文献)》,上海:上海人民出版社,2002 年。
3 Kim Kyong-Dong, "Alternative discourses in Korean sociology : The limits of indigenization," *Asian Journal of Social Science* 35, no.2 (2007) : 242—257. Kim said, "In a way, my version of the modernization theory, in itself is an example of indigenization of social theory; hence offering some alternative discourses to the existing field of development and modernization studies."

（二）文献综述

1. 社会学本土化的内涵界定

对社会学本土化内涵进行界定时，首先要了解其由来及与社会学中国化、中国特色社会学的关系。严格的社会学本土化率先出现于20世纪20、30年代的中国以及拉丁美洲的社会学界，而后发展为一种世界性的学术活动[1]。目前，学界并未统一使用某一术语，因此"中国化""有中国特色的""本土化"仍被交叉使用。

"中国化"使用历史最长，一直在大陆、港台学者中被使用。冯钢认为转型时期社会学的"中国化"需要"中国知识"（即社会学"本土化"问题），就像费老的"离乡不离土"，要研究农民学者需要扎根在所研究的材料中，结合其背景、话语情境才能更好地实现社会学的"中国化"。李强认为社会学的本土化/中国化，是采用社会学的理论方法与分析视角，理解、阐释、应对中国社会的真问题。[2]从以上各学者对"社会学中国化"的界定可以看出，不论是农村"离土不离乡"，还是用社会学的理论方法、分析视角理解中国，均是立足中国实际情况运用合适理论解决中国问题，因此，也等同于"本土化"。

"有中国特色"的社会学主要由改革开放后的大陆学者运用，但是其含义又大概等同于"中国化"，即在学习西方社会学时注意"取其精华"并联系中国自身现实情境。郑杭生一直致力于中国特色社会学的构建，强调"把中国社会学定位为世界眼光与中国气派兼具

---

[1] 姜利标：《刍议当代中国社会学本土化研究》，《学习与实践》2009年第10期，第144—147页。

[2] 李强：《改革开放40年与中国社会学的本土化、发展及创新》，《社会科学战线》2018年第6期，第1—9页。

的社会学"是首要的理论自觉[1];李培林则认为,"要立足中国的历史与现状、借鉴国外、关怀人类,从而面向未来,形成具有中国特色的社会学",[2]使用该术语是在国际化水平日益提高,与世界其他国家地区接触、学习经验后,结合中国实际情况,建立具有中国特色的社会学,具备中国所处情境与时代要求之时。

在当前,使用最多的是"本土化"这一概念。国内学者较认同的"本土化"提法及概念是指吸收内外思想,联系中国实际,增加社会学对本土的认识与应用,"形成具有本土特色的社会学理论、方法的学术活动和学术取向"。[3]刘军奎认为:本土化是使事物在发生变化的过程中适应本土情况,进而具有本土特色或特征。本土化是中国社会学固有的发展路径,也是当前国际国内发展格局下需要做出的时代性选择。[4]在本文语境中,社会学"本土化"的意涵与相关学者的"中国化""有中国特色"的社会学观点也是相通的,统一用作本土化。

社会学在其发展过程中向我们展示了其本土化和国家、地区间的统合关系。在社会学本土化推进过程中,其他国家也曾出现过日本化、印度化、拉美化等诸如"中国化"的概念,[5]这是一种本土化学科发展地域上的普适性过程,这说明本土化发展并不是某一地域

---

[1] 郑杭生:《促进中国社会学的"理论自觉"——我们需要什么样的中国社会学?》,《江苏社会科学》2009年第5期,第1—7页。洪大用:《超越西方化与本土化——新时代中国社会学话语体系建设的实质与方向》,《社会学研究》2018年第1期,第1—16、242页。

[2] 李培林:《面向新时代构建中国特色社会学》,《人民日报》2017年1月23日。

[3] 郑杭生:《社会学中国化的几个问题》,《学海》2000年第6期,第75—81页。
姜利标:《刍议当代中国社会学本土化研究》,《学习与实践》2009年第10期,第144—147页。

[4] 刘军奎:《本土化:中国社会学的时代选择》,《社会科学战线》2016年第8期,第175—183页。

[5] 姜利标:《刍议当代中国社会学本土化研究》,《学习与实践》2009年第10期,第144—147页。

的，不是孤立的现象，而是适用不同国家、地区、民族的普遍意义的世界现象，因此，选用"本土化"的意涵更丰富、范围更广、更有利于文章的分析论述。通过学习前人对社会学"本土化"的理解，可以看出虽然不同学者分别从文化、制度、理论、方法等方面界定，但都注意必须对外来传入的社会学理论与方法进行批判反思，不能空套理论，应该结合本土实际情况。

基于此，本研究认为：社会学"本土化"不只是学习西方社会学理论，或在西方理论、方法基础上用西方理论思考本土问题，而应该是理论与实践的"本土化"，即了解中国国情，运用社会学知识研究中国现状，回答并解决中国的问题，从而构建一种现代化中国的社会学。

2. 国内有关社会学本土化进程的研究

从1931年孙本文发表题为《中国社会学之过去现在及将来》的演讲起，社会学本土化的讨论在内地（大陆）、港、台学者的努力下，已经历近90年的时间。对社会学本土化进程的划分，学界有以下几种划分方式。

以新中国成立前后为节点的时间段：19世纪末传入、发展到1952年取消社会学中断；20世纪70年代末社会学恢复重建到现在，更关注现代化、社会现实问题，并不断发展有中国特色的社会学方向迈进。以"本土化"概念区分的三阶段：20世纪20—40年代，社会学本土化的兴起与发展；有中国特色的阶段（20世纪80年代后中国大陆的改革）；本土化阶段。[1] 彭建斌的硕士学位论文专门对社会学本土化的进程做出研究，他将社会学本土化分为早期尝试、中断停

---

[1] 姜利标：《刍议当代中国社会学本土化研究》，《学习与实践》2009年第10期，第144—147页。

滞、重建发展三个时期进行梳理。¹

李宗克划分的五阶段为：第一个阶段从1895至1919年，为社会学在中国的传入时期；第二个阶段从1919至1949年，社会学学科实现了"制度化"，实质性的社会学研究逐步开展，"社会学中国化"被明确提出并自觉推进；第三阶段为1979到1990年，这一时期大陆社会学处于恢复重建阶段，主要在关于社会学学科性质、研究对象等问题的讨论中，引出了"中国化"论题，同时期，在港台社会学界也开启了另一脉社会学"本土化运动"；第四阶段1990到2000年，本土化呈现出与规范化并立的发展态势；第五阶段为2000年以来，随着国力的上升和国际政治格局的新变化，一股基于实现文化主体性等目标的社会科学本土化观点兴起。²

郑杭生则将中国社会学史以1949年为界限主要分两段时期——"早期社会学"与"当代社会学"；"早期社会学"又进一步分为"传入阶段"（1919年前）与"发展阶段"（1919—1949年）。³当时学界常将20世纪20年代作为社会学本土化的开始阶段，但郑杭生等学者则认为，早在一开始的"传入阶段"，社会学"本土化"的尝试便开始了，而20世纪30年代初，社会学本土化运动在中国"正式开始"。杨建华等学者则认为20世纪20—40年代末为社会学的建构期，也是中国社会学本土化的过程。⁴

本部分主要结合前人的划分并按照大陆社会学发展、社会学本土化的发展进行阶段划分，同时比较当时大陆、港台地区社会学本土化的发展研究进程。

---

1 彭建斌：《社会学本土化进程研究》，云南师范大学硕士学位论文，2013年。
2 李宗克：《传承与嬗变：中国社会学本土化论题的历史演进》，《社会学》2013年第3期。
3 郑杭生、王万俊：《二十世纪中国的社会学本土化》，北京：党建读物出版社，2000年。
4 杨建华：《本土化：中国社会学20世纪20—40年代的探索》，《江海学刊》2000年第5期，第47—49页。

（1）社会学的传入时期（19世纪末—20世纪20年代前）

社会学传入时，并没有明确地进行"本土化"的概括。晚清民初时，社会学最早通过严复翻译的《群学肄言》传入中国，最早以"群学"译"社会学"，1930年后，从日语借鉴的"社会"代替"群"，[1] 从此便有了社会学。刚传入的社会学，便被国人学习吸收，但是与晚清时期"中体西用"之说不同，以章太炎、邓实、黄节、刘师培等为代表的"国粹派"主张在吸收西方学说的同时融合国学，要求返回传统，弘扬民族精神。[2]

（2）社会学本土化时期（20世纪20—50年代初）

1919年五四运动后，留学归国的社会学人思考社会学对中国社会发展的作用，其理论与方法是否能切合中国现实需要、以探索建设现代化国家等一系列本土化思考。[3] 1925年，许仕廉在《对于社会学教程的研究》中，批评当时社会学教材等抄袭国外材料的现象，并最早明确提出要加快搜集本国材料，以建设"本国社会学"。[4] 1931年，在中国社会学社第一次年会上，孙本文明确提出要"建设一种中国化的社会学"。[5]

20世纪20—50年代初是社会学的建构时期，也是社会学本土化的发展时期，在这一过程中，也产生了社会学学派。

①马克思主义社会学派，代表人物有李大钊、瞿秋白等，他们结合中国实际情况，用马克思主义唯物史观，写出大量具有实证性

---

1 李宗克：《传承与嬗变：中国社会学本土化论题的历史演进》，《社会学》2013年第3期。
2 李宗克：《传承与嬗变：中国社会学本土化论题的历史演进》，《社会学》2013年第3期。
3 陈树德、许妙发：《中国社会学史资料选编（下册）》，上海大学文学院社会学专业教学用书（校内使用），1986年。
4 许仕廉：《对于社会学教程的研究》，《社会学杂志》1925年第2期。
5 孙本文：《中国社会学之过去现在及将来》，上海：世界书局，1932年，第1—20页。

与理论性的社会学著作。[1]

②乡村建设学派,代表人物主要有晏阳初、梁漱溟、李景汉、陶行知等,他们为中国乡村建设发展及社会调查进行了新的实践。[2]

③以吴文藻、费孝通为代表的社会人类学派,又称"燕京社会学派""比较社会学派""中国社会学派"。30年代开始,以燕京大学社会学系为主要基地,全面推崇和发展吴文藻关于社会学本土化的理论与方法主张,[3]为社会学本土化积极实践。

④在学术上与"燕京学派"形成对垒之势的"综合学派",该学派以孙本文为中心,重视文化与心理对社会的影响研究。[4]

在20—50年代这一时期,社会学在各高校开始上课,并出现各种学派。1930年,吴文藻在燕京大学课堂上用中文讲授"西洋社会思想史",通过阅读世界名著不断结合中国情况编写教材,[5]从课程方面开始改革,践行社会学的本土化实践。1952年,学科调整宣布取消社会学系,1954年云南大学社会学系被取消,[6]社会学本土化的探索实践也停滞下来。

社会学在20世纪50、60年代传入香港,主要是西方学者进行田野调查以研究香港的农村生活、工业发展及从移民中了解大陆的

---

[1] 杨建华:《本土化:中国社会学20世纪20—40年代的探索》,《江海学刊》2000年第5期,第47—49页。

[2] 杨建华:《本土化:中国社会学20世纪20—40年代的探索》,《江海学刊》2000年第5期,第47—49页。

[3] 杨建华:《本土化:中国社会学20世纪20—40年代的探索》,《江海学刊》2000年第5期,第47—49页。

[4] 李培林:《20世纪上半叶社会学的"中国学派"》,《社会科学战线》2008年第12期,第203—210页。

[5] 费孝通:《从实求知录》,北京:北京大学出版社,1998年。

[6]《云南大学沿革中社会学系》,云南大学档案馆藏,云南大学全宗,档案号:1954—Ⅱ—001。

情况[1]。1949年，随国民党到台湾的学者为台湾人文与社会科学的第一代学者。基于还乡意识，他们研究的重点仍是大陆的社会、文化，对于台湾地区的关注较少。陈绍馨于1966年发表的《中国社会文化研究的实验室——台湾》一文可称得上台湾人文社会科学研究范式的"新典范"了。与第一代学者相同的是，台湾第二代学者（李亦园、杨国枢）仍关注中国社会和中国文化，但却因与大陆社会、文化的隔断而选择台湾为立足点进行相关调查、研究。

（3）社会学恢复与重建时期（70年代末—90年代）

1979年，中国社会学进入"重建期"，老一代社会学家费孝通、雷洁琼、王康等人开始进行重建补课工作。费孝通提出社会学的"五脏六腑"，建机构、搭台子、育人才，结合当时中国实际情况联系国内外社会学者授课，开展暑期讲习班，讲习班的学员结业后回到各高校及研究机构成为研究骨干，这为我国社会学发展奠定了人才基础，具有典型的人才培养方面的社会学本土化特征。这一阶段的学术研究主要围绕社会学的性质及研究领域等问题展开，大陆社会学者在与港台学者的探讨及对两地社会学的发展中，意识到社会学需要恢复重建，社会学"本土化"更需要恢复重建，[2]并开始进行一系列符合中国国情、服务于国家建设的尝试与讨论。

70年代是香港社会学界的耕耘期，在高校任教的社会学者们开始拓展实地研究，主要研究香港的工业都市，多采用抽样调查方法，并开始对大陆进行实地调查。80年代，随着经济的发展，社会及政治形势越加复杂，各种社会问题出现，研究进一步发展，学者们开始意识到社会学本土化的问题，积极与大陆、台湾学者开研讨会。

---

1 李沛良：《香港的社会发展与社会学研究》，《社会学研究》1994年第4期。
2 费孝通、王康等人曾认为，早在20世纪30年代初，中国社会学家就曾提出过社会学本土化的问题，但这种愿望未能实现。参见：卢汉龙、彭希哲：《二十世纪中国社会科学 社会学卷》，上海：上海人民出版社，2005年。

70年代后，台湾教育迅速发展，不少学生赴欧美留学，返台后将西方理论引入发展，他们强调"科技整合"或"比较研究"。随着人文社会科学的转型，70年代便有一些有识之士（心理学家黄坚厚、历史学家李恩涵）意识到这一转型的后果与中国情况不相符的情况。二、三代学者意识到"必须掀起一场以'中国化'为目标的学术运动，全面检讨西方的理论与方法，以厘清台湾人文社会科学的发展方向。"[1]

1980年12月，"社会及行为科学研究的中国化"研讨会，在"中研院"民族学研究所正式召开。1983年，香港中文大学举办"现代化与中国文化"学术研讨会，杨国枢、李亦园、文崇一等人，又一次将"中国化"的议题带入会议中，并引发探讨。[2]之后，这场以"中国化"为目标的学术运动，开始在台湾人文社会科学的不同学科领域持续推进，主要在社会学、心理学等领域开展。杨国枢和文崇一认为："要建立中国人文社会科学研究的主体性，而不应跟在西方学者后面、移植西方理论、方法。"[3]而在20世纪80年代初兴起的这场社会科学"中国化"运动，也时常被解读为台湾思想文化领域"本土化"运动的先声[4]。在台湾，金耀基最早使用"本土化"一词，相对于"西化"的国际学术的惯用词汇，他的"本土化"就是"中国化"。在80年代中后期以前，"中国化"和"本土化"的意涵一样，可以互换使用；但就使用频率来看，"中国化"要远高于"本土化"。然而，从80年代中后期开始，"本土化"的使用频率越来越高，以

---

[1] 王东：《从"中国化"到"本土化"——台湾社会科学"中国化"运动的学术史考察》，《华东师范大学学报（哲学社会科学版）》2013年第2期，第81—91、153页。

[2] 刘宗秀：《台港学者探索社会学中国化的动向》，《社会》1985年第3期。

[3] 王学典：《本土化是大国学术的必然选择》，《济南大学学报（社会科学版）》2017年第1期，第5—9页。

[4] 张海鹏、李细珠：《当代中国台湾史研究》，北京：中国社会科学出版社，2015年。

至于几乎淹没了"中国化"的概念[1]。从此以后,"本土化"一词被广泛使用。

(4) 社会学的本土化与规范化时期(90年代末—21世纪初期)

在经历学科"恢复"与"重建"后,大陆学者与港台社会学学者进一步联系,社会科学领域出现一股"学术规范化"的新潮。[2] 不少学者认为"规范化"与"本土化"并非对立而是相互联系的关系。梁治平、黄平等学者认为,通过"规范化"标准来严格学术规则与标准,又不脱离中国现实,掉入西方主义陷阱是必须同时具备的互助条件。

香港学者不甘于全盘接受西方社会学知识,尝试从实地调查中总结出适合中国社会实际的概念和命题。由"依附研究"转向"切合研究"[3],是当时香港社会学研究的一个趋势。台湾大学的杨国枢教授曾明确指出:"在日常生活中,我们是中国人;在从事研究工作时,我们却变成了西方人。"因此,杨国枢力主开展本土化运动,在其倡导下,"社会科学本土化运动"在台湾得到较好发展[4]。

这一阶段的"本土化"号召以港台学者的反思更为集中,[5] 大陆学界虽然提出"学术规范化"与"本土化"相结合的理论观点,但却不够深入系统。

---

1 王东:《从"中国化"到"本土化"——台湾社会科学"中国化"运动的学术史考察》,《华东师范大学学报(哲学社会科学版)》2013年第2期,第81—91、153页。
2 李宗克:《社会学本土化:历史与逻辑》,上海:上海人民出版社,2015年。
3 RANCE P.L. LEE, "Sociology in Hong Kong," *International Review of Modern Sociology* 17, no.1(1987): 79—110.
4 杨国枢:《中国人的心理与行为:本土化研究》,北京:中国人民大学出版社,2004年。余建华:《关于社会学研究本土化的若干问题的思考》,《青岛大学学报》2006年第4期,第89—93页。
5 李宗克:《社会学本土化:历史与逻辑》,上海:上海人民出版社,2015年。

（5）社会学的本土化与中国特色时期（21世纪初期—）

进入21世纪，港台地区继续推行一系列"社会科学理论本土化"研讨会。随着国内、国际形势的急剧变化，大陆学者们意识到中国社会学的发展与时代存在一定的脱节，因此要求进一步"补课"，需结合中国目前的政情，在大陆地区进行新的探索，主要在人口问题、环境问题、文化、社会组织等方面。同时，开始注意回顾学习老一代社会学家社会学、人类学本土化探索的路径从而进行新探索。费孝通先生强调"文化自觉"[1]，要求我国社会学的发展不能照搬国外的，如苏联、美国等地区，而是应该立足中国本国国情，结合中国实际，建设中国的社会学。

各学者在社会学本土化等问题上产生新的想法，主要为：（1）梳理早期社会学本土化实践的里程碑式人物及社会学史梳理。（2）开始在分支、交叉学科进行"本土化"讨论，在教育社会学、历史社会学、人口社会学等方面进行社会学"本土化"的扩展延伸探讨。（3）"本土化"作为民族复兴、国家富强的要求。21世纪以来，面对国际形势严峻多样、国家综合实力增强且各种社会问题显现，学术界发出"文化自觉""理论自觉"[2]的呼声，要求了解中国、解答中国问题，建设一种具有中国特色的社会学的本土化尝试。（4）针对社会学本土化的理论反思、语境与进路进行一系列讨论，其中有谢宇、翟学伟、

---

[1] 费孝通：《重建社会学与人类学的回顾和体会》，《中国社会科学》2000年第1期，第37—51、204—205页。
费孝通：《试谈扩展社会学的传统界限》，《北京大学学报（哲学社会科学版）》2003年第3期，第5—16页。
[2] 郑杭生：《促进中国社会学的"理论自觉"——我们需要什么样的中国社会学？》，《江苏社会科学》2009年第5期，第1—7页。

周晓虹、王宁等关于社会学本土化这一命题是否为"伪问题"[1]的讨论；李强关于社会学本土化与新时期中国特色社会的联系[2]，总结社会学本土化的鲜明特征须深入社会调查、接近社会本身，与改革开放、社会实际密不可分，与中国现代化道路的探索联系密切。

目前从香港高校开设的课程及方向可以看出，其主要在社会、文化、历史、经济和政治问题方面进行国内、国际研究；另外也结合目前大数据前沿领域，应用数据分析技术在社会问题、社会行政领域展开研究。澳门的高校课程偏向于涉及人类学、心理学、统计学、经济学、犯罪学等应用性学科，主要为以后就业及深造开设。台湾高校也是对既有理论方法的学习，并注意结合所处时代的社会问题，真正将社会学运用到社会生活、社会问题的调查解决方面。

3.美国、日本、印度、澳大利亚的社会学本土化研究

欧洲作为社会学理论兴起与变革的策源地对于整个学界的发展都起到开创者的作用，而事实上美国及美国以外的社会学都是欧洲资本主义发展与现代文明传播的产物，美国社会学的发展使得社会学真正的开始本土化并融入现实社会，也为后来各国的本土化实践打好了样板。

（1）美国社会学本土化实践

进入美国的社会学，在当时的大学中谋得生存空间，并顺利开始本土化探索。南北战争后，美国资本主义迅速发展，成为发达资

---

[1] 翟学伟：《社会学本土化是个伪问题吗》，《探索与争鸣》2018年第9期，第49—57页。
谢宇：《走出中国社会学本土化讨论的误区》，《社会学研究》2018年第2期，第1—13、242页。
王宁：《社会学本土化议题：争辩、症结与出路》，《社会学研究》2017年第5期，第15—38、242—243页。

[2] 李强：《中国社会学本土化的鲜明特征》，《北京日报》2019年第16版。
李强：《改革开放40年与中国社会学的本土化、发展及创新》，《社会科学战线》2018年第6期，第1—9页。

本主义国家。与此同时，资本主义的弊病日益显露，大量社会问题产生，国家迫切需要一种解决问题的及时理论。美国社会学家们立足美国当时形势，开展了一场社会学本土化的运动。

美国社会学本土化运动从19世纪末到20世纪初大致可以分三阶段：①批判学习、吸收欧洲社会学思想阶段，并使美国社会学制度化。②初步形成自己独特的理论阶段，如社会分层理论等重要社会学理论，注意社会学研究方法与相关经验理论相结合，深化社会学本土化运动。③经验社会学传统的确立阶段，随着社会问题层出，社区研究成为一个重要课题，美国芝加哥学派处于领先地位，[1]并逐渐成为全球社会学研究的中心地带。

美国社会学本土化运动的产生不是偶然的，而是美国社会发展和欧洲社会学理论不相适的必然产物。因此，美国的社会学本土化与中国的相似，均是在引入欧洲社会学理论进行解决社会问题的尝试时，出现了与本国实际不相适应的情况，在此之下进行本土化的实践，并取得一定成效。

（2）日本社会学本土化实践

与中国一样，日本早期的社会学是从19世纪欧洲社会学的引进起步的。如何借鉴学习西方理论、继承与改造本土传统文化成为首要问题，以西方社会学为基础的日本社会学便应运而生。[2]

"二战"后，本土化运动开始出现在除美国以外的国家，其中就包括东欧、澳大利亚、加拿大、日本等国，[3]日本社会学的本土化运动

---

[1] 郭彩琴：《美国社会学本土化运动对社会学中国化的启示》，《苏州大学学报》1996年第3期，第50—52页。
[2] 朱伟珏：《日本社会学的历史发展及展望》，《社会科学》2007年第12期，第78—84页。
[3] Sandstrom Gregory, "Global Sociology—Russian Style," *The Canadian Journal of Sociology* 33, no.3 (2008)：607—630.
吴晓黎：《印度社会学本土化实践中的理论化探索》，《社会学评论》2018年第3期，第12—24页。

大致可分为两个阶段。第一阶段是"二战"结束前的阶段。这一阶段的日本社会学主要受欧洲社会学尤其是德国社会学的影响,重视研究社会学理论,并受齐美尔形式社会学影响较大,日本的形式社会学以著名经济学家、理论社会学家高田保马为代表。他认为,社会学的研究对象为社会,而社会的本质是有情者的结合,因而社会学就是一门研究有情者结合的科学。[1]

因受天皇制集权主义的压制,战前日本社会学的发展是十分有限的。"二战"后,美国社会学家的著作被大量介绍到日本,马克思主义成为当时最具"正统性"的学说。在60—80年代,日本经济快速发展,人们的重点从"民主化"转向"工业化",日本社会逐步步入"大众社会"。这一时期日本社会学更倾向于学习、接受美国社会学家帕森斯的结构功能主义,探索经济高速发展所带来的社会问题,[2] 更注重与家庭、社会、历史文化、方法等方面,对家族、社会等的调查呈现。

1980—1995年,社会多元化、信息化和后工业化突飞猛进地发展,环境、交通、人际关系等方面出现新的问题,随之出现各种社会理论,社会学家们对诸如老龄化、劳动、社会参与、环境、社会福利、全球社会等问题进行研究。1995年之后的日本社会学本身的合法性遭到了质疑,所以,进入21世纪的日本、日本社会学界希望可以通过变革,使社会学成为为人类及社会服务的科学[3]。

(3)印度社会学本土化实践

殖民时代与后殖民时代对于印度社会科学的发展有着极其重要

---

1 王康:《社会学史》,北京:人民出版社,1992年。
2 [日]厚东洋辅:《日本の社会学 社会学理论》,载塩原勉、井上俊、厚东洋辅:《社会学理论》,东京:东京大学出版会,1997年,第6页。
3 朱伟珏:《日本社会学的历史发展及展望》,《社会科学》2007年第12期,第78—84页。

的影响。[1]关于社会学在印度的兴起，有两种观点：一种认为印度社会学的兴起和19世纪后半期研究印度人口中族群为主的社会人类学的产生有关[2]；另一种则是从社会学学科特征来看，普遍认为社会学观点开始为印度知识界接受是在20世纪20年代。[3]"二战"后，社会学开始逐渐在印度的大学进行介绍，主要对西方和印度的社会组织、文化特征进行比较研究。独立前的印度社会学主要涉及社会学的性质、城市中的宗教组织、儿童福利、教育、政治、城市规划等。[4]但却缺乏自身社会学明确的特征，不能摆脱对其他学科的依附；大部分人带有主观情感，不能保持价值中立。

印度社会学真正开始获得迅速发展是在印度独立后，战后受美国技术与政策的影响较深，印度学者逐渐感到盲目跟随并不能解决印度本土的理论和实践问题，因而，"本土化"的呼声逐渐产生[5]。学者们认为，社会学家要对急剧的社会变革负"社会批评家"和"社会工程师"的双重重大责任，要致力于发展"那种将会得到稳定的经验效果的精确而科学的方法"。[6]

在第三届印度社会学会议的社会心理学、社会学、社会人类学以及社会统计和人口统计等分组会议上宣读和讨论的论文和演讲中，各学者都意识到社会变革的影响。该会议讨论分为两部分：方法论

---

1 JANUSZ MUCHA, "Sociology of India, Sociology in India, Indian Sociology," *Polish Sociological Review*, 2012：145—150.

2 B.加季、潘大渭：《印度的社会学研究》，《现代外国哲学社会科学文摘》1982年第6期，第36—38页。

3 张力：《印度社会学：历史与现状》，《南亚研究季刊》1990年第3期，第60—66、4页。

4 张力：《印度社会学：历史与现状》，《南亚研究季刊》1990年第3期，第60—66、4页。

5 Frank Welz, "100 Years of Indian Sociology：From Social Anthropology to Decentring Global Sociology," *International Sociology* 24, 2009：635-655.

6《第三届印度社会学会议简述》，《现代外国哲学社会科学文摘》1959年第6期，第33—34页。

的实践和问题；关于变革力量的心理—社会影响的经验研究。印度社会科学家表明，他们不但通晓欧洲和美国的当前趋势，而且他们决心要把东、西方的最好成果融合到为解决印度社会问题所作的热情贡献中[1]。

现在，印度的社会学家研究社会人口学，农村、都市化、工业化、软件等一系列问题并继续研究种姓制度。拉达卡马尔·穆吉克对社会科学之哲学基础的新建构、杜蒙对文明视野的倡导、M.N.斯里尼瓦斯对本土概念分析框架的提炼等，是印度社会学界对本土化的新建构。[2] 从以上印度社会学的发展进程及其在反思与学术探讨、学科发展要求上可以看出，印度社会学的发展也是在一步步结合本国情况尝试进行本土化的尝试，这与中国社会学本土化进程的实践原意是相合的，均在结合本国情况的基础上运用合适的方法结合国家、民生等情况进行探索。

（4）澳大利亚社会学本土化实践

早在20世纪初期就有人在澳大利亚主张发展社会学，但没有取得成功，直到"二战"后，澳大利亚国民经济迅速发展，由此也产生了一系列诸如移民、环境、经济、失业、犯罪等社会问题，社会学随之兴起，并试图为澳大利亚发展中面临的政治、经济、文化各方面问题做出尝试。澳大利亚早期著名社会学家简·马丁非常重视社会学对社会发展的潜在贡献，她主张社会学应完全与社会相适应，特别是为决策者提供资料和理论认识方面，即社会学家要接触社会，研究社会群体、社会生活各领域的问题，才能使社会学紧密结合现

---

[1]《第三届印度社会学会议简述》，《现代外国哲学社会科学文摘》1959年第6期，第33—34页。

[2] 吴晓黎：《印度社会学本土化实践中的理论化探索》，《社会学评论》2018年第3期，第12—24页。

实以获得充分发展。为实现这一主张，简·马丁终生为澳大利亚移民问题、社会阶级、社会阶层问题奋斗，对整个澳大利亚学界及政府具有非常重要的作用。之后，因对社会科学的认识错误而使得社会学在澳大利亚发展缓慢，但因澳大利亚社会学家对发展本土社会学的坚持，使得澳大利亚社会学的整体向前发展。60年代以来，其社会学主要在社会学理论、应用社会学和比较社会学等方面取得显著成果。[1]

从美国、日本、印度、澳大利亚社会学本土化实践的进程中可以看出，每个国家社会学刚传入时都是从一种学术依赖到逐渐反思意识到传入的理论方法与本国现实情况不相适应而需谋求社会学本土化的尝试的过程，这与处于社会学本土化尝试进程中的中国相契合，而各国的尝试角度、路径选择等也是需要我们深入挖掘与分析学习的。

云南大学社会学系的本土化实践之路，恰恰是在吴文藻进行了一定的早期本土化摸索后结合本省情况进行的教学、研究实践，通过将理论学习与本省情况相结合的实践，为云南大学社会学系及整个中国社会学本土化的实践提供了经验。

4. 从中国社会学史角度看社会学本土化的相关研究

系科史研究一直是学界的一个研究角度，各学科均有相关研究。其中，孙宏云曾对清华大学政治学系之创立、发展进行系统记述；[2]北京大学历史系教授尚小明则对北大历史系1899—1937年的建立、发展等进行讲述，其中一大思路是其将课程设置与研究进行联系、

---

[1] 柳中权：《浅谈澳大利亚社会学"本土化"倾向》，《外国问题研究》1983年第2期，第100—102、38页。

[2] 孙宏云：《中国现代政治学的展开：清华政治学系的早期发展（一九二六至一九三七）》，北京：生活·读书·新知三联书店，2005年。

讲义的编写与学术进行关联,[1]这也与本文的两大主要方面教学与研究的串联思路相吻合,在复杂的档案历史中将线索环环相扣,增加文章的紧密性。

查找近几年关于社会学系史的研究可以发现一个新的现象,华中师范大学每年历史系老师许小青指导的硕士学位论文基本都是以高校民国时期某一学系为研究对象,特别是历史系、社会学系的发展。如2014年其硕士毕业生对1922—1927年上海大学社会学系由共产党人创建、发展等的梳理,透过这一学系可以看出整个当时的大历史背景,[2]对本文将云南大学社会学系的发展放到一个大的历史背景下具有极大启发。巧合的是,2012年华东师范大学的一篇硕士学位论文也是做的同一时期上海大学研究。[3]2018年许小青指导蒋冬丽的硕士学位论文是关于1938—1945年云南大学社会学系的研究,[4]该论文对于档案与书籍等材料的运用较丰富,而笔者的研究是1938—1954年云南大学社会学系的研究,虽然对于本研究有极大的挑战,但是这也说明了云南大学社会学系这一学术宝藏的可挖掘程度不可限量。

《二十世纪中国的社会学本土化》[5]一书则是对社会学本土化内涵、意义的讲解,及20世纪上半叶国内、国外(美国、拉美地区、日本)社会学本土化的变迁及下半叶国内、国外(拉美地区、亚洲地区、非洲地区、加拿大)社会学本土化的变迁,以一种全球化视

---

1 尚小明:《北大史学系早期发展史研究(1899—1937)》,北京:北京大学出版社,2010年。
2 杨婧宇:《革命年代的政治文化:上海大学社会学系研究(1922—1927)》,华中师范大学硕士学位论文,2014年。
3 王小莉:《革命时代中的上海大学(1922—1927)》,华东师范大学硕士学位论文,2012年。
4 蒋冬丽:《战时国立云南大学社会学系研究(1938—1945)》,华中师范大学硕士学位论文,2018年。
5 郑杭生、王万俊:《二十世纪中国的社会学本土化》,北京:党建读物出版社,2000年。

野通过与国外社会学本土化实践的比较，从而总结出如何推进我国社会学本土化发展的论述。但却缺乏对台湾社会学本土化的努力，如杨国枢先生、叶启政先生所做的尝试、概括都对台湾社会学本土化的发展有极其重要的影响。

阎明的《中国社会学史：一门学科与一个时代》[1]一书，将社会学从兴起、成长、调查发展到恢复重建进行纵向与横向交织的记录，将代表性人物及其调查进行具体章节论述。书中也运用了档案材料，对于本文主要结合档案材料、采用纵向与横向交织的写法极具启发意义。

《四十年代中国社会学的建设》一文介绍了20世纪上半叶，吴文藻的社区研究理论和方法、社区研究的背后渊源、研究机构，费孝通实地社区研究，以及孙本文倡导的系统社会学研究，共同推进了社会学本土化。抗战时期的西南是各大学、研究机构及学者云集的阶段，而结合本地情况进行社会调查、培养人才，为社会学本土化的尝试做出了努力。[2]

《社会文化人类学的中国化与学科化》一书则展现了从20世纪初到21世纪的百年社会文化人类学的本土化实践，该书以时间线索将大陆、港台地区的人类学的本土化与学科化进行系统综合的梳理，为人类学的发展，本土化、全球化的推进寻求新思路。[3]此书也是在整个本土化关怀下，有所重点又几近全部地涵盖中国社会人类学的发展，为本文通过时间线索排布章节、将社会学本土化这一主题关怀紧紧相扣提供极大的思路及启发。

---

1 阎明：《中国社会学史：一门学科与一个时代》，北京：清华大学出版社，2010年。
2 杨雅彬：《四十年代中国社会学的建设》，《社会学研究》1988年第1期，第18—25页。
3 章立明、马雪峰、苏敏：《社会文化人类学的中国化与学科化》，北京：知识产权出版社，2014年。

5.关于云南大学社会学系的研究

严建的《云南大学社会学系始末》一文是关于云南大学、西南联大学校师资、学生培养、学术力量的简单书写,将社会学系的建立与发展进行粗线条概括。[1] 虽然文中有部分史实无法经受深入考究,但是其文章开创了云南大学社会学系系史梳理之先河。

刘兴育的《云南大学民族学人类学史略(一九三八至一九四九)》[2] 一书将云南大学社会学系新中国成立前这段时期的史实材料极其详尽地从学系的建立发展、教学与实习、科研及实地研究、文献选编四章进行展开,对于本文的材料支撑及写作思路都有很大帮助,但因书中缺少引注以及档案引注与现在档案不同,导致大量档案材料的出处无处可查,只能从档案馆重新检索寻找。而其他相关校史资料,如《云南大学志》《云南大学史料丛书》系列著作对云南大学整体历史进行梳理,对社会学系具体分类系统整理不够,且专业性不强。

聂蒲生则对抗战时期在昆民族学、社会学家对云南和四川凉山的调查进行书写,为社会学的本土化提供了一定的总结基础,但却没有单独列出云大社会学与社会学本土化实践的关系。[3]

孟航的《中国民族学人类学社会学史(1900—1949)》[4] 一书曾简略提到吴文藻与燕京学派及其来云南大学任教情形,主要是结合吴文藻夫妇及其学生的传记中提到;曾燕的《育人才、学以用——抗

---

[1] 严建:《云南大学社会学系始末》,《社会》1984年第4期。

[2] 刘兴育:《云南大学民族学人类学史略(一九三八至一九四九)》,昆明:云南民族出版社,2009年。

[3] 聂蒲生:《民族学和社会学本土化的探索:抗战时期迁居昆明的专家对云南的调查》,贵州:贵州民族出版社,2007年。聂蒲生:《民族学和社会学中国化的探索:抗战时期专家对西南地区的调查研究》,北京:中国社会科学出版社,2011年。

[4] 孟航:《中国民族学人类学社会学史(1900—1949)》,北京:人民出版社,2011年。

战时期的云南大学社会学发展》结合档案将当时社会学系的主要情况进行概括讲述，虽运用大量史实但是缺少理论支持且广度不够。

6. 关于"魁阁"的研究

国立云南大学社会学系成立后即设立社会学研究室。1940年因日机轰炸昆明，社会学研究室被迫迁往呈贡县大古城的魁星阁，开启"魁阁时代"。蒋冬丽的《战时国立云南大学社会学系研究1945)》一文中对社会学研究室（魁阁）进行档案文献的梳理。² 其关于1938—1954年社会学系的档案梳理之详尽、对于社会学系的典型调查研究的独立论述，均可见其论文积淀之深。论文的结论部分对于社会学本土化进行了小篇幅的论述，但未深入，且对于1945—1954年社会学系的新发展是未曾关注到的，结合整个社会学史相关书目的书写中，对于这部分的概括也是鲜有提到，因此，对于这部分的书写也成为本论文的重点。蒋冬丽论文的档案材料丰富，但写作方法主要是历史档案的研究思路，本论文虽主要结合档案进行文献研究，但也在尝试运用社会学的研究方法与逻辑思路进行书写。

潘乃谷、王铭铭的《重归"魁阁"》一书，分为记忆与重访两部分，记忆部分是对魁阁、魁阁精神的追忆；重访则是对云南三个研究点的"再研究"，通过对学术史的回忆、学习与反思以及60年后重访魁阁，通过回忆与再研究来"重归'魁阁'"。³ 谢泳的《魁阁——中国现代学术集团的雏形》⁴一文，从学术史的角度对"魁阁"这一学术集团的

---

1 曾燕：《育人才、学以用——抗战时期的云南大学社会学发展》，《云南档案》2018年第11期，第40—43、50页。

2 蒋冬丽：《战时国立云南大学社会学系研究（1938—1945)》，华中师范大学硕士学位论文，2018年。

3 潘乃谷、王铭铭：《重归"魁阁"》，北京：社会科学文献出版社，2005年。

4 谢泳：《魁阁——中国现代学术集团的雏形》，载潘乃谷、王铭铭主编《重归"魁阁"》，北京：社会科学文献出版社，2005年，第3—19页。

辉煌成绩进行分析。潘乃谷的《"魁阁"的学术财富》[1]与王铭铭的《魁阁的过客》[2]两文，则对"魁阁"的学术精神价值进行了论述。

杨绍军的《"魁阁"和"边疆人文研究室"之比较》[3]则是另一种比较研究类型文章。罗庄越的硕士学位论文《学术与时势：对魁阁学术社群的知识社会学考察》[4]一文将社会学学者、时势与本土化实践三者进行联系，并运用知识社会学的角度进行关怀。文章对"魁阁"研究的扎实梳理，关于社会学本土化实践的论证及其与时势及学人的有机联系都对本文起到指引性作用。

7. 关于吴文藻、费孝通、杨堃的研究

早在十多年前便有关于吴文藻的以下几个方面研究：吴文藻在社会学教学及人才培养方面的特点及贡献；吴文藻的社区研究及社会学中国化（即本土化）、民族学中国化的提出；胡鸿保、姜振华从社区这一概念入手，并融合吴文藻对社区的解读，梳理了社区概念的演化脉络。[5]吕付华阐明了派克与布朗二者在中国讲学时传递的社会学思想和方法，以及何种学术思想源流的影响下吴文藻对"社区研究"的倡导。[6]刘洪英总结吴文藻社会学中国化的贡献及理论建构吴文藻对西方理论的理解及引进、关于吴文藻与其他学者的民族学、

---

1 潘乃谷：《"魁阁"的学术财富》，载潘乃谷、王铭铭主编《重归"魁阁"》，北京：社会科学文献出版社，2005年。

2 王铭铭：《魁阁的过客》，载潘乃谷、王铭铭主编《重归"魁阁"》，北京：社会科学文献出版社，2005年。

3 杨绍军：《"魁阁"和"边疆人文研究室"之比较研究》，《贵州民族研究》2011年第1期，第109—115页。

4 罗庄越：《学术与时势：对魁阁学术社群的知识社会学考察》，云南大学硕士学位论文，2013年。

5 胡鸿保、姜振华：《从"社区"的语词历程看一个社会学概念内涵的演化》，《学术论坛》2002年第5期，第123—126页。

6 吕付华：《派克、布朗与中国的"社区研究"》，《思想战线》2009年第S2期，第15—24页。

人类学、社会学的讨论;[1] 祁庆富的《论吴文藻先生引进西方文化理论的贡献》结合吴文藻生平经历及其对西方先进理论特别是社会学、文化人类学方面的理论方法体系的理解与引介进行梳理。[2] 朱浒、赵丽则将燕京大学社会学系1925—1951年的发展历程特别是本土化实践进行梳理,其中可以看出吴文藻对该系本土化发展的指引性及奠基性作用,文章有一大特点是结合毕业生论文情况及学生调查能力的培养、资料的获得等,来佐证当时以社区研究为主要方法的燕京学派是如何试验假设、实地验证、理论结合实践、最终达到应用、反思、创新的社会学本土化实践的可行性。[3] 可以看出,多年前除了由吴文藻的学生、孩子等的生命故事书写式文章介绍外,主要有其社区研究的提出及内涵、人才培养,社会学本土化的提出几方面,着重于对这些概念内涵的把握,属于基础性范畴。

近几年,随着社会对社会学这一学科的认识、学界对其认可及重视的加深,关于吴文藻的研究主要集中于以下几个方面:冰心与吴文藻;吴文藻与燕京学派及弟子如费孝通学术取向上的异同;吴文藻与抗战时期的云南大学社会学系;吴文藻的边疆研究及边政学、民族与国家关系进行论述;关于边政学发展历程的梳理中,更是会提到吴文藻的贡献及其文章《边政学发凡》;王炳根有多篇文章围绕吴文藻而做,选定吴氏某一问题的观点看法进行文章论述,如《吴文藻与中国社会学的重建》《吴文藻眼中的东京大审判》《吴文藻与民国时期"民族问题"论战》等,其中《吴文藻与民国时期"民族

---

[1] 刘洪英:《吴文藻与西方社会学的中国化》,《徐州师范大学学报》2000年第3期,第11—15页。

[2] 祁庆富:《论吴文藻先生引进西方文化理论的贡献》,《中央民族大学学报》2002年第4期,第37—41页。

[3] 朱浒、赵丽:《燕大社会调查与中国早期社会学本土化实践》,《北京社会科学》2006年第4期,第45—53页。

问题"论战》一文结合吴文藻在云南地区进行的"社会学本土化"的继续实践,该文主要是结合云南多民族的地区文化特性与吴文藻关于民族问题的主张进行归纳。

从以上可以看出关于吴氏的研究主题较多却又在仅有的这几个方面:吴文藻对社会学、民族学本土化的特点及贡献,吴文藻培养学生的特点及影响,吴文藻与燕京学派,吴文藻的社区研究。却鲜有提到吴氏学问生涯短暂又重要的阶段——建立云南大学社会学系,而在其自传及学生回忆中关于在云南大学社会学系的描写也是着墨不多。曾燕的文章中虽然结合了档案的分析,但却没有社会学的学科元素,只是用档案材料将这段时期进行陈述,提到吴文藻创办社会学系并鼓励调查研究,而关于吴氏对其在燕京大学时的以社区研究等实地调查方法为主进行社会学本土化的构思却是缺少的。蒋冬丽《战时国立云南大学社会学系研究(1938—1945)》虽将这段时期包括吴文藻在系时期的学科发展、学术研究进行了梳理,但是却以档案学、历史学的角度进行关注,并未结合社会学的角度。

与费孝通有关的研究中,除与吴文藻有交叉的人物取向、社区研究、魁阁调查研究等之外,则是关于其著作《云南三村》《江村经济》等的思考,以及对其提出的中华多元一体格局及文化自觉等的再学习。还有关于其传记的文章书籍,其中大卫·阿古什的《费孝通传》及张冠生的《费孝通传》最为经典,费氏弟子较多,且已经成为当今学术界的领头人,关于其魁阁时期的村庄再研究及其学术精神传承也是近来学界的一大研究亮点。

杨堃是在社会学界受忽视的一位大家,因其民族学取向,所以在民族学方面研究较多,杨堃成果较多,学理眼光深远,积极进行学术研究,同吴文藻一样开帐讲学,对热爱学术的学生同事都是尽力帮忙。其《我的民族学研究五十年》以类似自传的形式,将其从求学开始的社会学、民族学学习、教研经历用朴实的语言讲述出来。杨堃也算是燕京学派的代表人物，吴氏离开燕大后，其课程由杨堃接任，且杨堃与其他教师在1938、1939年成立实地调查地点带领学生进行调查，只是其社区研究的取向是民族学方向的。前期在北京任教，杨堃作品主要集中于社会学、人类学教材的编写，并翻译法国社会学派的书，而其著作较多的素材则来源于在云南大学任教时期，带领学生进行生产实习，进行云南兄弟民族的研究。

档案是史实的一大真实写照，结合抗战、民国后期相关文献以及对云南大学社会学系整体思路的了解可以知道，几位先后在云南大学社会学系任教的系主任（费孝通、徐雍舜、杨堃）为吴氏燕京大学的学生或同事，且云南大学社会学系从吴氏开创以来是按照其最初的理论联系实际的本土化设想（也即在燕京大学的思路）进行调整设定的。回溯这一阶段，可以看出这近乎呈现出一种一脉相承的路径，在某种程度上云南大学社会学系的建立及其本土化实践是吴文藻燕京学派及其社会学本土化构想的延续。作为吴文藻当初预想的其燕京学派继续进行社区研究的大试验区——云南大学社会学系，对其进行社会学本土化实践的考察既是对研究空白领域的一种开拓，又极具学科发展意义，对于云南大学学科建设甚至中国社会学界的社会学史补充及社会学本土化的必要性支撑都是非常重要的。

从以上文献可知，前人对中国社会学史及社会学本土化的研究主要是在宏观层面与整体层面进行论述，缺少中观层面的切入分析。结合战时云南大学社会学系的发展这一历史脉络的却只有相关档案、史料丛书、"魁阁"、"文庙"、"西南联大"单独论述或者对比研究等相关文章；关于云大社会学的发展，这些文章主要以"魁阁"时期为着眼点，论述当时的社会调查及社会学本土化的运用而将"魁阁"与云南大学社会学系整体联系的不多，且没有介绍"魁阁后期"杨堃先生接任系主任后依然坚定地进行社会调查，积极践行社会学本土化且取得一定成果的论述；对一个系长时段专业史的细致研究也不多，有一部分校史资料文章书籍的梳理，对于云南大学社会学系的介绍也是零散、简单且有部分界定模糊，未能深入展开，进行具体、全面的阐述。综上，本研究以云南大学社会学系1938—1954年这段时期的发展为基，试图从社会学史研究的角度，通过社会学系在学科建设与学术研究向本土化方向的努力，证明社会学本土化这一实践的重要性。

（三）研究框架和思路

以上梳理主要是：1.对社会学本土化概念的界定；2.国内、外社会学本土化的进程及已有研究；3.云南大学社会学系、"魁阁"相关研究；4.有关吴文藻、费孝通、杨堃的研究。根据前述梳理可以得出：目前，关于社会学本土化的概念界定没有统一的标准，各国根据自身的社会、文化背景，都在反思、尝试适应自身社会的本土化尝试。这一点与中国的情形相同，在本研究中，将社会学本土化界定为：了解中国国情，反思西方理论、方法，从社会学视角研究中国现状，回答并解决中国问题，从而建设一个现代化国家。

本研究主要从横、纵两方面展开，以达到证明社会学本土化实践的重要性。

第一，纵向时间安排上，主要将1938—1954年划分为两个时期："魁阁"时期与"后魁阁"时期，其中穿插横向当时云南大学社会学系研究与教学两方面的档案资料。

第二，通过将前期在档案馆及图书馆收集整理的档案资料进行分类运用，研究仍然紧扣社会学本土化在云南大学的实践这一主线，主要在以下两方面分别研究：

1. 研究上，注意当时云南大学社会学系学者、教授进行了解中国西南边疆情况，以解决当时问题为目标做出的田野调查，整理的报告材料，所著文章、书籍等的档案进行梳理论述；主要考虑以下四个方面：①基本理论。从社会学本土化的基本问题，结合吴文藻、费孝通等教师当时的理论风格研究并不断反思社会学既有理论。②学术取向。当时社会学系师生进行田野调查时所选择的田野点，如费孝通在做云南农村经济调查时为每个学生所选点的考量，在每一个点围绕什么问题进行研究，在这些问题下又是如何展开的，其他老师进行田野调查的选点及研究问题的选取。③研究方法。费孝通认为，社会学具有"科学"和"人文"的双重性格。[1]在当前学术界进行社会学本土化问题"真伪"的讨论中，通过对当时社会学方法运用的科学、合理，有利于回应社会学本土化这一议题的重要性。④具体实践。通过对当时关于社会学学者的田野调查的经历，了解当时社会的时代背景及操作的可行性，也有利于实践科学研究方法。

2. 教学上，整理师生名录、招生情况、课程安排、人才培养方案、师生调查实习等，将理论与云南的实际相结合，进行本土化实践；主要在以下几方面：①当时的课程安排情况，吴文藻先生曾翻译西方理论并不断进行修改总结进行授课，其他学者对于社会学系学生课程的授课安排，不同时期根据系内研究主题及当时社会现状课程的变化，课表是否具有现实性及本土化程度。②相关学术讲座。讲座主要内容，为学生带来的启发，相关理论关怀。③指导学生社区研究、生产实习。社会学系教师在指导学生调查实习时的方法及报告书写时的指导思路。

---

[1] 费孝通：《试谈扩展社会学的传统界限》，《北京大学学报（哲学社会科学版）》2003年第3期，第5—16页。

通过以上横、纵两方面，细致梳理1938—1954年云南大学社会学系史，论证社会学本土化的重要性及这一时期云南大学社会学系在社会学本土化实践中的重要作用，从而为社会学服务于现代化建设提供新的思路。

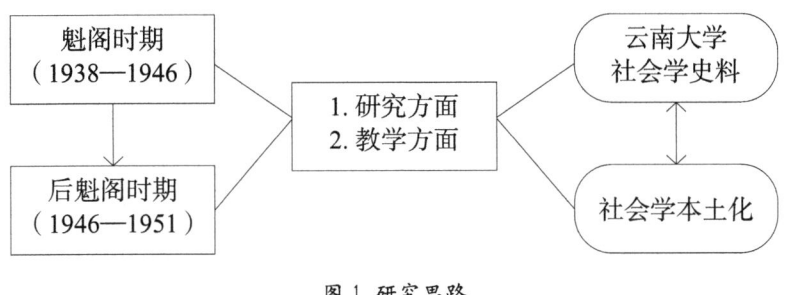

图1 研究思路

（四）研究方法与难点

1. 研究方法

本研究主要采用文献研究法，通过对相关文献资料进行整理，主要为图书馆的《云南大学志》《云南大学史料丛书》系列书籍及有关中国社会学史、社会学本土化著作，档案馆1938—1954年社会学系相关信函、文件，博物馆有关展览、社会、科学及教育事业单位或机构、学术会议记载和互联网的关于云南大学等相关文章及学术网站的关于本研究的期刊论文，梳理云南大学社会学本土化实践这一研究。

2. 研究难点

（1）资料较零散繁杂，需要转变方法归类。因前后16年的社会学系档案整理下来目录达465条，文本有40万—50万字，尽量保持档案的完整，所以当面对如此多的档案，如何处理档案，如何将档案与行文联系以支持文章的安排是一大难点。

（2）对史料的确定与求证有相当难度。正如史学大师陈寅恪讲道：凡前人对历史发展所流传下来的记载或综述，证明其有，比较容易，只需要有一两种记录做旁证即可；证明其无则相当不易，需要翻阅大量材料，因为所查材料很难齐全，不知是否有未发现的材料不能证明其"无"。[1] 而笔者非历史档案专业，在材料中分析"有"时便有困难，而证明"无"则更需花相当时间、精力以反复求证。

（3）在已有史料中，特别是原校史办研究员刘兴育将学校历史及社会学系新中国成立前历史梳理较完备，如何避免与其行文安排及史料运用相重合；同时，如何既能保证历史材料的规范运用，又能结合社会学的角度进行论述，而避免只是对云南大学社会学系的系史梳理也是需要克服的。

（4）社会学本土化的研究是一个有争议的问题，如何将这一宏观的概念与系史这一细致的研究有机结合，突出每一章的主题意识，力图使每一章重点突出又能联系本土化这一主题，也是一大难点。

费孝通先生曾说过："云南，是中国社会学的摇篮！"[2] 抗战时期的云南是民族学、社会学本土化的重要试验基地。进一步研究云南大学1938—1954年社会学系本土化实践这一课题对于云南大学社会学系史的梳理、云南大学学科史建设具有重要意义，对于中国社会学史都是浓墨重彩的一章，对于社会学本土化具有重要的启发、借鉴意义。

---

[1] 罗香林：《回忆陈寅恪师》，《传记文学》1970年第17期，第17页。
[2] 费孝通：《云南三村》，北京：社会科学文献出版社，2006年。

一、社会学本土化的实践：吴文藻与云南大学社会学系

抗战时期的中国面临种种困境与挑战，云南更是存在边疆建设的问题与需要，边政学、边疆建设发展更是受到关注与重视，社会学的发展也显得尤为重要，怀着大学教育的使命与担当，熊庆来极力邀请吴文藻来校筹建社会学系。带着明确的本土化目标，吴文藻先后在云南大学成立社会学系、社会学研究室，并带领系内学人克服战时困难、积极进行社区研究，培养高级人才以服务边疆社会。本文主要在吴氏培养人才、调查研究等方面阐明其社会学本土化的实践。

（一）云南大学社会学系成立的背景及重要性

1922年12月8日，私立东陆大学在唐继尧的资助及多方统筹下建立。1934年，私立东陆大学改为省立云南大学。经龙云夫人顾映秋及时任云南建设厅长、熊庆来留法同学张邦翰举荐，1937年受龙云邀请，熊庆来到省立云南大学任职，[1]上任后他意识到云南在边疆问题上所面临的种种困境与机遇，而结合云南本地情况发展云南大学是一大出路。熊庆来总结其在东南、清华的任教经历，尊重学校已有的历史基础，结合云南本地实际条件和情况出发，明确云南大学的使命是造就地方建设人才，就本省天然物产加以研究，以期成为西南学术重心[2]。熊庆来认为近百年来的中国门户洞开，藩属尽失，云南又与当时大英帝国、法兰西属地相连，唇亡齿寒，而滇边之国防、界务、土人同化等问题日益繁多，因地制宜、发挥边民调查运动，

---

[1] 刚开始熊庆来接到信函委婉拒绝，后来在龙云亲自发函说明云南及学校情况及真诚邀请下，熊庆来便南下来校。
[2] 刘兴育：《云南大学史料丛书——校长信函卷（1922—1949）》，昆明：云南民族出版社，2009年，第82页。

对云南省各方面有清晰明了的认识,从而知道其困难所在,著成著作以供政府参考。也是出于这种考虑,教育思想先进的熊庆来意识到教育对边疆发展与治理的重要性,建立云南大学社会学系以促进边疆发展的想法也由此出现。而推进边疆行政、社会、文化等的建设必须得有受过社会学专业训练的专门人才,因此他开始积极延揽社会学相关人才来校任教。[1]

从前一任校长何瑶对改国立的积极认识,到云南省长龙云对教育的重视与支持,熊庆来到校后便确立了明确的学校发展目标,而积极筹措省立云南大学改国立一事则为学校发展的重要一步。1938年7月1日,在熊庆来积极筹措努力下,学校改为国立云南大学,这对云南大学的发展、云南大学学科建设发展以及学校更好地为云南地区服务等都具有重要的旗帜性作用。到校后,熊庆来确定学校办学方向,将云南大学发展目标定位为西南学术之中心,并积极聘请且优待高质量教师,为学校提供人才支撑;立足省情,扎根云南,发展建立院系学科,使得当时的云南大学成为西南地区学科门类丰富的高等院校;多方奔走、筹得物资、补充学校教学设备,为各系发展提供支持,如当时给社会学系与文史系、法律系均600元图书费,且以合作促发展的模式为云南大学社会学研究室的调查研究争取到经费支持与成果出版等;提高学生素质,培养研究氛围。这一系列的举措均源于校长熊庆来兢兢业业、为国育才、办好云南大学的目标。[2]而抗战时期云南大学取得辉煌的学术成果,均得益于校长熊庆来的支持,社会学系的发展也是受到熊庆来的鼎力支持。

---

[1] 刘兴育:《云南大学民族学人类学史略(一九三八至一九四九)》,昆明:云南民族出版社,2009年,第19—20页。

[2] 刘兴育:《云南大学史料丛书——校长信函卷(1922—1949)》,昆明:云南民族出版社,2009年,第82—85页。

在筹改国立时，学校曾呈报教部日后添设社会学系一节。[1]而要实现这一目标，首先得先筹备社会学系、找到合适的学术领头人。1938年3月，得知吴文藻[2]离开燕京大学可南来工作，熊庆来便极力邀请吴氏到国立云南大学工作。恰逢当时中英庚款董事会在云南大学设立讲座，吴文藻又是中国社会学界公认的知名学者，熊庆来认为其符合庚款讲座的要求，便以云南大学名义极力向中英庚款董事会要求增加一席讲座，一年为限，由吴文藻担任讲座教授。[3]获准后，吴文藻便在英庚会设立的社会人类学讲座中担任工作，开始在云南大学开课并筹备社会学系的建立。

早在1934年，学校根据《云南省立云南大学组织大纲》编制了《云南省立云南大学学则》，该学则规定：学生在修习期间至少习满132学分才能毕业，各院系开设基本训练及专业训练两方面课程，基本训练课为各系一年级课程，其中就有社会学一课（在一二学期可选）。[4]1936年更是提到基本训练课中，文法学院各系、数理系均需必修社会学。[5]1939年5、6月召开大学课程会议公布的《共同科目

---

[1] 在制定省立云南大学改国立之后的《四年发展计划》中提出云南大学社会学系要"以云南少数民族为对象，研究人类文化发展之过程，进而探讨如何做好少数民族工作，以期得到巩固边防之途径"。参见：刘兴育：《云南大学民族学人类学史略（一九三八至一九四九）》，昆明：云南民族出版社，2009年，第19—20页。

[2]《肖叔玉、伍纯武、范师武、朱驭欧、王懿愚、王政、吴文藻、朱炳南、徐绳祖、赵镈、费孝通、高仁夫、高直青、方国定、甘师禹的简历表》(1940年)，云南省档案馆藏，云南大学全宗，档案号：1016—001—00425—004。原表内容为：吴文藻，38岁，美国哥伦比亚大学博士，燕京大学社会学教授，代理文学院院长；美国罗氏基金社资助游学教授（一九三七至三七）；燕京大学社会研究荣誉学位制主任（一九三七至三八），社会学教授，民国二十七年九月到校。

[3] 刘兴育：《云南大学史料丛书——校长信函卷（1922—1949）》，昆明：云南民族出版社，2009年，第157页。

[4]《云南大学志》编审委员会：《云南大学志第四卷教学志（1923—2003年）》，昆明：云南大学出版社，2006年，第56—57页。

[5] 吴道源、丁宝珠、刘洪：《云南大学志总述（1922—1976年7月）》，昆明：云南大学出版社，1993年，第29页。

表修订草案》要求从1939年度学期施行，其中，社会学为文法学院、理学院共同必修科目。[1] 当时处于萌芽中的文法学院社会学系有教授王政、吴文藻，副教授费孝通及随吴文藻燕京大学的学生李有义、郑安仑、薛观涛。

虽然当时还未成立社会学系，但吴文藻、费孝通在其他系开始开设基础且先进的社会学、社区研究课程，使得其他系刚入学学生对社会学有所了解并培养兴趣，社会学系也逐渐在学校中展示出其学科特质。

（二）云南大学社会学系的创立

20世纪30年代末，云南地区较充足的物资、易守难攻的地理优势为当时的人民提供了生活上的稳定，但随着抗日战争的持续进行、帝国主义侵略加剧，云南地区陷入困境，民众、学者生活艰难，人民需要时不时"跑警报"求生，这也提醒人们特别是极具前瞻性的爱国学人，要运用所学为云南地区、为祖国尽自己的一份力。怎样发展学人的学术研究与探索精神？这些有志青年意识到首先需要认识边疆现实困境，才能运用边疆已有的情况扬长避短、趋利避害，更好地建设、发展边疆地区。这就需要在滇有志之士的因地制宜，采取一种"在滇治滇"的本土化措施，同时培养将来服务边疆之高水平、高技能人才。

吴文藻的到来正好为这一缺口找到安心石，既为云南大学术影响力的提升添砖加瓦，又开创培养了解边疆社会且在将来服务本土地区的人才，因此他深受校长熊庆来的器重，并获得其支持。1938

---

[1] 1939年课程要求中，社会科学一科，在社会学概论、法学概论、政治学、经济学、社会学几门中任选其一。参见：吴道源、丁宝珠、刘洪：《云南大学志总述（1922—1976年7月）》，昆明：云南大学出版社，1993年，第31页。

年7月28日,熊庆来专门致函云南河口督办公署,请求在吴文藻及其眷属、学生8月入境时,予以便利放行。[1] 1938年8月—9月间[2],吴文藻偕妻(冰心,即谢婉莹)、子及学生(李有义、郑安仑、薛观涛)到昆,开学后吴氏在文法学院担任教授。按照吴氏原来社会学本土化的主张,其已初步进行了前两步:理论框架已确定,并安排跟随来的学生(教员薛观涛、郑安仑、李有义)开始扎根在云南这片土地上,运用社区研究的方法进行本省社会经济调查。同时,他一面开始上课,一面准备社会学系的筹建,为其第三步"培养能够独立进行社会学调查研究的高质量人才"做足准备。

1939年6月5日,学校收到教育部边疆教育改进案,其中推进边疆学校教育第八项关于大学增设有关建设边疆之科系要求:有关建设边疆之科系应由各大学根据所处位置酌量设置,这也为云南大学社会学系的建立起到了基础作用及文件支持。[3] 1939年6月19日,

---

[1]《函请河口督办署吴文藻教授偕眷属及学生数人来滇请予放行由》(1938年7月28日),云南省档案馆藏,云南大学全宗,档案号:1016—001—00343—011。原文如下:兹有本校新聘中英庚款补教授吴文藻偕同眷属及学生数人,于八月内来滇,俟该员等入境时,即希予以便利放行,实纫公谊。

[2] 对于吴文藻入校时间,根据相关档案,只能判断在8、9月份。见档案:《函请河口督办署吴文藻教授偕眷属及学生数人来滇请予放行由》(1938年7月28日),云南省档案馆藏,云南大学全宗,档案号:1016—001—00343—011。由原文日期可知,其偕眷属学生于1938年8月来滇。《函复云南大学所送任职已满二年之教授名单准蒋导江、吴文藻、朱炳南分别加薪》(1938年7月28日),云南省档案馆藏,云南大学全宗,档案号:1016—001—00190—033。原文提到其到校年月:二十七年八月(即1938年8月),由此认为吴文藻是8月份到校。而吴文藻履历,见档案《肖叔玉、伍纯武、范师武、朱驭欧、王懋愚、王政、吴文藻、朱炳南、徐绳祖、赵铸、费孝通、高仁夫、高直青、方国定、甘师禹的简历表》(1940年),云南省档案馆藏,云南大学全宗,档案号:1016—001—00425—004;《本校民国二十七年下学期教授履历表(王懋愚、肖蘧、范师武、朱驭欧、伍纯武、赵铸、吴文藻、饶重庆、王政、吴晗、陶音、方国瑜、施蛰存、李季伟、沙玉彦、邹恩泳、丘勤宝等)》(1938年),云南省档案馆藏,云南大学全宗,档案号:1016—001—00471—013(包含其入校日期:1938年9月)则显示其入校时间为1938年9月,因此认为吴文藻入校时间为1938年8—9月份,笔者认为吴及眷属学生可能在8月间到昆即计入档案,而需要办理相关事项,9月开学时正式入校工作。

[3]《教育部长令国立云南大学就环境需要酌量增设建设边疆之科系》(1939年6月5日),云南省档案馆藏,云南大学全宗,档案号:1016—001—00004—043。

熊庆来与教育部次长顾毓琇的函件中提到敦请教部同意本校添设社会学系，并由吴文藻代其出席文理法三院课程讨论会。[1]

1939年2月，社会学系开始拟定成立社会学系的稿件，[2] 熊庆来3月赴重庆开会时曾向教育部做拟成立社会学系的口头报告，获教育部支持，但因经费问题无法支持云南大学社会学系的建立而搁浅。[3] 直到1939年5月6日，学校将2月底所拟稿件续写，8日发出，熊庆来正式向教育部申请成立社会学系，却收到"碍难照准"的回复。[4] 考虑到当时的社会背景及前一次开会时教部的回复，笔者认为极有可能是因经费这一障碍而无法同意该事。

但熊庆来与吴文藻并没有放弃这一计划，二人多方奔走筹措物资、人力等的支持，于1939年6月19日"熊庆来呈请教育部设立社会学系"一函再次呈文，并将此时学校成立社会学系对于学校教育、边疆建设的紧迫性、资金支持可使社会学系得以基本运作等作了简要汇报。函件中提到：学校拟于1939年8月设立社会学系，并按照教育部颁发的社会学系科目要求进行，函件中分析云南本地的地区形势、风俗、政治、经济、社会等方面的特点得出云南省可资研究资料丰富，为社会学治学提供极大便利，是社会服务人员的理想工作地，因此需要有研究社会问题且训练社会服务型人才的学术机构。云南省教育落后、经济缺乏、人力不足，因此云大成立多年而没有社会学系。抗战爆发、国家动荡，后方建设刻不容缓，开发

---

[1]《熊庆来呈请教育部准予成立社会学系》(1939年6月19日)，云南省档案馆藏，云南大学全宗，档案号：1016—001—00004—043。

[2]《令云南大学呈请添设社会人类学碍难照准由》(1939年5月26日)，云南省档案馆藏，云南大学全宗，档案号：1016—001—00004—040/298。

[3]《熊庆来呈请教育部准予成立社会学系》(1939年6月19日)，云南省档案馆藏，云南大学全宗，档案号：1016—001—00004—043。

[4]《熊庆来呈请教育部准予成立社会学系》(1939年6月19日)，云南省档案馆藏，云南大学全宗，档案号：1016—001—00004—043。

边疆顿成重务，值此之际，云南省问题研究、人才培养更是自然而又迫切需要的，作为云南唯一的大学，云南大学在地区中承担着不可逃避的责任，而社会学系的成立具有必要性与迫切性。原来因经费不足而无法成立社会学系的困难，由中英庚款管理委员会1939学年津贴社会学教授、研究员、研究生来校授课及研究；北平燕京大学想与云南大学合作，继续训练其社会学系学生，以两校名义向美国罗氏基金会寻求协助；又有中国农民银行自动建议每年为云南大学提供国币一万元，请为做云南农村之社会经济调查，社会学系成立可以用该部分经费做调查研究之用；同时学校也将每年拨给国币一万元作为社会学系常年经费，用于聘请基本教员与购置图书。[1]

经过近一年的了解、筹备、多方准备，1939年7月1日，教育部长陈立夫同意云南大学成立社会学系，并提出要求："应注重社会实际问题之调查研究，以训练社会服务之人才。"[2]同年秋季，社会学系开始招生，吴文藻任首任系主任。社会学系的成立是曲折的，但是其成立确有必要。

社会学系成立后，吴文藻便积极为调查研究做准备。1938年11月，其学生费孝通博士毕业回国后追随吴氏来系任教，在吴文藻的支持下进行调查，率先进入云南省楚雄州禄丰县的禄村收集资料，并帮忙筹建社会学研究室（"魁阁"）[3]，以便在云南省进行社会学本土

---

[1]《熊庆来呈请教育部准予成立社会学系》（1939年6月19日），云南省档案馆藏，云南大学全宗，档案号：1016—001—00004—043。

[2]《熊庆来呈请教育部准予成立社会学系》（1939年6月19日），云南省档案馆藏，云南大学全宗，档案号：1016—001—00004—043。

[3] 有关"魁阁"的称呼较多，在当时主要称为"社会学研究室"，刚成立时"本室经费和设备，要皆得力于社会多方面之协助和支持，如燕京大学、云南省经济委员会、昆明农民银行、罗氏基金会、中华文化教育基金会、太平洋学会社会部以及教育部等机关和团体，基于经济上之协助和工作上之便利，本室与其他团体组织组成合作社会学研究机构，初名为燕京大学—云南大学合作社会学研究室（The Yenching—Yunnan Station For Sociological Research），继又改名为云南省经济委员会、国立云南大学合作社研究室"。参见：《国立云南大学社会学系概况》，《中央日报（昆明版）》1948年第6版。

化的实践，践行吴氏"学术救国"的目标。之后因日寇侵略，社会学系的研究工作处于不稳状态，经陶云逵帮助，社会学系于1940年将昆明校本部社会学研究室迁至距昆明10公里外、在一片松树林中的呈贡魁星阁，即后来的"魁阁"。

（三）吴文藻与社会学系的发展

1901年，吴文藻出生在江苏江阴的商人家庭，16岁考入清华学堂插班初中，开始接受美国人的教育，后因新文化运动中的人物、思潮引起其广大关注，并确立了爱国的民主主义与民族主义思想。1923年，怀着学习西方、教育救国、学术兴国的想法，吴文藻奔赴美国开启留学之路。在达特茅思学院社会学系学习时，吴文藻学习西方社会的政治思想史与社会经济制度学说，史帝华（J. Stewart）教授的西方国家思想类型对其影响较大。归国后，吴文藻曾以其课程为基础加入自己的研究，写了几个欧洲国家的社会政治思想史论文。本科毕业后，吴文藻升入哥伦比亚大学社会学系，开始正式的专业学习与研究。他开始接触人类学，学习博厄斯的"人类学"、戈登卫然的"早期文明"后，吴氏逐渐意识到社会学与人类学间的密切关系及将此两科密切结合以进行研究的必要性。

1929—1938年，吴文藻在燕京大学任教。到燕京大学后，吴文藻积极进行社会学的落地、接轨与本土化实践，其先是针对学系情况将课程教材改编为中文教材，将"西洋社会思想史"一课进行划分，增强理论与方法的系统性、科学性；将"家族社会学"与"人类学"结合中国本土情况进行教学、研究。[1]从课程的改编可以看出吴文藻将西式教学、研究与中国本土现实的有机融合，选择最有利于中国

---

[1] 吴文藻：《吴文藻自传》，《晋阳学刊》1982年第6期，第44—52页。

人、中国学生理解的教学方法与课程。

践行社会学本土化实践的关键一环是人才培养，吴氏是如何培养能够独立进行研究的社会学人才的？这与他在建立云南大学社会学系的初衷有极大关系，其本意是延续其在燕京学派[1]的理论、方法与精神[2]培养出高质量人才，在云南这片大地上完全践行社会学本土化的设想，现在看来，当时其主要是对教职员与学生两方面的培养。

1. 举人才，聚人才

吴文藻到云南大学后不仅考虑培养学生，更是优先培养教职员，将其作为系内社会调查、学生培养、学术研究的第一步。吴氏同中英庚款董事会的研究人员如江应樑、宓贤璋等人共同进行专题研究工作，作为管理中英庚款董事会协助科学工作人员周昊、江应樑、费孝通的保证人[3]，为协助科学人员中未支薪人员费孝通联系学校补发费用。[4]还热心帮忙指导同事的研究，江应樑曾两度来校，第一次是1938—1940年来校，其受中英庚款资助，由吴文藻指导帮助其对云南摆夷进行研究。

教职员需要培养，但首先需要延揽一定质量与数量的人员。为了社会学系的教学研究工作，社会学系开办不久后，吴文藻便邀请陶云逵到系任教。1938年12月，陶云逵作为云南大学中英庚款董事会协助科学工作人，在系内讲授民族学和人口问题，[5]在吴氏离校后兼

---

[1] 本文所说的"燕京学派"采用的是杨清媚的总结：指燕京大学社会学系以吴文藻及其弟子为中坚组成的研究群体，间或涉及几位与吴文藻有相同实地调查旨趣的同事。

[2] 通过其接受司徒雷登建议，建立云南大学—燕京大学社会学研究室/实地调查工作站；在系内开设的课程类别；联系多方为系内教职员到云南各地进行社区研究均可看出。

[3]《请领协款书（周昊、张维华、丁道衡、江应樑、岑家梧、白寿彝、宓贤璋、费孝通）》（1938年10月28日），云南省档案馆藏，云南大学全宗，档案号：1016—001—00183—011。

[4]《为本会协助科学人员费孝通继续补助事函云南大学》（1940年2月2日），云南省档案馆藏，云南大学全宗，档案号：1016—001—00183—017。

[5]《陶云逵的职务变动通知书》（1940年），云南省档案馆藏，云南大学全宗，档案号：1016—001—00423—005。

代系主任一职直到1942年。陶云逵早期在欧洲做人类学相关调查，追随欧根·费舍尔着重的生物遗传学研究，他很注意体质人类学的特殊性及科学性原则。1932年，陶云逵获得德国柏林大学人类学博士后回国工作，任国立中央研究院研究员，不久便赴云南进行民族考察。1934—1936年间主要在滇西南、滇西北调查，调查期间学术成果丰硕：《几个云南土族的现代地理分布及其人口之估计》[1]主要是对其田野调查的路线、对象进行梳理介绍，《碧罗雪山之傈僳族》[2]则是对麽些、傈僳、摆夷这三个族群的历史文化进行调查分析，有关车里摆夷最重要的一篇也是其遗作《车里摆夷之生命环》[3]记叙了摆夷从出生到死亡的各个方面。[4]

瞿同祖也是早年吴文藻燕京大学的学生，其毕业不久后，便于1938年南下，在重庆街头遇到时任贸易委员会调查处处长的杨开道，受杨氏引介被聘为该处处员。5个月后，云南大学成立社会学系，吴文藻便邀请瞿同祖来校任教，1939年夏，瞿同祖到达昆明，[5]之后在校内讲授中国社会史、中国经济史课程。因瞿同祖长于社会学、历史学等课程，又在云南大学讲授此类课程，因而在其任教时著成《中

---

[1] 陶云逵：《几个云南土族的现代地理分布及其人口之估计》，载《历史语言研究所集刊》，历史研究院，2009年。

[2] 陶云逵：《碧罗雪山之傈僳族》，载《中央研究院历史语言研究所集刊：第十七本》，中央研究院历史语言研究所，1948年。

[3] 陶云逵：《车里摆夷之生命环》，北京：生活·读书·新知三联书店，2017年。

[4] 陶云逵：《陶云逵民族研究文集》，北京：民族出版社，2012年。

[5]《函送教育部本校教员齐祖誩瞿同祖等证件著作请鉴核示遵由》（1943年5月18日），云南省档案馆藏，云南大学全宗，档案号：1016—001—00361—023。原文如下：瞿同祖于二十五年毕业燕大研究院后即专心撰写《中国封建社会》一书（该书于二十六年由商务出版附缴），同时筹备留学手续并搜专题研究资料。二十六年七月抗战开始未能出国，次年始得外出北平，辗转流徙三地，二十八年来昆应云大之聘并无其他服务经历应补报为上，请特呈教部。

国法律与中国社会》一书,享誉学界。[1]

抗日战争时期,西南地区因具备地理位置、物资、边疆文化优势而成为中国高校内迁的最好去处,1938年4月国立西南联合大学在昆明成立,这也是在整个中国教育史上具有极其典型影响力的八年联大教育。这也为云南大学的发展创造了契机,借此,学校积极与西南联大联系争取优秀教师来校任职,人脉广的吴文藻也积极聘请西南联大优秀教师来系兼课,1938年,邀请潘光旦来校对社会学班同学演讲,并在之后邀请李树青来系任教。[2]

在校时,吴氏积极联系教师来校任教并为其发展提供各种支持,离校后仍关心系内师资情况。吴氏离校后得知林耀华归国,极力推荐其到云南大学社会学系任教。吴氏还积极邀请许烺光来云南大学担任社会学系副教授。[3]1941年为李有义暑期参加教育部蒙藏高等教育司办理的公私立大学学生暑期边疆服务团代筹经费,吴文藻鼓励并支持其部分旅费,学校津贴研究费300元,另一部分由教育部蒙藏高等教育司补助。[4]李有义在吴氏及各方支持下参加了该大学生边疆服务团是在四川西北部的黑水地区考察,著有《黑水纪行》等文章。

---

1 瞿同祖、赵利栋:《为学贵在勤奋与一丝不苟——瞿同祖先生访谈录》,《近代史研究》2007年第4期,第147—157页。
2《潘光旦来校对社会学班同学演讲》(1938年6月25日),云南省档案馆藏,云南大学全宗,档案号:1016—001—01018—011。
3《为聘许烺光为本校社会学系副教授事函管理中英庚款董事会》(1941年4月30日),云南省档案馆藏,云南大学全宗,档案号:1016—001—00190—044。原文如下:吴文藻先生向英庚会接洽,该会允予补助聘为本校社会学系副教授,月薪三百元。许烺光(社会人类学),年三十岁,辽宁庄河人。上海沪江大学文学士(民二十二年夏);北平辅仁大学人类学系助教及研究员(民二十二年至二十三年);北平协和医院社会部脑系科目案调查员(民二十三至民二十六年夏);中英庚款董事会派赴英国留学(民二十六年至民二十九年);英国伦敦大学哲学博士(民二十九年)。
4《为云南大学李有义参加暑期边疆服务团旅费不足数函云南大学》(1941年11月10日),云南省档案馆藏,云南大学全宗,档案号:1016—001—00098—002。

表1 1938—1940年云南大学社会学系内任职教师

年份	教职员
1938年	王政、吴文藻、费孝通、李有义、潘光旦（兼）中英庚款协助科学研究人员：费孝通、江应樑（人类及民俗）
1939年	吴文藻、王政、陶云逵、费孝通、李有义、瞿同祖、田汝康、薛观涛、郑安仑、张之毅
1940年	吴文藻、陶云逵、王政、费孝通、李有义、瞿同祖、田汝康、张之毅、薛观涛、郑安仑、史国衡

资料来源：刘兴育、王晓珠主编，毕学军、雷文彬副主编：《云南大学史料丛书·教职员卷（1922—1949年）》，昆明：云南大学出版社，2013年10月，第86页。并根据各教职员的教资表、教职员异动表、职务变动书、人事变动通知等整理得到。

吴文藻在云南大学时期，社会学系经历了从无到有的过程，而教师也是从几人逐渐稳定在10余人，系内师资不断得到充实，使得授课及调查的开展更加方便。吴文藻还为云南民族学研究会发起人之一，[1] 积极与各研究同人参与实地调研。在成立燕大和云大的实地调查工作站后，吴文藻积极同一些同行成立了云南人类学会，之后会员分散，工作也随之停顿。[2]

2. 开课程，育人才

吴氏的人才培养是其学术生涯的一大特质，其在云南大学社会学系的人才培养既包括对教职员的培养，也包括对学生的培养。费孝通曾在其回忆中提到："吴老师不急于个人的成名成家，而开帐讲学，挑选学生，分送出国深造，继之建立学术基地，出版学术刊物，

---

[1] 1939年1月18日，在《函云南民族学研究会成立大会函请云南省党部派员出席指导》中提到：查同人等为提倡并协助云南省内及近境之一切实地调查与研究工作起见，特组织云南省民族学研究会。参见：刘兴育、朱军：《云南大学史料丛书·学术卷（1923—1949年）》，昆明：云南大学出版社，2010年，第4页。

[2] 吴文藻：《吴文藻自传》，《晋阳学刊》1982年第6期，第50页。

这一切都是深谋远虑的切实功夫,其用心是深奥的。"[1]吴文藻在云南大学的人才培养更是尽心尽力。1938年,"社会学"作为一年级社会科学选课分类中的一种,在文学院、理学院、法学院中作为必修课开设,[2]社会学系教师主要在其他系开设社会学、社区研究这两门基础课。社会学一门由吴文藻讲授,共6学分,为一、二年级全年选修,主要是演讲形式开课,每周三次课,每次课1时;社区研究一门课为四年级上学期选修课,共2学分,由吴文藻、费孝通二人负责,以演讲形式开课,每周2次课,每次课1时。[3]边疆建设科目及讲座中,吴文藻在1938—1939年间任民族学科目,该课分析文化之本质内容及其变迁原因与方式并比较世界各地文化形式之分布(偏重于土著文化)。[4]系内老师也在其他系讲课,1940年瞿同祖在法律系讲授三年级下学期必修课中国法制史,在政治经济学系经济组讲授三年级必修课中国经济史。1941年,史国衡担任政治学系二年级政治组必修上学期、三年级经济组选修上学期的民主政府。

在1939年8月2日的教育部电复国立云南大学一函中明确提到,云南大学本年招收社会、农艺、森林三系的学生,已经分别致电各招生区域以牌告形式告知考生;[5]这意味着云南大学社会学系开始招

---

1 费孝通:《开风气,育人才》,《北京大学学报(哲学社会科学版)》1996年第1期,第21—26页。
2《大学各学院分院共同必修科目表》,云南省档案馆藏,云南大学全宗,档案号:1016—001—00240—016/001。
3《国立云南大学二十七年度(1938年)政经系学程及授课时间表》,云南省档案馆藏,云南大学全宗,档案号:1016—001—00244—001/6。
4《奉教育部令据本校呈送民国三十一年度研究云南边疆建设调查报告准备案通知本校社会学系费孝通主任》(1942年12月28日),云南省档案馆藏,云南大学全宗,档案号:1016—001—00098—014。
5《教育部电复国立云南大学》(1939年),云南省档案馆藏,云南大学全宗,档案号:1016—001—00004—028/204。

生。[1] 根据"廿九年度文法学院社会学系二年级学生名录"确定社会学系有6名学生（4男2女）：安庆澜、朱丹（女）、萧祥麟、黄清、常则馨（女，试读生）、常以谦（试读生），若无转系休退学情况的话，认为1939年秋社会学系共招收学生6人，3人为省内生源；1940年新增一年级学生4人（均为男生）：陈竞华、刘象寅、陈行智、王志诚，[2] 其中，2人为云南省内生源。

1939年，社会学系只开设了三门必修选修专业课：社会学、家族社会学、经济社会学，由吴文藻、费孝通讲授。[3] 1940年开设的课程为基础课及与当地发展有关的课程，逐渐增多的几门专业课程由本系教师任课。其中社会学为一年级全年必修课程，由吴文藻开课，参考国内外社会学原理、社会学概论等书，主要讲授社会学的基本特点、性质，社会文化的基本因子，社会组织与社会制度，社会变迁，社会学史及学派等，涵盖的范围基础又广泛；[4] 二年级课程有：陶云逵开设的民族学，全年必修；土地问题由李树青讲授，为二年级下学期选修课程；中国社会史由李树青讲授，全年必修；宗族制度由费孝通开设，为上学期选修课程；人口问题由陶云逵讲授，也为上学期选修课程；社会问题讨论班，从一年级一学期起上课，必须修

---

[1] 根据云南大学原校史办研究员刘兴育介绍，1938—1954年的社会学系一直被系内老师及学校各部称为"社会学系"，本文中"社会学系"同"社会学系"。

[2]《国立云南大学学生名录廿九年度》，云南省档案馆藏，云南大学全宗，档案号：1016—001—00287—023。

[3] 刘兴育：《云南大学民族学人类学史略（一九三八至一九四九）》，昆明：云南民族出版社，2009年，第92页。

[4]《社会学系第一学年必修课程及科目担任教员》（1940），云南省档案馆藏，云南大学全宗，档案号：1016—001—00242—007/186、187。

满四个学期；统计学与经济系一同上课。¹此时社会学系的课程已有雏形及其方向，大一时开设基础课程社会学，让学生逐渐对社会学入门、有个初步大概的了解；大二时，在学生对已有课程了解的基础上开始增加与边疆地区相适合的相关基础课程：民族学、宗族制度等与边疆民族有关的课程，人口问题、土地问题、社会问题等课程具有普适性，既与边疆边民有关，又与农村城镇相关，有利于后期对整个云南社会的研究。

从最初的在其他系讲授社会学必修科目，到社会学系成立，1939年开始开课，社会学、家族社会学由吴文藻任课，经济社会学一课由费孝通担任，这是社会学系刚入学的一年级新生的课程。1940年开始，课程已经初具规模：一年级全院必修课36学分，包括基础学科的教育及专业课社会学的入门，并加入了社会问题讨论班。社会学系二年级专业课程开始增多，必修课有民族学、中国社会史、社会问题讨论班；选修课有土地问题、宗族制度、人口问题。从1938、1939、1940课表中可以看出：社会学系的课程在逐渐增多丰富，虽然课程较基础，但课程的设置注意结合所处地域边疆形势开课：民族学、中国社会史、社会问题讨论班、宗族制度、人口问题。总的来说，这一时段社会学系课程较少，粗略、不够细致，属于探索时期，却能反映吴文藻社会学本土化的学科实践。吴文藻留学期间除学习基础课、专业课外，还广泛学习哲学、伦理学、生物学、化学等，因此其力倡先博后专的培养方式。在系内，学生除需要不断加深对专业基础课的学习外，还须选习基础课及多门专业选修课，这对学生日后工作、研究的快速适应均能起到专业上的帮助。

1《社会学系教授费孝通、李树青为请通知学生新改授课时间及教室函本校教务处》(1940年)，云南省档案馆藏，云南大学全宗，档案号：1016—001—00238—006。《民国二十九年度各院系课程报部底册》(1940年)，云南省档案馆藏，云南大学全宗，档案号：1016—001—00238—002。

20世纪30年代的中国社会学、人类学处于草创时期，相关人才较少，因此在本土化实践的基础上培养专才则是吴文藻在燕京大学工作的重点。[1]而其当时"请进来"与"派出去"的人才培养模式也为学界人才培养的典范，进入云南大学后，吴文藻在其明确的本土化主张指导下，继续培养具备独立研究能力的本土人才，带领、指导教员进行学术研究、为学生设置课程与实践培养，力图为中国社会学的发展培养新的社会学接班人。

（四）吴文藻与社会学系的本土化实践

　　吴文藻一直提倡从社区看中国，通过社区研究找到中国方案。不论是对教职员还是学生的培养，都需要在社会学理论方法学习的基础上进行社区研究，通过实践研究中国社区，以本土化思路谋发展谋振兴，进而探索中国发展之道路。吴氏在云南大学时期忙于安排系内教师的调查实践，再加上所待时间较短忙于社会学系的成立、稳固，因此，自身没有太多文章的发表，仅仅撰写了《云南大学与地方需要》[2]、《论边疆教育》[3]、《论社会制度的性质与范围》[4]、《民主的意义》[5]几篇，"更遗憾的是，虽身处多民族的地区，却没有把握良机亲身参加实地调查"。[6]虽然吴氏没有具体进行实地调查，但因当时社会学系刚开系招生，学生较少，系内师资不断得到补充，课程开设不再紧张，因此吴氏将社会学系初创时期的实践调查任务安排落实到了教职员的身上。

---

1 赵定东、郑蓉：《民国时期江浙籍主要社会学家记事》，北京：中国社会科学出版社，2013年。
2 吴文藻：《云南大学与地方需要》，《云南日报》1939年第2期。
3 吴文藻：《论边疆教育》，《益世报》1939年第2期。
4 吴文藻：《论社会制度的性质与范围》，《社会科学学报》1940年创刊号。
5 吴文藻：《民主的意义》，《今日评论》1940年第8期。
6 吴文藻：《吴文藻自传》，《晋阳学刊》1982年第6期，第50页。

1. 农村经济调查

正是吴文藻当时善于安排人才和帮忙筹划社会学系的田野调查，使得社会学系从一开办就与燕京大学合作建立社会学研究室，[1]进行田野调查，并接受农民银行资助进行云南省社会经济调查，[2]并安排系内教职员进行调查（见表2），这也是吴文藻到云南大学后社会实践的第一大步。

表2 云南省农村社会经济调查

调查时间	调查地点	调查人员	调查内容
1938年12月	禄丰	费孝通、李有义	当地社会经济状况
1939年9月	易门	费孝通、张之毅	社会经济调查
1939年	路南	李有义、郑安仑	社会经济状况调查
1940年4月	昆阳、晋宁、玉溪	费孝通、张之毅	农村社会经济调查

资料来源：《函请云南省教育厅本校副教授费孝通、李有义两先生赴禄丰县调查社会经济祈知禄丰县政府予以保护由》（1938年11月11日），云南省档案馆藏，云南大学全宗，1016—001—00343—028；《函请易门县政府本校社会学系教授费孝通助教张之毅赴该县调查社会经济状况饬属保护由》（1939年9月14日），云南省档案馆藏，云南大学全宗，1016—001—00343—076；《函请路南县政府本校讲师李有义助教郑安仑赴该县调查社会经济状况饬属保护等因由》（1939年9月14日），云南省档案馆藏，云南大学全宗，1016—001—00343—077。

---

1 1939年社会学系成立不久，经熊庆来同意，吴文藻牵头与还处在日本占领下的北平燕京大学合作，在云南呈贡县建立了云南大学—燕京大学社会学实地调查工作站（后改为云南大学社会学系社会学研究室），资金由洛克菲勒基金会资助。1941年，太平洋战争爆发后，日军封闭燕京大学，中断了与云南大学的合作，改由农民银行继续资助。农民银行资助研究室1.5万元以后，在1942年资助合同届满也停止了资助［参见：《函呈教育部社会学系及农学院与中国农民银行合作合同请鉴核备案由》（1942年4月28日），云南省档案馆藏，云南大学全宗，档案号：1016—001—00537—007］。熊庆来、费孝通等人又同云南新富滇银行行长、云南全省经济委员会委员缪云台进行沟通，请求资助［参见：《函云南全省经济委员会请发给补助本校社会学系经费》（1943年1月20日），云南省档案馆藏，云南大学全宗，档案号：1016—001—00098—016。《为本校社会研究室之资助费事函云南新富滇银行及云南全省经济委员会》（1942年12月30日），云南省档案馆藏，云南大学全宗，档案号：1016—001—00098—019）］。

2《函呈教育部社会学系及农学院与中国农民银行合作合同请鉴核备案由》（1942年4月3日），云南省档案馆藏，云南大学全宗，档案号：1016—001—00537—007。中国农民银行致函国立云南大学同意补助农村社会调查原文如下：前由贵校吴主任文藻先生代表文法学院社会学系声请补助本年度调查费洋二万五千元一案，业由敝处第一二○次常董会议通过。惟此项协款议决以本年度为限，且请于是项报告编印时，希标明敝处资助字样，另行分函吴主任暨敝滇行外，相应函请查照，与滇行洽订合同为荷。

根据当时国家的农村建设方案多为沿海诸省的农村设立，与沿海相比，内地农村有其独特的形式，而云南地处边疆且受现代工商业影响较小。因此，阐明云南农村现状是建设云南农村事业的初步必要工作。1938年冬与1939年春，受中英庚款基金委员会资助，费孝通在禄丰县研究该地的社会经济，基于此项试验性调查的成果，社会学系成立后发展较大规模的农村社会经济调查成为可能。

1939年9月，学校设立了"国立云南大学农村社会经济调查委员会"，吴文藻为该委员会主席，主要负责召集会议、处理研究计划经费预算等；费孝通为研究主任，负责具体的研究调查工作，研究地点的选择，指导研究工作，委任研究助理，每一季度向研究委员会报告研究情形，并支配预算内研究费用；李有义为副主任，研究员则有张之毅、郑安仑。在第一次委员会议初步通过了《云南省农村社会经济调查计划纲要》及《云南农村社会经济调查者应注意各问题纲目提要》。其中，《纲要》主要为该调查计划的缘起、研究方法及组织、研究站的选择、预算支配等。该计划受中国农民银行资助，由社会学系与政治经济系共同负责筹划（从该纲要及会议记录中可以看到负责及调查人员为社会学系教职员），该计划缘起在于当时农村经济破产、农民经济恐慌，农村复兴建设需要对农村社会经济现状有正确及充分的知识，而这种知识则需要学术机关利用科学方法进行农村实地考察，同时这种调查又能充实大学教程、发展中国社会科学。而之前费孝通所作的实地考察能了解当地情形，以具体问题为导向，充分及精密地了解云南各地农村的形式，以回答输入外来资本与技术对提高农村生产及增进农民福利是否为最有效的路径，这对于本省农建方案都有切实的参考价值。[1]

---

[1] 刘兴育、朱军：《云南大学史料丛书·学术卷（1923—1949年）》，昆明：云南大学出版社，2010年，第111—112页。

该项研究工作采用抽象比较法，需要研究者长时间参与当地人民日常生活，观察其所有社会经济制度的结构，获得实地观察后，征诸他地，比较异同，以求得到普遍性的结论。研究以费孝通的禄村研究为基础，扩充研究范围及区域至省内三五处研究站，每一研究站以一农村为研究中心，由一个研究员与一个助理负责住在该村进行观察研究。研究从1939年8月开始，最初由费孝通带领研究员赴各地（汉语村子）调查选择研究站，之后则由其帮助研究员进行初步考察。[1]

关于调查者需要注意的问题则在《纲目提要》中罗列：该村地理及社会背景、生产活动、生产工具的所属问题、土地制度、财产的承袭、技术知识的传递、劳工、消费、资本的形成、流动财富机构、市场以及社会变迁的经济涵义。[2]每一方面后又具体列出需要调查的方面，极尽全面。

吴文藻安排每一位教职员：张之毅、张宗颖、郑安仑、李有义、费孝通农村经济调查时，都会提前让他们办理社会调查证书，联系学校为他们到当地的安全及调查提供便利，[3]现在看来这些社区选取合理，也产出了相当的本土调查成果。

2. 边疆建设

从建系开始，吴文藻便重视边民调查、边疆建设研究，因此他领导教职员积极进行调研，此项研究主要分为两部分：

（1）边疆教育研究

该项研究由王政负责指导，调查人员为薛观涛、江应樑。研究着

---

[1] 刘兴育、朱军：《云南大学史料丛书·学术卷（1923—1949年）》，昆明：云南大学出版社，2010年，第112—114页。

[2] 刘兴育、朱军：《云南大学史料丛书·学术卷（1923—1949年）》，昆明：云南大学出版社，2010年，第114—115页。

[3]《发给本校农村社会经济调查工作人员证明书》（1939年8月31日），云南省档案馆藏，云南大学全宗，档案号：1016—001—00537—003。

眼于边疆教育的一般形式及云南省边疆地区内边教的实地考察。1939年工作分两步：初步了解注意边教的一般情形（有关边教的文献），尤其是云南情形；在腾永一带选择地区进行勘察，除调查云南省府及各国教会的边教设施外，还注重本地民众固有的经验教育，以及社会文化等教育事项。调查时间为一年，分两阶段：上半年收集资料并集中于云南内土著人民（族）的教育调查。下半年在云南省边疆地带选择调查地点进行调查，最后整理调查材料，编制调查报告。[1]

关于边疆教育，吴文藻曾于1939年春发表《论边疆教育》一文，该文是第三次全国教育会议在重庆召开时，吴文藻所作的发言，主要就边疆教育原则上发端进行三点讨论。他认为发展边疆各民族的文化是建设现代化民族国家的当前急务。要使"多元文化"熔于一炉，成为"政治一体"，主张学习欧洲政治经济上采取中央集权主义，在教育文化上采取地方分治主义。在建立一个民族国家的职志基础上，吴氏提出第二点，要促进教育事业，这是发展国内民族文化的基本工作。他认为教育不应限于学校，而应适应实际生活环境。虽然推行汉化教育，但应在尊重土著民族价值观念、生活、习俗等的基础上进行调适。为边地青年、边地发展等考虑，需要注重以平民教育、职业教育为主体，高等教育的推行须因时制宜，逐步推行，使人才各得其所、各尽其用。而推行边疆教育，须先建设边疆教育学的理论，以及通晓民族学的语言学家，共同推进建设边疆教育学的初步工作，之后国内各项专家再讨论修订。[2]

（2）边疆建设研究

1940年吴文藻在系时期，便开始筹备边疆建设研究系列工作，

---

[1] 刘兴育、朱军：《云南大学史料丛书·学术卷（1923—1949年）》，昆明：云南大学出版社，2010年，第42页。

[2] 吴文藻：《论边疆教育》，《益世报》1939年第2期。

该研究主要有李有义、薛观涛、田汝康、许烺光等人参与调查。薛观涛负责收集文献资料，李有义负责在路南尾则村进行社区研究，[1]并为之后社会学系的工作开展、边疆建设的继续运行起到持续性作用。

之后，尽管吴氏离开，但其为社会学系开创的蓝图却在延续，在其影响、安排下，边疆建设起到很好的成效：李有义著成《汉夷杂区经济》、田汝康著成《摆夷的摆》、许烺光著有 Medicine and Magic in Min China（《驱除捣蛋者》）。

吴文藻时期逐步完善系内设施，其中社会学研究室、社会学系的图书馆业已建立，并有相关图书。1943年时，研究室中有关边疆图书有两万余种，社会学系教师结合云南当时情况，打算增加西南边地民族史、西南边地语言、回教及佛教史科目。[2] 1942年，熊庆来关于边疆教育研究函吴文藻中提到边教研究费协款增加，并将吴氏原函转给社会学系同人，请他们速拟边教研究计划。[3]

（五）吴文藻为学校及系务之发展

到了云南大学后，吴文藻关注学校的发展，经常参加各种活动、会议。1938年12月，吴文藻任学生贷金委员会委员。[4] 1939年，吴文藻被教厅聘去参加暑期讲习讨论会，主要为"学术讲演""时事演

---

[1] 刘兴育、朱军：《云南大学史料丛书·学术卷（1923—1949年）》，昆明：云南大学出版社，2010年，第133页。
[2]《奉教育部令据本校呈送民国三十一年度研究云南边疆建设调查报告准备案通知本校社会学系费孝通主任》（1942年12月28日），云南省档案馆藏，云南大学全宗，档案号：1016—001—00098—014。学生贷金本着使学生继续学业原则，要求为本校学生及借读生，家处于战区，品行学业良好，经济来源断绝，并未受其他补助或津贴者，每学期可向学校申请一次，贷金分为全额与半额两种，全额每月八元，半额每月四元。1939年学校在常用经费中拿出三千元作为贷费。
[3]《函本校社会学系补助费碍难照准》（1942年3月19日），云南省档案馆藏，云南大学全宗，档案号：1016—001—00098—010。
[4] 刘兴育、李国红：《云南大学史料丛书·学生卷（1922—1949年）》，昆明：云南大学出版社，2013年，第28—29页。

讲"等。[1] 1940年1月,吴文藻被聘为东陆一览编辑委员会委员。[2]

1939年,吴文藻撰写《云南大学与地方需要》一文,该文是吴文藻到校5个月后对云大的认识与建议。他非常赞赏熊庆来的办学措施,且明确了熊庆来校长就任以来的两个目标:奠定学术基础,以求在国家学术与西南文化上有所补益;培养有切实技能的人才,以适应国家及地方的需要,而就这一点,吴文藻向学校提出了三点建议:一是云大师生应该认识到云南省在新中国成立中所处的重要地位,而云大需要以服务地方社会为理想,以农村建设为手段,才能达到民族复兴的目的。地方需要的重心在哪里,大学设施的中心就应寄托在哪里,将教育实际化是符合大学服务社会效用国家宗旨的。二是若云大负起促进农村建设的使命,关于研究、训练、服务的活动均须在实际社会中同时进行。三是实习区的成立需要联系政府、社会及专家的多方支持进行。[3] 吴文藻对学校及地方需要的认识及建议是结合本省本校情况提出的,且在今后社会学系的研究中首先便是对云南省农村的社会经济研究,是其本土化思路的实践。

1940年,吴文藻被聘为驻渝代表,离开云大到重庆任职。吴氏在系时,为社会学系找资助,如边疆调查杨克成奖学金[4];离校后仍为云南大学社会学系的发展多方联系。1941年,因统一招生停止,需自行招生,熊庆来函请吴文藻负责主持学校在渝招生工作。同年,

---

1《函聘肖叔玉、林同济、汤蕙荪、顾颉刚、吴文藻、王慧愚、张正平、朱驭欧诸先生为暑讲会讲师会》(1939年7月12日),云南省档案馆藏,云南大学全宗,档案号:1016—001—00982—005。

2《函聘吴文藻先生等为东陆一览编辑委员会委员请查照由》(1940年1月9日),云南省档案馆藏,云南大学全宗,档案号:1016—001—00344—074。

3 吴文藻:《云南大学与地方需要》,《云南日报》1939年第2版。

4《函谢云南合作金库经理杨克成捐款作社会学系奖学金五千元》(1942年5月16日),云南省档案馆藏,云南大学全宗,档案号:1016—001—00098—012。原文如下:在"社会学系设置边疆科目及讲座"一档中,提到接受杨克成先生之捐助,特设奖学金五名,每名一千元,以奖励本系学生之成绩优秀者。

在12月20日的《函云南大学校长熊庆来发展社会学系之重要·吴文藻函复熊庆来》中：对于学校向社会部请求的公函是否寄给了谷部长，"至念！"吴氏在18日时拜访朱景暄先生提到此事时，"渠称未有所闻"，吴氏认为此事事关桑梓，必尽力促成社会学系同人的努力，吴氏深有所知，社会学系之所以能做出若干成绩，全是倚仗熊校长的关爱、领导，吴文藻非常敬佩。同时，吴文藻认为云大地位日益提高，战后的印度洋发达，学校地位将日益重要，如果给社会学系发展的机会，之后也会为云大争光彩从该函中可以看出，吴文藻积极负责，虽已离开云南大学社会学系，但仍为系内发展、人才的引进而深荷鼎助。正如熊庆来回复的信函中提到："呈征吾兄关切乡邦文化，在远不遗，至幸至感！"最终社会部准函，但因其年度概算仍极逼窄，暂时难以照办，而无法支持。[1]

结论

20世纪三四十年代的云南民族多、文化异，边政问题复杂，吴文藻敢于临危受命、应时势环境之需要，将社会学系孕育出来，走社会学本土化实践之路。吴氏一直是以其本土化实践为学术指南，进入云大后更是注意云南的地区特色发展社会学，不论是教材的补充编写、课程的安排还是教员的引入培养都可以看出吴文藻明确的本土化考量。

1940年10月，吴文藻以告假一学期的方式离开云南大学社会学系，到重庆工作，对边疆民族、宗教和教育问题进行研究。[2]虽然吴

---

[1]《函云南大学校长熊庆来发展社会学系之重要》（1941年），云南省档案馆藏，云南大学全宗，档案号：1016—001—00098—009。
[2]《庄国珍、吴新、包乾俊、金蕙苏、马烈薪、刘宝琼、马白良、郑彦澄、薛观涛、马鹤苓、周泳光、范师武、瞿同祖、吴文藻的职务变动通知书》（1940年11月8日），云南省档案馆藏，云南大学全宗，档案号：1016—001—00424—007。

氏本土化构想在其离开前并未完全实现，但他将云南大学社会学系"魁阁时期"的本土化探索之巨幕拉开，其在本系倡导的以研究社会问题、训练服务社会之高技能人才为取向的本土化构想、精神却是社会学系一直延续的首要治学宗旨，具有深远的历史意义与理论贡献。作为云南大学社会学系的开创者、总体规划者，吴氏促成了云南大学社会学系的成立，并为云南大学社会学系在民国时期的良性长足发展奠定了深厚的基础。

二、"魁阁"时期云南大学社会学系本土化的实践

1939年8月,在校长熊庆来的支持下,吴文藻创办云南大学社会学系及燕京大学—云南大学社会学研究室(即"魁阁")。在吴氏的带领下,系内开始进行师生培养、开展教学研究工作。随着吴氏的离开,社会学系也交给陶云逵、费孝通主持,两位系主任均坚持吴氏本土化的主张,延续燕京大学的路子,继续在云南这块土地上践行其"学术救国"的本土化主张。随着以费孝通为中心的"魁阁"学术共同体[1]调查研究的不断深入,这一时期的社会学系理论方法不断成熟、调查题材多样、调查成果丰富、学人调查研究能力进一步提升,社会学系、社会学研究室中学术氛围愈加浓厚,为学界培养了今后社会学各领域的重要领头人,成为社会学史上重要的"魁阁"时期。

(一)魁阁时期教学工作的开展

1.教职员方面

1940年10月,吴文藻以告假方式离开云大,之后短期由陶云逵代理社会学系系主任。[2]陶云逵的接任使得社会学系稳步发展,人才

---

[1] 本文所指的"魁阁"学术共同体,指在"魁阁"时期,以费孝通为中心的云南大学社会学系及社会学研究室中进行学术研究的师生。
[2]《庄国珍、吴新、包乾俊、金蕙苏、马烈薪、刘宝琼、马白良、郑彦澄、薛观涛、马鹤苓、周泳光、范师武、瞿同祖、吴文藻的职务变动通知书》(1940年11月8日),云南省档案馆藏,云南大学全宗,档案号:1016—001—00424—007。原文如下:吴文藻先生告假一学期,社会学系主任职务由陶云逵先生代理。《邵子博、林凤仪、吴泽霖、周佩仪、王仲桓、陶光、吴富恒、吕恩来、陈复光、王慧愚、杜润生、费孝通、陶云达、林耀华、瞿同祖的聘函及职务变动通知书》(1941年2月),云南省档案馆藏,云南大学全宗,档案号:1016—1—00428—003。原文如下:陶云逵先生为社会学系代理主任兼教授,月薪三百八十元。

不断增多,师资得到充实。[1] 其代理系主任一职后,仍延续吴文藻时期的延揽人才方略。1941年,在吴文藻与熊庆来的帮助下,陶云逵邀请林耀华来系工作。[2] 到系后,林耀华主要教授近代社会学学说、社会学研究方法、民族学等课程。其接任吴文藻所授的民族学一课,该课是社会学系开展边疆建设所必需的基石,课程主要是分析不同文化的本质内容、变迁原因、变迁方式,并比较世界各地文化的分布,且该课更偏重于土著文化。[3] 林耀华还极力向陶云逵推荐一同回国的吴富恒,考虑到需要充实社会学系课程,语言概论一课对于社会学系来讲又实属重要,陶氏便请吴富恒担任此课。[4] 1941年4月,许烺光被聘为社会学系英庚会补助教授,[5] 并开始在社会学系进行教学、研究工作。1943年8月—1944年7月间,因费孝通访美,许烺光短暂接任社会学系研究室主任,[6] 负责统筹安排社会学研究室同人的调查研究工作。

---

[1] 魁阁时期先后来系任教的有:王政、吴文藻、李有义、费孝通、陶云逵、田汝康、张之毅、薛观涛、郑安仑、瞿同祖、史国衡、林耀华、谷苞、赵澍、许烺光、倪中方、游凌霄、徐雍舜、全慰天、王康、柳无忌、汤定宇、胡庆钧、傅懋勣、王志诚、潘光旦(兼)、李树青(兼)、吴富恒(兼)、赵晚屏(兼)等。

[2]《为应请转交林耀华先生回帮费千去百元,敬希查照由》(1941年12月1日),云南省档案馆藏,云南大学全宗,档案号:1016—001—00358—019。

[3]《奉令呈拟具本校社会学系设置边疆建设科目及讲座概况请教育部核示》(1943年),云南省档案馆藏,云南大学全宗,档案号:1016—001—00098—017。

[4]《邵子博、林凤仪、吴泽霖、周佩仪、王仲桓、陶光、吴富恒、吕恩来、陈复光、王懋愚、杜润生、费孝通、陶云达、林耀华、瞿同祖的聘函及职务变动通知书》(1941年),云南省档案馆藏,云南大学全宗,档案号:1016—001—00428—003。社会学系主任陶云逵函校长熊庆来,请聘吴富恒,原文如下:"吴先生哈佛大学毕业,最近与林耀华先生一同返国,对于语言学极有研究,现在昆明英语专科学校任教,恳蒙元准,即希发给兼任讲师聘书以便于开学及即时授课,吴先生住大西门外潘家湾,英语专科学校聘书请迳寄该处是毕。"教职员变动通知单中新聘吴富恒为社会学系兼任讲师,月薪一百二十元,自三十一年二月起至三十一年六月止,担任语言学概论一课,每周三小时以十元计算。

[5]《函聘许烺光先生为文法学院社会学系教授希查照台诺由》(1941年),云南省档案馆藏,云南大学全宗,档案号:1016—001—00348—030。

[6] 刘兴育、朱军:《云南大学史料丛书·学术卷(1923—1949年)》,昆明:云南大学出版社,2010年,第18页。

除邀请专任教师开设基础课程、边疆课程外，陶云逵还坚持邀请西南联大教师来校兼课，聘李树青、潘光旦任社会学系兼任讲师。[1] 关于教职员的聘任方面，社会学系另一特点则是：开始聘请本系学生做学生助理。1939年秋入校的第一批社会学系学生安庆澜是系内的第一位学生助理，他自1941年9月份开始担任该工作。[2] 社会学系学生王志诚1940年入校，于1943年开始担任学生助理，毕业后留校担任助教工作。[3]

陶云逵延续吴文藻社区研究的方法，积极为社会学系同人争取调查资源。1940年12月7日，为继续研究边疆社会及教育情况，陶云逵派田汝康赴迤西、芒市、龙陵、千崖、盏达、遮放等地作实地调查，并函请校长熊庆来发给田汝康护照以图便利，并请沿路军警保护。[4]

陶云逵虽然从事行政工作，但因其才华突出，也曾为西南文化研究室研究员之一。[5] 在国立云南大学社会学系设置边疆建设科目及

---

[1]《有关欧阳容、施应钦、陈叔香、黄宝泉、李树清、潘光旦、董钟林、王懿愚、马开鸿、陆裕淳、马树柏、陈佩瑜、李玉瑞、周祯祥聘任、长假等通知单及便笺》（1944年），云南省档案馆藏，云南大学全宗，档案号：1016—001—00435—003。原文如下："聘潘光旦先生为本校社会学系兼任教授任课，月薪240元，研究费600元，每周三小时。李树青先生月薪240元，研究费600元，为社会学系兼任教授，每周三小时，待遇照普通规定办理，自卅三年九月一日起至卅四年六月底止薪。"

[2]《本校教职员名录林同济、姜家清、楚图南、赵诏熊、陈逵、徐嘉瑞、袁昌、王玉章、方国瑜、刘汉、陈定民、白寿奕、诸祖耿、冯友兰、朱观、王仲桓、沈来秋、伍纯武、陆忠义、费孝通等》（1941年），云南省档案馆藏，云南大学全宗，档案号：1016—001—00474—005。

[3] 不同于安庆澜做学生助理时无薪资，至王志诚担任学生助理时，是有薪资的。参见：《有关徐心祥、王志诚、全慰天、何炳昌、张文奇、苏良赫、陈世忠、杨桂宫、钱春深聘任、兼任、薪津等之通知单及便笺函》（1944年），云南省档案馆藏，云南大学全宗，档案号：1016—001—00433—009。原文如下：新增社会学系学生助理王志诚，月薪六十元，自卅二年九月起至卅三年七月止。

[4]《通知本校田汝康先生其赴迤西研究边疆社会事已函云南民政厅分令芒市等地区知》（1940年12月7日），云南省档案馆藏，云南大学全宗，档案号：1016—001—00098—001。

[5]《函聘姜亮夫、徐梦麟、楚方鹏等六人为本校西南文化研究室研究员事由》（1942年），云南省档案馆藏，云南大学全宗，档案号：1016—001—00115—019。

讲座中担任教授¹，在社会学系开设的课程中负责讲授社会学导论、人口问题、民族学、西南边疆社会、社会心理学等。短暂代理社会学系系主任一职后，陶云逵到西南联大任职，负责云南石佛铁路沿线调查研究，同时在云南大学社会学系兼课，并于1942年担任南开大学"边疆人文研究室"主任一职，²继续进行其人类学、边疆地理文化的探索，直至1944年1月26日去世。

回顾陶云逵一生短短40余载韶华，研究颇多、著作丰富。其学术历程主要为两个区域，一为欧洲：主要在欧洲几个国家进行人类学的相关调查，注意体质人类学的特殊性及科学性原则：他并非用实验方法研究人，而是在自然中选取。³另一个研究区域则为云南：陶云逵回国后先在中央研究院语言研究所任职，不久便赴云南进行民族考察。1934—1936年间主要在滇西南滇西北调查，调查期间学术成果丰硕，1942—1944年则主要是滇东南地区调查。其早期受南开大学人类学博士李济、德国欧根·费舍尔的影响而研究人类学，后来结合在云南的经历及云南本地区特色又涉及历史、地理、边政等方面的研究。⁴

陶云逵的离开对云南大学社会学系是一大损失，有幸当时社会学研究室主任费孝通接任系主任工作，使得在陶云逵时期茁壮成长为"孩童"般的社会学系接力传递到费孝通手中。1942年费孝通负责社会学研究室调查研究工作的同时开始主持系务。除带领、规划魁阁成员社会调查外，费孝通还注意对教职员、学生的培养。

魁阁时期的社会学系师资充足，从刚开始的七八人，稳定在

1《奉令呈拟具本校社会学系设置边疆建设科目及讲座概况请教育部核示》（1943年），云南省档案馆藏，云南大学全宗，档案号：1016—001—00098—017。
2 王建民：《中国民族学史·上卷》，昆明：云南教育出版社，1997年，第217页。
3 陶云逵：《陶云逵民族研究文集》，北京：民族出版社，2012年，第2—3页。
4 陶云逵：《陶云逵民族研究文集》，北京：民族出版社，2012年，第5—8页。

十五六人，最多时达 20 多人，调查与教学研究工作有序进行。刚开系时，教学任务不是很重，系内教师通过调查研究，学术研究能力越发卓越，还有一部分教师出国深造。1943 年底，社会学系副教授李有义与助教田汝康拟自费附印度留学。[1] 1944 年，瞿同祖赴哥伦比亚大学任中国历史部中国文化史之研究及编译工作。[2] 1944 年，社会学系人类学教授许烺光受美国哥伦比亚大学邀请赴美讲学，以沟通中美文化。[3] 赴美后，许烺光仍心系桑梓，关心学校、社会学系的发展，与熊庆来时常通信讨论教学、前沿图书等，以帮助云南大学社会学系发展。[4] 另外还有费孝通带领系内教师参加会议学习，如 1945 年 7 月，费孝通及助教王康赴兰州参加中国工业工作协会。[5] 可见，在"魁阁时期"，社会学系对于教师的培养是不遗余力的，不论是社区研究进行社会调查，还是教职员的外出深造，社会学系都提供了很多便利。

---

[1]《函呈教育部本校副教授李有义助教田汝康自费留学印度请核发留学证书由》（1943 年），云南省档案馆藏，云南大学全宗，档案号：1016—001—00345—047。《为赴印度作调查研究工作待办法核定后再行办理通知李有义查照》（1943 年），云南省档案馆藏，云南大学全宗，档案号：1016—001—00385—001。

[2]《为本校社会学系副教授瞿同祖赴美研究请发护照事呈教育部函外交部》（1944 年 9 月 7 日），云南省档案馆藏，云南大学全宗，档案号：1016—001—00403—002。原文如下：本校社会学系副教授瞿同祖在本校授中国社会史、经济史、法制史多年，思想纯正、成绩优越，美国哥伦比亚大学中国历史部，顷来电聘其赴美担任中国文化史之研究及编译（该员拟携同其妻赵曾玖女士及子女二人应聘赴美），事关中华文化之发扬光大及中美文化之连繁理合。

[3]《何玉贞、吴征镒、魏丕栋、李仲三、徐雍舜、许烺光、方于、谭沛祥、章辑五、李清泉、韩惠卿、吕树滋、孙逢吉、林成耀等人人事变动通知》（1944 年），云南省档案馆藏，云南大学全宗，档案号：1016—001—00414—016。

[4]《云南大学熊校长与张维翰、张藻休、许烺光、普文治、杜茱、张静华来校任教及介绍教师的相互函件》（1948 年），云南省档案馆藏，云南大学全宗，1016—001—00214—008。《云南大学熊校长为增聘教员介绍人员与许烺光先生、季和厂长、李耀商、刘家骏先生、王公宇、陈心龙、周宗璜、冯叔平来往信函》（1948 年），云南省档案馆藏，云南大学全宗，档案号：1016—001—00215—003。

[5]《费孝通直渝证明书》（1945 年），云南省档案馆藏，云南大学全宗，档案号：1016—001—00379—004。《蒋惠荪、陈旭人、饶娴宜、李仲三、陈行章、安宗明、李良965、张蓬羽、费孝通、王康、胡丰澄、齐宗达、张忠培、戴玉贞、汤惠荪、茅士中身份证明书》（1945 年），云南省档案馆藏，云南大学全宗，档案号：1016—001—00379—005。

2. 学生培养

（1）生源情况

表3 1940—1946年历年社会学系各年级学生统计表

年份	一年级	二年级	三年级	四年级	总计
1940	4	4			8
1941	2	4	4		10
1942	9	1	3	3	16
1943	14	5	0	2	21
1944	22	7	5	1	35
1945	14	14	7	5	40
1946	9	9	10	5	33

注：该表以每年下半年（学年第一学期）的人数进行统计。

资料来源：刘兴育主编，李国红副主编：《云南大学史料丛书·学生卷（1922—1949年）》，昆明：云南大学出版社，第157、246—248、280—281页；《国立云南大学三十二年度全校学生名册目录》，云南省档案馆藏，云南大学全宗，1016—001—00288—001/114；《国立云南大学三十三年度全校学生名册目录》，云南省档案馆藏，云南大学全宗，1016—001—00288—001。

1939年秋，云南大学社会学系招入第一批学生。[1] 之后社会学系学生逐渐增多（见表3），且主要为本省学生。[2] 而1943—1946年的毕业生分别为3人、1人、2人、5人，普遍少于入学人数。[3] 这其中有因家人变故、家庭经济情况转衰、从军等问题而留级退学的，也有

---

[1]《廿九年度文法学院社会学系二年级学生名录》，云南省档案馆藏，云南大学全宗，档案号：1016—001—00287—023/132。

[2] 直到1942年，社会学系每年入学新生不超过10人，且主要为男生入系学习；从1943年开始至1945年，增加至十几二十人，而这些人主要是云南本地学生，且新生年龄在20岁左右。1943年之前，女生进入社会学系的比较少，从1944年开始有女生生源每年进入社会学系。参见：《国立云南大学三十二年度全校学生名册目录》，云南省档案馆藏，云南大学全宗，档案号：1016—001—00288—001/114。

[3] 在这11个毕业生中，6人为云南本地生源。参见：《本校预备毕业生成绩审查表（民国三十二年下学期）》，云南省档案馆藏，云南大学全宗，档案号：1016—001—00298—007。《本校历届毕业生名录（民国十七年至三十四年）》，云南省档案馆藏，云南大学全宗，档案号：1016—001—00296—001。《本校民国三十二年度第二学期应届毕业生名单》，云南省档案馆藏，云南大学全宗，档案号：1016—001—00296—003。《本校民国三十五年度应届毕业审查名册》，云南省档案馆藏，云南大学全宗，档案号：1016—001—00296—004。

转系、转专业等情况，还有一部分社会学系学生则参加各种学生活动。1943年秋，社会学系二年级学生张纪域、侯奉瑾联系其他系同学发起并报请学校成立"云南大学学生自治会筹备小组"，以"钻研科学，研究真理，鼓励学行，举办学生福利、树立良好风气"为旨开展活动，之后，昆明大中院校纷纷效仿成立学生自治会，学生民主运动也蓬勃开展起来。随着学生反对国民党统治，向往自由进步的热情高涨，云大学生自治会也成为中共云南地下党组织领导的公开合法群众组织，负责领导并广泛开展爱国民主运动。1945年11月底，以"学生自治会"为主体的"罢课委员会"成立，社会学系陈克祥、李靖姝被选为自治会干事，参与领导全校罢课活动。1946年3月下旬，为加强"一·二一"运动以后的学运领导，学生自治会又进行改选21名学生干事，其中陈、李连任，并增加社会学系二年级学生蒋永尊，[1]继续参加云南各种运动。

这一时期的系内学生有参加学生运动的，也有在系主任费孝通的指导下进行实地研究的。1945年2月，游钜颐在费孝通的指示下，对路南进行社会调查工作。[2] 1945年夏，刘尧汉在费孝通的指导下回到家乡进行家庭与家族的研究，并形成调查报告《沙村社区研究》，之后修改作为其毕业论文。1945年10月9日，王志诚赴路南进行研究。[3]

在进行社会学基础理论与方法的训练后，毕业生毕业论文仍然根据社会学系的要求进行调查研究，主要对女性、女工群体、童工、农

---

[1] 云南大学校友总会社会学系分会：《云南大学社会学系系史大事记（1938—1954）》（修订稿），1992年，第3—6页。
[2]《社会学系学生游钜颐赴路南调查请发护照》（1945年2月2日），云南省档案馆藏，云南大学全宗，档案号：1016—001—00132—006。
[3]《云南大学李玉瑞、费孝通、何凯、茅士中、曹云植、汪厥明、胡丰澄、周则兵、钱惠团、程肇万、刘永祥、马履孝、李思濡、谢馥、张希惠、刘廷栋、钱立民呈请云南大学发给护照》（1945年10月8日），云南省档案馆藏，云南大学全宗，档案号：1016—001—00403—006。

民、农村社区、宗教、大学生婚姻问题等[1]的研究,选题呈现多样化且本土化的态势,每一位学生的毕业论文都需进行扎实的社区研究、田野调查,并以科学严谨的态度书写方能完成学士论文得以毕业。

（2）课程情况

表4 魁阁时期课程简表

年份	课程及教员
1940	社会学（吴文藻）、民族学（陶云逵）、土地问题（李树青）、中国社会史（瞿同祖）、宗族制度（费孝通）、社会问题讨论班
1941	社会学导论（陶云逵、李有义）、社会机关参观（李有义）、民族学（林耀华）、社会统计学、人口问题（李有义）、社会制度、社会问题（李有义）、社会心理学（陶云逵）、社会调查（李有义）、都市社会学（李树青）、农村社会学（李树青）、语言学（吴富恒）、社会学研究方法（林耀华）、近代社会学学说（林耀华）、毕业论文或研究报告
1942	社会学（费孝通）、社会学学说（费孝通）、社区研究方法论（费孝通）、社会人类学学说（许烺光、费孝通）、社会调查（许烺光）、近代西洋社会思想及运动（李有义）、边疆问题（李有义）、社会制度（李树青）、社会变迁（李树青）、中国社会思想史（瞿同祖）、应用心理学（倪中方）
1943	社会学（许烺光）、民族学（许烺光）、中国社会史（瞿同祖）、中国社会思想史（潘光旦）、社会制度（李树青）、社会心理学（吴富恒）、社会调查、云南农村经济（张之毅）、劳工问题（史国衡）、西南边疆社会（陶云逵）、毕业论文
1944	社会学（费孝通）、近代社会学理论与方法（费孝通）、中国社会史（瞿同祖）、社会统计学、社会制度（李树青）、西洋社会思想史（潘光旦）、中国社会思想史（潘光旦）、社会调查（史国衡）

---

[1] 1943年学士论文：朱丹"昆明女佣"；陈兢华"昆明敬节堂中的节妇"；安庆澜"宁村之农业与手工业"；常以谦"中国现代大学生之婚姻问题"。1944年学士论文：王志诚"宗教的社会学研究"。1945年学士论文：刘象寅"'昆明集园'及一个妓女的个案调查"。1946年学士论文：张纪域"农民负担（路南凤凰山村调查报告）"；李铭"盐业社区研究"；唐培本"昆市童工——擦鞋童工与童妾"；侯奉瑾"昆市商店员工调查报告"；游钜颐"家庭与土地"。1947年学士论文：陈年榜"社区的新旧和变容（华侨社区研究）"；刘尧汉"地主与佃农"；何器"社区之间的械斗"；王本洪"续绝——过继、领养和招赘"；李奇"一个家庭蜕变的研究"。参见：《国立云南大学社会学系概况》,《中央日报（昆明版）》1948年第6版。

(续表)

年份	课程及教员
1945	社会学（费孝通）、社会制度（费孝通）、高级社会制度（费孝通）、社会变迁（费孝通）、农村社会学（张之毅、费孝通）、近代社会学理论（张之毅）、人口问题（张之毅）、人类学（胡庆钧）、社会事业及行政（胡庆钧）、中国社会思想研究（潘光旦）、社会思想史（潘光旦）、社会心理学（倪中方）、文化人类学（汤定宇）、社会统计学、毕业论文
1946	社会学（徐雍舜、张之毅）、统计学、人类学（胡庆钧）、边疆问题（胡庆钧）、近代社会学理论（张之毅）、农村社会学（张之毅）、社会调查（罗振庵）、人口问题（罗振庵）、毕业论文

资料来源：《民国二十九年度各院系课程报部底册》，云南省档案馆藏，云南大学全宗，档案号：1016—001—00238—002。《社会学系教授费孝通、李树青为请通知学生新改授课时间及教室函本校教务处》，云南省档案馆藏，云南大学全宗，档案号：1016—001—00238—006。《民国三十年各院系课程科目表（底册）》，云南省档案馆藏，云南大学全宗，档案号：1016—001—00239—001/21—23。《文法学院社会学系三十二年度社会学系必修及选修科目课程表》，云南省档案馆藏，云南大学全宗，档案号：1016—001—00239—001/132。《文法学院社会学系必修及选修科目表（卅三年度）》，云南省档案馆藏，云南大学全宗，档案号：1016—001—00239—001/173。《三十四年度文法学院社会学系必修及选修科目表》，云南省档案馆藏，云南大学全宗，档案号：1016—001—00239—001/204。

学生需要修满学分方能毕业，学分则主要由课程学习和社会调查实践共同构成。1939年，第一批入系学生学习基础的社会学、社区研究课程。从1940年开始社会学系课程开始增多，并结合本省情况开设课程。到陶云逵主系时期社会学系课程丰富且趋于稳定，仍是结合云南本地情况进行课程的安排，此时的课程丰富且稳定，这为后续具体课程的调整与开展、学生社会调查、社会学本土化的实践做了第一步的课程理论准备。1941年社会学系还增设了社会心理学、都市社会学、农村社会学等交叉学科课程，并开始设立毕业论文或研究报告课程。[1]

1942年课程则因系主任陶云逵的离职而主要由费孝通、李有义、

1《民国三十年各院系课程科目表（底册）》，云南省档案馆藏，云南大学全宗，档案号：1016—001—00239—001/21—23。

许烺光、李树青开设。¹ 课程主要有社会学学说及其延伸（社会制度、社会变迁、社会人类学学说）以及地区社会调查所需具备的基础（边疆问题、社会调查、社区研究方法、应用心理学）等，增加的课程也是基于服务边疆的课程要求与社会学基础的加深相结合而设置的。从这一年开始，课程趋向稳定，系内教师及所授课程偶有微调，课程安排更加兼顾分配到各学年各学期，并注意要将课程联系实际社会情形。1943年，"社会调查"一课则由史国衡负责带领学生进行社会机关参与实践。² 1946年，随着费孝通的离开，徐雍舜开始主持系务，课程没有增加新内容，主要是在原有基础课程的基础上根据教师的减少而有所精简，主要由张之毅、胡庆钧、罗振庵负责授课。³

整个魁阁时期社会学系课程不断增多，1941年课表中曾注明：各校设系开课要根据地方形势有所偏重，设于边疆的大学需开设边疆服务类科目。⁴ 社会学系也是根据这一要求紧紧结合本地情况调整开设，课程主要为基础课与边疆建设类课程。除以上两类课程外，从表4可以发现，社会学系已经开始开设社会服务类课程，如社会制度、社会问题、社会心理学、社会事业及行政，而这些课程的设置也是基于社会学何为以及为服务边疆社会等问题所开设的。除了课程开设所考虑的本土化这一点外，社会学系也注意让新教员开始

---

1 1942年，费孝通讲授社会学、社会学学说、社区研究方法论，并与许烺光一起新开社会人类学学说一课，李有义负责新开的近代西洋社会思想及运动、边疆问题两课。西南联大兼职教师李树青负责社会制度、社会变迁两课，瞿同祖负责中国社会思想史的讲授，倪中方则讲授应用心理学。参见：《文法学院社会学系三十一年度社会学系必修及选修科目课程表》，云南省档案馆藏，云南大学全宗，档案号：1016—001—00239—001/85。
2《为本校文法学院社会学系学生游钜颐寒假赴路南作社会调查函路南县政府》（1945年2月），云南省档案馆藏，云南大学全宗，档案号：1016—001—00132—006。
3《国立云南大学文法学院社会学系必修及选修科目表（三十五年）》，云南省档案馆藏，云南大学全宗，档案号：1016—001—00239—001/265。
4《民国三十年各院系课程科目表（底册）》，云南省档案馆藏，云南大学全宗，档案号：1016—001—00239—001。《三十年度（1941）大学法学院社会学系必修科目表》，云南省档案馆藏，云南大学全宗，档案号：1016—001—00238—015。

带课且成为课程与实习的主力军，1941年，吴文藻的硕士研究生李有义开始在系内讲授课程：社会学导论（与陶云逵一同开课）、社会机关参观、人口问题、社会问题、社会调查五课，并负责带领学生进行课程的社会实践。1941年11、12月，李有义带领修习"社会机关参观"课程的学生进行社会实践，参观市政府、云南财政厅及模范监狱、市立养济院及集团、云南日报馆、朝报馆，了解社会机关及社会问题。[1]课程与实践的结合这一特点也是从开系开始便有所要求，到魁阁时期，这一教学要求更是认真践行。

总的来说，魁阁时期仍然延续吴氏办系的本土化目标进行实践，以服务边疆社会为目标开设边疆课程、社会服务类课程，结合基本课程使得学生打牢社会学所需的基础，同时在新教员的带领下进行课程实践，将理论与实践结合，使得学生逐渐了解云南省情，到毕业时能够具备相当独立调查研究能力，达到社会学系培养本地高技能人才的目标。

（3）课程讲座

社会学系教职员除为学生开设专业课外，还设置相关讲座。

① 1942年11月，太平洋学会社会学研究室举行社会学系讲座

自1942年11月16日起，每周一7点到8点半，社会学系举办公开演讲，共7讲。[2]（具体见表5）这些演讲内容均来自各位教职员在云南省的实际调查研究，对于学生了解云南本地区情况、学习结合社区研究的理论与方法进行研究裨益较大。

---

[1]《为本校社会学系联系参观事分函云南财政厅及云南第一模范监狱署昆明市立养济院昆明市政府云南日报朝报并中央机器厂》（1941年），云南省档案馆藏，云南大学全宗，档案号：1016—001—00098—026。

[2]《国立云南大学布告社会学研究室公开学术演讲》（1942年），云南省档案馆藏，云南大学全宗，档案号：1016—001—00098—014。

表5 社会学系讲座安排

讲员	演讲题目
李有义	《汉夷杂区经济》
费孝通	《小农经济的基础》
张之毅	《乡村手工业的两种型态》
张之毅	《土地与资本》
史国衡	《战时后方新工业的人力基础》
许烺光	《巫术与医药》
谷苞	《乡村行政结构》

资料来源:《国立云南大学布告社会学研究室公开学术演讲》,云南省档案馆藏,云南大学全宗,档案号:1016—001—00098—014。

② 1943年1月,社会学系设置边疆建设科目及讲座

社会学系成立之初,以认识边疆、服务社会为其宗旨,以"学以致用"为训练方针,来训练边疆建设人才。又因云南地理位置及民族风俗情况,为发展边疆教育及研究的理想地点,系内教职员多为人类学研究方面的贡献者,因此在课程中除注重各地土著文化外,还增设与边疆建设直接有关的科目。因学系创立之初,学生较少,故教员偏重于研究,特在社会学研究室中设立社会学研究室边疆研究所进行工作。这方面的相关书籍也较充足,在呈贡古城的社会学研究室有关边疆图书二万余种,[1] 可以为教员的研究提供参考。

边疆建设课程为社会学系课程的一部分,在行政上并与特列专习之机构,最初研究工作由社会学研究室担任。其奉教育部规定,开设的与边疆建设有关的科目主要有:

---

[1]《奉令呈拟具本校社会学系设置边疆建设科目及讲座概况请教育部核示》(1943年),云南省档案馆藏,云南大学全宗,档案号:1016—001—00098—017。

表6 边疆建设科目

姓名	所授科目及研究工作	课程内容
吴文藻	民族学	分析文化之本质内容及其变迁之原因与方式并比较世界各地文化形式之分布（偏重于土著文化）
费孝通	社区研究方法论	实地研究—社区，包括（边疆社区）之生活所用各种方法、理论基础
陶云逵	民族学、人类学	分析文化之本质内容及其变迁之原因与方式并比较世界各地文化形式之分布（偏重于土著文化） 人类体质之构造，种族之分类、分布及混合
林耀华	民族学	分析文化之本质内容及其变迁之原因与方式并比较世界各地文化形式之分布（偏重于土著文化）
许烺光	社会调查	实习调查方法（此项方法上可用于研究边疆社区）
李有义	边疆问题	讨论一般边疆问题并特别注重我国边疆
吴富恒	比较语言学	语言之性质形态及分类，并偏重于语言意义之分析
田汝康	专任边疆实地研究工作	

资料来源：《奉令呈拟具本校社会学系设置边疆建设科目及讲座概况请教育部核示》，云南省档案馆藏，云南大学全宗，1016—001—00098—017。

除边疆建设类课程外，社会学系还开设社会服务类课程以培养高级服务专门人才。社会学系结合本地环境，就地取材，以昆明及附近农村为研究区域，进行劳工问题、儿童福利、社会救济、经济等问题的研究。[1]这些经验的初步设想对于今后课程的开设都有启发，

---

[1]《函社会部为本校社会学系民国三十年度推进各项研究计划所需款请拨助》（1941年11月17日），云南省档案馆藏，云南大学全宗，档案号：1016—001—00098—008。

并在杨堃主系时期得以真正开课践行。

张静曾总结：吴文藻先生的"社会学本土化"工作一般是指其主张社会学要用中文材料，培养中国的人才，研究中国社区。[1]教材的编写、课程的讲授则为吴氏社会学本土化探索与实践的第一步，进入云南大学后，吴文藻更是结合省内社会、文化等详情，在原有教材加入新的本土元素，开设本土课程及边疆建设讲座，首先在人才培养上践行其本土化构想。在魁阁时期这一历史背景下，将吴文藻与陶云逵、费孝通的课程培养进行分析，可以看出这是一种一脉相承又不断改进完善的脉络，不论是吴文藻初创的基调奠基抑或是陶云逵的继续完善改进，都使得社会学系的课程不断完善，进一步朝着本土化的方向迈进。而在费孝通接任（1943年赴美讲学，由许烺光主要主持工作、讲授课程，但课程基本无变动）时，社会学系师资更加充足，其不断在原有课程基础上进行丰富，并开始尝试开设社会服务类课程，逐渐形成一种本土化探索的稳定模式，并在课程规划上具有延续启发意义。

（二）费孝通与"魁阁"

如果说云南大学社会学系是吴文藻开创的燕京学派本土化继续探索的大实验站，那么"魁阁"时期的社会学研究则是以费孝通为中心、英才辈出且积极践行本土化实践的新时期。1938年冬，费孝通从英伦返国后，来昆明加入云大。同年11月1日，吴文藻先生助其获中英庚款资助而作为协助科学工作人员，遂开始职业生涯的第

---

[1] 张静：《燕京社会学派因何独特？——以费孝通〈江村经济〉为例》，《社会学研究》2017年第1期，第24—30、242—243页。

一份工作。[1] 到系后，费孝通便辅助吴氏开展云南汉族农村、城镇、工厂及少数民族地区的调查工作，同时运用所学方法带领系内教职员进行田野调查。1939年，吴文藻为云南大学建立了社会学系并担任系主任。同年，又受司徒雷登[2]委托在昆明建立了两校合作的实地调查工作站。[3] 在吴氏的支持下，该工作站（又为社会学研究室，即后来学界所称的"魁阁"）工作主要由费孝通负责。[4]

之后因日寇侵略，社会学系的研究工作处于不稳状态，自1940年10月，昆明轰炸，本校校舍被毁，故将各部分别疏散。社会学系在呈贡设立工作站，专供调查工作人员住宿及工作之用。[5] 借此，社会学研究室搬入呈贡区大古城——魁星阁内。受抗日战争影响，燕京大学无法继续资助该工作站，与燕京大学合作暂时中止，云南大学又积极联系云南省经济委员会合作运行社会学研究室。1943年5月29日函中提道："为训练高级社会学研究工作人才及进行研究云南省社会情形起见，国立云南大学及云南省经济委员会同意合组社会学研究室，英文名：Yunnan Station of Sociological Research。该研究室定名为云南全省经济委员会、国立云南大学合组社会学研究

---

[1]《本校教职员名录林同济、姜家清、楚图南、赵诏熊、陈遽、徐嘉瑞、袁昌、王玉章、方国瑜、刘汉、陈定民、白寿彝、诸祖耿、冯友兰、朱观、王仲桓、沈来秋、伍纯武、陆忠义、费孝通等》（1941年），云南省档案馆藏，云南大学全宗，档案号：1016—001—00474—005。《为白寿彝、费孝通协款事函复管理中英庚款董事会》（1939年），云南省档案馆藏，云南大学全宗，档案号：1016—001—00519—016。档案中讲道：费孝通由二十八年八月份（1939年8月）起已由本校聘为社会学系副教授。

[2] 时任燕京大学校务长。

[3] 吴文藻：《吴文藻自传》，《晋阳学刊》1982年第6期，第50页。

[4] 吴文藻：《北方社会学发展杂忆》，《社会》1981年创刊号，第53页。

[5]《云南省农村社会经济调查继续计划》（1939年），云南省档案馆藏，云南大学全宗，档案号：1016—001—00107—003。《奉令呈拟具本校社会学系设置边疆建设科目及讲座概况请教育部核示》（1942年），云南省档案馆藏，云南大学全宗，档案号：1016—001—00098—017。原文如下："本校社会学研究室在呈贡古城租得一魁星阁，以供研究人员工作之所。"该室则为魁阁。

室。"¹ 云南大学社会学系也正是在"魁阁"时期的这段调查研究、学习工作中得到快速成长的。

吴文藻离开云南大学后,社会学研究室的调查研究工作由费孝通负责带领开展。关于研究室的原班人马,最先是在西南联大听过费孝通讲课的张之毅,毕业后便报名加入其主持的社会学研究室,之后陆续有史国衡、田汝康、谷苞、张宗颖、胡庆钧等跟随加入,还有云大社会学系的教授许烺光和燕京大学硕士研究生李有义,最初的研究队伍便形成了。而魁阁的学风与费孝通在伦敦政治经济学院人类学系所受的社会科学教育影响有关,采用理论与实际相结合的原则,确定研究题目后,研究员便开始进行社区研究,之后在"席明纳"中一起讨论,并撰写论文,² 费孝通则用功能分析的方法帮助同人整理调查资料,编写成书。

陶云逵因研究工作离开云南大学后,1942年8月费孝通兼任本校社会学研究室主任:"兹敦聘台端兼任本校社会学研究室主任,每月致送津贴二百元,自三十一年八月起至三十二年七月止。"³ 自此,费孝通一面主持系务,一面负责魁阁的调查研究工作。而随着研究队伍的壮大,魁阁工作也是紧锣密鼓地开展,研究人员则一面开展研究,一面在系内任课。他们在"总指挥"费孝通的领导下,选择不同类型的社区进行研究,力图了解云南社会、边疆问题,得以有效模型来服务边疆,进而为整个中国、中国农村的现代化之路做出探索。

---

1 《云南全省经济委员会、国立云南大学合组社会学研究室办法》(1943年5月29日),云南省档案馆藏,云南大学全宗,档案号:1016—001—00098—025。原文讲道:从1943年起,云南省经济委员会每年担负经费国币十万元,其余由校方负责。函件中无人签字,遂不确定是否合作实施此办法。

2 谢泳:《魁阁——中国现代学术集团的雏形》,载潘乃谷、王铭铭主编《重归"魁阁"》,北京:社会科学文献出版社,2005年,第3—19页。

3 《函聘费孝通先生代理社会学系主任由》(1942年),云南省档案馆藏,云南大学全宗,档案号:1016—001—00351—013。

在云南大学社会学系任教期间，费孝通于1938年11月、1939年8月两次对禄丰县大北厂村进行实地调查。该村以农业为基础，受资本主义工商业影响较小，劳动力充足、副业不发达，主要是雇工自营的生活方式，小地主脱离劳作、宁肯接受较低生活水平也要享受有闲生活（即消遣经济）。之后随着抗战影响，征兵使得劳动力大量减少，雇工自营方式式微。通过对该社区的调查，1940年费孝通著成调查报告《禄丰农田》一书，即后来的《禄村农田》。费孝通以社区研究的方式分析未受现代工商业影响的内地农村经济、农村土地，这种以小地主为主、以雇工自营为依托方式的禄村土地经济结构与其地少人多、受近代工商业影响的江村经济结构相比较。可以看出《禄村农田》是《江村经济》的续篇，也是以乡村为研究单位，以理论为根，注重叙事的流畅性，讲述禄村这一社区土地上的人民所发生的故事。

除进行禄村研究外，1939年9月，费孝通还带领张之毅赴易门县李珍庄进行调查，并最终指导其写成《易村手工业》。1940年4月，费孝通带张之毅赴昆阳、晋宁、玉溪调研，[1]指导张之毅进行玉溪中卫村的土地与金融调查，著成调查报告《玉村农业与商业》。1945年，受系主任费孝通之命，游钜颐赴路南县进行社会调查，[2]以及王志诚路南研究。[3]

---

1 刘兴育、朱军：《云南大学史料丛书·学术卷（1923—1949年）》，昆明：云南大学出版社，2010年，第118页。
2 《熊庆来函路南县政府》（1945年2月），云南省档案馆藏，云南大学全宗，档案号：1016—001—00132—006。原文如下："查本大学文法学院社会学系学生游钜颐兹即开赴路南县作社会调查工作，相应函达，贵县查照，惠予便利，实纫公谊。"
3 《云南大学李玉瑞、费孝通、何凯、茅士中、曹云植、汪厥明、胡丰澄、周则兵、钱惠团、程肇万、刘永祥、马履孝、李思濡、谢馥、张希惠、刘廷栋、钱立民呈请云南大学发给护照》（1945年），云南省档案馆藏，云南大学全宗，档案号：1016—001—00403—006。原文如下："本系助教王志诚明日去路南进行研究工作，因时局关系恐于路上发生周折，请发一护照，以防万一。"

费孝通不仅注意农民、农村、农业问题，而且帮助、指导"魁阁"成员田汝康、游凌霄、史国衡进行新工业工厂的"2厂1矿"研究。[1] 1942年10月9日，费孝通、史国衡赴中央机器厂参观调查劳工福利问题。[2] 1943年3月个旧矿工调查也由史国衡负责。[3]

（三）魁阁时期的社会学本土化调研实践

1. 云南农村、工厂社会经济调查

吴文藻主系时期社会学系教职员便接受中国农民银行之资助，进行云南省农村社会经济调查[4]，目的主要在于：用社会学的研究方法实地研究中国内地的农村结构，以作为国内社会经济建设的参考，

---

[1]《熊庆来致函龙章厂长》（1942年12月19日），云南省档案馆藏，云南大学全宗，档案号：1016—001—00098—020。原文如下："前敝校社会学系研究室田汝康先生在贵厂进行女工问题之研究，承予指导协助，俾能顺利进行，无任感激！该项研究工作旋因事中止，未竟全功。兹拟由敝校社会学系助教游凌霄女士前来贵厂继续进行。游女士系联合大学社会学系毕业生，对女工问题颇感兴趣。惟以研究经费尚成问题，曾托费孝通先生面商，承兄予津贴每月国币一千圆，自民国三十二年一月起至七月止，共七千圆。台端奖励学术，提携后进，至为感佩！敝校亦当嘱游女士努力工作，以符雅意也。"民国时期，由于战乱等原因，币制较复杂，除中央银行发行外，各省也发行货币。民国初年，一石大米（50千克）六圆左右，同一时期的贵州安顺，则只需三四圆；牛肉每斤0.15圆，猪肉每斤0.28圆。20世纪20年代的上海，每石大米/面粉10圆。1935年，受美国经济危机转嫁及国内财政金融危机影响，国民政府于11月推行币值改革。之后，法币膨胀，进入通货膨胀时期：抗战前期，法币发行额增长幅度较小，通货膨胀缓慢；抗战后期，通货膨胀进入恶性膨胀阶段，法币发行额迅速上涨；抗战胜利后，进入通货的崩溃阶段。国民政府发行的法币100圆的购买力，在各年可购买：1937年可买两头牛，1938年可买一头牛，1941年可买一头猪，1943年可买一只鸡，1945年可买一条鱼，1946年可买一个鸡蛋，1947年可买三分之一盒火柴，1948年连一根火柴都买不到了。可见当时通货膨胀之厉害，而教职员工资及研究经费也随之发生变化。参见：姜乔乔：《论南京国民政府的法币政策和通货膨胀》，山东财经大学，2017年。

[2]《函中央机器厂王守竞与费孝通调查》（1942年10月5日），云南省档案馆藏，云南大学全宗，档案号：1016—001—00098—026。原文如下："以本校社会学研究室费孝通、史国衡两先生拟于本月九日（星期五）往该厂参观并接洽研究劳工福利问题事宜，前承面允，希届时赐洽为幸。"

[3]《熊庆来向社会部统计处呈送个旧矿工调查纲要及经费概算》（1943年），云南省档案馆藏，云南大学全宗，档案号：1016—001—00098—023。

[4] 社会学系成立时，曾与燕京大学合作进行农村经济调查研究，获得燕京大学、洛克菲勒基金会资金支持。之后，受农民银行继续资助，直到1942年资助合同届满停止资助。

同时，训练高级社会调查之人才，并奖励抗战时期的学术工作。[1]最初，调查工作人员主要有张之毅、张宗颖、郑安仑、李有义、费孝通，[2]随着吴氏的离职，费孝通继续带领"魁阁成员"进行调查。除对禄丰县大北厂村进行禄村研究外，魁阁时期的调查研究还有：

（1）李有义对路南尾则村进行的汉夷杂区经济调研

1938年11月，李有义随费孝通进行禄丰县社会经济调查研究。[3]在跟随费孝通学习社区研究的具体实践方法后，1939年，社会学系专任讲师李有义及助教郑安仑赴路南调查社会经济状况，[4]认为要研究云南农村的各种模式，就需要注意夷民社区。尾则村是倮倮与汉人杂居的村子，仍然保有一定程度的庄园经济。[5]通过调查，最终李有义著成《杂区经济》一书。

（2）郑安仑路南县堡子村的商业机构研究

与李有义路南县尾则村这一土司制度没落、土著人民逐渐获取经济独立权之经济形式不同的是，堡子村代表农村逐渐商业化，进而形成本市镇经济形式之社区。基于此，郑安仑选择堡子村这一社

---

1 《云南农村社会经济调查继续工作计划及经费概算》（1942年），云南省档案馆藏，云南大学全宗，档案号：1016—001—00107—003。

2 《发给本校农村社会经济调查工作人员证明书》（1939年8月），云南省档案馆藏，云南大学全宗，档案号：1016—001—00537—003。原文如下："兹有张之毅、张宗颖、郑安仑、李有义、费孝通先生系本校农村社会经济调查工作人员，前往各地农村调查经济状况，系属实在，特为证明并恐往来途中不靖，尚希经过军警机关予以保护，俾利工作合给此证。"

3 《函请云南省教育厅本校副教授费孝通、李有义两先生赴禄丰县调查社会经济祈知禄丰县政府予以保护由》（1938年），云南省档案馆藏，云南大学全宗，档案号：1016—001—00343—028。

4 《函请路南县政府本校讲师李有义助教郑安仑赴该县调查社会经济状况饬属保护等因由》（1949年9月14日），云南省档案馆藏，云南大学全宗，档案号：1016—001—00343—077。原文如下："查本校社会学系专任讲师李有义先生、助教郑安仑先生，拟赴路南调查社会经济状况，作研究时参考。特以初赴贵县，深入乡村，对于人情习尚，多感生疏，拟请贵政府特饬所属乡镇长随时引导，并予保护，以利调查工作。"

5 《云南农村社会经济调查继续工作计划及经费概算》（1942年），云南省档案馆藏，云南大学全宗，档案号：1016—001—00107—003。"倮倮"即"夷人"，对彝族的别称。

区研究内地农村商业的两种基本形态：街子、市镇。街子是定期由生产者直接与消费者交易的场合，而市镇则为生产者与消费者中间商店的集合处。该村兼有这两种农村商业形式，可作比较研究。其研究结果为《堡村商业》。[1]最终，因郑安仑离职、邮寄失事，书有损失。

（3）张之毅对易门县李珍庄进行的内地乡村手工业研究及玉溪中卫村的土地与金融研究

1939年，张之毅从西南联大社会学系毕业，同年8月来到云南大学任职。为了解所选点之情况并指导张之毅进行实地调查研究，同年9月，社会学系副教授费孝通带领助教张之毅赴易门调查。[2]李珍庄因地处山谷，农业发展受限，而产生剩余劳力与资本，因而手工业兴起并产生两种形式：贫农织篾器，富农经营土纸作坊，张之毅选择这一社区后对这两种手工业进行研究，最终著成《易村手工业》一书。该研究还发表于吴文藻先生主编的《社会学丛刊》（乙集）中，并获得中央研究院杨铨奖金。[3]

玉溪中卫村地处滇中要塞，资本发达，又因受小农经济影响，农户家中婚丧嫁娶大事易产生负债而无以久保土地，因而地权转移集中，张之毅对玉溪中卫的研究则涉及土地与金融问题。《易村手工业》与《玉村农业与商业》最终由费孝通整理编辑与其《禄村农田》合为《云南三村》，并在国内外学术界产生影响。该著作形成于抗战时期的中国，费先生想要探索的是中国在抗战胜利后要建成一个怎

---

[1]《云南农村社会经济调查继续工作计划及经费概算》（1942年），云南省档案馆藏，云南大学全宗，档案号：1016—001—00107—003。

[2]《函请易门县政府本校社会学系教授费孝通助教张之毅赴该县调查社会经济状况饬属保护由》（1949年9月），云南省档案馆藏，云南大学全宗，档案号：1016—001—00343—076。原文如下："查本校社会学系教授费孝通及助教张之毅两先生，拟赴易门调查社会经济状况，作研究时参考。特以初赴贵县，深入乡村，对于地方社会情形，多感生疏，拟请贵政府转饬所属乡镇长随时引导，并予保护，以利调查工作。"

[3]《国立云南大学社会学系概况》，《中央日报（昆明版）》1948年第6版。

样的国家,[1]带着这种"家国天下"的理想志愿,费孝通带领魁阁成员积极调查、认真探索、科学地认识中国社会,将社会学本土化这一理想践行到底。

（4）薛观涛进行玉溪大村农产的商品化研究

薛观涛研究玉溪大村农产品之商品化问题以及商品化后对农村经济的影响,后因薛观涛离职而无法完成该项研究。[2]

（5）谷苞进行呈贡县归化区乡村行政及财政研究

1941年从西南联大毕业后,谷苞先是在清华国情普查研究所做助教,同年10月到云南大学任助教。[3]其对呈贡县归化区进行乡村行政及财政研究：农村的捐税、赋役为支出之重担,而该项支出一部分归国库,一部分用于地方事业如水利、教育等的兴办。涉及的此项权利义务能否平衡进行,则与行政机构的良性运行有关,而行政机构的良性运行又与地方的经济发展联系密切,因此选择化城镇进行此项研究。[4]并最终写成《化城村乡的经济传统》。

（6）安庆澜进行玉溪大营伊斯兰教与经济生活研究

玉溪大营村是滇中回教村,研究者要以教徒的身份资格才能得到研究机会。回教徒之间互相团结、相互救济,因此,特别适合从事内地运输、贩卖,甚至走私行业,而成为云南经济中一特殊又重要的中心。[5]因此,安庆澜选择玉溪大营这一社区进行回教徒的经济

---

1 费孝通：《云南三村》，北京：社会科学文献出版社，2006年。
2《云南农村社会经济调查继续工作计划及经费概算》(1942年)，云南省档案馆藏，云南大学全宗，档案号：1016—001—00107—003。
3《通知黄传义、李元庭、叶桂燧、谷苞、李文蔚、王纯修、林耀华、李蕙卿、芮吉士、吴晗、王芳德、崔书文、许靖、杨碧蟾、马质夫、蔡克华、徐永椿、何襄明辞职、新聘由》(1941年11月27日)，云南省档案馆藏，云南大学全宗，档案号：1016—001—00347—037。
4《云南农村社会经济调查继续工作计划及经费概算》(1942年)，云南省档案馆藏，云南大学全宗，档案号：1016—001—00107—003。
5《云南农村社会经济调查继续工作计划及经费概算》(1942年)，云南省档案馆藏，云南大学全宗，档案号：1016—001—00107—003。

生活调查。

（7）田汝康进行芒市那木寨摆夷宗教活动与经济研究及云南纺纱厂女工与家庭研究

田汝康，原就读于北京师范大学，后因战争影响辗转到西南联合大学继续就读，毕业后于1939年8月到云南大学社会学系任助教（由教部边疆教育补助费支送），[1]并作为魁阁研究室研究助理，进行云南芒市摆夷调查。摆夷生活最重要之仪式为"做摆"，将劳作积累的财富散于社会，以获得尊号。此项结果著成《摆夷的摆》一书，后修改为《芒市边民的摆》，并发表于《社会学丛刊》（乙集）中。

田汝康云南纺纱厂研究以女工为研究对象。女工入厂大多是基于家庭纠纷，而当入厂工作后其生活观念发生改变，又不易回归农村，由此引起家庭纠纷。[2]该研究采用谈话法及实地调查进行研究，在当时是农民从农村到城市的一种新型研究，也是中国最早的农民工研究。该研究对于当代农民工问题及农村单身男青年婚姻问题研究都具有指导作用。

之后，田汝康的女工研究因事未竟，学校拟派社会学系助教游凌霄女士在1943年1—7月到厂继续进行田汝康所研究的女工问题。"游女士系联合大学社会学系毕业生，对女工问题颇感兴趣。惟以研究经费尚成问题，曾托费孝通先生面商，承兄予津贴每月国币一千元，自民国三十二年一月起至七月止，共七千元。台端奖励学术，提携后进，至为感佩！敝校亦当嘱游女士努力工作，以符雅意也。"[3]

---

[1]《通知田汝康等教职员新聘由》（1940年），云南省档案馆藏，云南大学全宗，档案号：1016—001—00454—010。

[2]《云南农村社会经济调查继续工作计划及经费概算》（1942年），云南省档案馆藏，云南大学全宗，档案号：1016—001—00107—003。

[3]《函告龙章厂长派本校社会学系游凌霄至贵厂进行女工问题之研究》（1943年），云南省档案馆藏，云南大学全宗，档案号：1016—001—00098—020。

（8）史国衡进行昆明中央电工厂的新工业兴起与农民改业研究及个旧锡矿矿工调查

史国衡在西南联大毕业获得清华大学学士学位后，先在清华国情普查研究所做助教，1939年8月到云南大学社会学系工作，先后任助教、讲师，且为"魁阁"主要成员。自抗战以来，云南农村出现人口外流、农民改业等现象，新工业为农民改业提供了出路，研究此现象对于研究中国农民如何进入工业有重要参考作用，而在工厂中实地观察必不可少，因此史国衡对有500人的昆明中央电工厂进行实地调查，最终形成调查成果《昆厂劳工》一书，[1]并发表在《社会学丛刊》（乙集）中。1945年5月，因该研究受美国重视，史国衡受邀赴美继续研究。[2]

1943年3月，社会学研究室为加强学术研究与社会行政的联系，即考虑到服务本土社会的需要，与社会部统计处合作举办个旧矿工调查，由史国衡负责。采用社区研究的方法，主要调查矿区环境、历史，矿业现状，矿工人数、矿工管理、工作时间、报酬、生计、福利、工人运动，并最终得出结论与建议。[3]

费孝通主系时期，社会学系关于云南的研究便有"9村2厂"此11个点的研究，研究方向主要分为内地农村经济与社会、边区农村

---

[1]《云南农村社会经济调查继续工作计划及经费概算》（1942年），云南省档案馆藏，云南大学全宗，档案号：1016—001—00107—003。

[2]《史国衡出美研究事呈教育部核示》（1945年5月22日），云南省档案馆藏，云南大学全宗，档案号：1016—001—00385—018。原文如下："该书在美国哈佛大学以China Enters The Machine Age书名出版以后，颇得该方人士之重视，并认为与哈佛大学历年所作之工业认识研究不无相互发明之处，兹接美国国务院代理国务卿格鲁来电通知赴美作更进一步之研究合作，窃以我国战时工矿事业中之人事制度无从教育以及社会福利等设施，虽在极端困难之中，尤多难能可贵之贡献，此种情形尚无外邦人士所了解，兹为宣扬我国社会事业，藉正外人视能计，拟即接受此项工作，用特恳请。"

[3]《函复社会部统计处为调查个旧矿工推荐调查员二人请查照核委》（1943年6月11日），云南省档案馆藏，云南大学全宗，档案号：1016—001—00098—023。并获统计处"准予合作办理，经费照原列顶算实文实销"回复。

的发展、农业过程与工业过程中的问题等。¹关于第一方面主要是张之毅玉溪中卫村研究及谷苞呈贡归化区研究，此部分受各机关关注并给予鼓励，中国工业合作协会曾表示愿意协助本校扩大对各地手工业的研究。第二部分因边疆民族问题日益严重，政府亦重视协助研究。²第三部分则是在农村农业基础上的新工业实地研究，并筹措与清华大学心理学系合作，计划做出较大规模的工厂研究工作。在这之后仍有其他农村、工厂、边疆建设之研究。

（9）胡庆钧：水利农田、传统农业社会结构

1945年6月，应费孝通之邀，胡庆钧到云南大学社会学系任专任讲师，³到系后，主要教授社会事业及行政、边疆问题、人类学等课程。1946年，胡庆钧开始赴呈贡大河口村做社会调查。⁴在系任教的三年中，胡庆钧先后对呈贡大、小河口村、安江村进行调查并考察水利农田，形成《呈贡基层社会结构》一书。

2. 边疆教育与边疆建设研究

社会学系从建系开始，便重视边民调查、边疆建设研究，吴文藻在系时便为边疆建设研究各处奔走以获得支持，离系至重庆任职

---

1 《云南农村社会经济调查继续工作计划及经费概算》（1942年），云南省档案馆藏，云南大学全宗，档案号：1016—001—00107—003。

2 《云南农村社会经济调查继续工作计划及经费概算》（1942年），云南省档案馆藏，云南大学全宗，档案号：1016—001—00107—003。

3 《费青、费孝通、张之毅、胡庆钧、王志诚、傅懋勣、王康、倪中方、吴家华、庄圻泰、姜振中、朱亚杰、程力方、徐绍龄、龙文池、黄锦焕、崔之兰等人应聘书》（1945年），云南省档案馆藏，云南大学全宗，档案号：1016—001—00415—004。《校蒋同庆、胡鸿钧、陆星恒、徐韵芬、伍兆诒、胡庆钧等人人事变动及加薪通知》（1945年），云南省档案馆藏，云南大学全宗，档案号：1016—001—00442—018。

4 《为本校社会学系讲师胡庆钧赴呈贡大河口村作社会调查请给予方便函呈贡县政府》（1946年），云南省档案馆藏，云南大学全宗，档案号：1016—001—00132—010。原文如下："查敝大学社会学系讲师胡庆钧先生赴呈贡大河口村作社会调查，拟请贵县特饬该村乡保长知照，予以便利。"

后，仍关注社会学系的边教研究费等问题,[1] 这方面的研究也落在了魁阁时期的教职员身上。

（1）边疆教育研究

该项研究由王政负责指导,[2] 调查人员为薛观涛、江应樑。调查时间为一年，共分上、下半年两阶段。上半年共两期，第一期为上半年前三个月，调查人员需广泛阅览有关边教的文献，向指导人做出书面报告，主要为西北、西南边疆教育的沿革及概况，现行教育中公民教育、产业教育、文字教育的有关分析，边疆师资教育以及训练的概况。

第二期（上半年后三个月）则为云南内土著人民（族）教育的调查。（1）计划研究工作：省教育厅推行边地教育的经过及现状，所办边地师资教育概况，英法等国传教士在边区实行教育的过去与现在及方法与影响，回教、佛教、基督教在边地民间影响的比较，英法所在殖民地的教育情况，云南省内的民族分类、社会文化特征及公民教育程度的概况调查。（2）筹备第二阶段的实地调查工作，阅览学习一切有关该地区边教及社会情形的材料。

第二阶段第一期（四五个月），在云南省边疆地带选择调查地点，及时编制初步的实地调查报告。主要调查：本区内人口（包括各土著人民在内的）分布，本区内物质环境及社会经济组织，本区内外来汉人与土著人民间的关系调查，本区内教育实施的专门调查（汉族调查、土著之学校调查、汉土混杂教育、土著教育之精密考察）。

---

[1]《函谢社会部朱丽东及吴文藻并本校社会学系同仁鼎力赞助社会学系》（1942年2月24日），云南省档案馆藏，云南大学全宗，档案号：1016—001—00098—011。原文如下："弟忝长校政以来，愧无建树，顷接吴文藻兄来函，谓敝校社会学系向社会部请求补助费，深荷鼎助。""学校风潮刻已平息，堪慰廑注。社会学系补助承蒙吾兄接洽，甚感！""边教研究费闻协款可以增加，至慰！弟当转先社会学系各同仁。"

[2] 刘兴育、朱军：《云南大学史料丛书·学术卷（1923—1949年）》，昆明：云南大学出版社，2010年，第42页。

第二期则在最后一两个月整理调查材料,编制调查报告,结束本年度工作。[1]

(2)边疆建设研究

1940年边疆建设研究开始筹备,并获支持。1941年2月教育部收到国立云南大学社会学系呈送的边疆建设研究计划及报告等件,教育部训令指示:核定本年度补助费三千元,并提出社会学系进行边疆建设研究时须注意的几点:探究社会整合、团结一致的基本原理;调查边胞动态及对于国家、爱国主义思想、抗战救国的认识;注意选择会说摆夷语的地区;注意将"秦语"改为"摆夷语","汉化"改为"国族化",[2]从中可看出该项训令结合云南省情、边疆民族的本土化考量。

1941年春,社会学系派田汝康到滇西边区进行调查研究,在芒市附近调查该地之宗教活动,共历时四个月,于1941年冬完成《摆夷的摆》一书。田汝康与当地关系密切,深受欢迎,并获得推进当地与社会学系各项建设合作的允诺。1942年春,为扩大研究工作方案及将来安排人员至该处调查,田汝康又联系会见十二土司,十二土司正式要求社会学系派员前去芒市协助办理一座中心小学。

后因经费问题,该项研究由田汝康一人负责,同年暑假期间其到芒市参加工作,补充修改之前的研究报告,以求对社会人类学有所贡献,继续进行本地的经济活动研究,计划在1942年冬季完成,再继续研究该地的政治活动,以求阐明该社区的各种重要制度,充分了解该地人民的社会生活全貌。1942年,因芒市陷落,田汝康抵

---

[1] 刘兴育、朱军:《云南大学史料丛书·学术卷(1923—1949年)》,昆明:云南大学出版社,2010年,第124—126页。
[2]《通知本校社会学系奉教育部令呈送社会学系边疆建设研究计划及报告事》(1941年),云南省档案馆藏,云南大学全宗,档案号:1016—001—00098—013。

达大理，决定在民家继续调查工作,[1] 同时编审《腾龙边区土地制度》[2]。

关于边疆建设研究，社会学系另一位代表研究员则是许烺光。1941年2月，许烺光到系后便一边授课一边参与边疆建设调研，并赴大理喜洲对民家社区进行研究，1941年著有 Medicine and Magic in Min China（《驱除捣蛋者》）。[3] 1942年，在边疆建设科目中担任"社会调查"一课，带领实习调查方法，并作为边疆建设研究人员之一，继续进行调查研究。1943年，许烺光赴滇西调查资料以备编纂《家庭与宗教》。[4] 1944年，因费孝通赴美讲学，系中人事变动少，许烺光教授接任作为代理研究室主任主持工作，因事务繁杂只能利用暑假两个月时间继续赴喜洲及下关一带研究民家人、汉民杂居间的家族、祖先崇拜及其他宗教活动。方法重深不重广，由对于边民家族组织及精神生活之确切认识，为"三民化"教育上之建议暨实施。[5] 1944年，许烺光赴哥伦比亚大学讲学,[6] 再未回系任教。

关于边疆建设研究的成果有：李有义的《汉夷杂区经济》（社会

---

[1]《云南边疆建设研究计划及预算》(1942年)，云南省档案馆藏，云南大学全宗，档案号：1016—001—00098—014。

[2]《社会学系设置边疆建设科目及讲座概况》(1943年)，云南省档案馆藏，云南大学全宗，档案号：1016—001—00098—017。

[3]《国立云南大学向教育部呈送边疆建设研究计划、预算及调查人员简表》(1944年4月17日)，中国第二历史档案馆，全宗号五，案卷13171。原文如下："许烺光曾著有《现代农村社会中之医药暨公共卫生》一书（英文本），由美国太平洋学会印为专刊（民国三十三年十月），此书即为根据许教授二年前在喜洲区工作时所得材料之一部分。"《现代农村社会中之医药暨公共卫生》也即《驱除捣蛋者》。档案《社会学系设置边疆建设科目及讲座概况》中曾讲道："民国三十年教授许烺光在大理喜洲研究民家社区，著有 Medicine and Magic in Min China（英文本，在油印）。"

[4]《许烺光先生身份证明证书由》(1943年)，云南省档案馆藏，云南大学全宗，档案号：1016—001—00359—014。

[5]《国立云南大学向教育部呈送边疆建设研究计划、预算及调查人员简表》(1944年4月17日)，中国第二历史档案馆，全宗号五，案卷13171。此调查材料也即后来成书的《祖荫下》。

[6]《许教授顷接美国哥伦比亚大学校长巴特鲁来电聘即赴美讲学一年》(1944年7月)，云南省档案馆藏，云南大学全宗，档案号：1016—001—00378—007。

学研究室第五种），田汝康的《摆夷的摆》（社会学研究室第三种）、《腾龙边区土地制度》，许烺光的 Medicine and Magic in Min China(《驱除捣蛋者》) 以及《祖荫下》。[1] 而这些边疆调查研究的报告都是社区研究的典范，成为后代社会学界学人进行相关学习、调研前必读书目。1943 年 2 月 1 日，中国社会学会昆明分会围绕讨论战后社会建设的问题，宣读了李有义的《士气与社会》一文。[2]

（3）一边区：康藏印缅边区调查（少数民族研究）

1943 年的康藏印缅边区调查从 1943 年 6 月初至 1943 年 12 月中旬共 6 个月时间，主要考虑到该地区为中英北段未定界限的区域，过去因英人封锁，国人对该地区不了解，缅甸战役后，英人全部撤退，因此需要调查该地基本情况，以便为将来交涉做准备；该地对于与印度沟通、使西藏内附均起到枢纽作用；该地为军事重要区域，对于将来反攻缅甸具有重要战略意义，因此调查工作迫在眉睫。

调查主要沿大理—怒江傈僳族自治州—西藏—迪庆藏族自治州—丽江—怒江傈僳族自治州—大理这一路线进行边胞人口分布、生活情况、语言种类等人文资料收集，以利将来移民；搜集各种历史、地理材料以利将来划界作依据，调查该地资源分布、交通情形、运输贸易方式等，以利将来开发。此次调查费用由教育部支持，超出部分则由第十一集团军总司令部以及康藏印缅边区游击指挥部补助。[3]

---

[1]《社会学系设置边疆建设科目及讲座概况》（1943 年），云南省档案馆藏，云南大学全宗，档案号：1016—001—00098—017。

[2] 会议宣读的论文还有：李景汉的《战后农村建设问题的讨论》、吴泽霖的《边疆的社会建设》、李树青的《中国家族制度的结构及其重建》。参见：云南大学校友总会社会学系分会：《云南大学社会学系系史大事记（1938—1954）（修订稿）》，1992 年。

[3] 原档案中这一路线为：大理—漾濞—永平—云龙—泸水—片马—江心坡—孙布拉蚌—察禺（隅）—掘罗瓦—盐井—德钦—茨中—叶枝—维西—巨甸—茨开—石鼓—宁蒗—永宁—丽江—鹤庆—剑川—洱源—邓川—大理。参见：《康藏印缅边区调查计划以及用费预算一案熊庆来函呈陈立夫》（1943 年 6 月 9 日）之附录，云南省档案馆藏，云南大学全宗，档案号：1016—001—00098—022。

（4）一前线：滇西一带前线经济调查

1944年7月，受社会部与美国援华救济委员会合作委托与支持，张之毅偕助理（学生）游钜颐在暑假期间赴保山永平及腾冲边境调查战时经济情形及因战事所致的物资受损情况。[1]

总的来讲，从已有档案中整理出魁阁时期的本土化实践共19个点：14村，2厂1矿，1边区，1前线（见表7）。

表7 魁阁时期社会学系研究计划及成果

研究主题	研究地点	研究者	研究成果
内地农村之土地制度	禄丰县大北厂	费孝通	《禄村农田》
内地乡村手工业	易门县李珍庄	张之毅	《易村手工业》
农村之商业机构	路南县堡子村	郑安仑	《堡村商业》
农产之商品化	玉溪县大村	薛观涛	
土地与金融	玉溪县中卫村	张之毅	《玉村农业和商业》
乡村行政及财政	呈贡县归化区	谷苞	《化城村乡的经济传统》
汉夷杂区经济	路南县尾则村	李有义	《汉夷杂区经济》
摆夷宗教活动与经济	芒市那木寨	田汝康	《摆夷的摆》
回教与经济活动	玉溪大营	安庆澜	《经济与生活》
水利农田、传统农业社会结构	呈贡县大、小河口、安江村	胡庆钧	《呈贡基层社会结构》
民家社会组织	大理双鸳村	田汝康	
民家社区	大理喜洲	许烺光	《驱除捣蛋者》
榆村经济	榆村	张之毅	《榆村经济》
新工业兴起与农民改业	昆明中央电工厂	史国衡	《昆厂劳工》
女工与家庭	云南纺纱厂	田汝康	《内地女工》

---

[1]《熊庆来致保山县政府公函》（1944年），云南省档案馆藏，云南大学全宗，档案号：1016—001—00583—010。

(续表)

研究主题	研究地点	研究者	研究成果
矿工调查	个旧锡矿	史国衡	
边区基本情况	康藏印缅边区	田汝康、许烺光等[1]	《祖荫下》
滇西一带前线地区经济情形调查	保山一带、永平及腾冲边境战区	张之毅、游钜颐	

总结

吴文藻曾直指"中国目前问题的核心,一言以蔽之,是整个社会组织的解体。从表面上看来,这问题是双重的:一面是西洋文化的急速侵入,一面是边疆民族的离心运动。同时,后者即是前者的结果。故从骨子里看去,问题的症结,还在中西文化自接触以来所引起的根本冲突"。[2] 直面中国社会与中国问题,以求科学地解答中国发展之问题,从而建设现代中国便成为包括社会学在内的整个学界认识与实践之要义,而本土化的探索与该目标最相合。因此,对于社会学本土化的实践必须坚持,而为了延续吴氏学术救国之路,云大社会学系以及"魁阁"顺时而生;在这片理想的学术园地上,以费孝通为中心的"魁阁"先人们学风自由、治学严谨,不畏艰难、坚持初心,研究边疆情况、传承社区研究,尽量将西方的理论方法与中国的现实情况相接轨,试图以社会调查实践的科学方法探索当时云南乃至整个中国的社会问题,进行社会学"本土化"的探索与实践。

---

[1]《国立云南大学向教育部呈送边疆建设研究计划、预算及调查人员简表》(1944年4月17日),中国第二历史档案馆,全宗号五,案卷13171。原文中提到:1943年7月21日后,田汝康赴江心坡,但因军事活动,无所获而返;许烺光则于8月5日赴大理喜洲及下关一带研究民家。

[2] 吴文藻:《论社会学中国化》,北京:商务印书馆,2010年,第460页。

三、后魁阁时期：1946—1951

1946年，费孝通因故离开云南大学[1]，"魁阁时期"的调查研究工作相继结束，又因抗战胜利后教师返回原籍、北上、出国留学深造等情形，云南大学全校包括社会学系在内出现师资短缺的情况。社会学系主任更是不断找老师兼任，在1946年6月至1948年5月间，先后代理兼任系主任一职的有：徐雍舜、[2] 张之毅、[3] 梅远谋、[4] 杨

---

[1] 社会学系教授费孝通未应聘，于中华民国三十五年八月一日止薪。参见：《国立云南大学教职员异动通知单》(1946年)，云南省档案馆藏，云南大学全宗，档案号：1016—001—00373—047。

[2] 徐雍舜是1943年来云南大学社会学系任教授，1946年接任社会学系主任一职。参见档案：《为聘熊迪之为本校补习班数学教员、高崇熙为工学院教授、徐雍舜为文法学院社会学系教授等聘书》(1944年4月)，云南省档案馆藏，云南大学全宗，档案号：1016—001—00371—010。原文如下："1944年8月—1945年7月底止，云南大学聘徐雍舜为文法学院社会学系教授，月薪国币三百八十元。"《云南大学教职员张家驹、陈曼石、李绍武、于振鹏、饶重庆、赵崇汉、捺靖、宋玉生、彭望雍、饶禩、浦莱、徐雍舜、张之毅、罗振庵、张其濬、王士魁、张福华等名册及调查表》(1946年6月)，云南省档案馆藏，云南大学全宗，档案号：1016—001—00481—006。原文如下："社会学系教授兼主任为徐雍舜（月薪540元），副教授张之毅，助教罗振庵。"

[3] 原定徐雍舜代社会学系主任"六月份起至卅六年七月底止"，但其只代理系主任3个月，1946年9月由张之毅短暂代理系务到1947年8月。参见：《教职员表》云南大学档案馆藏，云南大学全宗，档案号：1951—Ⅱ—04。

[4] 张之毅休假离校后为梅远谋院长短暂代理过系内事务。《云南大学史料丛书·教职员卷(1922—1949年)》中186页提道："（五）社会学系学生攻击张先生事，因张先生坚请休假，胡庆钧先生又因事离校，该系现状已商请梅院长暂行兼代，至对该系学生反对教师之问题，当即另案酌办。"刘兴育、王晓珠主编：《云南大学史料丛书·教职员卷(1922—1949年)》，昆明：云南民族出版社，2008年，第24页。原文如下："聘梅院长远谋兼代社会学系主任，应加送聘函，即希备致。民国二十六年八月十八日（1947年8月18日）"

怡士，[1] 直到1948年8月杨堃[2]的到来，云南大学社会学系才如有主心骨般稳定下来，他想办法解决师资缺乏的困境，[3]再加上当时学校出台一系列优惠政策以延揽教师，保证师资力量及正常教学，如职称为副教授的老师来校即给经费补贴，联系并邀请从西南联大留下的老师，聘请国外留学归来的教师，培养本地教师、本地、本校及西南联大优秀毕业生（陈年榜、刘尧汉等），当地专家学者等。社会学系开始恢复稳定发展，并逐渐结合当时的学校社会情况调整新的系务，为社会学系的本土化发展开启了一个新的时段——后魁阁时期。

（一）杨堃与云南大学社会学系概况

1901年出生的杨堃，不甘心中国受列强压迫、一心追求救国救

---

[1] 1947年8月起，杨怡士开始代理系主任一职。参见：《本校杨怡士、杨元坤、仲跻鹍、张鼎芬、李光溥、袁丕佑、祁景良、刘玠、王启明、谢苍禄、董佩玉、肖一飞、杜穆光、李志鹄、舒金安、罗祉仲等人人事异动通知》，云南省档案馆藏，云南大学全宗，档案号：1016—001—00449—006。原文如下："月薪490元，卅六年八月至卅七年七月底止。"《本校陆星恒、韩惠卿、于振鹏、潘和西、马希融、杨怡士、许烺先、张性聪、张瑞纶、饶重庆等人人事异动通知》，云南省档案馆藏，云南大学全宗，档案号：1016—001—00449—018。原文如下："兹聘杨怡士先生为社会学系代理主任，自八月起至卅七年一月止，应加教聘书。"
原计划聘杨怡士代理社会学系主任至1948年1月底，再由许烺光到校任教授兼系主任，但因许烺光未到任，而续聘杨怡士至七月底止。参见：《杨怡士、张清华、杨堃、张若名、阮曾佑、林文铮、王欣棣、石坚白、曾勉、陈松岩、瞿明宙、黄薰南、安字明、张楚宝、孙慧筠、李荫桢、谢保清、王伯琦委任异动通知》，云南省档案馆藏，云南大学全宗，档案号：1016—001—00375—005。原文如下："查本校社会主任一职因许烺光先生尚未归国，系主任一职由杨怡士教授兼任，凡有关社会学系事宜及校务会务等均应通知伊办理。"
[2] 杨堃，法国里昂大学理科硕士（社会学）博士。1948年到系后开始任系主任直到社会学系被撤销调入历史系工作，一直注意带领学生进行实地调查调研、生产实习工作。著作有《中国家族中之祖先崇拜》（法文）、《葛兰言研究导论》、《法国现代社会学》、《社会学大纲》、《社会科学概论》、《莫斯教授的社会学》、《灶神考》、《云南白族的起源和形成论文集》、《民族学调查方法》等。曾担任西南文化研究室研究员（名义职）。
[3]《关于一九五一年度上学期本系概况的报告》，云南大学档案馆藏，云南大学全宗，档案号：1951—Ⅱ—04。原档案如下："一九四六年七月，李、闻惨案发生后，费、许诸氏均相继去职，魁阁研究室停办，本系教师顿感缺乏，费氏去职后，至一九四八年夏止，曾由张之毅诸氏代理系务。至一九四八年七月起，杨堃氏主持系务，增聘江应樑、李慰祖、石埔壬诸先生，初步解决了教师缺乏的困难。"

民真理的他不加择取地读各种书，终于在广博的学习和新文化思想的影响下，认识到"新学"[1]可以救中国。当时求进步的中国人认为只有维新才能救国，而这就需要学习西方，因此，他到法国里昂中法大学求学，一心要把法国的社会学学到手，回国为中国社会学的发展尽一份力。

1931年，杨堃与妻子张若名归国，辗转在各大学进行教学工作。[2]后经吴文藻介绍到当时全国社会学、民族学建设运动的中心——燕京大学社会学系任教，该系注重理论与实际相结合，并将实验站设在清河镇、八家村。1938年，吴文藻离校南下后，杨堃接任其课程：初民社区（原始社会）、社区研究、当代社会学学说。并指导学生进行小规模的民族调查，其指导的研究几乎全与民族学、民俗学相关。之后受太平洋战争影响，杨堃离开燕大，又辗转到研究所、学校工作。[3]在到云南大学前著有：翻译狄亚的《法国现代社会学》[4]（1931年

---

1 杨堃认为，西方资产阶级的民主主义文化，即包括社会学学说、自然学说在内的文化，即所谓的"新学"。杨堃留法时，先是学习理科拿到硕士学位，之后转入文科，博士学位论文初稿《祖先崇拜在中国家族、社会中的地位》完成后，由论文指导老师谷恒推荐跟随巴黎大学汉学研究所负责人葛兰言学习，又经葛兰言介绍给莫斯，在其与雷布儒、瑞伟二人共同筹办的巴黎大学民族学学院学习。自此，开始其民族学研究之路。
2 杨堃先后在国立北平大学（原北京大学）、国立北平师范大学（原北京师范大学）文学院社会学系、中法大学孔德学院社会科学系、清华大学社会学系等任教，讲授民族学、普通人类学、社会学、当代社会学说、中国社会史、社会进化史、家族社会学等。任教时，除单纯讲述法国社会学派的理论和方法，还将访问体会加入讲义中，用在法国民族学派的调查方法指导学生进行实际调查，以调查报告代替考试，以积累大量民族学和民俗学资料。这些方法和主张之后在云南大学任教时，也均得到采用。参见：米有华：《杨堃传略》，《晋阳学刊》1991年第1期，第104—109、2、86页。《推荐杨堃到云大任教函熊庆来校长电复》，云南省档案馆藏，云南大学全宗，档案号：1016—001—00375—003。
3 杨堃：《我的民族学研究五十年》，载杨堃《民族与民族学》，成都：四川民族出版社，1983年，第390—399页。
4 [法]狄亚：《法国现代社会学》，杨堃译，建设图书馆，1931年。

版);《社会学是什么？》[1]（1932年版);《社会学大纲》[2]（1935—1936年教案,1948年在昆明出版);《人类学大纲》（1942—1943年版）[3]。这些文本对于杨堃到系开设课程的教案参考,与其他教职员、学生沟通新的理论方法起到重要辅助作用。

1948年3月4日,孙本文给熊庆来去信向熊庆来校长推荐杨堃夫妇来校任职,而此时的杨堃已离开燕大在北洋大学任职,并有意愿来昆任教。收到信后,考虑到社会学系师资缺乏、缺少系内领头人及对杨堃能力的了解,熊庆来立即在此信件加批语指示"即聘杨堃来校,而其夫人需要斟酌再定"。[4]并于同日（3月4日),熊庆来就给杨堃去信,希聘杨氏为社会学系教授,并提前发三个月薪资作为旅费。[5]可以看出,当时熊庆来校长心意之诚、对人才的渴望,其对于社会学系始终如一的支持也为杨堃到云南大学社会学系的工作打下了坚实的基础,做出了有力保障。而深入云南民族地区做民族学调查研究工作一直是杨堃多年的一大夙愿,[6]能够为中国社会学、民族学尽一份力,探索中国社会、中国民族的发展,一代知识分子的情怀与学术抱负使杨堃当即决定来昆任教,偕夫人5月间飞昆,上

---

1 杨堃：《社会学是什么？》,百科杂志社,1932年。

2 杨堃：《社会学大纲》,著者出版,1948年。该书原为1935—1936年杨堃在北平任教时所写任课教案,后进行修改而出版。

3 杨堃：《人类学大纲》,北京：北京大学出版社,1944年。

4《推荐杨堃到云大任教函熊庆来校长电复》,云南省档案馆藏,云南大学全宗,档案号：1016—001—00375—003。原文如下："不知贵校社会学系现尚需人否（系指暑后）？兹有北洋大学教授杨堃先生颇愿来南方任教。杨先生在北方各大学执教近二十年,如能来贵校任课,必可加强社会学系。随函附上履历一纸,藉供参考。又杨先生之夫人张女士长于文学及法文,如贵校亦须延聘此项人才尤佳。杨先生曾函询昆明方面亦有惊否？便中亦祈示及为感。"

5《推荐杨堃到云大任教函熊庆来校长电复》（1948年3月28日),云南省档案馆藏,云南大学全宗,档案号：1016—001—00375—003。

6 杨堃：《杨堃民族研究文集》,北京：民族出版社,1991年,第519页。

半年即到校，并于1948年8月底开始担任社会学系教授兼主任。[1]

与吴费时期一脉相承的是，杨堃认识到社会学系社区研究的重要性，到校不久便开始筹备社会学研究室的恢复并进行调查实践。不同的是，杨堃想将社会学系办成民族学系，他将调查工作的重心放在民族学、民俗学等方面。在社会学方面，其更注重实务（即培养为本地服务的高级人才），这一点与云南本地的民族、社会问题的解决与需求更相适应，对于已经对云南本地情况有一定认识基础的社会学系来说，深入开展民族学调查是其本土化实践的另一条大路。熟悉当地情况、富有经验的社会学系毕业生刘尧汉则成为杨堃得力助手。

1948年秋季，杨堃带领的社会学系确立了昆明附近彝族居住地——大墨雨为工作站，由彝族助教刘尧汉负责住在该村彝族人家中，边听边记日记，写成材料。杨堃与其他师生每星期日去一次，不到三个月便因治安问题，而无法继续进行调查。1950年春，昆明解放后，杨堃积极学习马列主义和俄文，[2]开设唯物社会学、专题调查研究、人类学、原始共产主义社会等课程，同时也开始其马克思主义社会学、民族学的转向，思考如何为国家和人民服务。

除刚开始的工作站调查，杨堃还带领系内师生进行生产实习。新

---

[1] 云南大学为支持人才来校任教，给杨堃夫妇二人提前至1947年11月起薪。参见：《国立云南大学应聘书（张家驹、李绍武、冉俊彦、周光倬、张骙祥、陈东凯、杨克成、朱伯奇、杨堃、侯振邦、杨怡生、刘德曾、陈年榜、刘尧汉、王明贞）》，云南省档案馆藏，云南大学全宗，档案号：1016—001—00417—005。原文如下："聘杨堃为社会学系教授，月薪国币六百元，授课9—12小时，自三十六年十一月起至三十七年七月底止。"《杨堃、江应樑、李慰祖、陈年榜、张炳翼、罗庸、和克强、石介高、周均、田光烈、方龄贵、陈东凯、张骙祥、熊庆来、贾光涛的应聘书》，云南省档案馆藏，云南大学全宗，档案号：1016—001—00418—004。档案中提到：中华民国三十七年七月，聘杨堃为国立云南大学社会学系教授兼主任，薪金每月国币六百元按月支领，应聘期自民国三十七年八月起至三十八年七月底止。当时的云南大学聘任教职员最长时限为一年一聘，也有根据课程需要临时聘请教职员半年或者几个月担任教职员工作。

[2] 杨堃：《我的民族学研究五十年》，载杨堃：《民族与民族学》，成都：四川民族出版社，1983年，第399—401页。

中国成立后，国家在全国范围组织民族访问团，1950年暑假杨堃带病和讲师刘尧汉领导社会学系学生去武定民族地区实习；1954年调整到历史系的杨堃参加云南省民族识别工作，与语言学家秦凤祥共同承担彝族支系撒尼人的识别工作；1956年，杨堃又率领历史系民族史专业学生赴大理、剑川白族地区实习，搜集当地的文物和照片。[1]

历史总是惊人的相似，如同吴文藻对于云南大学社会学系创建之意义，杨堃的到来对整个社会学系的发展是一次新生，他满怀着继续践行本土化的构想到系里来工作，并初步解决了师资缺乏的困难。从1946年到1951年，先后在云南大学社会学系任教的教师有徐雍舜、张之毅、杨怡士、杨堃、金琼英[2]、江应樑[3]、岑纪[4]、

---

[1] 杨堃：《我的民族学研究五十年》，载杨堃：《民族与民族学》，成都：四川民族出版社，1983年，第399—402页。

[2] 参见档案：《本校民国三十八年任教职员张警、秦瓒、韩及宇、肖子风、陆忠义、杨宜春、郭树人、家玉生、饶重庆、徐靖、徐溥泽、赵崇汉、彭望雍、杨堃、金琼英、江应樑、岑纪、张其濬等名册》，云南省档案馆藏，云南大学全宗，档案号：1016—001—00486—005。《本校1948、1949年教职工名册》，云南大学档案馆藏，云南大学全宗，档案号：1950—Ⅲ—03。法国里昂大学哲学硕士，1947年到云南大学任教，1954年社会学系撤销后调入政治课教研室任教。曾讲授"马列主义名著选读""逻辑学""社会心理学""社会学""社会思想史""辩证唯物论""儿童心理"等课程。

[3] 参见档案：《本校民国三十八年任教职员张警、秦瓒、韩及宇、肖子风、陆忠义、杨宜春、郭树人、家玉生、饶重庆、徐靖、徐溥泽、赵崇汉、彭望雍、杨堃、金琼英、江应樑、岑纪、张其濬等名册》，云南省档案馆藏，云南大学全宗，档案号：1016—001—00486—005。《本校1948、1949年教职工名册》，云南大学档案馆藏，云南大学全宗，档案号：1950—Ⅲ—03。杨堃到系担任系主任后力邀江应樑到系工作任社会学系教授，社会学系被撤销后调入历史系工作，曾任西南文化研究室研究员（名义职）。讲授"民族志""边疆民族与语言""中国少数民族史""中国兄弟民族概况""中国社会分析""边疆人文地理""土地问题与土地改革"等课程。

[4] 参见档案：《本校民国三十八年任教职员张警、秦瓒、韩及宇、肖子风、陆忠义、杨宜春、郭树人、家玉生、饶重庆、徐靖、徐溥泽、赵崇汉、彭望雍、杨堃、金琼英、江应樑、岑纪、张其濬等名册》，云南省档案馆藏，云南大学全宗，档案号：1016—001—00486—005。《本校1948—1949年教职工名册》，云南大学档案馆藏，云南大学全宗，档案号：1950—Ⅲ—03。1949年8月—1950年3月在社会学系任教，曾讲授"社会主义思想史""中国社会情况""中国思想批评"等课程。

罗振庵[1]、倪中方、王政[2]、刘尧汉[3]、陈年榜[4]、李慰祖[5]、石堉壬[6]、傅懋勣[7]、

---

1 参见档案：《本校民国三十八年任教职员张警、秦瓒、韩及宇、肖子风、陆忠义、杨宜春、郭树人、家玉生、饶重庆、徐靖、徐溥泽、赵崇汉、彭望雍、杨堃、金琼英、江应樑、岑纪、张其濬等名册》，云南省档案馆藏，云南大学全宗，档案号：1016—001—00486—005。1940年从西南联大毕业，毕业后即在清华普查研究所任助教教员等职，任清华教员两年，1946—1947年来云南大学社会学系担任讲师。讲授"社会调查""人口问题""近代社会学理论"等课程。

2 北京清华学校毕业，美国思丹福大学教育学学士社会学硕士。社会学系教授，早在建系时期便在社会学系。1946—1948年间在社会学系讲授社会制度一课。

3 参见档案：《本校1948、1949年教职工名册》，云南大学档案馆藏，云南大学全宗，档案号：1950—Ⅲ—03。云南大学社会学系毕业后，于1947年8月留系担任助教，1953年3月调入中央民族学院。带领社会学系学生进行田野调查，主持社会学系大麻苴工作站日常调研活动，在彝族社会、历史、文化等方面研究著作甚多。讲授"社会研究与调查方法""世界民族志"等课程。刘尧汉云大社会学系很重要的传承人，如果说民族学培养了第一个中国民族学博士（云大第一个博士），那云大社会学的重要传承者则是刘尧汉，魁阁传承者，与魁阁精神相联系。

4 参见档案：《本校1948、1949年教职工名册》，云南大学档案馆藏，云南大学全宗，档案号：1950—Ⅲ—03。云南大学社会学系毕业后留系担任助教，后在社会学系劳动组，劳动组并入经济系后在经济系任教。曾在社会学系讲授"社会学原理""社会统计学""普通统计学""工资与生产研究"等课程。在统计方面造诣较高，1954年6月，陈年榜到人大学习政治经济学，后回校在经济系主要讲授政治经济学及统计课程。据原云南大学校史办研究员刘兴育回忆："陈年榜很优秀，也算是云大社会学系培养出来的优秀学生，与刘尧汉一级，我跟他们关系都很近，很熟悉，社会学系后期分组，陈年榜进入劳动组后进入经济系，也是在经济系后来得到恢复重视后，其成就更加突出。"

5 参见档案：《本校1948、1949年教职工名册》，云南大学档案馆藏，云南大学全宗，档案号：1950—Ⅲ—03。1948年到社会学系任讲师，教授"马列主义民族理论""政治经济学""宗教社会学""民族问题的理论与政策""原始生产主义社会"等课程，社会学系撤销后被调入政治课教研室政治经济学教研组。1954年6月，李慰祖与陈年榜一起到人大学习政治经济学。

6 1948年11月开始在社会学系任教直至1953年1月在京去世，曾讲授"城乡社会概论""劳动保险""家庭与婚姻"等课程。

7 山东人，北大中文系毕业，历任华中大学教授兼国文系主任，华西大学教授，曾赴西康凉山调查著有西康夷语研究及麽些文研究。1948年受剑桥大学聘往剑桥讲语言学，1950年开始担任社会学系语言学教授，讲授"中国少数民族语言""中国少数民族语言调查"。

刘德曾[1]、张征东、王治柱、侯振邦[2]、高文英、尹寿铭、詹开龙[3]。社会学系在师资稳定后开始开课,培养服务型人才,进行实地调查的再发展。

(二)学生培养

1. 学生情况表

表8 1946—1951年历年社会学系各年级学生汇总统计表[4]

年份	一年级	二年级	三年级	四年级	总计
1946	9	9	10	5	33
1947	8	2	7	6	23
1948	21	10	5	5	41
1949	23	12	9	4	48
1950	31	11	6	5	53
1951	33	20	9	5	67

资料来源:《云南大学师生职工统计表》,云南大学档案馆藏,云南大学全宗,1950—Ⅲ—02;《本校概况介绍》,云南大学档案馆藏,云南大学全宗,1952—Ⅱ—01;《我校概况(社会学系民族组、劳动组的报告)》,云南大学档案馆藏,云南大学全宗,1954—Ⅱ—001。

1《云南大学教职员异动通知单》,云南省档案馆藏,云南大学全宗,档案号:1016—001—00467—003。档案中提到:1948年2月—1948年7月,刘德曾在社会学系任讲师,讲授"社会事业及行政""社会调查"。

2《本系教授侯振邦九月份所得薪津全数捐作本系购置书籍之用》,云南省档案馆藏,云南大学全宗,档案号:1016—001—00467—023。1948年5月—1948年7月任社会学系教授。

3《社会学系聘研究助理詹开龙》(1949年8月),云南省档案馆藏,云南大学全宗,档案号:1016—001—00452—012。档案如下:杨堃致函熊庆来"窃本系现有助教两位(陈年榜及刘尧汉)开学后均须任课并担任实习与调查工作繁重,势须另添助教一位,本系工作方敷分配只以校方名额有限,故本系在本年以内不拟添聘助教,惟为推进工作期间,拟将本系原任名誉职之研究助理詹开龙君改为兼任职,自本年八月份起至明年七月底止至月薪按兼任讲师或兼任助教,每周任课四小时之待遇计算,而其工作范围则以专任职为标准计一半时间在本系研究室服务,一半时间在本系附设之大麻苴工作站服务,此办法已获詹君同意,恳请钧座批准,速将聘函发下,以便早日开始工作,是为至盼。"《函云南大学校长熊庆来发给詹开龙护照》(1949年2月10日),云南省档案馆藏,云南大学全宗,档案号:1016—001—1260—027。杨堃函校长档案如下:"兹有本系社会研究室助理研究员詹开龙先生拟赴巧家县作苗夷蛮等种族之实地调查,特请发给护照,俾其工作顺利,实为公便。"

4 表中人数均按第二学期算。

在1946—1951年，社会学系新生逐年增长（见表8），每年社会学系招收的云南省内新生分别有8人、6人、17人、19人、23人、28人，且男生多，女生较少。[1] 可见，每年招收的新生中，云南省内生源占绝大部分，使得学生认识云南省社会、民族、边疆等情况，为社会学本土化的功能性目标——培养边疆服务型人才奠定基础。

而在培养本土化人才时，学校、社会学系还采取对边地学子的扶植政策。1949年底，因云南省永胜县学生文和明所处地区为边地，语言文化有其特殊性，且其熟悉当地土语数种，对土著文化极感兴趣，社会学系为培植边地人才、鼓励边地学子求学服务家乡，特准照边疆生优待办法、从宽取录其进入社会学系学习。[2]

由表8，每年一、二年级学生较多，三、四年级则大幅减少，主要是学科特性、就业、经济、国家动荡等原因，使得社会学系中有部分学生退学、休学，还有极少数转入其他系学习。且从总体来看，当时能坚持上学读书的学生家庭条件较优渥，为富农、地主、知识分子家庭。[3]

---

[1] 参见：刘兴育、李国红：《云南大学史料丛书·学生卷（1922—1949年）》，昆明：云南大学出版社，2013年，第280—281、317、360—361、406—408页。《云南大学学生名册》（1950年），云南大学档案馆藏，云南大学全宗，档案号：1950—Ⅱ—49。《云南大学学生名册（1951学年度）》，云南大学档案馆藏，云南大学全宗，档案号：1951—Ⅱ—49。

[2]《教育厅厅长姜寅清函国立云南大学保送边疆文和明入社会学系》（1949年11月15日），云南省档案馆藏，云南大学全宗，档案号：1016—001—00934—003。原文如下："为声请保送入国立云南大学文法学院社会学系肄业事，缘学生文和明系云南省永胜县人，现年二十岁，昆明私立建设中学高级部毕业生，邑地处本省西北边陲，谙悉当地土语数种，对土著文化之探究颇感兴趣，承钧府本培植边地人才之虑，恳请保送入云南大学社会学系深造，俾便将来服务边地，以广教化为祷。等情，据此。查该生籍隶边地，语言文化，保有特殊性质。该生声请较急，未及汇案保送，该生向学情殷，兹为鼓励边地学子升学起见，相应函请贵校参照部颁边生待遇办法予以从宽取录为荷！"并获云南大学同意其入学。

[3]《1951年学生流动（休、退、转学）情况统计表》，云南大学档案馆藏，云南大学全宗，档案号：1951—Ⅱ—69。《云南大学一九五一年度（第一学期）复学生名册》，云南大学档案馆藏，云南大学全宗，档案号：1952—Ⅱ—56。《1951—1952年学生名册》，云南大学档案馆藏，云南大学全宗，档案号：1952—Ⅱ—56。

系内学生的课程学习及实践任务较艰巨，正常毕业需平时努力学习理论知识并积极进行学科社会调查与毕业论文的调查书写，否则无法顺利按期毕业。毕业生中（见表9），云南省本地学生较多，且男生多于女生。

表9 1946—1951年毕业生情况表

毕业年份	毕业生数	毕业生情况
1946年7月	5人	均为男生，3人为云南本省的学生。
1947年7月	6人	4男2女，3人为云南省内学生。
1948年7月	5人	毕业生均为男生，3人为云南省内学生。
1949年7月	5人	3女2男，2人为云南省内学生。
1950年7月	4人	均为云南省内学生，2男2女。
1951年7月	8人	3男5女，1人被各机关团体调用人数，2人自请休学，5人实际赴渝学习。

资料来源：《1949年学生休学、退学名单》，云南大学档案馆藏，云南大学全宗，1950—Ⅱ—20；《毕业生分配文件、分配名单》，云南大学档案馆藏，云南大学全宗，1950—Ⅱ—24；《一九五〇、一九五一学年毕业生领取证书名册》，云南大学档案馆藏，云南大学全宗，1951—Ⅱ—70。

总的来说，这一时期的社会学系学生总体比魁阁时期多且稳定，不管是新生还是毕业生，云南本地学生占绝大多数，为培养本土人才服务本省建设提供了人才的保障。

2.课程培养

杨堃到系后，除了带领系内师生进行调查研究，还在课程设置等方面做出了新的尝试。将课程培养结合国家社会、本省、学生的实际情况重新进行本土化规划。1946年的课程与前一年基本没有变化，只有教师的改动，费孝通离校，社会学一门由徐雍舜、张之毅讲授，张之毅、胡庆钧、罗振庵为主要授课老师。因系内师资缺乏，任课老师不固定，1947年也是与之前有一定差别。[1]

表10 1946—1951年社会学系课表

年份	课程及教员
1946	社会学（徐雍舜、张之毅）、统计学、人类学（胡庆钧）、边疆问题（胡庆钧）、近代社会学理论（张之毅）、农村社会学（张之毅）、社会调查（罗振庵）、人口问题（罗振庵）、毕业论文
1947	社会学（金琼英）、社会心理学（金琼英）、社会思想史（金琼英）、统计学、人类学、社会制度、农村社会学（杨怡士）、中国社会思想研究（杨怡士）、人口问题（萧子凤）、近代社会学理论、劳工问题（韩公鼎）、社会事业及行政（刘德曾）、社会调查（刘德曾、罗振庵）、毕业论文
1948	社会科学概论、社会学原理、人类学、民族志、中国西南民族概论、统计学原理及实务、社会统计学及实务、社会调查方法、边疆社会调查、农村社会学、中国农村社会、社会心理学、世界通史、家族社会学、宗教社会学、应用人类学、边政通论、中国社会思想史、经济社会学、社会研究、现代社会学学说、现代民族学理论与方法、比较社会学、云南研究、南洋研究、越南研究、缅甸研究、暹罗研究、土司制度、毕业论文或研究报告选修分三组：人类学组、边疆服务组、社会服务组
1949	人类学、民族志、中国西南民族概论、统计学原理及实习、社会统计学及实习、社会调查方法、边区社会调查、农村社会学、中国农村社区、家族社会学、宗教社会学、应用人类学、中国社会思想史、政治社会学、社区研究、当代社会学学说、近代民族学理论与方法、比较社会学、西藏研究、印度研究、南洋研究、越南研究、缅甸研究、暹罗研究、土司制度、学业论文或研究报告选修分三组：人类学组、边疆服务组、社会服务组

---

[1] 1946年，"社会学"一科由徐雍舜、张之毅担任，1947年则由主攻心理学、哲学、逻辑学的金琼英担任，此时的代理系主任杨怡士讲授"农村社会学""中国社会思想研究"，罗振庵仍在系内任课，韩公鼎讲授劳工问题，刘德曾也到系任课；1947年的社会学系，主要是杨怡士代理系主任，由金琼英、杨怡士、刘德曾、罗振庵为主要授课老师。

(续表)

年份	课程及教员
1950	辩证唯物论历史唯物论（金琼英）、辩证唯物论（金琼英）、儿童心理学（金琼英）、历史唯物论（金琼英）、唯物社会学（杨堃）、专题调查研究（杨堃）、原始共产主义社会（杨堃）、读书指导（杨堃）、社会调查与研究方法（刘尧汉）、人类学（李慰祖）、民族问题的理论与政策（李慰祖）、原始生产主义社会（李慰祖）、社会统计学（陈年榜）、普通统计学（陈年榜）、城乡社会概论（石堉壬）、家庭与婚姻（石堉壬）、中国社会情况（岑纪）、社会主义思想史（岑纪）、中国思想批评（岑纪）、苏联社会制度（岑纪）、中国兄弟民族概况（江应樑）、中国兄弟民族史（江应樑）、边疆人文地理（江应樑）、土地问题与土地改革（江应樑）、学习指导（江应樑）、少数民族语言（傅懋勣）、马列主义名著选读

资料来源：《国立云南大学文法学院社会学系必修及选修科目表（三十五年）》，云南省档案馆藏，云南大学全宗，档案号：1016—001—00239—001/265、266、281；《国立云南大学社会学系必修及选修科目表（1948年）》，云南省档案馆藏，云南大学全宗，档案号：1016—001—00238—024/009；《云南大学社会学系新订课程标准及院系课程表》（1948年4月20日），云南省档案馆藏，云南大学全宗，档案号：1016—001—00240—013/003；《国立云南大学三十八年度上学期各院系所开课程时数统计》，云南省档案馆藏，云南大学全宗，档案号：1016—001—00238—029/015；《国立云南大学授课时间表〔民国三十八年度〕文法学院社会学系》，云南省档案馆藏，云南大学全宗，档案号：1016—001—00250—001/12（013）；《云大社会学系新订课程标准》（1949年1月28日），云南省档案馆藏，云南大学全宗，档案号：1016—001—00250—002/164（001）；《社会学系一九五〇年度课程表》，云南大学档案馆藏，云南大学全宗，档案号：1950—Ⅱ—21/152；《1950年度上学期云南大学授课时间表》，云南大学档案馆藏，云南大学全宗，档案号：1950—Ⅱ—21、1950—Ⅱ—26/178—179；《1950年下学期云南大学授课时间表》，云南大学档案馆藏，云南大学全宗，档案号：1951—Ⅱ—26。

1948年，杨堃到系后，社会学系课程安排发生显著变化，课程种类显著增多。与1946、1947年相比，一年级课程几乎无改动，除基础通识课外，则有社会科学概论、社会学原理两门专业课程。主要有以下特点：

（1）专业基础课的进一步调整。二年级增加中国西南民族概论，将统计学改为统计学原理及实务、社会统计学及实务两课，并分上下学期开课；农村社会学变为农村社会学与中国农村社会，在上下两学期开课；将之前的社会调查与边疆社会调查分设在上下两学期；四年级恢复开设社区研究一课，增加现代社会学学说、现代民族学理论与方法、比较社会学这些杨堃在燕京大学就曾开设和专攻的学科。

（2）课程更加细化、条理，在理论的基础上重视本土实践、应用。如统计实务课、家族社会学、宗教社会学、应用人类学、边疆社会调查都是结合本土化情况进行明确开设的。

（3）增加较抽象的交叉学科的拓展。经济社会学、艺术社会学等供学生选择。

（4）课程设置更加注重社会学系设立的实用性，注重结合云南本地的地理位置及民族风俗等本土情况。选修课方面分人类学组、边疆服务组、社会服务组三种，开设诸如云南研究、南洋研究、越南研究、缅甸研究、暹罗研究等附近地区之研究，有利于学生进行文本学习开阔视野并提供学生调研新思路，土司研究更是云南本土的一大特色，该门课程更有利于学生联系实际深化理论学习，锻炼抽象概括及迁移探究的能力。

1949年与1948年课程大致相同，[1]选修课仍是集中在二至四学年，只是在培养方案内容摘要中增加课程与西南地区现实情况相结合这一本土化要求（这一要求在1948年的课程设置上已经有所体现），如二年级的农村社会学与中国农村社区需要注重西南边民社区这一重点。三年级增设民族问题的理论与政策、原始共产主义社会、中国兄弟民族概论、边疆人文地理、家庭与婚姻、儿童心理学等。[2]四

1《云南大学社会学系新订课程标准（三十七年）》，云南省档案馆藏，云南大学全宗，档案号：1016—001—00250—002。《云南大学社会学系新订课程标准及院系课程表》，云南省档案馆藏，云南大学全宗，档案号：1016—001—00240—013。根据档案中所有选修课，课程类别为笔者大约划分。

2《云南大学课程表》，云南省档案馆藏，云南大学全宗，档案号：1016—001—00250—001/103。

年级课程增加西藏研究、印度研究供学生选择。选修课按照人类学组、边疆服务组、社会服务组三组供学生选择（见表11）。

表11 1949年社会学系选修课程表

分组	选修课程
人类学组	体质人类学、亚洲古人类学、亚洲先史语言学、民族志博物馆学及实习、比较语言学、中国西南语言调查、中国西南民族志、边疆地理、边疆语文、边民专题研究、第二外国语（法、俄、德或日文）。
边疆服务组	边疆地理、边疆语文、边疆社会工作、边疆教育学、边疆问题、边区社会问题、华侨问题、比较语言学、中国西南语言调查、中国西南民族志、边疆专题研究、外交文、公文程式、第二外国语（法、俄、德或日文）。
社会服务组	社会工作、社会行政、社会工作行政、中国社会问题、教育社会学、社会服务专题研究、社会服务实习、社会立法、公文程式、第二外国语（法、俄、德或日文）。

资料来源：《云南大学社会学系新订课程标准（三十八年元月）》，云南省档案馆藏，云南大学全宗，1016—001—00250—002。

相较于1948年课程，1949年选修课程划分种类后，更加条理、丰富，增加学生专业课程及实践能力的培养。开课的老师也在原来杨堃、江应樑、金琼英、王治柱的基础上增加石埣壬（农村社会学、社会制度）及社会学系毕业生刘尧汉、陈年榜、詹开龙，三名留校学生分别担任社会研究与调查（及实习）、社会统计学、中国社会制度史等课程。

相对1946、1947年课程，1948、1949两年课程除在原有基础继续关注农村、社会思想史等基础课程外，课程体系更加系统丰富，并结合学生的情况进行年级、必修选修的划分，增加民族方面、交叉社会学方面的课程同时，结合云南所处地理位置开始有了更深入的本土化研究。

而从 1950 年开始，新中国成立，各大院校开始学习苏联的思想教学模式，社会学系课程又受教育部指示、学校主导的课程调节呈现出不同。[1] 随着对系务工作的适应及对学生的了解，杨堃由原来教授社区研究，转而教唯物社会学、专题调查研究、读书指导等课程，开始挑大梁，成为开设课程最多教师之一；此时，社会学系师资较稳定，维持在 8—10 人，虽无魁阁时期师资充足，但能保证系内课程的开设。系内还开设民族调查的基础必备课程，1950 年增聘傅懋勣为系内语言学教授，并于 1950 年下学期开设"少数民族语言"一课，使得学生对少数民族语言的学习更加方便、有针对性，为之后学生实习调查的开展、系内的调查工作打下了基础。此时的课程，除设置基础课外，则是重点关注民族地区的问题、政策、发展、语言、调查等。也可以看出，杨堃在到系之后，在课程设置上，仍然是沿着吴文藻、费孝通时期的关注农村、城乡工厂工业、少数民族边疆地区等的发展，课程的设置是人才培养的理论基石，而带领学生对社会调查课程的学习后的实习则是理论结合实践的开始。

从 1946—1950 年下学期（1951 年上半年）的课程上，可以看出一个趋势：魁阁时期的社会学课程普遍更具备本土化考量，而 1946—1948 年间因系内师资较少，课程更偏向于基础课程，分支、应用型课程较少。杨堃到系之前，社会学系师资过少，开课简单且因教职人员流动大、各科教师不固定，社会学校系在勉强维持课程的安排与学生的培养。但随着杨堃的到来，发展社会学系的接力棒传递到其手上，在人员上，他首先增聘其他老师做主力，并将系内

---

[1] 从 1950 年一学期开始全校各院系科班各级共同必修课新开：新民主主义论、辩证唯物主义及历史唯物主义；文法学院共同必修新开：中国近百年史、政治经济学；社会学系新开课程：苏联社会制度（岑纪），历史唯物论（金琼英）、中国思想批评（岑纪）。参见：《云南大学 1949 学年度第二学期课程变动表》，云南大学档案馆藏，云南大学全宗，档案号：1950—Ⅱ—08。

毕业生留做系内老师，以补足师资力量；在课程上，延续吴、费的想法却又随着当时国家、社会的发展形势及教育标准对学校、院系的要求做出适当又革新的调整：将基础课程丰富并增加，如1941年社会学系就曾开设诸如经济社会学、法律社会学、政治社会学等交叉课程，杨堃到系后使得分支学科更加多样，以增加师生的涉猎面；同时，结合本地特点进行土司制度、云南研究、暹罗研究等，充分结合地区特色，敢于开拓新领域，做更多本土化研究，注重以云南本地为基础，调查实际问题，锤炼服务型、研究型人才的目标。且课程种类之丰富程度与目前大学所开社会学系课程相近，具有极强的学术前瞻性。

3. 杨堃的课程考量与学术取向

与吴费时期相比，杨堃到系后，社会学系的任务是承接与出新。他先是接任系务、稳固师资、设置社会学系课程表等一切相关事务而任课较少。1948年刚到校时，杨堃只担任三、四年级的社区研究与论文指导二课。[1] 1949年，除继续担任社区研究一课外，杨堃还开始开设近代社会学理论，主要是讲授国外先进社会学理论，特别是法国的社会学理论流派。四年级的论文讨论班，则由全系全体教师合上。[2] 1950年，杨堃讲授唯物社会学、专题调查研究、原始共产主义社会、读书指导。诸如社区研究、人类学、社会学、原始社会、调查方法等课程，解放前杨堃在北方各大学任教特别是燕京大学时曾讲授过此课程，来系后将讲义联系云南省本地情况进行本土化修改后便可呈现、带领学生上课。

在1930—1950年，杨堃的学术观点主要是介绍法国社会学派

---

[1]《国立云南大学社会学系必修及选修科目表》，云南省档案馆藏，云南大学全宗，档案号：1016—001—00238—024/009。

[2]《国立云南大学文法学院社会学系学组必修及选修科目表（卅八年度上学期）》，云南省档案馆藏，云南大学全宗，1016—001—00238—029/22。

的理论和方法，并研究中国的社会与民俗，受这些学术影响，杨堃到系后，开设的课程中开始增加社会学的交叉学科，如法律社会学、政治社会学、道德社会学、经济社会学等，这与其翻译的狄亚的《法国现代社会学》[1]有相当之关系，其中就有社会学的交叉学科的介绍，而"现代社会学理论"一课的开设也与其早年讲义及该书及之后关于社会学的书籍有关。《社会学是什么？》[2]作为期刊文章较细致又浅显地介绍社会学这门学科来源、定义、沿革及其与其他社会科学之关系，并指出社会学之对象：人类社会。《社会学大纲》[3]一书则是将"社会学是什么？"这一问题进行大篇幅详细的讲述，在《社会学是什么？》所界定问题的基础上补充了社会形态学、社会起源、社会演化、革命与社会问题、社会研究法、社会学发展史、现代社会学的派别与趋势、中国现代社会学的派别与趋势（社会调查、民族学之调查、礼俗调查）等。从时间顺序及课程安排上可以看出，杨堃到校之前的这些讲义对其社区研究、近代社会学理论、原始共产主义社会的课程教授都有参考作用。

杨堃曾指出，新中国成立前，民族学和社会学是很难区分的，因此二者相互渗透，共同发展。而杨堃到系后，则是很明确的社会学、民族学取向与实用风格。从杨堃的教学与研究著作中可以看出，杨堃在民族学、社会学方面造诣深厚，且其在进入云南大学社会学系后，抓住学校所在地区、文化优势，进行人才培养并将课程设置做出新的尝试，而其课程讲义更是结合本省情况做出本土化的调适，

---

1 [法]狄亚：《法国现代社会学》，杨堃译，建设图书馆，1931年。该书分为社会学之发生，社会科学的对象、方法、工作纲目，工作中的社会学者（社会学的交叉学科）以及悬案（社会学及哲学、知识问题、行动问题）四大部分构成。

2 杨堃：《社会学是什么？》，百科杂志社，1932年。

3 杨堃：《社会学大纲》，著者出版，1948年。该书原为1935—1936年杨堃在北平任教时所写任课教案，后进行修改而出版。

也为之后的调查提供了理论、方法的支撑。

（三）机构的重建与调查的开展

1. 恢复社会学研究室，建立人类学工作站

在燕京大学任教时，杨堃就受燕京大学实验站的影响，认为社区研究是理论与实践联系的一大方法，到系后，其更是认为当时的社会学已到了建设时期，而继续推行社区研究，是建设中国社会学的唯一途径。即选定某一社区，确定一个题目后，就在小范围进行研究，当研究达到一定量后，进行比较与综合研究，建设中国社会学。云南大学社会学系虽然经历了挫折，但是有幸在吴文藻、陶云逵、费孝通三位的领导下保留住精神遗产及学术园地。从这方面看，其教学理念与实践方法与吴文藻为代表的燕京学派是一脉相承的。[1]

基于此，杨堃对于发展社会学系的态度是继承与发扬三位先生的精神遗产以及已开垦的和未开垦的学术园地。首先是恢复研究室，继续进行社会学本土化的实践；继而在昆明西郊建立大墨雨村人类学工作站，并添购仪器、标本、增购书籍。可以看出，杨堃到云南大学社会学系后，除了将社会学继续发展下去，更重要的是其人类学、民族学的本土化取向，即就地取材，研究云南民族和云南社会。其本土化的取向既在其学生培养、课程计划中有所体现，也在其设立社会调查工作站及安排师生实习中表明。

1948年7月，为方便师生实地调研，社会学系请校长熊庆来致函昆明县政府联系成立工作站，于当年11月选定昆明县属玉案乡大

---

[1] 杨堃：《国立云南大学社会学系边疆文物展·发刊词》，《正义报》1949年第6期。

墨雨村为社会学系研究室工作站，站址则在保国民小学校内，[1]并作为人类学的研究室。

关于社会学系工作站——大墨雨村，该村为夷人[2]村落，全村虽有五户白子人及民家人，但已全部夷化。村子因处于深谷中，村民都住在斜坡上，且土地贫瘠，村民不能完全靠土地维生，须采薪烧炭，背出去到就近的城中售卖换购衣服粮食。而夷人的生活方式与汉人不同，人与牲畜一起住，过着牛马一样的生活；衣着方面，男人几乎全部汉化，女人保持着原有的民族装束；婚姻方面，族内通婚，很少与白子人通婚，多在村内联姻；宗教氛围浓厚，婚配、祭祀均非常正式。因其受新文化影响少，仍然保有夷族原来的语言、风俗，因此云南大学社会学系选择该社区作为工作站，从中探索夷族文化的特点。刘尧汉强调社会学系、社会研究室、社会研究工作站三个机构是不可分离、三位一体的整体。工作站为研究的重心，从研究室的书本上寻找的理论须放到工作站（实验室）中验证，再将结果带回研究室里讨论。这样既可作为学术理论的根据，也可作为社会建设的方案。[3]

---

[1] 原档案如下："本系为便利师生从事实地研究工作起见，拟于昆市近郊成立一工作站。现经选定昆明县属之（一）玉案乡、大墨雨、茨沟、龙潭等村；（二）北新乡、清水沟等村；（三）西碧镇、赤甲壁等村；（四）义合乡、大麻苴等村；（五）灵源乡、大小昭宗等村为初步洽商地点。且为旅行方便计，亟需昆明四郊地图一幅作为指南（此事已得昆明方县长面允）。请贵组即以本校名义将上列等情致函昆明县政府，以便县府行文各村，俾本系研究工作得顺利进行为荷。"参见：《为本校在该县市成立工作站函昆明县政府》，云南省档案馆藏，云南大学全宗，档案号：1016—001—00132—016/31。

[2] 夷，通"彝"，即彝族、彝族人之义。

[3] 刘尧汉：《本系工作站——大墨雨村概况》，《正义报》1949年第6期。原文部分如下："本系工作站大墨雨村就是本系的实验室。距它本市西北三十华里，是个夷人村落，全村八十五户，概系夷族。其中虽有五户是白子人（及民家人），但已全夷化，他们的语言、风俗、习惯跟夷人没有两样。该村隐藏山谷，游客少至。村西三里是茨沟村，北五里小墨雨村，东十里花红园村，南十里三家村，东南十五里即本市郊外名胜笻竹寺。它周围这四村，只有三家村是白子人，余三村均系夷人。"

2. 调查活动及访问团工作

设立工作站后，社会学系师生即开始进行社会调查实践活动。有的进行课程实习，有的则是进行相关研究、毕业论文资料的搜集。

表 12 学生课程实习与调查实习

时间	地点及调查内容	调查人员
1948 年 12 月	大麻苴 收集社区研究及毕业论文资料	刘尧汉、詹开龙、查玉洁、赵锡乾、高文英、马恩惠、尹寿铭、杨锐等 8 人
1949 年 2 月 10 日	巧家县 作苗夷蛮等种族之实地调查	社会学研究室助理研究员詹开龙
1949 年	昆明市东北郊马村（包括大马村、小马村、上马村、中马村）"社会研究与调查"实习	社会学系学生
1951 年 4 月 6 日	昆明市东郊大麻苴做社会调查实习	刘尧汉率领同学 35 人
1951 年 4 月 9 日—5 月 9 日	社会学系四年级学生赴官渡乡作调查	社会学系四年级学生关学尧、杨德俊、张之模
1951 年 4 月 14 日	昆明市西北郊林家院大道生染织厂"社会调查研究"班调查实习	刘尧汉及"社会调查研究"班学生 35 人
1951 年 7 月 8 日—8 月 31 日	昆明市劳动局 劳动组暑期赴失业工人训练班实习	杨明英、董离仙、赵鹤鸣、赵云兰、杨琼珍、宗惠书、傅其鸽、周世雄、高曼云、高继秋、苏开明、文元伟、徐遐龄、熊嘉骥、杨凤舞、丁维亚，共计 16 人

(续表)

时间	地点及调查内容	调查人员
1951年8月1日—31日	武定兄弟民族区"云南大学社会学系民族组暑期工作团"作了解兄弟民族的历史、社会、经济、风俗、习惯等生活情况之调查研究工作	杨堃、刘尧汉及民族组学生（胡桂秋、张瑢华、李蓉芳、张尚义、朱赤平、王桂林、龚荣星、龚肃政、刀世勋、高吉昌、萧庆文、严汝娴、王耀知、沈国治、黄宝璠、赵大富）师生共计18人

资料来源：《为本校学生前往大麻苴收集社会研究就准予免费乘车到杨方凹函川滇铁路昆明站办事处》，云南省档案馆藏，云南大学全宗，1016—001—00132—018；《函云南大学校长熊庆来发给詹开龙护照》，云南省档案馆藏，云南大学全宗，1016—001—01260—027；《刘尧汉带领大道生染织厂实习、大麻苴调查，社会学系四年级学生赴官渡乡作调查，暑期武定实习以了解兄弟民族生活情况》，云南大学档案馆藏，云南大学全宗，1951—Ⅱ—22。

3. 民族调查工作

新中国成立后，国家制定了新的民族政策，在全国开展民族工作，识别各种名称的民族成分，调查各地少数民族的基本情况。云南大学社会学系师生也曾参加此项民族调查，最开始是1950年9月，江应樑、石堉壬、高文英三先生参加中央民族访问团工作。[1] 后因工作的需要，社会学系助教高文英于1951年2月调往民族事务委员会服务。[2] 1951年3月，因参加中访团到普洱区工作，又将社会学系助教尹寿铭调入省人民政府民族事务委员会工作。[3] 参加该项工作的原云大社会学系师生有吴文藻、费孝通、李有义、林耀华、谷苞、胡

---

[1]《江应樑、石堉壬、高文英参加中央民族访问团工作》，云南大学档案馆藏，云南大学全宗，档案号：1950—Ⅱ—19。原文如下："你校江应樑、石堉壬、高文英三先生同意参加中央民族访问团工作，在工作期间，其职务由你校职员中设法暂行兼代，薪给照发，特此函达，希即查照为荷。"

[2]《云南大学干部调出的联系函件》，云南大学档案馆藏，云南大学全宗，档案号：1951—Ⅲ—08。

[3]《云南大学干部调出的联系函件》，云南大学档案馆藏，云南大学全宗，档案号：1951—Ⅲ—08。

庆钧、杨堃、刘尧汉、马恩惠、严汝娴、高吉昌、高曼云、王昭武等。[1]

学生实习与教员的访问团工作是杨堃到系后，系内师生调研工作的主要方向，也是社会学系践行了解本地情况、服务本地、培养为本地服务的高素质人才的本土化要求。

4. 边疆文物展

1949年，国立云南大学边疆文物展览会是由杨堃、江应樑、石埈壬、李慰祖、刘尧汉、陈年榜6人共同筹办的。也曾得到民政厅、文史系方国瑜主任、大墨雨工作站等先生的赞助，并有系内大部分同学参加。当时社会各界对社会学系牵头的此次展览会相当重视，民政厅将全部所存的边疆文物借给社会学系陈列研究，[2]该展览会最后成为拥有千余件边疆民俗品、照片、专门著作的专门性质的公开展览，分为边疆夷族照片、边疆文字、边民宗教用品、边民艺术制作、边民衣服及装饰品、边民用具、边疆古物以及相关著作等。展览地点选在会泽院的一间教室中，当时国内研究边疆民族社会的学者们都群集于昆明，同道间互相观摩。[3]

正值学校二十七周年校庆，云南大学社会学系在恢复社会学研究室、建立社会学系工作站后，又想借此次举办展览会的机会说明三点：一是使社会上的普通民众对边疆地区有一正确而具体的认识，进而引起民众对于边疆的注意。二是想做一种系统的资料搜集工作，以供研究边疆人士的参考。三是希望此次展出后，能在云南建立一个边疆博物馆，使之成为一个国际性的资料库及研究站，在人类学

---

[1] 王昭武：《空前的民族大调查》，载刘兴育、马雪峰：《云南大学社会学田野调查老照片（1939—1954）》，北京：社会科学文献出版社，2019年。
[2]《为所存边疆文物多件可全部借供本校社会学系陈列研究致函云南民政厅》，云南省档案馆藏，云南大学全宗，档案号：1016—001—00132—019。
[3] 江应樑：《这一次展出》，《正义报》1949年第6期。

术上成为一个有价值的贡献。¹ 通过强调边疆研究与人类学博物馆的重要性，力图引起教部、社会各界及校方的重视。同时，强调社会学系不仅就地取材研究社会学，还研究人类学。人类学是社会学中的一支，专讲初民社会和边疆民族，是一门需要观察和实验的科学，而在云南这个大环境中，这些研究都不可避免地构成一个完整研究的一环。因此，需要做人类学研究，而对于人类学研究而言，理论学习与实物标准都是不可或缺的，因而人类学博物馆和陈列室及实验室和田野工作站就需要筹备起来，对于研究云南民族、云南社会更有帮助。²

1950年，杨堃在请校务委员会主任委员秦瓒转给西南高教会的信函中，更是着重提出：云南大学社会学系注重在边疆兄弟研究，现已集有边疆兄弟民族之实物标本照片共二百余种图书百余册，今后仍拟继续此优良传统并以新观点研究边疆兄弟民族为目标，拟在一、二年级侧重在马列主义理论之基本训练至三、四年级始正式进入边疆兄弟民族之实地研究作有重点之发展培养服务边疆之专门人才现尚需基本参考书、杂志及仪器多种。³ 可以看出，杨堃到系后，带领社会学系取得的一系列边疆兄弟民族研究的事物成果及研究成果，并且目标仍然是坚持熊庆来任校长时提出的，吴文藻、费孝通带领的社会学系多年坚持的目标——发展培养服务边疆之专门人才。关于博物馆的建立，杨堃一直是非常支持的，在之后社会学系的课程中还曾开设博物馆学一课。

---

1 江应樑：《这一次展出》，《正义报》1949年第6期。
2 杨堃：《国立云南大学社会学系边疆文物展·发刊词》，《正义报》1949年第6期。
3《云南大学社会学系边疆民族实验室计划书》，云南大学档案馆藏，云南大学全宗，档案号：1950—Ⅱ—21/149。

结论

1946—1951年的云南大学社会学系经历了两年的低谷期后，随着杨堃的到来而逐渐恢复重建，社会学研究室得到恢复并建立社会学工作站，虽因大墨雨工作站所在地区的治安问题使得研究受挫，但杨堃的民族学、社会学本土化实践示范与表态之意却未曾受挫。杨堃致力于做一个纯粹的民族学者、社会学者，不求名利，只求用自己所学为这个学科贡献自己的一份力。到系后，他承接燕京学派的传统学术方法及云南大学的新的本土化探索，注意云南本地社会、民族特征，"就地取材""研究云南社会、云南民族"，在之前系主任保留的精神财富与教学资源基础上继续进行新的探索，使得社会学系重新恢复调查研究状态，形成"后魁阁时期"。在师资上，杨堃引入教师并培养师资，将优秀毕业生留系内开始任课、带领学生实习；在教学上，他结合以前的教学经验、教学讲义进行课程接续与革新，使得系内师生接触新的社会学、民族学领域；在实践上，杨堃注意理论与实践结合，积极引导学生进行学术实践；在系务上，眼光独到、立意高远，考虑到云南本土特性及在云南发展民族学的必要性，他认为需要大力发展民族学、人类学，建立博物馆、实验室。在其主导的云南大学社会学系社会学、民族学的本土化探索路上，他做出了新尝试，而在1952年社会学系分成民族组、劳动组两组的考量与实施中，更加体现其培养地区所需之人才方面的本土化实践。

四、艰难的调整：1951—1954

1948年7月起，杨堃到云南大学主持社会学系务，杨堃恢复社会学研究室并建立工作站，以便系内师生调研；举办边疆文物展，展示社会学系的研究成果及建立边疆人类学博物馆对调查研究之重要意义，使社会学系达到短暂的"后魁阁时期"。在社会学系得到稳定发展至昆明解放，云大被人民政府接管之后，本系各位先生经过了一段时间的政治学习，即逐渐认识到了过去在教学及研究方面的错误，没有能够认识到和分析到现在社会的本质及其发展的方向，因此解放以后，本系同人即认为必须根据文教政策实行课改。[1]由此，杨堃在1951年积极带领社会学系师生进行艰难的调整，在师资培养、学生课程、生产实习方面做了新的补充，为社会学系调整并入经济、历史两系做好准备。

（一）师资总情况及分组培养、工作情况

1. 社会学系师资总情况

杨堃到系后，确定了重视边疆社会研究的方针，1949年秋，应杨堃之约，江应樑返滇任教社会学系，二人随时商讨如何充实社会学系社会研究室及成立边疆研究部门的工作。[2]之后，社会学系主要由二人带领发展，进一步关注边疆、民族问题，建立工作站，由系内老师带领学生进行田野调查[3]；随着国家政策的调整，社会学系逐渐

---

1 《由教务部转呈中央人民政府教育部关于一九五一年度上学期社会学系概况的报告》（1952年1月25日），云南大学档案馆藏，云南大学全宗，档案号：1951—Ⅱ—04。
2 江应樑：《这一次展出》，《正义报》1949年第6期。
3 社会学是首任系主任吴文藻主倡的社区研究进行农村、新工业、边疆、民族等的调查研究，因杨堃的学术取向更倾向于民族学，因此其所带领的社会学系的调查也称为田野调查。

分为民族组和劳动组进行授课和实习,并联系校内外老师进行新的发展:由 1951 年度起,本系即依照教育部课程草案的指示,分为民族与劳动两组,明确了本系的任务和发展的方向,并确定了应当学习并应用马列主义的观点、立场和方法来进行教育工作,培养政府所需有关专业干部。[1]

与魁阁时期的社会学系相比,新中国成立后的社会学系师资一直不是很充足。[2] 1951—1954 年,除部分老师为外聘其他学校及省行政部门来校兼课外,系内老师基本全职,很少外出兼课,只有在 1953、1954 年社会学系即将并入其他组之前,部分老师已根据学校安排到经济系、历史系、政治课授课。1951—1954 年,来系授课的老师有杨堃、金琼英、江应樑、袁绩藩[3]、李慰祖、石埁壬、陈年榜、刘尧汉、马雪如、魏尔志、陈宝珠、[4] 胡桂秋、龚荣星、傅懋

---

[1]《由教务部转呈中央人民政府教育部关于一九五一年度上学期社会学系概况的报告》(1952 年 1 月 25 日),云南大学档案馆藏,云南大学全宗,档案号:1951—Ⅱ—04。

[2] 1951、1952 年系内共有教师 10 人,最多时可达 15 人。1952 年 9 月时(即上学期开始):社会学系有教师 10 人,其中教授 3 人、副教授 1 人、讲师 2 人(1 人在北京人民大学学习)、助教 4 人(1 人在北京人民大学学习)。1953 年 1 月至 4 月 30 日社会学系教职员共 14 人,5 月—8 月 15 日有 15 人,到 8 月 31 日有 9 人,之后则维持 13—15 人,直至社会学系取消并入其他系。参见:《本校 1952 年教职员统计表》,云南大学档案馆藏,云南大学全宗,档案号:1952—Ⅲ—19。《本校 1953 年教职员统计表》,云南大学档案馆藏,云南大学全宗,1953—Ⅲ—20。

[3]《一九五一年教职工名册》,云南大学档案馆藏,云南大学全宗,档案号:1951—Ⅲ—03。《新增离校教职工登记表》,云南大学档案馆藏,云南大学全宗,档案号:1951—Ⅲ—04。原档案中提到:1951 年 8 月入校,袁绩藩被聘为副教授,担任劳动组"劳动保护三小时,劳动统计二小时"课程。

[4]《一九五一年教职工名册》,云南大学档案馆藏,云南大学全宗,档案号:1951—Ⅲ—03。《新增离校教职工登记表》,云南大学档案馆藏,云南大学全宗,档案号:1951—Ⅲ—04。《新吸收人员联系函件、报告、教职员登记表》,云南大学档案馆藏,云南大学全宗,档案号:1951—Ⅲ—07。原档案中提到:原社会学研究室研究助理詹开龙 1950 年离职。社会学系高文英、尹寿铭 1950 年到职,担任助教。1951 年陈宝珠到职,任助教一职。魏尔志与马雪如在 1951 年入系,担任社会学助教,1951 年 8 月起薪。

绩、[1]刀忠强、袁家骅、[2]陈方（兼）、徐琳（兼）、[3]周耀文（兼）、何波（兼）、樊子诚（兼）、马曜（兼）、[4]傅懋勣（兼）、[5]王连芳。[6]

2.师资培养的方式

正如学生需要被培养以学得才能，教师更需要不断学习以提高专业能力与教学方法，社会学系也进行了师资培养，其主要分为三种方式：

（1）对老教师[7]的培养：老教师的日常工作，首先在教学实践方面跟随系主任进行课程大纲的制定，在系内任课，并开展教学实践调研（之后因系内师资缺乏，老教师为任课主要力量，实习主要由

---

[1]《社会学系拟聘傅懋绩为语言学教授的函（1950年8月15日）》，云南大学档案馆藏，云南大学全宗，档案号：1950—Ⅱ—21。原文如下：兹经本系务会议议决增聘傅懋绩为本系语言学教授，傅懋勣先生系山东人，北大中文系毕业，历任华中大学教授兼国文系主任，华西大学教授，曾赴西康凉山调查著有西康夷语研究及麼些文研究。1948年受剑桥大学聘往剑桥讲语言学，现在归国途中。傅懋绩先生底薪暂定520元，特此。后分在民族组，1953年8月在三、四年级教授民族语言课程。

[2]《新吸收人员联系函件、报告、教职员登记表》，云南大学档案馆藏，云南大学全宗，档案号：1951—Ⅲ—07。原档案中提到：聘北大西方语言系袁教授家骅来社会学系担任语言学课程。

[3]《1953年1—12月教职员统计表》（1953年8月31日），云南大学档案馆藏，云南大学全宗，档案号：1951—Ⅲ—13。原档案中提到：社会学系教授何波、樊子诚每周讲课3小时，1953年10月起薪。陈方担任民族理论，每周讲课2小时，实习2小时。傅懋绩担任民族组三、四年级民族语言课程，每周讲课4小时。徐琳、周耀文担任语言实习，每人每周2小时。

[4]《聘请兼任教师登记表》，云南大学档案馆藏，云南大学全宗，档案号：1951—Ⅲ—12。原表内容如下："马曜，社会学系兼任副教授，每周上课三小时，照兼任副教授钟点费支给，自九月份起薪开至十一月上半月。"

[5]《聘请兼任教师登记表》，云南大学档案馆藏，云南大学全宗，档案号：1951—Ⅲ—12。原表内容如下："傅懋勣，社会学系兼任副教授，每周上课五小时，照兼任副教授钟点费支给，自（1951年）十月份起薪。"

[6]《函中国共产党云南省委会空传部请王连芳担任我校社会学系民族组"马列主义民族理论"一课》（1953年9月10日），云南大学档案馆藏，云南大学全宗，档案号：1955—Ⅲ—26。原文如下："我校社会学系民族组师资缺乏，必须延揽专人，才能开课。拟请你部派王连芳同志前来讲授'马列主义民族理论'一课，每周三小时，万一王同志不能来，亦请另行酌派一位同志担任，备有必要，我校当介绍该系主任杨堃先生前来面洽。"

[7]此处的老教师指在社会学方面已有课程教学经历的老师。

新入学的助教带领开展）。对于老教师的培养学校及系内也是不遗余力，先是学校所有老师参加政治学习、参加土改、学习苏联的先进理论、方法、教学模式，并安排老教师外出深造学习。如：1952年学校安排李慰祖在昆明党校学习，1954年6月李慰祖到人大学习政治经济学；1952年石埠壬赴北京学习等。[1]

除以上特点外，教师们以小组方式备课学习、合作开课，群策群力，使得课程的学习更顺畅。以启发同学使能自发作深入研究的原则进行授课，由两三位教师合作教授（共同拟定教学内容及搜集教学资料，由一人主讲）或交换教授（甲教师所开课程，如其中某部分是乙教师所专长者，则请乙教师出席讲授该部分），目的在能尽量发挥个人所长及集体教学效果，使之能充分帮助同学争取进步。[2]

社会学系老教师还需撰写总结报告，特别是任课老师需要分析学情，调整教学方法。江应樑1953年的（1952年二学期）期中考试总结，就是对学生日常学习、考前备考、考试纪律、考试建议等方面分条列出，提出学生未将期末考试所指定的参考书看完、未做到集体复习、出现临时抱佛脚等现象，并在教务安排、教师辅导、出题、监考、学生复习等方面给予建议。[3]老教师的教学、科研经历丰富，因系内师资不够，并在学习国内外先进教学经验后，系内调整计划，采取老教师带新教师这种师徒制办法，来提高新毕业的学生完成岗位角色转化与角色适应。

（2）对新教师的培养：主要为留任系内毕业生或新聘教师，对于社会学系优秀毕业生，系内办法是留几人做助教，社会学系自己培养的学生更加了解系内情况及课程开展情况，节省系内资源，方

---

[1]《教师出外进修登记表》，云南大学档案馆藏，云南大学全宗，档案号：1954—Ⅲ—22。
[2]《1953年各系期中考试总结》，云南大学档案馆藏，云南大学全宗，档案号：1953—Ⅱ—42。
[3]《1953年各系期中考试总结》，云南大学档案馆藏，云南大学全宗，档案号：1953—Ⅱ—42。

便课程及实习的开展；如 1953 年 3 月 29 日，傅懋勣在给杨堃的信中极力推荐刀忠强，来校担任少数民族语言实习兼任助教。[1]

对于新教师的培养，主要分为校内培养与校外培养两种方式联合进行。校内培养是指因每位新进助教刚入系工作时，系内均分配适当老教师对其采取师徒负责制进行培养。新进教师平时须跟随老教师在其课堂上进行学习，之后钻研所分配课程之教材，向负责自己的老教师及其他教师请教，由所带教师主要负责，并参加教学小组、进行集体备课；而在老教师、特别是劳动组外聘的省劳动委员会教师无法进行授课时，新教师须带领学生进行课程学习、课堂讨论与课程实践。[2]

1953 年社会学系师资培养中，对于劳动组助教陈宝珠、马雪如二人按照新教师的培养方式。"工会工作"及"劳动行政"教学小组对其二人的培养是通过以下具体方式：①听课："工会工作"及"劳动行政"两门课都是请校外负责干部来校兼课，在上课时她们两人都参加听课。②集体备课：由于这两课的兼任教员不能经常来上课，在他们因公缺课时就由教学小组负责把课程讲下去，因此，在准备讲义上就由教学小组来集体备课。③试讲：在"工会工作"及"劳动行政"两门课程中她们两人都分别担任了一部分题目，通过集体备课后去课堂上讲授。④领导讨论：在每个课程讲完每一单元以后，都由教学小组拟出讨论提纲交给同学，在课堂上讨论。讨论前，教

---

[1]《1953 年 1—12 月教职员统计表》(1953 年 5 月 28 日)，云南大学档案馆藏，云南大学全宗，档案号：1951—Ⅲ—13。原文如下："傣族刀忠强同志自上学期起，即已参加'少数民族语言'一课，帮助同学实习。他曾任车里文教科副科长，熟习西双版纳傣族语文。一年来，在我的协助下，对本族语言的结构，也已进行了初步的分析研究。有他参加，对本课教学上帮助很大。特请和云大领导商酌，给以兼任助教名义，工资按照周耀文、徐琳兼任工资计算办法，自本月起支给。"后"社会学系拟请聘任民族学院刀忠强同志来校担任兼任助教（担任少数民族语言实习，每周两小时）"。
[2]《全校及各系师资培养办法和情况汇报》，云南大学档案馆藏，云南大学全宗，档案号：1953—Ⅱ—39。

学小组并对讨论提纲拟出答案的要点。在讨论时她们各人负责领导一组学生讨论，通过讨论，使她们对每个问题的要点都有所明确及深人。⑤带实习：马雪如带工业统计实习。⑥准备开课：结合劳动组目前师资缺乏的情况，马雪如准备下学期开"劳动保险"。陈宝珠准备开"企业管理"。在将来开课时，她们将得到组内其他开过这两门课的教员的协助。开课的目的，是在于使她们通过课堂讲授的实践而对教学方法有所认识。⑦在进修方面：马雪如的培养方向是劳动、统计专业；陈宝珠的培养方向是政治经济学。但由于劳动组师资特别缺乏（总共只四人），因此，她们两人目前的主要工作是维持现开课程（工会工作及劳动行政）的正常进行。[1]

学生需要培养以备毕业后服务社会，老师同样需要不断学习，提高专业知识与专业技能，改进教学方法，使学生更好地学习、实践。助教陈宝珠、马雪如二人的校内培养方式即通过自学、听课、集体备课以习得扎实的理论知识后，进行试讲，领导学生小组讨论，带实习等的方式实践，最终达到开始开课的程度。

校外培养：1953年度社会学系小组讨论学校工作计划大纲所提出的问题时提出，培养师资还应增加一条"争取送年轻教师去外面学习"。[2] 1953年6月，学校送陈年榜到北京人大学习政治经济学及马列主义基础，在将来调整院系时，准备留校工作，担任政治课。[3]

（3）外聘、借调校外教师、政府职员到系兼课或全职上课。因当时校内师资不够，学校经常请外校教师或省内行政人员来校任职，社会学系也不例外，主要是民族组与云南省民族事务委员会、云南

---

[1]《全校及各系师资培养办法和情况汇报》，云南大学档案馆藏，云南大学全宗，档案号：1953—Ⅱ—39。

[2]《教务处（科）1953年全校性的工作计划、总结》，云南大学档案馆藏，云南大学全宗，档案号：1953—Ⅱ—37。

[3]《教师出外进修登记表》，云南大学档案馆藏，云南大学全宗，档案号：1954—Ⅲ—22。

人民博物馆筹委会及民族学院联系。劳动组与昆明市劳动局联系。在调查研究工作上，双方合作，在必要时，社会学系得对有关部门之调查研究工作予以协助。在课程教授方面，请有关部门负责同志来校担任。在实习方面请有关部门给予指导或协助。[1]

如社会学系劳动组方面聘请的教师：1953年4月，因社会学系劳动组讲师李慰祖调到重庆工作，请校方聘请云南省总工会副主任何波担任"劳动政策与劳动立法"一门。[2] 并聘劳动局副局长樊子诚兼任"劳动行政"。[3] 社会学系民族组方面聘请的教师：1953年9月，聘王连芳来讲授"马列主义民族理论"一课；[4] 1953年10月，聘周耀文担任讲师兼任"语言学引论"一门。[5]

随着院系调整至云南大学社会学系时，社会学系两组教师调整到经济系、历史系、政治课等，原借调来的教师任课期满返回原单位，或者学校给原单位去函将其调回，1953年8月底，因魏尔志辞职，

---

[1]《由教务部转呈中央人民政府教育部关于一九五一年度上学期社会学系概况的报告》（1952年1月25日），云南大学档案馆藏，云南大学全宗，档案号：1951—Ⅱ—04。

[2]《聘请兼任教员登记表》，云南大学档案馆藏，云南大学全宗，档案号：1953—Ⅲ—13。

[3]《1953年1—12月教职员统计表》（1953年9月16日），云南大学档案馆藏，云南大学全宗，档案号：1951—Ⅲ—13。社会学系拟聘樊子诚兼任"劳动行政"一课函省府办公厅，原文如下："我校社会学系劳动组因教员人数不足，且现有教员缺乏实际工作经验，为保证教学质量及求理论与实践相结合会起见，拟聘请劳动局副局长樊子诚同志兼任'劳动行政'一课。"

[4]《教职工名册》（1953年9月10日），云南大学档案馆藏，云南大学全宗，档案号：1955—Ⅲ—26。云南大学函中国共产党云南省委会宣传部拟请王连芳同志担任我校社会学系民族组"马列主义民族理论"一课，原文如下："我校社会学系民族组师资缺乏，必须延揽专人，才能开课。拟请你部派王连芳同志前来讲授'马列主义民族理论'一课，每周三小时，万一王同志不能来，亦请另行酌派一位同志担任，备有必要，我校当介绍该系主任杨堃先生前来面洽。"

[5]《1953年1—12月教职员统计表》（1953年10月17日），云南大学档案馆藏，云南大学全宗，档案号：1951—Ⅲ—13。拟聘周耀文为社会学系讲师，原文如下："我校社会学系一年级基础课程'语言学引论'一门，尚无教师担任，现新生入学，该课不能久缺，拟聘请你会研究组副组长周文煜同志为兼任讲师担任此课。每周授课二小时，自十一月一日起薪。"

社会学系聘请胡桂秋、龚荣星回系任助教,[1]跟随老教师集体备课,留作系内师资按照新进助教方式继续培养。而在社会学系民族组调整并入历史系后,因无适当工作,历史系函云南民族事务委员会请将龚荣星调回。[2]

3. 教师工作安排情况

1953年上学期社会学系共有教师13人,成立两个教研组:社会学系民族教学小组,成员有杨堃(负责人)、江应樑、方国瑜、龚荣星、胡桂秋;劳动政策工会工作教学小组成员有袁绩藩、何波(兼任)、樊子诚(兼任)、马雪如、陈宝珠。金琼英、李慰祖、陈年榜则预调入政治课教研组。[3]系内师资基本已经据此三个方向准备并入三个系。

(1) 民族组

1953年11月5日(上学期)修正通过的《社会学系民族史教学小组工作计划及工作日程表》中提到,学校的中心工作是改革教学内容及教学方法,此时仅有教授二人及助教二人,并加入历史系有关民族课程教授一人(方国瑜先生),但仍克服困难,成立民族组教学小组。抓住主要问题,衔接已学课程,以民族组四个重要课程——

---

[1]《因魏尔志辞职调胡桂秋(1952社会学系毕业)、龚荣星(1953社会学系毕业)做社会学系助教》,云南大学档案馆藏,云南大学全宗,档案号:1955—Ⅲ—26。原文如下:我系民族组本来师资极度缺乏,助教魏尔志又坚决请求辞职,屡经挽留无效,似已无法再挽留。而一切工作均待办理,必须将人的补充问题马上解决,才能开始工作。现省教育厅胡桂秋和省民委会龚荣星两人,可留作助教,并培养作为师资。并于1953年10月起以社会学系助教名义在云南大学社会学系工作。

[2]《因魏尔志辞职调胡桂秋(1952社会学系毕业)、龚荣星(1953社会学系毕业)做社会学系助教》,云南大学档案馆藏,云南大学全宗,档案号:1955—Ⅲ—26。原文如下:前社会学系民族组借聘省民族事务委员会龚荣星同志为民族语言助教一年,现已期满。自民族组并入本系后民族组已不存在,民族专门语言在历史专业中已无开设必要,助教龚荣星留在系内无适当工作可做。从合理使用干部着想,拟请与民委会商洽调任其他工作较为妥当,特此签请。

[3]《一九五三年度教研室组教学小组一览表》,云南大学档案馆藏,云南大学全宗,档案号:1953—Ⅱ—99。《1953年度一学期云南大学教职员工人数统计表》,云南大学档案馆藏,云南大学全宗,档案号:1954—Ⅲ—27。

马列主义民族理论,中国少数民族史,西南民族史及中国少数民族语言(上、下)——为主要对象,交流教学经验,商讨教材内容,改进教学方法,做好辅导工作,以求逐步提高教学质量并达到培养师资之目的。民族组各位先生讨论修订教材、教学方法及课程大纲,拟订生产实习计划。为求理论与实践能够密切配合,巩固在课堂上所学的理论学习成绩,并为提高教师业务水平起见,安排四年级学生寒假生产实习四周,民族组提前与云南民族事务委员会及民族地区地方政府取得联系以保证实习顺利。为培养师资,助教拟订进修计划,尽量使年轻助教有进修、研究并向教授学习的机会。

民族教学小组中,杨堃担任小组长,负责召集开会,拟定各种工作计划草案及工作日程草案(包括寒假生产实习计划及大纲),对各课轮流听讲并将听讲情况向小组汇报,参加民族理论辅导工作。方国瑜讲授重点课云南民族史。江应樑为重点课(中国少数民族史、西南民族史)主讲人,并负责对生产实习作指导报告。龚荣星:担任民族理论课的辅导工作,并在傅懋绩教授指导与协助下,对少数民族语言进行进修工作。胡桂秋则与龚荣星共同担任"民族理论"的辅导工作。开课的过程中,民族组不忘培养师资,要求开课教师不分专任或兼任,均对助教的进修工作均有指导与协助的责任。同时,在民族组四年级学生中选择学习态度端正,成绩优良并有培养前途者于必要时提名交上级,以备留作助教及研究生。[1]

(2)劳动组

1953年9月25日系务会议通过的《社会学系劳动组"工会工作及劳动行政"教学小组工作计划草案》中,确定小组定名为"工会工作及劳动行政教学小组",教学小组由何波、樊子诚、袁绩藩、陈

---

[1]《文法学院社会学系教学小组工作计划》,云南大学档案馆藏,云南大学全宗,档案号:1953—Ⅱ—59。

宝珠、马雪如五人组成的,其中以袁绩藩为教学小组小组长,何、樊两同志主讲,但为兼任教员,不经常参加小组会议。

因"工会工作"或"劳动行政"主讲教员(何波、樊子诚)因公缺席时需由其余组员进行补充讲授或与同学研究讨论所讲材料及其他参考资料。因此,小组成员采取听课—辅导—工作会议—集体备课的方式补充课程、储备培养师资。组长进行师生工作、课程讲授、师资培养的统筹工作,组员负责联系任课老师、搜集整理教材、辅导学生与集体备课以备下学期独立开课等。劳动组助教二人(陈宝珠、马雪如)对劳动组专业课程都缺乏深刻研究,因此,对二人进行培养,陈宝珠培养的方向是企业管理及其他有关课程如统计、会计等;马雪如培养的方向是劳动保障、统计。二人任务主要为搜集课程资料及整理工作,与主讲教员取得联系(事先明确他本周能不能来上课?主要内容讲点什么?有何文件或参考资料要事先发给同学?下周课程如何进行、内容如何等),辅导同学,按期做课程的补充报告,在教学小组中以集体备课的方式来培养师资,在个人独立钻研的基础上,展开批评与自我批评,互相取长补短,借以提高教学质量,汲取教学经验,作为下学期自己开课的准备。[1]

总体来看,云南大学社会学系师资情况只有在"魁阁时期"较充足,后来随着高校回迁,西南联大在云南大学社会学系的兼任教师也北上离开,社会学系原有教师离系北上等情况,使得社会学系师资难以补足。杨堃的到来虽缓解了这一局面,但受1951年院系调整取消社会学这一专业的影响,社会学系教师一度不足以任课,外聘兼任教师、培养新教师、留下老教师等方式是针对这一情况采取的新的有效应对措施。分组后,各教学小组的工作计划草案中,从

---

[1]《文法学院社会学系教学小组工作计划》,云南大学档案馆藏,云南大学全宗,档案号:1953—Ⅱ—59。

课程与实习的安排、师资的培养、工作日程表等方面具体计划，有效保证社会学系两教学小组工作顺利开展。

（二）学生培养

1. 社会学系学生基本情况

1951年秋，社会学系共招收33名大一新生，其中男生18人，女生15人，29人为云南省内学生。[1]大二的学生中，除休退学外，个别因兴趣不合转入其他系。[2] 1951年系内大一至大四共67人，绝大多数为云南省内学生。为将来毕业后更好地服务云南本省做好了人才上的准备。

从1952年开始，受到全国院系调整取消社会学系的影响，社会学系不再招收新生，只有大二学生30人（民族组11人、劳动组19人），大三19人（民族组12人、劳动组7人），大四8人（民族组3人、劳动组5人），共57人。1953年社会学系民族组、劳动组开始准备将学生划入其他系，当年大三28人、大四19人，这些人至1954年3月一同划入两系，即民族组三、四年级学生，全体分别并入历史系三、四年级；劳动组三、四年级学生，全体分别并入经济系三、四年级。解放以前，社会学系学生最多的年份是1949年，解放后至调整院系以前，学生最多是1952年。[3]

2. 课程安排及学习情况

1951年，社会学系依照教育部"课程草案修正初稿"的指示，

---

[1]《云南大学学生名册（1951学年度）》，云南大学档案馆藏，云南大学全宗，档案号：1951—Ⅱ—49。
[2]《1951—1952年学生名册》，云南大学档案馆藏，云南大学全宗，档案号：1952—Ⅱ—56。
[3]《我校概况，内部（社会学系民族、劳动组的报告）》，云南大学档案馆藏，云南大学全宗，档案号：1954—Ⅱ—01。《社会学系概况》，云南大学档案馆藏，云南大学全宗，档案号：1952—Ⅱ—01。《1954年社会学系调整办法》，云南大学档案馆藏，云南大学全宗，档案号：1953—Ⅱ—59。

结合当时云南发展、本系实际情况，分为民族与劳动两组，明确了本系的任务和发展的方向，并确定了应当学习并应用马列主义的观点、立场和方法具体分析社会实际情况，在系统的理论基础上，以培养政府及其他有关部门（如劳动部、民族事务委员会等）所需具备专业知识及技能的工作干部并培养师资及研究人员来进行教育工作。[1] 上学期除两组共同必修基础课程外，其他课程开始进行分组，以精简为原则，重点讲课，避免重复（见表13）。民族组主要任课老师有杨堃、刘尧汉、马曜，劳动组主要任课老师有金琼英、刘林元、李慰祖、袁绩藩、江应樑、陈年榜。劳动组二三年级学生以统计学及劳动政策与劳动立法为重点课；民族组以人类学及民族问题与政策为重点课。[2] 1951年下学期除需继续上学期的课程外，劳动组还增加了教师金琼英为三年级学生开设的马列主义名著选读一课，民族组则增加了劳动组二三年级下学期的语言学一课，由傅懋勣担任。[3]

表13 1951—1953年课程

年份	课程及教师
1951	共同：社会调查与研究（刘尧汉）、普通统计学（陈年榜） 民族组：人类学（杨堃）、世界民族志（刘尧汉）、中国民族问题与政策（马曜）、专题调查研究（杨堃）、语言学（傅懋勣） 劳动组：社会科学概论（金琼英）、辩证唯物论（金琼英）、马列主义名著选读（金琼英）、劳动行政与劳动立法（刘林元）、工人运动（李慰祖）、劳动保险（袁绩藩）、劳动保护（袁绩藩）、中国社会分析（江应樑）、劳动统计（陈年榜）

---

[1]《社会学系概况》，云南大学档案馆藏，云南大学全宗，档案号：1952—Ⅱ—01。

[2]《云南大学授课时间表文法学院社会学系一九五一年上学期》，云南大学档案馆藏，云南大学全宗，档案号：1951—Ⅱ—26。人类学一课原由李慰祖开设，社会学系分组李慰祖到劳动组，人类学一课则由民族组的杨堃讲授。《各院系1951年度第二学期教学计划、大纲》，云南大学档案馆藏，云南大学全宗，档案号：1951—Ⅱ—27。

[3]《1950—1951学年度第一、二学期课程时间表》，云南大学档案馆藏，云南大学全宗，档案号：1951—Ⅱ—26。《各院系1951年度第二学期教学计划、大纲》，云南大学档案馆藏，云南大学全宗，档案号：1951—Ⅱ—27。

(续表)

年份	课程及教师
1952	共同：普通统计学（魏尔志）、中国社会分析（江应樑）、毕业论文 民族组：中国少数民族概况（杨堃）、博物馆学（杨堃）、西南民族专题调查研究（杨堃）、原始社会史及人类学通论（杨堃）、民族调查（杨堃、刘尧汉）、世界民族志（刘尧汉）、语言学（傅懋绩）、少数民族语言（傅懋绩、刀忠强）、中国少数民族史（江应樑）、马列主义民族理论（马曜）、人类学（马雪如）、中国民族问题与政策（陈方）、民族政策（陈方） 劳动组：辩证唯物论（金琼英）、马列主义名著选读（金琼英）、工会工作（李慰祖）、企业管理（李慰祖）、劳动政策与劳动立法（李慰祖）、工人运动（袁绩藩）、劳动保险（袁绩藩）、会计学（陆忠义）、工业统计（余世箴）、国民经济计划原理（郭树人）、经济核算（刘文藻等）
1953	民族组：人类学（杨堃、马雪如）、专题调查研究（杨堃）、中国少数民族概况（江应樑）、中国社会分析（江应樑）、中国少数民族史（江应樑）、西南民族史（江应樑）、云南民族史（方国瑜）、语言学（傅懋绩）、中国少数民族语言（傅懋绩、徐琳、周耀文）、世界民族志（刘尧汉）、社会调查与研究（刘尧汉）、中国民族问题与政策（马曜） 劳动组：辩证唯物论（金琼英）、马列主义名著选读（金琼英）、社会科学概论（金琼英）、劳动政策与劳动立法（李慰祖）、马列主义民族理论（李慰祖）、工人运动（李慰祖）、劳动行政（樊子诚、袁绩藩）、劳动保护（袁绩藩）、工会工作（何波、袁绩藩）、工业统计、马列主义民族理论（侯方岳）、家庭与婚姻（石埔壬）、劳动保险（石埔壬）、普通统计学（陈年榜、魏尔志）、工资与生产研究（陈年榜）

资料来源：《1950—1951学年度第一、二学期课程时间表》，云南大学档案馆藏，云南大学全宗，档案号：1951—Ⅱ—26。《各院系1951年度第二学期教学计划、大纲》，云南大学档案馆藏，云南大学全宗，档案号：1951—Ⅱ—27；《1952年度第一、二学期授课时间表》，云南大学档案馆藏，云南大学全宗，档案号：1952—Ⅱ—17；《1953年课表》，云南大学档案馆藏，云南大学全宗，档案号：1953—Ⅱ—38；《云南大学社会学系一九五三年度上学期教师职务及课程简表》，云南大学档案馆藏，云南大学全宗，档案号：1954—Ⅱ—01。

1951年起，各院系科拟定教学计划及各科目教学大纲。但第一学期因为上课时间缩短，同时添加土改工作，未能完全实行。至第二学期全部拟定教学计划及教学大纲。¹而社会学系1951年度第二学期教学计划中要求这一学期的教学内容：首先，每门课都必须贯彻爱国主义教育，以便使学生能够热爱祖国，了解祖国目前的情况和展望祖国的远景，而使学生们逐步准备在将来致力于祖国的需要。其次是社会学系一直坚持的原则——注重理论与实践相配合，除了在课堂上讲授课程外，社会学系还通过与有关部门取得密切联系，如民族组与云南民族学院，云南人民博物馆及云南省民族事务委员会等联系。劳动组与昆明市总工会，市劳动局等联系。以使学生获得实习机会，更深入了解实际工作岗位上的情况和获得更多的现实材料，以增加对理论的了解和更丰富理论的内容；凡有关政策法令方面的课程也请各有关部门负责同志来校担任。社会学系注重实习，系内大多数课程均加强实习工作，主要延续社会学本土化实践道路而到农村、工厂或工会兄弟民族地区实习，以加强对具有专业知识及技能之人才的培养。

社会学系除分为民族组、劳动组进行课程与实习规划外，所任课程相关联的教职员采取教研组精神，如人类学与社会科学概论，社会调查与统计等相互配合以提高教学效率减少重复，降低学生负担，更有利于学生健康。在经过土改及五反工作以后，学生在政治思想上已有显著的进步，对于部分仍存在旧思想的学生，教师与其取得密切联系，并采用个别谈话与师生座谈会等方式，了解、解决学生存在的问题。²

1952学年度社会学系继续简化课程，此时民族组老师有杨堃、江应樑、刘尧汉、傅懋绩、陈方、马曜、马雪如，劳动组老师有魏

1《云南大学一九五一年度（一九五一年九月至一九五二年八月）教学总结》，云南大学档案馆藏，云南大学全宗，档案号：1951—Ⅱ—25。
2《各院系1951年度第二学期教学计划、大纲》，云南大学档案馆藏，云南大学全宗，档案号：1951—Ⅱ—27。

尔志、金琼英、袁绩藩、李慰祖、陆忠义、余世箴、郭树人、刘文藻等开设课程。[1]因民族组、劳动组两组课程性质完全不同，因此关于两组课程设置等问题也大不相同。民族组课程根据民族实况、各地边疆文物标本，作实际之体验与融合。民族组曾于1952年底奉到西南文教部指示，自第二年级学生开始试按"汉族以外民族史专业"计划进行教学，但无参考书目、教学大纲等的具体指示，因此社会学系自拟专业课程表在二年级开设教学。二年级的基本课程为中国少数民族史、语言学、民族政策、民族调查和俄文共五门。另有考古学一门原系一年级必修，因过去未学过所以补修。三年级学生因过去所学课程对于此专业计划多有出入，仅能根据社会学系师资情况和具体要求，有重点地选择学习，重点课则为中国少数民族史、中国少数民族语言和俄文三门，另有考古学、辩证唯物论、马列主义名著选读，云南民族史四门为选修。系内为二三年级联系云南民委会以开展暑期生产实习，四年级学生因过去所学的课程不仅与此专业计划出入太大，而且范围太广，不够深入。又以时间太短，不能多为辅修，故只好根据实际情况有重点地凸显两门，以求能有所专，并将重点放在毕业论文上。[2]

劳动组课程，均与劳动事业结合教授，各组课程于必要时，均下乡做实际的工作，才能从工作中得到具体经验。教学目的在于使同学了解新民主主义制度下劳动政策及劳动立法的基本精神；工人运动之方针及目的，工会工作之中心任务及有关工会工作之若干业务知识，以造就到劳动行政部门或工厂工会工作的干部。并加强与有关部门联系，逐步克服过去在教学上理论与实践相脱节的缺点。

1《1952年度第一、二学期授课时间表》，云南大学档案馆藏，云南大学全宗，档案号：1952—Ⅱ—17。
2《文法学院1952年度第二学期教学大纲》，云南大学档案馆藏，云南大学全宗，档案号：1952—Ⅱ—28。

因劳动组未接到高教部有关专业之具体指示，因此其课程是按照教育部1951年所规定的课程表。劳动组有二、三、四年级学生共29人，教员4人，最大困难即为师资缺乏。从数量上而言，劳动组原有教员不过6人，其中教授1人、副教授1人、讲师1人、助教3人，1952年助教1人（陈年榜）被派到北京人民大学学习，为期三年（1952年至1955年），1953年4月讲师李慰祖又被派至重庆公干，因使得当时劳动组只剩教员4人。

劳动组4名教员大多对劳动专业课程并无深刻研究。其中教授1人（金琼英）开辩证唯物论及马列名著选读两门，都不是劳动组专业课程。副教授1人（袁绩藩）开工人运动及劳动保险两门，虽是劳动组专业课程，但教员本人缺乏实际工会工作经验。其余助教两人（陈宝珠、马雪如）对劳动组课程都是初学。李慰祖（讲师）原开劳动政策与劳动立法、企业管理两门课程，其因公赴渝后，劳动组开课更加困难，劳动政策与劳动立法一门，由云南省总工会副主席何波及云南省劳动局长樊子诚轮流担任，但因他们公务繁忙，往往缺课。企业管理一门则由陈宝珠、马雪如、袁绩藩三人共同搜集资料、研究、讨论，轮流讲课，但由于对这门课程缺乏深刻认识，因此不能深入讲解。[1]

虽然师资不足，课程又难以深入讲授，社会学系劳动组仍尽力做到理论与实际相联系，在授课方面请到了省劳动局、省总工会、省商业厅负责人到校作专题报告，在期中实习方面，则安排学生旁听云南省首届工会会员代表大会以及省总工会主席刘林石出席中国工会第七次全国代表大会的传达报告。并使学生参观昆明市工人文化宫，力求将所学的抽象知识具体化，将感性认识理性化，将系统

1《文法学院1952年度第二学期教学大纲》，云南大学档案馆藏，云南大学全宗，档案号：1952—Ⅱ—28。

理论结合实际经验而产生新的见解。[1]

根据1952年度第二学期（1953年上半年）教学大纲，社会学系民族、劳动两组"开课难"最大的问题就是师资不足，因有经验的专业老师较稀缺，课程讲授均有困难，出现有些课等人教的情况。此时民族组老师只有杨堃、江应樑二人，因此在人员补充方面欲调回张凤岐、詹开龙；在培养方面，留四年级学生龚荣星、杨遵仁为助教，并请调回在云南文教史服务的胡桂秋（1952年度民族组毕业生），改任助教。劳动组则培养助教马雪如、陈宝珠，为积极准备开设1953年度课程做准备，并在劳动组四年级毕业生中，选两三个品学较优的学生，毕业后即留校担任助教，从事研究或毕业后派到劳动行政部门、工会或工厂工作一年，取得点实际经验后，再回校开课。[2]

通过考试是最能了解课程开设的适宜度、学生对于所学课程掌握程度的，从而调整教材及教学方式等。通过考试总结，社会学系老师找到教师本身教学问题：偏于理论的介绍，而联系实际不够；对同学的辅导不够。更因每人任课太忙，并各有所专，故彼此联系不够，未能发挥集体教学的精神。在同学方面，平日自修阅读，往往系从个人兴趣出发，有所偏重，不能照顾全盘的功课。[3]

1953年上学期（1953年下半年），社会学系劳动组、民族组只

---

[1]《文法学院1952年度第二学期教学大纲》，云南大学档案馆藏，云南大学全宗，档案号：1952—Ⅱ—28。

[2]《文法学院1952年度第二学期教学大纲》，云南大学档案馆藏，云南大学全宗，档案号：1952—Ⅱ—28。

[3] 1952年度第二学期（1953年）社会学系期中考试总结道：劳动组二年级统计学一门不及格达到88%以上，民族组二、三两年级考古学通论一门，不及格达46%以上，问题均较严重。俄文考试，但凡采用李德才所编的俄文读本参考学习的，成绩均较好。学生的理论基础较差，而二年级学生尤差。劳动组学生无90分以上者，80分以上较少，普遍集中于60、70分；民族组有几名学生在90分以上，基本集中在60—80分，不及格现象出现在考古学通论、俄文、民族调查课程中。参见：《1953年各系期中考试总结》，云南大学档案馆藏，云南大学全宗，档案号：1953—Ⅱ—42。

有三、四年级两级学生，采用苏联课本、参考苏联教材，在民族组、劳动组开设课程。后因二、三、四年级学生参加土改，大部分课程安排被暂时停用。[1]

相对之前社会学系开设的课程，1951—1953年课程改变不大，都是在学生健康的基础上结合当时的政治学习、土改等而精简课程内容，提高课程效率，减少学生课业负担，增加课程实践。在师资上，因社会学系分组、教师外出进修学习出现课程无人教、新老教师对课程不熟悉的现象，社会学系与业务部门联系补进新老师、培养系内毕业生留作助教的补救方法，以培养具备本土知识与处理问题能力的干部人才。在教学上，更加倾向于民族、劳动两个方面，不断学习苏联专家或人民大学编著的内容新颖、简明扼要的教本，采取教研组备课的方式力求教本通俗化使学生易懂；注意结合考试及校务情况考察开课情况、学生课程的掌握情况，不断调整课程。可以看出，此时社会学系呈现学生为主、教师为辅，师生互动，教课与调研相结合的态势。在课程设置、人才的培养，更多是考量人才的应用及后期进入社会、服务边疆的问题。因受院系调整影响，社会学系也调整人才培养储备战略为实用型方向。

3. 学生1954年生产实习情况

（1）劳动组四年级寒假实习

为求理论与实践相结合，1954年2月1日至2月28日，社会学系劳动组四年级7名学生赴西南工业部昆明茨坝机床厂进行毕业实习。实习带队老师有袁绩藩、李慰祖、陈宝珠、马雪如，实习目的在于使同学明确工厂实际生产过程以便把企业管理、统计会计等课中所学得的基本知识应用到实际工作中去。同时又要使同学明确工

---

[1]《我校概况，内部社会学系劳动组、民族组的报告（云南大学社会学系一九五三年度上学期教师职务及课程简表）》，云南大学档案馆藏，云南大学全宗，档案号：1954—Ⅱ—01。

厂中工会工作的重要性，特别是认识关于保护劳动与增加生产二者间的一致性。[1]

实习学生具备一定的理论课程基础，在已有统计、会计、企业管理、劳动保险、劳动保护、工会工作、工人运动、劳动行政、劳动政策与劳动立法、工业统计等课程的基础上，需了解工厂生产计划及管理工作及工会劳保工作。实习学生也具有实习经历：1951年暑假参加过昆明市劳动局主办之罗丈村工训班；1952年夏参加过昆明市劳动局实践；1953年4月参加过云南省首届工会会员代表大会旁听。[2]

（2）民族组四年级寒假生产实习

1953年12月17日，系主任杨堃申请与龚荣星带领民族组四年级12名学生（龚肃政、沈国治、王耀知、萧庆文、高曼云、严汝娴、刀世勋、段春华、黄宝藩、高吉昌、和发源、王昭武）寒假实习，联系云南省民族事务委员会，到彝族聚集区峨山县[3]玉屏乡实习。

此次实习的性质是：民族组重点课中国少数民族史、中国少数民族语言与民族政策之教学实习，以求课堂听讲的理论与民族地区实际的具体情况相结合，以达到理论与实践的统一，了解各民族的社会情况、当前民族工作的发展情况，从民族政策的具体体现来认识民族问题的理论根据，以及马列主义民族问题理论与政策和民族史、民族语言的相关性，从而正确认识过渡时期民族问题方面的方针和任务，为毕业后在民族地区做民族调查研究工作打下基础。社

---

[1]《一九五三年度社会学系学生寒暑假生产实习计划表》，云南大学档案馆藏，云南大学全宗，档案号：1953—Ⅱ—59。

[2]《一九五三年度社会学系学生寒暑假生产实习计划表》，云南大学档案馆藏，云南大学全宗，档案号：1953—Ⅱ—59。

[3] "峨山"距昆明133公里，最近已通车至车里的昆洛公路，即从峨山经过，最早的名字叫"嶍峨"，以境内嶍山、峨山两座山而得名，后来始改称峨山，解放后，属于玉溪专区的一个县。

会学系学生已学过人类学，社会调查，世界民族志，语言学，中国少数民族史，中国少数民族语言，民族政策与民族理论诸课，有一定理论基础。并在1951年暑假在定专区武定县兄弟民族聚集区实习一个月；社会调查一门曾在昆明做过教学实习；民族政策一门曾在云南民族学院做过实习，也有一定实践经历。该实习小组，先由助教龚荣星带领，自1954年2月7日至3月3日进行为期三周的生产实习。[1]

此次实习总目的是配合国家建设的总路线，配合国家过渡时期帮助各民族发展与社会主义民族的民族工作的需要，使学生在实习中获得民族方面的知识，为毕业后投入国家民族工作做好准备，使学生在将来习惯于民族工作岗位上独立工作。具体就是对峨山县彝族（彝族、山苏族、爱伲族）社会情况做重点的了解，对彝族支系问题，拟作深入和全面的调查研究，使学生熟悉彝族情况，从而对民族问题理论、民族政策有较深刻的体会，以便在下学期学习西南民族史研究一课中的彝族史部分打下基础。

此次实习在云南省民族事务委员会协同专区、县各级地方政府的领导下进行，学生以当地临时干部的身份，参加峨山县民族工作组与当地工作干部一起，结合当地民族区的中心任务工作，在工作中认识民族工作的性质和民族政策在民族地区的贯彻情况。在实习工

---

[1]《1953年云南大学社会学系实习人员名册》，云南大学档案馆藏，云南大学全宗，档案号：1953—Ⅱ—62。《云南大学社会学系民族组四年级寒假生产实习》，云南大学档案馆藏，云南大学全宗，档案号：1953—Ⅱ—62。因杨堃在历史系一年级担任原始社会史一课的讲师和辅导工作，需要利用寒假时间编写教材，因此无法参加生产实习。社会学系主任杨堃函云大生产实习委员会原文如下："我系民族组四年级寒假生产实习原拟参加的教师是龚荣星助教和我两人。今因我在历史系一年级担任原始社会史一课的讲师和辅导工作，经过此次检查，使我深深地体会到了我必须利用寒假，专心准备教材和编写讲义，始能使第二学期的教学工作有所改善。因此，我实不能再参加寒假的生产实习了。又因生产实习的领导结构是云南省民族事务委员会，我们已取得密切联系并已做好各项准备工作。我相信在民委会负责同志的领导下，并有龚荣星同志代表我系参加，是能够完成这次生产实习的任务的。"

作中同时进行彝族支系调查研究，了解峨山县彝族现状、分布情况、民族关系、历史来源、迁徙路线、支系亲属关系、语言及生活习俗等。

参加实习人数共 13 人，教师 1 人，同学 12 人，全体实习生均按调查研究的各项性质，分别组成四个小组在省民委会与当地政府领导下，在实习指导委员会的指导下，以小组为单位分别参加到当地工作组内进行工作。就了解民族情况的各种性质的需要，分别组成下列四个调查小组：

①支系名称和支系历史调查小组，人数 2 人，其主要调查内容为彝族姓的来源；彝族支系名称的来源，其自称是部落或氏族名称，抑或家长制的家长名称；汉族所称他们的民族名称，是否带有侮辱性？解放后使用何民族名称，本族支系群众，上层的反应如何？彝族经典中有关民族发源地、迁徙年代、原因、路线；歌谣和传说中的古部落名称，古神名、古社会制度；彝族的父子连名制及有关始祖，迁祖的传说；母系方面的称谓，谱系，继承制度。

②语言调查小组，人数 3—4 人，主要调查日常基本名词、代词、谓语、副词等基本词；主谓、主谓宾语法排列次序。

③物质文化调查小组，人数 3 人，主要调查衣服和装饰；日常和饮食用具；房内敬神或拜祖的器物，屋内火塘、种类、名称、方位、质料及与之有关的各种礼俗；住宅和村寨的方位及其标志物；富有民族特征的生产工具和生产方法，及本民族现在和解放前的生产情况，野兽野鸟对农作物的损害情况及其预防的组织；打猎或牧畜为其主要职业的猎户使用的猎具及其打猎季节、方式、习惯、技术、迷信、猎物的分配及其经济价值；家畜家禽的种类、名称、畜养方法，畜牧业生产情况，用途及经济价值；山区灌溉情况；野生植物和各种菌类的采集、烹制及其经济价值；生产上的年龄，性别的分工，及其在人口中的比重；运输和交通工具；乐器的种类、名称、质料、

制作和使用方法,及其与之有关的迷信传说;宗教的礼器,法器,及其含有的来源和意义。

④生活习俗调查小组,人数3—4人,了解男女在社会中的地位,及对于男女的社会观念;婚前男女社交情况和不成文法规,订婚仪式,聘礼及其阶级财产等的条件限制和有关的礼俗迷信;结婚仪式和婚后的夫妇关系;对子女的习俗(如歧视初生子、钟爱次子或幼子)和财产继承制度;疾病情况和本族医治方法,草药、迷信、仪式和死亡率;对死亡的看法,死前准备,死尸处理,灵魂观念,有无火葬习惯,火葬仪式,地点,方法;宗教活动,土主,神灵的名称来历,崇拜仪式,及其神话传说;宗教活动是否同是有关经济,政治的社会活动,及其表现在民族团结、社交的意义;灵台的样式和各部质料,大小,更换情况,及其与本族婚姻、亲属、财产继承,姓的关系;节日的传说,来历,举行的时间地点,仪式和参加人的成分和礼俗;特殊的礼俗和禁忌。[1]

可以看出实习的调查提纲所列的方面涉及彝族的经济、社会、文化、信仰、两性等方面,衣食住行医各个方面都涵盖到,各小组学生能够围绕分配的调查提纲有重点地进行调查,使调查更加可行精准。

而在实习前学生须根据分组情况学习相关文件和参考书、学习音标,学校安排相关人员进行实习注意事项及主题的专题报告,加深学生的认识,提高学生积极性,为此次生产实习奠定了好的思想基础。在云南省玉溪专区峨山县彝族聚居区内,选择一个有代表性的典型村为重点了解,并附带作周围各村的重点访问。实习结束前,每位参加实习的学生都需要写个人实习报告,涉及对民族政策和民

---

[1]《云大社会学系民族组四年级一九五三年度寒假生产实习提纲》,云南大学档案馆藏,云南大学全宗,档案号:1953—Ⅱ—62。

族工作的体会、根据实习提纲和计划详述各阶段完成的情况、自己了解了的情况和发现的问题几方面。每天需要写实习日记，将个人的体会和了解的材料原始的记下，实习日记越详细越好，讲求真实和完备，不求修辞和文章的技巧，在记完日记后，重看一遍，发现疑问第二天作补充调查。而这些要求及方法在现代的寒暑假田野调查都是相通的，对现在师生的调查研究都极具指导意义，可以看出当时杨堃带领的社会学系民族组乃至整个社会学系进行调查研究的前瞻性、先进性、专业性。[1]

实际上，民族组学生到峨山后，为使课堂理论与实际结合起来，通过当地县府介绍工作了解整体概况并获得实习材料。进入峨山第一区总果乡后，12名学生被分到各个村进行实习，首先跟着当地帮忙普选工作。之后趁着时间进行调查实习，特别是当地社会、经济、文化、风俗习惯、彝语的学习记录等方面。他们各有感想，其中被分到峨山县第一区总果乡大发娜村的萧庆文在其实习报告中提到其感受："用本民族的语言来做本民族的事，是很好的，同时发展少数民族的文化在目前也是很重要的。他们都很需要自己的语言、文字。"龚肃政认识到各民族对于他们的语言文字是迫切的需要，在目前的语文工作者的干部也很少，不能适应需要，国家是费了很多的资金和其他来培养需要的干部，因此，回到学校后，他要抓紧时间努力学习，以使今后做一个少数民族的语言干部。[2]

实习结束后，带队老师龚荣星也及时总结民族组四年级12位学生的表现特点，杨堃对此次实习进行总结，此次实习围绕民族情况的性质，确定了实习的内容，应包括民族历史支系、民族语言、民

---

[1]《云大社会学系民族组四年级一九五三年度寒假生产实习提纲》，云南大学档案馆藏，云南大学全宗，档案号：1953—Ⅱ—62。
[2]《文法学院社会学系民族组四年级寒假生产实习总结》，云南大学档案馆藏，云南大学全宗，档案号：1953—Ⅱ—59。

族生活习俗、民族物质文化四个调查项目，总体上实习学生认真完成，并获得调查与心智上的进步。他总结本次实习的不足及建议，肯定实习学生们做到了坚持"服从领导，通过当地中心工作来做民族调查"的指示；学生进一步热爱了专业、初步坚定了终身为兄弟民族服务的信心；认识到充分依靠群众来发挥工作上的积极性，是顺利完成工作的有力保证；进一步巩固了课堂理论的学习。[1] 关于做民族工作必须重视和掌握民族语言这一条，体现出社会学系对实践本土化的进一步认识及重视。在少数民族地区工作，如能掌握本民族语言，通过民族形式来深入群众、交代政策，对工作推动是很重要的。语言中包含民族情感，到某地区先了解学习某地的方言进而到社会风俗等习惯是进行调查必须首先迈出的一大步。通过用彝语交流，会感到格外的亲切与融洽，有利于深入当地群众、了解当地社会、挖掘出当地实际情况，进行本土化的探索与实践。[2]

（3）劳动组三年级暑假生产实习

1954年7月26日至8月22日，云南大学社会学系劳动组三年级18名学生跟随带队老师到昆明茨坝西南工业部昆明机床厂进行毕业生产实习。实习之目的在于使同学明确工厂实际生产过程，以便把企业管理、统计会计等课中所学得的基本知识应用到实际工作中去。同时又要使同学明确工厂中工会工作的重要性，特别是认识关于保护劳动与增加生产二者间的一致性。实习学生在已学课程统计、工业统计、企业管理、劳动保险、劳动保护、工会工作、工人运动、劳动行政、劳动政策与劳动立法的基础上，结合1953年4月参加过云南省首届工会会员代表大会旁听这一经历进行此次实习。

---

[1]《文法学院社会学系民族组四年级寒假生产实习总结》，云南大学档案馆藏，云南大学全宗，档案号：1953—Ⅱ—59。
[2]《云南大学社会学系民族组四年级学生寒假实习工作总结及峨山县总果乡社会调查报告（内部参考文件）》，云南大学档案馆藏，云南大学全宗，档案号：1954—Ⅱ—41。

(4)民族组三年级暑假生产实习

1954年7月20日至8月31日,以社会学系主任杨堃为首的4位老师带领三年级民族组、历史系25名学生到彝族聚居区(红河、大理中之一区)进行民族教学实习。主要为社会学系民族组重点课(中国少数民族史、西南民族史、中国少数民族语言与民族理论)、历史系云南民族史等课之教学实习,以求课堂所讲的理论与民族地区实际的具体情况相结合,达到理论与实践的统一。并为社会学系民族组学生毕业后在民族地区做民族调查工作,历史系学生毕业后研究民族史打下基础。

学生均掌握相当课程:社会学系民族组曾学过人类学、社会调查、世界民族志、语言学、中国少数民族史、中国少数语言、民族政策、民族理论诸课。历史系曾学过云南民族史,考古学史。除具备课程理论基础外,还具备实习经历:1952年,社会学系民族组曾在昆明郊区兄弟民族区实习过;1953年,历史系曾在昆明郊区作过古墓考古实习。社会学系民族组"民族政策"一门曾在云南民族学作过实习教学,1953年上学期"民族理论"一门亦在民族学院进行实习中。

4. 毕业生情况

表14 毕业生情况表

毕业年份	分组	人数	毕业去向、家庭成分	备注
1952年7月	民族组	2	职员、官僚地主	两组均为女生,云南生源
	劳动组	3	地主、工商业兼地主	
1953年7月	民族组	2	官僚兼地主、工商业兼小土地出租者 毕业后分配到中央民族事务委员会工作	均为男生

(续表)

毕业年份	分组	人数	毕业去向、家庭成分	备注
1953年7月	劳动组	6	土司属官、官僚地主、工商业兼地主、教授 毕业后分配到云南大学助教、贵州劳动局	三男三女，5人为云南生源

表格来源：《一九五〇、一九五一学年毕业生领取证书名册》，云南大学档案馆藏，云南大学全宗，档案号：1951—Ⅱ—70。《一九五二、一九五三学年本科、专修科毕业生名册》，云南大学档案馆藏，云南大学全宗，档案号：1953—Ⅱ—101。《政务院、中央人事部分配名单》，云南大学档案馆藏，云南大学全宗，档案号：1953—Ⅲ—14。

从表14可以看出，此部分学生家庭条件均较好，具有一定经济能力。学生主要为云南生源，毕业后可以为边疆民族服务。性别均衡，男女生都来系学习；毕业分配考虑因素与其所在学组开课有关，如民族组学生毕业分配到中央民族事务委员会工作，劳动组毕业后分配到云南大学助教、贵州劳动局。工作安排均基于学生在学校的理论与实践基础，做到学有所用，达到社会学系两组培养具备专业能力之人才以服务社会这一本土化目标。

从以上社会学系分组后的师资培养、学生的课程培养方案中以学生为主、精简课程以提高课程教学效率，再到社会学系民族组、劳动组扎实的生产实习，均结合当时国家院系调整、高教部的教学计划要求，在新中国成立后学习苏联先进模式的大前提下，更注重学生实务及今后工作分配情况等一系列实际情况进行本土化课程培养与生产实习，合理安排社会学系两组的调整问题，使社会学系顺利并入历史系与经济系，且原社会学系师生在新的学系顺利适应、毕业。

（三）1954年社会学系调整取消后的基本情况

1952年9月，云南大学共有5院20系，文法学院有中文、历史、经济、政治、法律、社会、外语等7系，社会学系系主任为杨堃。

社会学系进行调整前，有教师 10 人，其中教授 3 人，副教授 1 人，讲师 2 人（1 人在北京人民大学学习），助教四人（1 人在北京人民大学学习）。[1] 社会学系原社会学研究室也已不存在，系内所有书刊已全部交云大图书馆。系办公室的一部分新旧书籍，亦收送交云大图书馆。民族组所存民族文物有兄弟民族文物、标本数百件，照片百余幅，专门图书杂志共千余册，亦将交由云南省人民博物馆保管。[2]

在 1954 年 2 月 10 日的《社会学系调整办法》提到：1953 年 9 月间李广田副校长到京参加综合大学会议时，即奉中央高等教育部综合大学司口头指示，社会学系两组应准备分别调整入历史、经济两系，惟以当时已开学上课，故未及时进行调整工作。因此于 1954 年开学初进行调整，社会学系原有民族劳动两组，共有教师 8 人，学生（三、四年级）46 人，为了明确培养目的，加强教学领导，确定教师之专业方向，并结合云大将来发展需要，决定将社会学系民族劳动两组分别调整归并入历史系及经济系。民族组三、四年级学生 22 人，全体分别并入历史系三、四年级。劳动组三、四年级学生 24 人，全体分别并入经济系三、四年级。社会学系教授兼系主任杨堃、教授江应樑调入历史系，社会学系借用助教龚荣星，暂时调整至历史系作借用助教。金琼英调任马列主义基础教研组教授，袁绩藩调任经济系副教授，李慰祖调任政治经济学教研组讲师兼政治课教研室秘书，陈年榜（学习中）调政治经济学研究组助教，陈宝珠调任政治经济学研究组助教兼管经济系"基本建设"的实习，马雪如调任外语系助教且本学期兼带经济系工业统计实习。[3]

1《社会学系概况》，云南大学档案馆藏，云南大学全宗，档案号：1952—Ⅱ—01。
2《本校概况介绍（社会学系概况）》，云南大学档案馆藏，云南大学全宗，档案号：1952—Ⅱ—01。
3《云南大学沿革中社会学系》，云南大学档案馆藏，云南大学全宗，档案号：1954—Ⅱ—01。

1. 划入历史系的民族组

（1）成立历史系民族史教学小组

历史系遵照西南文教部1952年11月指示设置历史专业，在一年级按照历史专业计划开课，二年级课程也尽量调整使靠近专业。又根据西南文教部指示，1953年暑假后，社会学系民族组将并入历史系，因而设置汉族以外民族史专业，曾由社会学系拟出专业计划附在历史专业计划之后一并上报。因社会学系民族组只留下杨堃、江应樑教授2人，所以，只有开设汉族以外民族专门化条件。[1] 社会学系调整时，原社会学系楼归历史系，作为民族史教学小组专用资料研究室。1954年5月，杨堃成为历史系西南民族史教学小组负责人，为西南民族史教学研究准备教学、图书资料。[2]

（2）教师任职与师资培养

1954年2月，社会学系撤销并入历史系后，原在民族组任课的老师仍来历史系兼课。1954年上半年，傅懋勣兼任历史系三、四年级（民族组）"中国少数民族语言、语言调查"，此两课的实习由周耀文兼任。（后因傅懋勣公干至西双版纳一带区域，做语言调查研究工作，少数民族语言调查暂为停授，实习照常）侯方岳则兼任三、四年级（含上）"马列主义民族理论"一课。[3] 侯方岳一直在历史系民族史组兼课，1958年曾担任三年级民族史组"民族理论及政策"课程。

社会学系民族组曾借聘龚荣星为民族语言助教一年，后跟随调入历史系西南民族史教学小组。因其具有一定的傣语基础，由傅懋

---

[1]《本校各系专业设置和教学情况汇报》，云南大学档案馆藏，云南大学全宗，档案号：1954—Ⅱ—14。
[2]《各系教学计划、工作制度执行情况》，云南大学档案馆藏，云南大学全宗，档案号：1953—Ⅱ—40。
[3]《傅懋勣、侯方岳、徐琳等教职员异动信息》（1954年3月16日），云南大学档案馆藏，云南大学全宗，档案号：1958—Ⅲ—34。

绩负责培养其担任"少数民族语言"课,以个人钻研为主、请教有关语言工作者为辅进行培养学习,采用师傅带徒弟方式、听课、参加实际工作、指定阅读参考书籍进行系统性指导,培养为云南少数民族语文师资。但因之后民族专门语言在历史专业中已无开设必要,助教龚荣星留在系内无适当工作可做,所以历史系系主任请省民族事务委员会将其调回民委会。[1]

（3）课程培养

在并入历史系民族史教学小组后,原民族组四年级与原历史系靠近专业一起开设:1.西南民族史专论——组织教学小组集体教学,杨堃、方国瑜、江应樑、龚荣星参加,杨堃任组长,方国瑜主讲；2.马列主义民族理论——请省委边工委会侯方岳同志讲授,龚荣星带实习；3.民族语言——由兼任教授傅懋勣讲授,徐琳、周耀文带实习；4.俄文。民族组三年级与靠近专业一起开设:1.中国少数民族史——江应樑讲授；2.马列主义民族理论——与四年级合班上课；3.民族语言——与四年级合班上课；4.政治经济学——继续在文学院上课；5.俄文。课程精简却包含民族组与历史系共同可修课程,有利于课程衔接、师生适应新的学系。之后,社会学系民族组课程由民族史教学小组进行教学大纲设计,不再单独进行大纲设计。[2]

江应樑讲授的"少数民族史专题研究"一课课程内容较充足,每周课堂授课4小时、指导2小时、课堂讨论1小时、复习及课外作业3小时,共10小时课程安排。其自编讲义:①傣族史专题论文

---

[1]《龚荣星服务期满调任》(1954年9月28日),云南大学档案馆藏,云南大学全宗,档案号:1955—Ⅲ—26。原文如下:前社会学系民族组借聘省民族事务委员会龚荣星同志为民族语言助教一年,现已期满。自民族组并入本系后民族组已不存在,民族专门语言在历史专业中已无开设必要,助教龚荣星留在系内无适当工作可做。从合理使用干部着想,拟请与民委会商洽调任其他工作较为妥当,特此签请。

[2]《1954年院系调整后上半年课程》,云南大学档案馆藏,云南大学全宗,档案号:1954—Ⅱ—01。

（共五篇）；②苗族史专题论文（共六篇）。目的及要求：①民族史一般知识的基础上，以傣及苗两民族作中甸，作专题性的讲授，使同学对此两个民族的历史发展及文化知识，得到较系统较深入的认识。②从深入研究两个民族的历史，联系到中国各个民族历史发展的及文化创造的相互关系，继而体会中国各民族统一的不可分离的历史根据。③结合教学计划专门化课程精神，在讲授中进行研究，培养学生独立思考，掌握史料和从事科学研究的能力。[1]

此门课程是江应樑结合其已有的扎实理论及多年调查经验所编写的傣族、苗族专题论文，通过将其调查成果展示，使学生系统认识两个民族的历史文化发展，结合本省内两个民族的特征联系中国各个民族，从而体会中国各民族多元一体的特性。江应樑还注重培养学生实地调查研究的能力，通过对课堂资料的研究，掌握史料的处理能力，在生产实习中起到基础性支撑作用。[2]

（4）生产实习

① 1954年暑假民族识别调查实习

1954年5月15日云南省民族识别研究组正式成立，在省委统战部暨省委编委会的直接领导下开展调查工作。调查期间，云大历史系三年级民族组同学10人（原为11人，其中1人因病准予休息）于暑期7月15日—8月17日在滇西白族聚居区域（大理剑川一带）参加了此次"学术为政治服务"的实习，教授3人，助教1人参加了实习学生的指导工作。此次实习工作由杨堃带领，分为文山、哀牢山、昆明三组。文山组有赵大富、孙岳素，哀牢山组有李鸿昌、尹培璋、杨金仙，昆明组有薛贤、刘傅麟、张青萝、卢昌鼎。文山组调查了

---

[1]《1954年院系调整后上半年课程》，云南大学档案馆藏，云南大学全宗，档案号：1954—Ⅱ—01。
[2]《1954年院系调整后上半年课程》，云南大学档案馆藏，云南大学全宗，档案号：1954—Ⅱ—01。

源于僮族系统的侬农、沙、土佬、土族、天保、隆安、黑衣等民族单位。哀牢山区调查了蒙化、密利、迷撒拔等民族单位，昆明组调查了西番、怒、傈、阿昌、本人、撒尼、阿西、罗武等民族单位。[1]在调查中，他们确立了"加强民族理论的学习和通过一定的实践，是提高业务水平最有效的方法"这一本土化实践思想。课堂学习必须与实际调查相结合，二者可以互相印证，使得理论与实践更深刻。一般访问与实际调查相结合的调查方法，也是进行实践时得出的一种本土化方法。

② 1956年暑假生产实习

1956年7月10日—8月17日，原民族组学生均毕业离校，杨堃仍带领历史系民族史组三年级学生朱复盛等11人，坚持按照原来的教学实习方案，在滇西白族聚居区域（下关、大理、剑川一带）结合《白族史》及《马克思列宁主义关于民族问题的理论和中国的民族政策》课程内容，进行生产实习。[2]在业务机关（大理专员公署，大理县人民委员会，剑川县人民委员会）指导及协助之下，使实习工作得以顺利完成。根据高教部颁发的历史专业教学计划，本没有生产实习一项，但由于民族史组的特殊情况（由社会学系民族组并入，仍保留原系组的调查实践传统），并由于学生的自动申请，学校同意并重视这些生产实习，创造些经验为将来民族史组的发展打下基础。[3]

在实习前，教研组开过三次会议，专门讨论如何拟订生产实习计划和做好各项准备工作。方国瑜和省民族事务委员会作了多次

1《云南大学学生参加民族调查研究工作总结》（1954年8月5日），云南大学档案馆藏，云南大学全宗，档案号：1954—Ⅱ—41。
2 关于白族的调查，杨堃颇有研究与思考，《试论云南白族的形成和发展过程》一文源于此次调查。1957年，该篇文章与其他学者的文章收于《云南白族的起源和形成论文集》一书。
3《1956年历史系暑期生产实习》（1956年10月19日），云南大学档案馆藏，云南大学全宗，档案号：1954—Ⅱ—41。

的联系，除共同拟定生产实习计划与工作日程计划外，并由省民族事务委员会李长猛作了关于民族政策的报告，并写介绍信给实习地区——大理专署。关于田野考古方面的实习，还和省博物馆筹备处取得联系，[1] 以通过本次实习将民族理论基础知识、考古等知识进行本土化的理论与实践的密切结合，加深学生对所学之理解，也为今后民族史组工作的开展奠定基础。

在实习过程中，社会学系师生聆听首长报告，阅读有关文件，小组漫谈。在有领导时，作有领导的参观、个别访问，并在条件允许时，开联欢会（如在喜洲举行一次联欢会由白族同志表演了"绕三灵"、唱民家调等节目，在剑川并特请民间艺人张明德表演一次）。该实习小组还自拍及购买照片200张，并采购了民族服装若干件、文献资料数种，以及一些碑文石刻拓片。[2] 将所学的民族调查方法、民族理论及考古历史学的方法加以综合运用，通过对大理地区地理、文化、风俗等的了解认识，加深学生对所学专业的认识与热爱，及将所学运用于实践将来为社会服务的决心。

并入历史系后，杨堃带领学生的课程实习又是一种新的本土化实践方式，将原来社会学系的实习习惯保留，并结合民族史组所学民族、调查、考古等基础课程，将多种知识融入实践中，既是对新专业组别的结合本身特性的适应，又是将所学用于民族地区调查的本土化实践。

（5）毕业生分配情况

推荐毕业生分配工作时，历史系负责人张德光曾在1955年毕业生概况说明中提到：云南大学历史系民族史组学生原属本校社会学

---

[1]《1956年历史系暑期生产实习》（1956年10月19日），云南大学档案馆藏，云南大学全宗，档案号：1954—Ⅱ—41。
[2]《1956年历史系暑期生产实习》（1956年10月19日），云南大学档案馆藏，云南大学全宗，档案号：1954—Ⅱ—41。

系，于1954年2月社会学系撤销后，并入历史系。在系期间学习各类课程，打下了坚实的理论基础，还积极进行实习，曾于1954年6月至8月，参加云南民族事务委员会、民族工作组，前往文山、哀牢山区参加民族识别工作两个月。因此推荐毕业生可参加民族史或民族问题研究工作、大学助教、民族工作干部等。[1]

实际上，到了历史系的民族组毕业生情况为：1954年7月，文法学院历史系民族史组有毕业生13人，其中10男3女，全部为云南生源。毕业分配到：中央民族事务委员会（8人），云南省人事局（1人），中国科学语言研究所云南工作队（2人），中央民族学院（1人），云南大学助教（1人）。1955年7月，文法学院历史系民族史组毕业生共2人，1男1女且均为云南省内生源。毕业后分别分配到云南大学助教、校产品采购部工作。[2]民族史组学生均为云南本地生源，且毕业后分配到云南省内各处工作，对于所学专业均能在日常工作中应用，达到了原社会学系民族组培养具备专业知识技能的高级服务型人才这一本土化培养目标。

2. 云南大学经济系劳动组

社会学系劳动组是1951年设立的，1954年2月并入经济系。经济系四年级原分财经、理论、统计、会计四个组，社会学系三、四年级劳动组学生并入后，专业性质仍旧，故四年级共有五个组，三

---

[1] 在系期间，社会学系学生学习三种类型课程，**政治课**：社会发展史、新民主主义论、政治经济学、辩证唯物主义与历史唯物主义等。**业务课**：中国民族问题与政策、马列主义民族理论、中国少数民族史、民族调查、世界民族志、少数民族史专题研究、考古学通论、社会调查与研究、人类学、中国近代史、世界现代史、中国近代现代国际关系史。**语文课**：俄文二年、语言学、中国少数民族语言。参见：《一九五五年暑假高等学校毕业生系（科）、专业（组）概况说明》，云南大学档案馆藏，云南大学全宗，档案号：1955—Ⅲ—13。

[2] 《一九五二——九五三学年本科、专修科毕业生名册》，云南大学档案馆藏，云南大学全宗，档案号：1953—Ⅱ—101。《1953年二学期（1954.7）毕业生名单》，云南大学档案馆藏，云南大学全宗，档案号：1954—Ⅱ—14。《1954年毕业生分配名册（历史系、经济系）》，云南大学档案馆藏，云南大学全宗，档案号：1954—Ⅲ—14。《1955年毕业生分配名单、处理材料》，云南大学档案馆藏，云南大学全宗，档案号：1955—Ⅲ—13。

年级学生分政治、经济、统计及劳动三个专业,今后经济系如接受新生,仅设政治经济一个专业。[1]

跟随调入经济系后,袁绩藩负责劳动组开课,原在社会学系劳动组任课的老师仍来任课,1954年樊子诚兼任经济系教师,讲授"劳动力调配""工资与生产研究""劳动行政"。[2]魏尔志则在系内带统计实习,并自学经济学史相关课程,系内欲培养其以能研究经济史为主,先由西洋经济史着手,几年后再转入研究中国经济史,力求将来能独立带经济史类课程。[3]

(1) 教学实践

转入经济系劳动组的原社会学系劳动组四年级学生在1954上半年学习:基本建设、工业统计、政治经济学二下、俄文。劳动组三年级学习:劳动保险、劳动保护、工业统计、政治经济学、俄文。[4]所学课程能与经济系课程相衔接,跟随经济系继续上课,这也说明在并系前社会学系分组所开课程与经济系有统合的,即是有预想将社会学系分两组并入两系,为学生将来之毕业分配提供一研究性、实用性基础。除跟随经济系上课及必修俄文外,其他课程由袁绩藩负责讲授。

---

[1]《云南大学院系说明》,云南大学档案馆藏,云南大学全宗,档案号:1954—Ⅲ—13。
[2]《拟聘请你局樊副局长来我校经济系兼课希同意见复由》(1954年5月31日),云南大学档案馆藏,云南大学全宗,档案号:1958—Ⅲ—34。云南大学函云南省劳动局,原文如下:我校经济系劳动组下学期专业课程"劳动力调配"一课,系内无人可以担任,拟请你局樊副局长子诚来校兼任此课,每周授课三小时。1954年9月2日,云南大学经济系函聘樊子诚兼任经济系教员,原文如下:我系经学校领导同意,聘请云南省劳动局副局长樊子诚同志担任"工资与生产研究"一课,兼任教员,每周授课二小时,自九月一日起。《云南省人民政府文化教育委员会(函)(54)文办字第0004号》,函云南大学,原文如下:转知西南高教局同意你校聘樊子诚同志到你校讲授"劳动行政"课程。1955年2月15日函续聘樊子诚,原文如下:续聘樊子诚为经济系兼任教师每周授课二小时,1955年2月起支开(2月份开支本月计两周四小时)。
[3]《云南大学培养师资情况调查表》,云南大学档案馆藏,云南大学全宗,档案号:1954—Ⅱ—13。
[4]《社会学系调整办法》(1954年2月10日),云南大学档案馆藏,云南大学全宗,档案号:1954—Ⅱ—01。

在《云南大学一九五四学年度学生修习课程登记表》中经济系劳动组四年级学生所习课程：辩证唯物论与历史唯物论（全年）、工资与生产研究、工业企业组织与计划。选课学生有尹琴馨、何汉川、沈家权、李汉、和建勋、施宝铨、马琼萱、高如贵、庄梅瑛、张贵华、陈敏、董瑞芝、赵鹤琴、熊若华、邬树良、杨光先、赵鹤鸣17人。工业统计、大二俄文、大三俄文、政治经济学等课程则有徐遐龄、高继秋、丁维亚、杨凤舞、邹孟仪、苏开明、熊嘉骥7人选习。[1]

劳动组四年级的"工资与生产实践"一课由樊子诚、袁绩藩每周课堂讲授四小时，采用苏联工资制度讲义，参考苏联社会主义经济问题、工业企业的工资制度、苏联的工资制度、苏联工业中的工资与工作组织等书籍授课。培养目的：了解劳动工作中工资工作的意义与内容，研究如何用立法与行政的，依照必要与可能的原则供给劳动者适当的劳动条件，以维持生产，并在发展生产的基础上提高劳动人民的物质生活与文化生活水平。课程要求：学习苏联先进的工资理论与工资表来研究中国工资与工资有关的实际问题。

劳动组的培养目标是培养劳动行政部门或工会的干部。因此，除进行课本理论学习外，劳动组经常与云南省劳动局及云南省工会联合会取得联系，由该部门负责通知协助教学开课。全组师生旁听过1953年云南省第一次工会代表大会及劳动保护会议。1954年暑假在昆明进行过劳动保护工作，又在云南省建筑工程局进行过工资实习工作。[2]

（2）毕业生分配情况

劳动组毕业生因其所学课程与生产实践相合，其宜于做劳动保

---

[1]《云南大学选课表》，云南大学档案馆藏，云南大学全宗，档案号：1954—Ⅱ—33。
[2]《一九五五年暑假高等学校毕业生系（科）、专业（组）概况说明》（1955年2月12日），云南大学档案馆藏，云南大学全宗，档案号：1955—Ⅲ—13。

护工作、工资工作、劳动力调配工作、工业统计等工作。1954年7月经济系（原社会学系）劳动组有毕业生8人，6男2女，其中3人为转校生，6人为云南省内生源。毕业后分配到：中央林业部本部（7人），贵州省人事局（1人）。

1955年7月有17人毕业，[1] 7男10女，15人为云南省内生源。毕业后分配到重工业部鞍山钢铁公司（1人）、重工业部大连化工厂（1人）、建筑工程部西北工程管理总局（1人）、建筑工程部劳动工资司（1人）、燃料工业部干部学校（1人）、燃料工业部西安煤矿基本建设局（1人）、交通部劳动工资司（1人）、四川省（2人）、云南省劳动局（3人）、云南大学（做政治工作）（1人）、省公安厅劳动部门工作（1人）、青年团云南省委员会（1人）、清洗四家（1人）。[2]

从1954、1955年毕业生分配情况可以看出，其主要分在人事局、林业部、重工业工厂、建设局、劳动部门等行政及企事业单位工作，与其所学课程及相关实践相适合。

3. 其他教师

原社会学系教师除并入经济、历史两系外，还有部分分别调整到其他系。金琼英调任马列主义基础教研组教授。社会学系讲师李慰祖调任政治经济学教研组讲师兼政治课教研室秘书。[3] 原社会学系教师马雪如、陈宝珠调整到其他系培养。因师资不足，马雪如仍代1954年经济系统计实习并参加听课，但她属于外语系俄文组，由岑

---

[1] 劳动组1955年毕业生学过的毕业课程也与生产实际相关，有劳动保护、劳动保险、劳动力调配、工资与生产研究、劳动政策与劳动立法、劳动行政、工人运动、工会工作等。

[2]《一九五二——九五三学年本科、专修科毕业生名册》，云南大学档案馆藏，云南大学全宗，档案号：1953—Ⅱ—101。《1953年二学期（1954.7）毕业生名单》，云南大学档案馆藏，云南大学全宗，档案号：1954—Ⅱ—14。《1954年毕业生分配名册（历史系、经济系）》，云南大学档案馆藏，云南大学全宗，档案号：1954—Ⅲ—14。《1955年毕业生分配名单、处理材料》，云南大学档案馆藏，云南大学全宗，档案号：1955—Ⅲ—13。

[3]《社会学系调整办法》（1954年2月10日），云南大学档案馆藏，云南大学全宗，档案号：1953—Ⅱ—59。

纪教授、苏籍教员岑青科先生、魏兆南先生共同培养,因其具有一定俄文基础,因此要求其通晓俄文,能有阅读、翻译、会话及写作的能力,要求两年内能正式开课向大一学生讲授。对其培养方式为:1.带徒培养:随班上课听讲——个别向苏籍教员学习会话——自修文法交岑纪先生改错——自修阅读短篇文章;2.送其他专业学校培养:送北京俄专,哈尔滨俄专等学校学习。[1]

陈宝珠在云大社会学系毕业后,在政治课助教两年,负责资料保管工作。又任云大社会学系助教两年,后任政治经济学教研组助教半年,由戴钟珩负责培养。培养方法:参加备课并要求写好讲稿,在集体备课时重点试讲;参加科学研究,但不要求做讲稿准备,听课;领导两班课堂讨论;帮助主讲教员检查笔记及检阅课堂讨论发言提纲。预定的培养期限为:当年可以领导课堂讨论,1954年开始辅导工作及重点讲课,1955年度正式讲课。[2]

云南大学社会学系随着1954年取消而式微,学生在历史、经济两系内继续学习,毕业后均分配到与所学专业相关之工作。老师也被分配到各系继续进行教学研究、带领学生实习等。

(四)杨堃的研究:由讲义到著作

杨堃在云南大学期间,主要在系内代课并带领师生进行生产实习,而其后期所出版的大量著作,从内容上可以考察出与其在社会学系时所写讲义及报告交叉甚多,大多著作是在云南大学社会学系及后期并入历史系所作的思考。

从1951年到并入历史系,杨堃所任的课程有人类学、专题调查

---

[1]《云南大学培养师资情况调查表》,云南大学档案馆藏,云南大学全宗,档案号:1954—Ⅱ—13。
[2]《云南大学培养师资情况调查表》,云南大学档案馆藏,云南大学全宗,档案号:1954—Ⅱ—13。

研究、中国少数民族概况、博物馆学、民族调查、原始社会史。其中，"人类学"一课为一年级必修二年级补修的全年课程，教学目的是试从马列主义观点，批判旧的文化人类学，建设新的辩证唯物论的民族学，尤其是能与毛泽东思想和爱国主义相结合的新中国的民族学，以使民族组同学能对民族学一门获有正确的基本的认识，以便为本组其他比较专门的诸课程打下基础。课程教学内容是依照中央教育部高等学校课程草案的规定，上学期教导论和体质人类学，下学期教民族学。所讲内容共分为五章：1. 导论：①对上学期所讲的回顾、批判和补充；②斯大林《马克思主义与语言学问题》一书对于民族学的贡献；2. 恩格斯《家族私有与国家起源》第一章；3. 原始共产主义社会：原始社会发展的阶段、原始社会的生产力、原始社会的经济制度、原始社会的民族组织、原始社会的意识形态、原始社会的崩溃；4. 西南少数民族举例：西南民族的分类和分布、大凉山的彝族、卡瓦山的卡瓦族；采用课堂讨论制的精神，采用的教材主要是苏联的先进研究及中国的相关报纸。[1]

从教学内容可以看出该课结合马恩的著作并将其与民族学相联系，同时以云南少数民族彝族、卡瓦族为例进行讲授，更具有课程的本土化精神。同时该课程结合系内的兄弟民族文物标本，并由刘尧汉带领与社会调查班学生赴昆明近郊民族地区实习。从内容上，这一课与其早年《人类学大纲》一书有所交叉，但却结合当时俄国的教学参考书及云南本地民族情况进行调整。

"专题调查研究"一课则是杨堃根据四年级同学参加土改或五反经验及其个人工作方向，指导其编写专题调查报告。"民族调查"一课，则为杨堃给民族组二年级学生开设的全年课程，教学目的是使

1《云南大学一九五一年度第二学期教学大纲》，云南大学档案馆藏，云南大学全宗，档案号：1951—Ⅱ—27。

学生能掌握民族调查的理论、方法和技术，以便能在民族地区进行学术和调查研究工作。重点是云南兄弟民族的调查研究。教学内容有：民族调查导论、民族调查的方法和技术、民族标本的搜集和整理、民族调查的提纲、如何写民族调查报告。采用课堂讲授与课堂讨论、小组讨论相结合的方式。由杨堃自己编写教学提纲，参考毛泽东选集，斯大林的著作，统计工作丛书，马恩列斯思想方法论，罗森达尔，马克思主义辩证方法，云南时报，云南民族工作参考资料，民族政策文件以及怎样做调查研究工作等资料。课程学习后仍需进行暑假生产实习及赴民族地区实习。[1] 1957年，在历史系开设的"民族学调查方法"一课则是以此为基础编成《民族学调查方法初稿》，在1959年9月至1960年2月的授课中进行补充，最终形成完整讲稿，也即《民族学调查方法》一书的原稿。在云大任教期间，这部分书稿曾经刘尧汉、严汝娴等原社会学系教师帮忙提出参考意见。[2]

"原始社会史及人类学通论"一课由杨堃给历史系一、二年级讲授，目的是使历史系学生能掌握社会发展史第一阶段，原始共产主义社会的发生、发展和崩溃的规律，及其在现代的情况和作用。仍然是采用讲授与讨论相结合的方式进行，讲授的内容有原始社会史导论：对象及其分期；原始社会史的研究史和方法；从猿到人；原始民族；民族部落公社的发展；母系民族部落公社的繁荣；从母系民族部落到父系民族；父系民族部落公社的解体；原始文化；阶级与国家的产生；从原始文化到文明；在帝国主义与无产阶级革命时代原始社会的命运；中国少数民族及其文化；云南省的少数民族及其文化；总论。参考的教材有苏联的原始社会史、马恩著作、中国

1《云南大学一九五二年度下学期教学大纲》，云南大学档案馆藏，云南大学全宗，1952—Ⅱ—28。

2.杨堃：《民族学调查方法》，北京：中国社会科学出版社，1992年。

民族史纲、人民日报、云南日报等。杨堃授课时，不仅采用课堂讲授与课堂讨论、小组讨论相结合的方式，还注意将理论与课程实际相结合，还注意结合兄弟民族在系、校图书馆中所藏的实物、标本将抽象化为具体，增强学生的理解。[1]而这一点也是杨堃一直提倡需要建立民族学、人类学博物馆的一大用意。1954年，杨堃在并入历史系后，这一课为原始社会史及民族志，为历史系一年级学生开课。在使历史专业一年级学生通过对原始社会的发展情况并结合世界两大阵营内少数民族现状，特别是中国少数民族现状，尤其是云南省内少数民族现状的具体分析，加深对原始社会经济形态及其发展规律的认识和运用，以便对汉族以外民族史专门化的学习打下基础。

《原始社会发展史》，1954年9月编写，1955年3月编完，原为《原始社会史及民族志讲义初稿》，是杨堃当时在云南大学历史系民族史专业教授"原始社会史"一课时的讲稿。该书将原始社会史的对象、意义、史料等作了简要界定，大篇幅讲述的是原始社会的发展。书的最后则是关于这本书所载的课程及摩尔根问题的讨论，其中最先讲授这门课是在解放后，采用的是苏联尼科尔斯基的《原始社会史》一书，后因编制的系统性及难易性问题，杨堃决定自编适合本地学生学习的讲义，当时参考高等教育部颁发的苏联高等教育部社会科学讲授指导处的大纲进行修订，以1950年6月的《原始社会史教学大纲》为蓝本。书的取材方面则是根据当时云南大学所处的多民族地区这一具体情况，对少数民族调查研究，这既是学校的重点和中心工作，也是社会学系及杨堃后来所在的历史系的工作重心。[2]

《民族学概论》最早为其在北京师范大学的演讲稿，后来进行

---

[1]《云南大学一九五二年度下学期教学大纲》，云南大学档案馆藏，云南大学全宗，1952—Ⅱ—28。

[2] 杨堃：《原始社会发展史》，北京：北京师范大学出版社，1986年，第1、329—331页。

修改出版，该书将民族学的名称、定义和与其他社会科学（社会学、人类学、民俗学、历史学）等的关系进行简要概析，重点是对民族学发展史略及基本知识的书写。他认为："社会学研究的是一般社会发展规律，民族学研究的是每一具体民族的发展规律。社会是整个人类社会，民族是具体的、个别的、特殊的民族。所以说社会学和民族学的区别就是辩证法上所说的普遍和个别，或普遍与特殊的辩证统一，是两门关系密切的姐妹科学。"[1]

在带领学生进行生产实习时，杨堃对于云南白族的关注也是通过将讲义与调查报告整理，1956年，云南学界最终将《试论云南白族的形成和发展过程》一文发表于《云南白族的发展和形成论文集》中。[2]

总结

杨堃曾回忆，其当时想在云南大学待三年，结果却住了三十年。[3] 在云南大学时期，杨堃不仅带领社会学系进行课程、实习、人才培养的本土化，还产出许多成果：《试论云南白族的形成和发展过程》《云南白族的起源和形成论文集》《试论民族集团及其发展规律》《民族学概论》《民族与民族学》《原始社会发展史》《杨堃民族研究文集》

---

[1] 杨堃：《民族学概论》，北京：中国社会科学出版社，2018年，第8—10页。书中在论述"民族学和社会学的关系"一节中提到：社会学是法国社会学家孔德1839年创的，原文叫作Sociologie。对于有学者认为民族学和社会学是一门学科，特别是法国的涂尔干和莫斯为代表的将理论民族学叫作社会学，并认为民族学仅是一门叙述性的学科这一说法，杨堃认为是错误的。他认为科学的进步在于分工，随着科学分工越精细，民族学和社会学的区别越显著。我国是一个社会主义国家，有许多社会问题和民族问题需要研究，这就涉及社会学研究的范畴和民族学研究的范畴，两个学科关系密切，且在实际问题的解决过程中二者也经常交叉混杂在一起，难以区别。

[2] 杨堃：《试论云南白族的形成和发展过程》，《云南白族的发展和形成论文集》，昆明：云南人民出版社，1957年。

[3] 杨堃：《杨堃民族研究文集》，民族出版社，1991年，第520页。

《民族学调查方法》等，不论是在云南大学期间著成发表还是离开后出版发行，其中都有其在云南大学社会学系、历史系任教时期的教学、实践经历得到。

  对于云南大学社会学系来说，1951—1954年是充满变动又艰难的三年，从民族组、劳动组的分组到受全国院系调整影响后调入经济系、历史系，社会学系的整体从学术为主变为实践就业为主的实用型取向，但是这都没有脱离其培养本土化人才这一要求。师资不足，杨堃便联系各种资源延揽、培养老师；受国家土改等政策影响，要以学生健康为主，系内则将课程精简化，便形成一种学生为主、教师为辅的模式；适应国家、教育厅方针及社会学系本土化实践的要求，进行民族、劳动两组的课程实践及毕业论文实习。杨堃主系时期的云南大学社会学系不断跟随省情国情做出调整，以培养本土化所需的高技能人才及未来民族学、社会学所需的建设人才。

五、结论与讨论

1938—1954 年的云南大学社会学系在吴文藻、费孝通、杨堃等系主任的带领下，经历了从无到有、从理论方法的学习到社区研究的调查实习的本土化进程，社会学系将"了解滇情、在滇治滇"的本土化实践作为教学、研究的准则，为建设现代化国家培养了大批学术及应用型人才，也为社会学本土化实践这一问题的必要性提供了跨越时代的回应。

（一）云大社会学系本土化的实践：从吴文藻到杨堃

从已有档案整理得到，先后在云南大学社会学系任系主任一职的有 10 位教师，而为世人所熟知的则是吴文藻、陶云逵、费孝通、杨堃。结合抗战、民国后期相关文献以及对云南大学社会学系整体教研思路的了解可以知道，费孝通、徐雍舜、杨堃三位先后在云南大学社会学系任教的系主任为吴氏燕京大学的学生或同事，且云南大学社会学系从吴氏开创以来是按照其最初的理论联系实际的本土化设想（也即在燕京大学的思路）进行调整设定的。

杨清媚总结燕京学派为燕京大学社会学系以吴文藻及其弟子为中坚组成的研究群体，间或涉及几位与吴文藻有相同实地调查旨趣的同事。[1] 而按照这一看法，作为吴氏曾经同事的杨堃也可以认为是燕京学派的一分子。

因徐雍舜任系主任时间较短，其本土化的实践无法细致考证，因此本章将吴文藻、费孝通、杨堃三位燕京学派的传承者、社会学本土化的践行者作为云南大学社会学系 1938—1954 年主要节点人物

---

[1] 杨清媚：《"燕京学派"的知识社会学思想及其应用围绕吴文藻、费孝通、李安宅展开的比较研究》，《社会》2015 年第 4 期，第 103—133 页。

进行分析，通过结合、比较三者的教学、研究、培养方面的实践来书写本部分。

学界已有关于吴文藻、费孝通的学术取向及燕京学派的比较研究，如杨清媚关于燕京学派代表人物吴文藻、费孝通、李安宅对知识社会学的引入、学习及三者所做的经验研究进行比较研究，从而为当今学界社区研究提出新的思路，即结合诸如知识社会学的某一种社会学分支学科的角度进行分析，并在更深层次挖掘燕京学派这一学术、精神宝藏。[1] 蒋梓莹则从吴、费二人关于社区研究不同的取向上来看二者本土化研究。[2] 本部分在常有的关于吴文藻、费孝通的分析基础上加入燕京学派另一位教师——杨堃，以云南大学社会学系建立到取消为时序背景、以本土化实践为主线、以教学研究为写作角度，论证在云南大学社会学系进行社会学本土化的实践是对燕京学派本土化实践的一种传承，更是对社会学人才培养、为现代化国家建设所必需。

1. 课程设置与学生培养

吴氏本土化的重要一步为介绍法国、美国、德国、英国等西方国家的社会学思想，并确定提倡了社区研究这一理论、实践框架。关于社区研究，吴氏首先带领社会学系同人进行社会调查与民族志工作，并通过论文的书写在学理上倡导社区研究，这一研究在其来到云南大学后便马上投入实践：派跟随来的原燕京大学学生（李有义、郑安仑、薛观涛）对云南地区进行农村、工厂的社区研究，选择某一个地点（一般为云南的村子），了解该社区内社会结构、社会组织、社会变迁、经济发展、文化特质等，通过进行深入研究以丰

---

[1] 杨清媚：《"燕京学派"的知识社会学思想及其应用围绕吴文藻、费孝通、李安宅展开的比较研究》，《社会》2015 年第 4 期，第 103—133 页。

[2] 蒋梓莹：《行动与历史：吴文藻与费孝通在社会学本土化取向上的间距》，《北京工业大学学报（社会科学版）》2018 年第 1 期，第 21—28 页。

富社区研究模型，力图为国家社会发展探索新方式。

而这所有的措施都由社会学本土化这一主线贯穿进行，吴氏一直以学术救国为其人生志向，归国后倡导推行社区研究，进行本土化的探索，培养具有独立研究能力的高级人才，这一本土化构想是与国情最相符合的。

1938年夏，吴文藻一家及学生来到云南大学，开始在校内其他系任社会学、社区研究这两门基础性课程。随着费孝通的加入，吴文藻在开设课程方面的负担稍减，1939年，社会学系刚成立，开设的系内课程有社会学、家族社会学、经济社会学（费孝通开设），[1] 吴文藻都曾在燕京大学开设过这几门课程，且教案、教材都是在其本土化主张下进行过修改。在燕京大学时，其开设的家族社会学一课偏重家族制度（特别是在美国跟随戈氏学习的原始阶段发展史），并结合中国宗法社会，比较中国与印度的父权家长制编写讲义，按照吴氏的主张，在云南大学更是会结合本地的各种家族制度修改教案，以使学生加强这方面的认知与积累，方便之后的社区研究。

1940年，系内课程增多，在原有基础上，增加了民族学、土地问题、中国社会史、宗教制度、人口问题以及社会问题讨论班等基础课程及便于培养本土人才之课程，从这些课程的开设可以看出来：十年燕大教研中，吴氏的本土化构想已经逐渐成熟，且其本土化之路是明确的，课程的改编是非常重要的，通过翻译还未有英文版的德文、法文前沿著作，将国外先进理论、研究方法供学者、学生学习沿用，以研究本土事物、本土现象。

吴氏之后，陶云逵也按照其思想继续开设课程，在吴文藻的基础上进行沿袭改进，除通识基础课外，专业基础课种类增多，考量

---

1 刘兴育：《云南大学民族学人类学史略（一九三八至一九四九）》，昆明：云南民族出版社，2009年，第92页。

更具体全面：更注意结合地方特色拓展社会服务类课程，及注意设置学生培养要求，逐渐开始走向规范化。该时段注重社会史、社会思想史的学习，注重理论与方法、调查统计的基础课程学习，同时注意社会调查、社会机关参与、农村社会学等实用类课程，这为之后费孝通具体社会调查、民族调查等方面课程打下了基础；陶云逵还注意社会学交叉学科的学习，如法律社会学、教育社会学。从课程中可以看出社会学系重视社会实践、实地调查，由"魁阁"教师（费孝通等）指导、带领学生田野调查。

  费孝通的师生培养方法，其实也是紧随吴氏在燕京大学进行本土化探索时的道路。1940年，费孝通从吴文藻手中接过社会学研究室，开始做研究室的总负责人直到其1946年7月离开。在吴氏原有本土设想的基础上，费孝通结合自己的学术背景及云南的本土情形，注重功能应用型取向，关注社会整体，关注城乡/农村经济问题、边疆问题、劳工问题。从其自身的研究经历来看，吴文藻认为美国的通才教育、先博后专教学方式都是很有利于学生之后的工作适应及研究的，因此，吴氏抱着这种适当开设通才教育方法，增设课程，使学生知识面广博，希望学生今后工作中对于新问题、新研究的迅速理解、反映都能大有裨益，从而为祖国培养更有才干的现代化专业人才，实现教育救国、学术兴国的目标。

  费孝通跟随吴文藻、马林诺夫斯基等的学习，培养了他学术上自由却严谨的态度。在云南大学社会学系的这段时间，除继续丰富开设系内课程，费孝通还坚持吴氏的想法，将师生的培养、课程教学、学术研究、理论方法等方方面面指引、规划到位，并开始开设社会学相关讲座。1942年底，为倡导社会学系师生研究风气，系里决定每周一开设讲座，由系内教师将其社区研究成果引介给学生，将课程的学习与研究的开展方面连接，加强学生从课本向实践的学习迁移能力；1943年的边疆建设讲座意在基于云南的地理、社会、民族等情况，发展边疆教育、边疆建设研究，该项科目及讲习是从吴氏在系时便开始进行并延续到费孝通主系时期，其目标都是以民家为研究对象，推进云南本地的农村、土著社区研究，从而认识边疆、服务社会，培养高技能人才。

随着费孝通的离系，社会学系教师也开始流失，系主任不断更换，系内每年新生也在10人以内，出现转专业情况较多，课程也根据系内教职员情况开设，维持费孝通在系时的部分基本课程。1948年，随着杨堃到系，社会学系课程发生显著变化，并迎来了新变革。与吴文藻同年出生的杨堃，留学法国，受民族学、人类学学科教育更加深广，再加上其也曾与吴氏在燕京大学任教并接任吴氏的课程、带领学生进行民族学课题的实践，深受社会学、民族学本土化影响，其到社会学系是发扬前三位系主任的本土化实践精神。杨氏也是实践结合理论的倡导者，根据云南本地情况，杨堃从应用与研究相结合的角度将课程分为人类学组、边疆服务组、社会服务组。这一分类实际上是将以吴文藻首倡的本土化课程培养道路进行具体又明确的划分，从杨堃时期的课程倒回去看吴氏、陶氏、费氏主系时期的课程，可以看出来他们都是在结合云南本地、边疆民族情况下开设的。只是杨堃将之前的课程具体归类，且各组学生在共同的必修课学习基础上进行专门课程的选择性学习，给予学生充分的选课条件，更加注重学生在各类具体课程的选择，增加学生的主动性与学习性，这是社会学系课程本土化过程中又一次开创性的改变。如果说吴氏是开创其先博后专设想的话，那费孝通则是这一设想的积极践行者，而杨堃是这一设想中更加结合本土情况进行改变的有力实施者。

杨堃不断延聘老师开设课程，在原有吴、陶、费三人课程延续的基础上，增加抽象分支学科，并结合其留法经历、学术取向、任教经历特别是燕大任教及调研经历，注重结合云南本土情况，在二至四年级选修课的设置，增加学生基于兴趣及未来计划的辅助课程：开设诸如边疆语言、边疆问题、云南研究、越南研究、缅甸研究、暹罗研究、西藏研究等边疆研究课程；在社会服务类课程上，则是与现代课程几乎无异的社会救济、社会福利、女性、儿童、社区工作、社会工作等应用型课程；人类学组则是延续并发展之前的课程，体质人类学、民族志、民族调查、博物馆学等课；这段时间的杨堃开设课程与其在燕京大学所任课程及之前编写的教材、文章交叉较多，因此社区研究等课程只需在原有教案的基础上结合本土元素稍加修改即可。而社会学、人类学等课程更是参考其之前在京高校任教时翻译、编写出版的教材《法国现代社会学》《社会学是什么？》《社会学大纲》《人类学大纲》等先进教材进行授课。除此之外，杨堃恢复社会学研究室、积极联系建立社会学人类学民族学的调查工作站、极具开创性的提议建立社会学博物馆并开设博物馆学，他认识到在云南这片大地上，对于兄弟民族的研究是有先天优势的，若加以发展，该学科定更有潜力，本土化的实践之路也更可为，因此他在社会学系内，更加关注民族学方向，学科体系、人才体系、培养方式、教研方式更有其独特之处。

  直到1951年，随着文教政策的课改、向苏联学习先进教学经验及自我反思，在教育部课程草案的指示及结合云南本省情况下，杨堃确定了社会学系的任务和未来发展方向后，果断将系内学生分为两组，同时从1952年开始，社会学系不再招收新生，而这也与全国大学院系调整取消社会学系有关。分成两组后，社会学系学生共同必修基础课程及社会调查与研究、普通统计学后，按各组课程开课。[1]

---

[1] 因师资有限，民族组以杨堃为负责人，带领江应樑、刘尧汉、马曜、傅懋勣开设人类学、专题调查研究，世界民族志，中国民族问题与政策、语言学。劳动组则以袁绩藩为负责人，带领金琼英、刘林元、李慰祖、陈年榜等开设劳动行政与劳动立法，工人运动，劳动保险、劳动保护，中国社会分析，劳动统计。

直到之后两系分别并入历史、经济系后,课程与在社会学系几乎无异,与历史、经济系的学生一起开课,而这一点也体现了杨堃主系时期不仅是对社会学课程作了相当功课,对历史等系的课程也是相当了解,才有利于学生并入后能衔接上系内课程。

2. 教学与研究人才的养成

吴文藻本土化中另一重要步骤则为:开帐讲学、培养人才,而其培养人才的范围不仅限于学生,还有教师。到云南大学后,吴文藻更是不遗余力地践行这一目标,安排教职员进行调研、为其学习研究联系各种资源。而关于同人们的实地调查则有:李有义暑假边疆服务,费孝通与李有义的禄丰调查,费孝通与张之毅易门社会经济调查,李有义与郑安仑路南社会经济状况调查,张之毅、张宗颖、郑安仑、李有义、费孝通农村经济调查等,调查地点选取合理、调查成果丰富。这些教员即为吴氏的学生,具备基本调研能力,又在吴文藻的培养下在云南地区进行调研,最终成为能够独立进行研究并带领其他师生进行调研的社会学系中流砥柱。教职员除将在调研、教学中的学术成果以论文形式发布外,还在吴氏牵头的与燕京大学合办的《社会学丛刊》(甲集收研究论文、乙集收调查报告)发表著作,直到杨堃主系时期,该丛刊已经编成十多册。

费孝通主系时期,社会学系教职员数量为巅峰时期,且调研精神与调研成果达到前所未有的高涨与丰硕。在吴文藻时的农村经济及边疆建设研究的基础上,继续深入调查,丰富社会学系教职员成果。同时,西南联大毕业生、云南大学社会学系毕业生也积极来系任教,费氏积极安排他们进行调研、教学,并在校内外学习、出国深造等。张之毅在西南联大学习时,曾听过费孝通的课,便对社会学有了新的希望,毕业后到云南大学社会学系任职做助教,在吴文藻的安排下,跟随费孝通进行田野调查。之后,做费孝通的助手,费孝通也是用心栽培张之毅,亲自带其选择研究的社区及确定研究题目,《云南三村》便是费孝通将张之毅培养成为具备独立研究能力的本土化人才的一大标志。

对于吴、费承接又出新的教师培养方式当属杨堃主系时期的做法,因杨堃主系时期,系内师资严重不足,因此在学校的统筹下,社会学系在师资的延揽与培养上采取因时因事而变却又围绕培养新人接任系内教学研究工作这一中心不变的策略。杨堃到校后积极邀请其他学校的老师(如傅懋勣等),同时也主动邀请诸如江应樑等教师来系任职。除邀请专业老师来系外,还邀请省内行政机构人员来系任课,如劳动局的樊子诚、民委会龚荣星等,院系调整后,都在经济系、历史系进行过工作。还有一部分则为本系毕业生留系工作(如马雪如、刀忠强等),系内进行培养使其能独立开课。

对于老教师的培养,除开展正常课程实践之外,社会学系还学习苏联先进模式,在教学中运用苏联教材,并且安排他们外出深造,诸如李慰祖的昆明党校学习、人大政治经济学科的学习;石埔壬赴北京人大学习等;在反思出新的过程,社会学系内教师开始在分组后以小组形式备课、交流,不再像之前靠自己的教学经验开课,而是相互学习、共同开好课。同时采用一课为三个老师合作的方式,有主讲老师,而若其他老师有擅长的部分,则由该老师讲授。系内具有经验的任课教师还要与新教师组成师徒关系,对新老师进行培养,这些负责的老师既有原系内老师,也有来系兼课的老师。采取一种"听课—集体备课—试讲—领导讨论—带实习—准备开课"的本土化培养模式。留在系内的助教,在之后还有去校外学习的机会,这种校外培养作为辅助式的师资培养方式。

从吴文藻到费孝通再到杨堃,教师的人数达到充足后又不足,因此需要培养师资,而对于师资的培养,杨堃结合系内情况,采取有效措施，培养助教一步步到能够开课的程度，可以说是社会学本土化在师资培养上的一次成功实践。

3. 调查与研究

帕克来华讲学时，讲到东方的社会学实验室是乡村，乡村社会问题就是现代东方的社会问题，因此，他尤其强调要注意乡村社区，[1]而对于这一点，吴文藻也十分赞同，他结合中国当时的宏观社会情况，在中国倡导并实行社区研究。吴文藻关于社区研究的设想主要是依据在西方冲击下当时的中国各种社会问题频发，且内地城市城乡发展、边疆特别是少数民族聚居地区离心等问题使得中国社会越来越复杂，异质性越来越强，因此，需要选择适合的方法。他认为将情况各异的地域划分为不同社区进行研究，才能对中国社会复杂的情况产生相对有限又真实的认识，从而避免夸大现象与脱节分析。[2]吴文藻还认识到社会学方法适合研究都市，而乡村、边疆地区相对封闭又类似于初民社会，适宜借鉴人类学方法，因此，他主张在中国开展社区研究须将二者有机融合。后来，吴文藻到云南大学社会学系，在家国情怀的推动下，他以学术服务国家的志业仍在进一步实践，注重"社会建设、边疆治理"式的学术角度，认为政策之所以能产生效果，总需要与地方的实际状况相适，[3]而这一本土化的思路也在系内师生的调研中进行体现。

吴氏成立社会学研究室后，便指导农村社会经济调查及边疆建设研究。因当时省内农村破产、农民经济恐慌，因此可搜集农村经济调查的研究材料，为今后复兴农村做准备，又因云南地处边疆，抗战爆发、后方建设也是刻不容缓，开发边疆便显得尤为重要，吴

---

[1] 吴文藻：《论社会学中国化》，北京：商务印书馆，2010年，第195页。
[2] 吴文藻：《论社会学中国化》，北京：商务印书馆，2010年，第437页。
[3] 吴文藻：《论社会学中国化》，北京：商务印书馆，2010年。

文藻便以云南农村、工厂、边疆为研究对象，派系内教职员进行调研。而这些研究也与其课程的开设相联系，各位老师将进行调查与课程讲授相关，授课之余进行云南某地的社区研究，所授课程又能结合调查研究进行，有利于节省师资且能将师资精准发挥。

1940年边疆建设研究由吴氏开始筹备起来，陶云逵则坚持其原则，在人才的调研上进一步支撑，派田汝康进行调查，并形成《摆夷的摆》一书。1944年，费孝通主系时期，促成社会学系研究室与省经济委员会的合作，并由该会出资，将社会学系从1939年所进行的云南农村、乡镇行政、经济、劳工、工区、工厂等的调查研究结果，出版刊物多种，并译成英文，后被美国收入其太平洋学会报告及哈佛大学社会学丛书。[1]

费孝通继续传承吴氏本土化实践的社区研究，并且积极带领魁阁学术团体进行学术调研，进一步在调研主题、调研成果的基础上进行的Seminar形式的研讨，使得魁阁时期系内教师、学生的学风自由淳朴、严谨向上。吴氏时期系内各项工作开始，因此成果基本未成形，而费时期的系内成果丰硕，在农村社会经济调查、边疆教育、边疆建设的研究中最终形成"十四村，二厂一矿，一边区，一前线"的本土化实践成果，这既是云南大学社会学系一次社会学本土化实践的成果，又是学界极具启发与激励意义的精神财富。

杨堃主系时期，系内教师除开设课程外，各有其研究对象，并随着课程实践、生产实习、寒暑假调研来进行研究。杨堃是中国西南兄弟民族调查研究、恩格斯著"家族私有财产及国家的起源"之注释及研究；江应樑从事云南兄弟民族、种族分类之研究及著作，并协助云南省民委会调查研究工作；金琼英从事马列主义哲学之研

---

[1] 吴道源、丁宝珠、刘洪：《云南大学志总述（1922—1976年7月）》，昆明：云南大学出版社，1993年。

究；袁绩藩研究劳动统计与劳动保护；石堉壬原从事合作事业、劳动保护，家庭与婚姻之研究；李慰祖研究马列主义；陈年榜研究统计学、工资与生产之研究；刘尧汉从事社会调查与研究；马雪如学习人类学及社会发展史；魏尔志学习统计学，政治经济学及计划经济学，并暂代社会调查与研究实习。[1]

杨堃认为社会学范围很广，而在新中国成立时期的社会学已经从引介过程逐步到了建设时期，是学界大展身手又具有义不容辞之责任的阶段，因此根据兴趣并结合客观条件，选定一个社区、确定研究题目、做深入研究，并将这些专利在多年后进行汇总、比较、综合，这与吴文藻的本土化道路的社区研究别无二致，二人均认为这是建设中国本土社会学的唯一出路。关于调查的具体开展，杨堃首先恢复社会学研究室并建立社会学系工作站，并力图通过昆明西北郊的大墨雨村开设一个人类学工作站，将吴氏本土化倡导的社区研究付诸实践。在研究中倡导将社会学与人类学进行结合的方式，探索最符合中国国情的道路。而在大墨雨村的建立与调研，杨堃则在本地彝族助教刘尧汉的辅助下进行，由刘尧汉在村内与"夷人"同吃住，在火塘边一起聊天了解真实的社会、边疆、民族、文化情况。虽然工作站最终因安全问题而未能带领系内师生继续前去开展调查、实践工作，但社会学系的调查实践分毫未落。

杨堃曾要求系内所有课程都要进行课程实践，将所学与现实结合，才能加深学生的理解，因此各种课程实践则不少。从1948年开始，学生在助教的带领下在云南特别是昆明进行社区研究、社会研究与调查等课程的实践；民族组学生需要在寒暑假赴各种兄弟民族社区进行生产实习，劳动组则主要在昆明市内的工厂、劳动局进行

---

[1]《云南大学社会学系一九五三年度上学期教师职务及课程简表》，云南大学档案馆藏，云南大学全宗，档案号：1954—Ⅱ—01。

生产实习，以便对论文资料的收集及对将来工作的初步了解。教师们则在带领学生进行课程实践、生产实习之余，还参加中央访问团的工作。直到社会学系被撤销并入其他二系，杨堃所带领的课程，学生仍然坚持原来的要求进行生产实习，将历史、考古等知识与生产实践相结合，而撰写的实习报告可以看出，通过生产实习，学生更能明确以后工作的情况，提前学习、准备工作所需的专业知识、技能。其工作总结的撰写中也可以看出对于现代云南大学民族学、社会学师生调研的启示，既有切合点，又有其特性。

杨堃在系期间还曾兼任《云南日报·社会研究》的专栏主编，该专栏由云南大学社会学系负责组稿。其在20世纪五六十年代做了大量社会调查，1951年至1966年，在云南大学历史系期间他亲自参加过的大型调查就有7项。成果有《我国民俗学运动史略》(《民族学研究集刊》1948年第6期)、《云南农村》(《云南史地辑要》之二，单行本，1949年)、《试论原始社会的分期问题》(1956年)、《论人类起源的几个问题》(1956年)、《试论民族集团及其发展规律》(1956年)、《试论云南白族的形成和发展过程》(1957年)、《原始社会史讲义》(1958年，历史系编印)、《民族学调查方法》(1959年)等。他编写的教材《原始社会史》(1979年)、《民族学调查方法》(1979年)、《民族学概论》(1984年)，[1]也是参考其在云南大学社会学系于历史系的教研得到。

云南大学社会学系1938—1954年的发展得益于当时之天时地利人和，校方及社会的支持、系主任的领导、师生的配合，才有了社会学史上本土化实践的成功典范。吴文藻建立社会学系并带领系内师生在这个燕京学派的本土化实验站进行自由却严谨的学习、调查、

---

[1] 吴道源、许建初：《云南大学志第五卷科研志（1923—1993年）》，昆明：云南大学出版社，1993年，第150页。

研究，为社会学系的后期发展奠定了基石。吴氏离开云南大学时，其本土化的努力方向、研究范式、组织机构、学术团体基本框架已搭建好。[1] 继而在费孝通、杨堃主系时，能够承接这一框架继续践行本土化的目标，带领系内师生在课程的设计与选择、教师的调查与研究、学生的理论学习与实践方面，始终坚持以本土化为主线的一脉相连的社区研究路径，每位系主任加入具有自身学术取向的教研与培养特点，使得社会学系的调查研究工作具备新的本土化实践元素，为社会学人才的培养、国家现代化的建设做出社会学本土化的实践努力。

虽然当时社会动荡、经济萧条、生活难以维持，但对于读书这一件事，学生认真扎实，教师严谨负责，学术领头人有责任、有眼光、有学识、有能力，[2] 直面中国社会、个人日常的从实求知，将社会学、人类学、民族学、民俗学、历史学等多学科进行综合研究，社区研究与社会事实相结合，学术追求与学术实践相结合，才有了扎实的社会学本土化实践成果。

（二）对社会学本土化实践的认识与回应

1.吴文藻与社会学本土化的实践

社会学自传入中国便受到中国学界的关注与讨论，关于社会学本土化的尝试也是随着学科的开设而未曾停止，早年吴文藻在燕京大学进行社会学本土化的尝试。进入云南大学创办社会学系后，吴氏继续践行其本土化的设想。吴氏曾反思，当时他所认为的社区研究是能够深入了解和研究中国社会的，直到后来他才看到将文化作

---

[1] 何明：《"魁阁时代"社会科学中国化的实践》，《广西民族大学学报（哲学社会科学版）》2019年第6期，第116—121页。

[2] 何明：《"魁阁时代"社会科学中国化的实践》，《广西民族大学学报（哲学社会科学版）》2019年第6期，第116—121页。

为重点的社区研究还不够深入。当时，因其受西方社会学、民族学理论影响而没有认识到马克思主义的观点，没有进行阶级结构的分析，也就看不到当时社会的本质，就无法真正解决中国社会的问题。[1]

虽然吴文藻也认识到这一局限，但在当时，吴氏进行的本土化倡导及实践是极具开创性的，他将外来的理论和方法与中国的传统文化、中国现实社会相融合，通过一种引入—学习—修正的方法发展一种新的、综合的本土理论，这既不抛弃或者与西方社会学断轨，又能与中国社会的特殊性相契合从而根植在中国这片土壤中以探索解决中国的问题，张静认为吴文藻所作的本土化的三大步努力是在中国开展社会学的必备条件，因此她将燕京学派本土化实践的探索工作定位为现代社会学在中国的开创建设，认为吴氏及其所带领的燕京学派对于研究角色、议题、方法及目标的转变更甚于其提出本土化道路。[2]

魁阁时期的研究对象为本国的、本土的农村、民族、工厂等本土研究对象，研究方法是吴文藻倡导的社区研究，将社会学与人类学相结合的一种修正创新式的，研究理论也是结合已有的理论、概念模型并提出形如消遣经济的新模型。总的来说是希望达到一种"补充—修正—创新型本土化"。[3] 谢立中反复强调他提出的一种近似"理想类型"的分类法，只是具有事实判断的意义，而不具备进行价值判断的意义。但是在认识、分析中国本土社会时并非本土化色彩更强的理论就比本土化色彩弱些的理论更适当，终究适合的才是最好

---

[1] 吴文藻：《吴文藻自传》，《晋阳学刊》1982年第6期，第50页。
[2] 张静：《燕京社会学派因何独特？——以费孝通〈江村经济〉为例》，《社会学研究》2017年第1期，第24—30、242—243页。
[3] 谢立中以费孝通的研究为例，来阐释社会科学本土化的四种类型，指出社会学本土化的四种类型。"补充—修正—创新型"为其提出的第二种本土化类型。参见：谢立中：《论社会科学本土化的类型——以费孝通先生为例》，《江苏行政学院学报》2017年第1期，第42—47页。

的。在这一想法的背后是谢立中对本土化的认可即确实存在且应有本土化的主张，并应根据情况合理运用理论与方法即选择调整的本土化方式。

回顾社会学研究创办以来所刊社会学理论方面的文献，其中就有围绕重大理论问题展开的探索和论辩中有关于本土化/中国化这一根本性问题的关注。[1]从创刊开始这一问题便受到重视，在参与中国社会学恢复重建过程中，林南先是发现国内社会学界存在简单移植、生搬硬套、理论抽象化能力不足的倾向，因此他从认识论和方法论上论证中国社会学本土化的重要性，并将这一含义界定为"将中国社会文化特征及民族性融纳到社会学里"，从而提升中国社会学在世界社会学学术共同体中的地位。[2]之后开始有学者就这一问题提供自己的理解与建议，徐经泽、吴忠在林南的定义基础上融合吴文藻本土化主张进行阐明，[3]袁阳则进一步将社会学本土化与社会学现代化的关系进行结合讨论出社会学本土化是在社会学现代化中体现出中国文化特色。[4]之后的探讨也是基于这一本土化的基础上进行完善，但2001年赵旭东却提出了相反的观点，他认为本土化概念很可能产生使人无法看到"中国"文化内部特性的误区，混淆中国对外来文化的吸收和创新能力，最终导致复制了东西方二元论而强化西方学术霸权，[5]自此学界开始有学者质疑社会学本土化的可能性。

---

1 谢立中：《论社会科学本土化的类型——以费孝通先生为例》，《江苏行政学院学报》2017年第1期，第42—47页。
2 林南：《社会学中国化的下一步》，《社会学研究》1986年第1期，第89—96页。
3 徐经泽、吴忠民：《关于社会学中国化的初步研究》，《社会学研究》1987年第4期，第43—50页。
4 袁阳：《试论社会学的中国化与现代化》，《社会学研究》1988年第1期，第12—17页。
5 赵旭东：《超越本土化：反思中国本土文化建构》，《社会学研究》2001年第6期，第56—72页。

2. 社会学本土化是否伪问题的争论

2018年初，谢宇从议题本土化、应用本土化和范式本土化三个角度说明社会学本土化是个伪问题。从谢宇所讨论的基点看，存在即合理，首先谢宇是在社会学本土化是存在的这一问题的基础上来讨论三个角度的本土化的。虽然在论证中围绕的是社会学本土化是一个伪问题的美国式角度，但从谢宇的文章中，更多的是对国内社会学研究、社会学界现象的一种建议与期望。不论这三种本土化如何，谢宇想传递的信号有：社会学是一门学科，中国社会学处于世界社会学之中，就要遵循社会学这一学科的范式。而这一点，其实中国社会学界学者都曾强调过要有理论关怀、理论指导、学术研究标准等。接着则是讨论应用本土化，关于其所说的追求学术原创性和生命力时，中国社会学未必要全盘本土化或者凸显与西方不同。这一点与谢立中所认为的中国社会学本土化四种类型并非层级越高越好，而是越适用越好。对于中国社会学的去向，谢宇提醒在研究本土课题、本国经验的基础上，放眼世界，从跨国比较的视野研究中国；并培养中国未来社会学家，使其能做出高质量学术研究；抓住中国发展的机遇，对世界范围内社会学学科的主流领域有所贡献。[1]

关于谢宇这一以一人对多人的学术挑战拉开了近几年学界的讨论帷幕，国内社会学者纷纷思考并进行回应。梁玉成从理论与方法上进行回应，坚称中国社会学需要践行将社会学的本土关怀与理论实证导向相结合的道路，中国社会学本土化才能对国际社会学界有所贡献。[2] 翟学伟的回应则更加严肃，他首先否认谢宇的观点，认为社会学本土化这一问题不是一个伪问题，这早在吴文藻、孙本文等

---

[1] 谢宇：《走出中国社会学本土化讨论的误区》，《社会学研究》2018年第2期，第1—13、242页。

[2] 梁玉成：《走出"走出中国社会学本土化讨论的误区"的误区》，《新视野》2018年第4期，第49—54页。

大批一二代社会学家就提出来了。同时表明他的回应重点关注的是社会学在中国如何发展这一大事。翟学伟眼中的本土化是比较狭义的，认为本土化从头至尾只是一个学理性的讨论。他对本土化含义的理解分为三层："一是其长期坚持的，社会学本土化是一种地方性知识体系。二是这种地方性知识包含视角、理论、概念、方法论以及具体研究方法等，这种地方性知识首先应具备对当地民众社会生活现象的解释力乃至预测力。他不反对当前学界对西方社会学的知识更新，这种非本土化的创新。三是在地方性知识的基础上融入并提供新知识、新途径到国际社会学中，以作为一种普适性的检验"，[1]即走向国际化、全球化。

他也将中国化与本土化这一渊源进行简要概括：学界一开始用中国化，后来改用本土化，是因为中国化强调的是中国社会科学家的努力，从字面上将这一范围狭隘的缩小了，而本土化则包容接纳不同社会和文化背景的社会科学家的研究，希望立足于本土研究获得新的学理性见解。并认为任何人的关注点首先是自己所在的范围，再向外推及，同时，随着边燕杰、阎云翔等中国社会学家走入世界，在全球社会学界产生影响力，因此他对于中国社会学本土化的发展是有信心的。[2]相信翟学伟是认识到中国社会学界乃至社会科学界都是在自觉发展本土学科，再逐渐像水波一样由内向外扩展到全球范围，这也是中国社会学本土化的一个终极目标：在文化自觉的观照下，发展社会学的本土化以更好地服务社会，逐渐在本土的理论、方法创新契合至成熟的基础上向全球扩展，使得中国的社会学从本土化向现代化、全球化扩展，使得中国社会学在世界社会学中拥有足够的学术话语权与学术影响力。

---

[1] 翟学伟：《社会学本土化是个伪问题吗》，《探索与争鸣》2018年第9期，第49—57页。
[2] 翟学伟：《社会学本土化是个伪问题吗》，《探索与争鸣》2018年第9期，第49—57页。

李强认为社会学的本土化不仅是研究议题的本土化，还指将社会学的理论与方法做出创新使之融入中华文明之中，通过对社会认识的深化而调整社会学的理论与方法，这是一种双向的过程，同时认识的深化是没有止境的，因此社会学的本土化也就没有止境。[1]

周晓虹也对谢宇和翟学伟两位的本土化真伪问题进行了梳理讨论。[2] 他认为社会学本土化运动兼具系统性与普遍性，它涉及如何将这一来自西方的知识体系反映我们的传统和时代精神，并服务于中国社会的改革和建设。周晓虹文章的写作动机同谢宇、翟学伟一样，均认为这是社会学在中国如何发展的大事，而其《江村调查：文化自觉与社会科学的中国化》一文则是谢宇所指出的本土化文章之一，同时，他对于翟学伟、谢宇社会学本土化是伪命题的回应并不赞同，且认为对于本土化的探索既是学术同行的努力，又是一场宏大的学术实践活动，因此他要对这些想法做些澄清。

由此，周晓虹的文章对于社会学的本土化之路进行了梳理，并将这一学术运动理解为学术与实践两种向度，认为本土化第一个方向或学术向度直接涉及如何将中国的社会特征及民族性格融合纳入社会学中来，[3] 即从社会学中体现我们文化的品格或民族的性格。本土化的实践向度指向费孝通的第二项内容或金耀基的第二个层面，即"以社会学的研究来服务于中国社会的改革和建设"，而这一点也是吴文藻等推行社会学本土化时的目标，是一种认识国情、改造社会的实践指向。关于转型社会的实践与本土化的现实要求中，周晓虹直接点明社会学本土化并非伪问题，而是真现实。认为在研究与讨

---

[1] 李强：《社会学的本土化没有止境》，《北京日报》2020 年第 16 版。

[2] 周晓虹：《社会学本土化：狭义或广义，伪问题或真现实——兼与谢宇和翟学伟两位教授商榷》，《社会学研究》2020 年第 1 期，第 16—36、242—243 页。

[3] 林南：《社会学中国化的下一步》，《社会学研究》1986 年第 1 期，第 89—96 页。

论中要考虑中国社会的转型现状，而社会科学的发展又"必须与全球环境相联系，以免在本土化中迷失方向"[1]，因此，从本土特质走向国际视野才是这场学术运动的最终归宿。

对于谢宇将社会学本土化的合理性推出来所引起的讨论，梁玉成、翟学伟、周晓虹、谢立中、李强、王宁等都作了直接或间接的回答，在一场"神仙打架"式的论战中，各位学者对中国社会学本土化的进程、问题以及中国社会学该归向何方进行梳理阐释，就社会学发展这一问题都有建议与期望。透过这看似矛盾、对立的争论背后来看社会学本土化这一共同问题：争论的背后是对中国传统与现代社会、文化能否顺利进行下去以及用社会学这一学科对于中国社会问题的认识与寻求解决方案的引入初衷能否相洽的问题。是否能将中国的、本土的、传统的、现代的文化、社会发展起来，又不忘用长远的、世界的眼光借鉴学习国外经验，以发展中国社会、解决中国人民的问题。而不管这一论战最后的结果如何，这一论战本身已经引起学界足够的认识与反思，各家在溯源、实践的过程中都会在吴氏原有想法的基础上修正补充与探索，以求能够发展出中国的本土社会学理论、方法与学术取向，培养大批社会学研究、实践的本土人才，为中国社会学之未来发展奠定基础。

3. 中国社会学本土化的实践归向何处？

早在吴文藻等学人推行社会学本土化主张时，便要求在实践中进行探索。周晓虹也总结自20世纪30年代以来，不同时期的社会学本土化运动都具有学术性与实践性的向度。[2] 周飞舟认为，社会

---

[1] Arif Dirlik, Guannan Li & Hsiao-Pei Yen, Sociology and Anthropology in Twentieth-Century China: Between Universalism and Indigenism(Hong Kong: The Chinese University Press, 2012).
[2] 周晓虹：《社会学本土化：狭义或广义，伪问题或真现实——兼与谢宇和翟学伟两位教授商榷》，《社会学研究》2020年第1期，第16页。

学本土化实际上分为两个阶段：接轨与自觉。他认为在现象与行动的理解、解释过程中，中国本土的概念应该努力与中国学术研究传统（学术历史上的研究）对接才能实现真正的社会学本土化。吴文藻时期提出社会学本土化的意义，更好地学习西方理论和方法并在中国经验中得以运用，是中国研究与国际接轨阶段。而社会学本土化最主要的问题在于西方社会学的理论和方法带有其本土显著的思想和社会文化特征，在使用西方社会学理论和方法研究中国现象时，容易出现脱离现实的情况，若只是普适性的应用，则会产生"中国版"的副产品，不利于了解分析真实的中国情况，更不利于长期发展。对于这一现象有很多学者认为是我们的社会还未发展到西方社会学的理论和方法所适用的阶段，因此"坐等"社会的发展进阶即可，但这属于费孝通提到的"只见社会不见人"的误区。[1] 就像历史具有相似性，那发展的进路中，国外的经验可以借鉴，但终归要结合本国的现实情况进行本土化社会学的发展与实践。

因此需要发展第二阶段"自觉"。赵旭东认为，要破除只知社会不知人的现象，这就需要建立"推己及人，将心比心"的方法论原则去领会那些只能"意会"的东西。关于社会学本土化实践过程中，费孝通主要关注的是中国农民和民族的问题，他强调本土研究要保持客观公正，实现民族自省，要"文化自觉"。[2] 周飞舟认为，通过追溯自己的文化传统，对自己的社会文化有所把握，通过"认祖归宗"得以本土化。将对社会学研究对象、社会学方法论的反思转化为"文化自觉"，社会学本土化通过"各美其美"，最终达到能够应对各种

---

[1] 周飞舟：《行动伦理与"关系社会"——社会学中国化的路径》，《社会学研究》2018年第1期，第47页。

[2] 赵旭东、王蹊：《反思中的文化自觉——基于费孝通文化观的人类学方法论》，《学术界》2019年第9期，第76页。

冲突与挑战的"美人之美""美美与共"境界。[1]王宁则建议以真国际化与真本土化的结合作为目标，着眼于中国社会学基础与现状，注重社会学知识的效度与深度，避免"食土不化"或"食洋不化"。[2]

正如谢宇所言：中国社会无论多么与众不同，社会学的研究归根结底还是社会学范畴，而这就需要我们遵循这门学科的纪律与约束[3]基于学科规范及学界所认识的社会学之发展，笔者认为对于中国社会学本土化的研究需要立足中国本土实际情况，结合中国社会情境，发展中国社会学；中国社会学也是全球社会学的一部分，[4]建立中国社会学的理论、方法、范式都需要在全球大环境中发展，不能抽离开独自发展。同时，又不可长期在学术舒适圈，这就要取消学术依附，学习费老的"自觉"，通过本土创新来走好中国的社会学之路，从本土走向世界，为世界社会学积累中国经验。

谢宇在其所引发的关于社会学本土化的讨论中，曾承认社会学本土化作为一个学术研究切入点的积极意义；同时，在梳理本土化进程时，学人对吴文藻本土化的倡导都是持赞同态度的。云南大学社会学系对云南地区的研究是选择一微型社区作为研究区域，研究该社区内的社会、文化经济等稍显宏观却又能反映、影响该区域内人口的生活因素，最后将每一户的情况进行汇总，以一个中观的角度形成调查报告。吴氏本土化实践虽是希望在宏观上反映中国的社

---

[1] 周飞舟：《从"志在富民"到"文化自觉"：费孝通先生晚年的思想转向》，《社会》2017年第4期，第143—187页。

[2] 王宁：《社会学本土化议题：争辩、症结与出路》，《社会学研究》2017年第5期，第15—38、242—243页。王宁：《社会学的本土化：问题与出路》，《社会》2006年第6期，第1—6页。

[3] 谢宇：《走出中国社会学本土化讨论的误区》，《社会学研究》2018年第2期，第1—13、242页。

[4] 黄晓星：《社会学本土化的引入、构建与想象》，《济南大学学报（社会科学版）》2019年第1期，第17—23、157页。

会、经济、文化情况，以求社会学这一学科对于中国社会之发展探索出良方，但却采取了积累小型社区达到中观经验，再通过比较研究看中国社会的学术抱负。从1938—1954年社会学系关于农村、工厂、边疆、民族等丰富且极具异质性的选题研究、师生的成就及其作品对当今中国学界乃至全球的影响，可以看出当时社会学本土化学术实践的选题、方法、理论、范式都是合理、合适的，这对于当代社会学本土化的认识、发展都具有启发性。

现在看来，云南大学社会学系之所以在社会学本土化实践中取得了如此辉煌之成就，不仅在于当时的理论、方法的先进性与本土性的结合，关键在于当时长远坚实的学术眼光、严谨扎实的治学学风以及自由谦逊的学术互鉴。由此，1938—1954年云南大学社会学系的社会学本土化实践无疑是向当时及后来社会学界交出了一份答卷，这份答卷包含学术精神、学术成果，更重要的是学术启发：社会学本土化既是一个目标又是一种方法。

梳理云南大学社会学系这一段系史，先人的学术精神、学术信仰、教书育人、学科的发展、调查研究等各个方面都是我们当今学界所应学习的，魁阁精神是一笔精神财富，激励一代代学人进行学术学习、研究、探索。但云南大学社会学系1938—1954年这一段社会学本土化实践的学术宝藏意涵更深，它回应了社会学本土化的必要性，对于整个社会学界社会学学科的发展、现代化中国的探索具有极大启发，而对于社会学的本土化、现代化、全球化都有无限的契合。

整合与分化：榆村经济社会变迁（1945—2021）

作　　者：刘忠文
　　　　　云南大学民族学与社会学学院
　　　　　2019级社会学专业硕士研究生
指导教师：马雪峰

导论

（一）研究缘起和意义

1. 研究缘起

如果问，过去两年最火的几个词，可能大家会不由得想到"内卷""躺平"[1]，这类公共话语在互联网上，借助表情包，迅速传播和发酵。这些公共话语蹿红的背后，反映的是人们的生存现实和社会心理——一个人该选择怎么样的活法，或者说"自己的活法"是什么？近年来旅游短视频走红，如2020年9月，一位叫苏敏的家庭主妇在互联网上成功出圈，一夜爆红，其独自从郑州驾车自驾游，受到有些媒体和网友的关注与支持。2021年7月，她还出了新书《年过五十，我决定"离家出走"》，将自己的人生以及旅行路上的见闻，写进了书里："我是56岁自驾游阿姨，不是谁的妻子，不是谁的女儿，不是谁的母亲，我是我本身，我是我自己，我是苏敏。背起行囊，走过丛林山川，从今天起，一路向南，我要去追寻自己生命的光""操劳半生，这次我决定好好为自己活一次""其实我们也是独立的个体，想一想自己要什么样的生活"。

一个独立的个体，这个词，在一定程度上可以认为是个体自我权利和自我意识的觉醒。随着改革开放的进行，生产力的发展，现代工商业的发展，个体能够从家庭、从社区中脱离出来，生产从家庭转移到工厂，生产的转移意味着个体关系发生变化，原有的家庭部分功能丧失，尤其是家庭中的生产功能和经济功能。这种转变使劳动力市场也发生了变化，市场经济下注重的是个人能力的表现，

---

[1] "内卷""躺平"概念及相关论述，可参看覃鑫渊、代玉启：《"内卷""佛系"到"躺平"——从社会心态变迁看青年奋斗精神培育》，《中国青年研究》2022年第2期，第5—13页，以及付茜茜：《现代性焦虑与青年亚文化反思》，《青年探索》2022年第2期，第1—13页。

重要性的天平偏向于个体,也就是群体的重要性被个体取代。家庭中的个体不再盲目、无条件适应于、服从于家庭的生产安排或消费结构,个体有更多的选择,甚至于当与家庭发生冲突的时候个体可以"离家出走"。

曾几何时,我们的社会可不是这样子。在集体化时代,个体主义甚至被视为自私自利。在乡村社会中,一个自私自利的人社会地位通常不是很高,因为这样的人很难相处。个体的存在为家庭服务,家庭共同体的需求处于工作和经济生活的中心,规定了日常生活的方向,农田和作坊是家庭的核心场所,每个人总是在能和其他成员联系得上的地方活动,任务的完成,总是按照熟悉的节奏进行。在熟悉的节奏中,人们根据节气安排农事活动。费孝通认为,传统社会的生产方式基于农作安排,这种安排方式,不仅影响着土地所有权,还对劳动力组织、亲属关系等,都会产生深远的影响[1]。

费正清(John King Faribank)认为:在中国社会中,各个家庭都有自己的一片小天地,作为一个微型邦国而存在。是家庭作为一个社会单元参与到当地的政治生活和社会生活,家庭才是起到负责的对象,而不是个人。在家庭中,个人能够认识到自己所处地位并担负起相应责任,便产生社会安全感。当他履行自己肩负的义务,承担相应的责任,他可以指望别人也如此,对他履行相应的责任。家庭成员的生产或消费行为配合家庭而行动。个体的社会地位,与家庭中其他成员联系紧密[2]。

其他研究也表明,前工业社会的家庭本质上是工作和经济方面的关系,生产事业共同包括在一个家庭单位内,各方面的收入用来共同维持家庭生活。家庭中的各个成员都有自己的位置和任务,他们彼

---

[1] 费孝通:《江村经济》,戴可景译,北京:北京大学出版社,2012年,第141页。
[2] 费正清:《美国与中国》,张理京译,北京:世界知识出版社,1999年,第22—25页。

此之间相互合作，彼此协调，生产事业贴合家庭，成员为共同目标付出，这种生产事业以家庭为单位，生产事业的开办和进行由家人主持，盈亏由家庭全部承担。因此家庭成员间必须紧密编织在一起，组成家庭共同体，共同体考虑的是社成员间的共同目标，而不是个人的。贝克夫妇（Ulrich Back；Elisabeth Beck-Gernsheim）认为可以这样来定义前现代家庭：由"团结的义务"聚在一起的"需要的共同体"[1]。

研究者为何会选择用这个理论，为何会选择这个田野点，各有各的原因，或许有时候就是机缘巧合。正当苦于田野点难寻的时候，恰好看到《魁阁文献①（张之毅文集）》，里面提到 20 世纪 40 年代张之毅先生在大理洱海边上做调研情况，留下一批书稿，而且张之毅文章的内容恰好符合笔者研究的内容，再加上导师的推荐和建议，更坚定了笔者去做调查的想法。张之毅认为家庭的分工协作，每个劳动力在家庭结构中承担起自己的责任，尽到自己的义务，使家庭经济成为一个整体，个人成为家中的一个分子，为家庭经济服务。正是这种家庭中明确的分工，由"团结的义务"聚在一起的"需要的共同体"，更能够让家庭更好地抵御外来的社会风险，在这个小共同体内，最先考虑到的不是个人，而是共同的目标。这些资料便可以作为 20 世纪四五十年代的史料，以此为基点，便可探究，20 世纪四五十年代家庭分工对家庭经济的影响。社会的发展，不再强调为家庭付出一切，越来越强调个人自主性、自我意识，又或者说，随着中国社会的发展，个体化发生了怎么样的变化。正是这些原因，促使笔者想去进行研究。

---

[1] 乌尔里希·贝克、伊丽莎白·贝克—格恩斯海姆：《个体化》，李荣山等译，北京：北京大学出版社，2011 年，第 101 页。

2. 研究的目的及意义

1939年（民国二十八年）费孝通领导的研究团队，在中国农民银行的资助下对云南省农村社会经济进行调查。由于20世纪四五十年代是中国近代社会一个特殊的关键时期，社会未来的发展，将来中国的建设等问题，不仅是政权领导者、民众，更是学者们思考的一个问题。因此，为了使将来中国在建设过程中，有可参考数据或实例，就需要对农村结构进行研究。费孝通回顾过去的研究工作，主要研究是内地农村土地制度问题，如对比"江村"与"禄村"的研究；第二方面是对边区农村研究，主要是对当时国情下，边境问题的研究；第三方面是对工业的研究，试图探讨中国社会未来的道路[1]。

云南农村社会经济调查计划一共有11项，其中有两项是张之毅的"内地乡村手工业"和"土地与金融"，研究地点分别是易门县李庄村和玉溪县中卫村，研究成果是《易村手工业》和《玉村农业与商业》。后来，《禄村农田》《易村手工业》和《玉村农业与商业》合编成《云南三村》。很多人不知道的是，在1945年，抗战还未胜利的时候，张之毅以帮助修县志的名义在大理洱海边做了一个白族村庄的调查，写了题为《榆村社区生活的整合》（又称《榆村经济》）书稿。这个报告40余万字，内容涵盖经济生活、风俗习惯、家庭、宗教、妇女问题及人口外流多个方面。遗憾的是，这个写了四五年，涵盖社区诸多方面的书，在解放后，别人拿去看，被弄丢了。这份报告未出版就丢失，以致其知名度和影响力几乎可以忽略不计。但这篇报告的写作提纲被保留下来，这一提纲非常详细。张之毅还根据在大理的调查写出三篇学术性论文，分别是《从农村社会经济的背景

---

[1] 刘兴育主编：《云南大学史料丛书·学术卷（1923—1949年）》，昆明：云南大学出版社，2010年，第120—122页。

申论妇女问题》《家庭与生产事业》及《农村失业问题的分析》[1]。

学界在魁阁前辈的学术活动研究中对张之毅的关注一直以来都比较薄弱，近年来的研究关注点也更多的是针对《云南三村》中涉及的村庄。可以说目前几乎没有人根据张之毅的材料，以社会学的视角对榆村这个白族村进行调查。榆村位于大理古城北洱海之滨，是大理坝子中的大自然村之一，人口仅次于喜洲镇的周城村。除传统农业之外，尚有从政、经商和手工业，早在清道光年间，就有赫赫有名的杨家"三元号"，主要从事棉花、棉纱、棉布为主的商业贸易。除此外，榆村还有历史悠久的本主文化和古老的绕三灵习俗，村内有500多年的古树和白族民间历史传承文化等。正是这些多样性，促使笔者想要去了解它。

上述文章中已部分提到张之毅研究主张，这里再简单说明一下。张之毅以家户为分析单位对榆村社会经济进行研究，每一个家庭既是一个生产单位，同时也是一个消费单位。一般家庭活动包括自给经济和交换经济两部分，自给经济主要是耕织，差不多由妇女担任；交换经济如做手艺和商贩，主要是由男子担任。我们看到，在一个家庭经济活动中，有明确的分工，妇女负责农事和纺织，将男性从农业中解放出来，进行商业活动。农业有一定的季节性、生长周期长以及劳动过程和生产过程不一致，农闲时季节性劳动力剩余，所以妇女在农业生产活动中还可以进行手工业的活动。农业的保留，可以在危机到来时，使在交换经济中的劳动力能回到田地中来，保留了在工商上万一失败的善后基地。

家庭境况的好坏很大程度上取决于家庭的人口状况。理论上讲，一个拥有较多劳动力的家庭，可以耕种更多的土地，饲养更多的牲

---

[1] 马雪峰主编：《魁阁文献①（张之毅文集）》，北京：社会科学文献出版社，2019年，第19—25、26—51、60—65、284—365页。

畜，积累更多的家庭财富。当然，在资源有限、物资匮乏的自然条件下，过多的劳动力反而会成为家庭负担。农户的生产活动是为了维持整个家庭的生活消费需要。农民家庭不仅是个生产单位，而且是个消费单位。根据家庭规模，它一开始就或多或少地有某种不可缩减的生存消费的需要，为了作为一个单位存在下去，它就必须满足这一需要。同时，农民在进行经济决策时也会权衡短期和长期的利益，并最终做出利益最大化的选择，符合理性的选择。

与此同时，家庭分工促进了家庭经济的整合，因为生产单位和消费单位均在家庭中，生活的那批人，也是消费的那批人，生产结果直接用来自家消费，生产是每一分子对家庭应尽的义务，消费是每一分子由家庭所享受到的权利。榆村家庭经济的整合，使得每个劳动力在家庭结构中承担起自己的责任，尽到自己的义务。这种分工协作，使家庭经济成为一个整体，个人成为家中的一个分子，为家庭经济服务。当中国社会发生变化，社会运行加速，社会变迁加剧，从传统型向现代型社会转变。这种转变标志着社会日益加速分化，社会异质性增强。随着社会分工不断发展，现代化推进，个体化社会的到来，今天的中国农村社会经济还是那个以分工促进家庭整合自成一体经济吗？发生了哪些变化，尤其是现代法律的推进，个人意识的觉醒，人们不再是只为家庭而活，他们有自己的消费。这些变化，是怎么发生的，社会进行了什么样的变化等等？本研究以"整合与分化"为视角，对榆村人民的经济生活进行研究。

大理市历史悠久，据考古发掘（苍山马龙峰），在距今4000多年前，洱海之滨的先民已开始种植水稻，是我国最早种植水稻的地区之一，秦汉之际就和内地其他地区进行交流，西汉时期，设置叶榆县，隶属益州郡。白族丰富多样的自然、社会和经济发展形态，为研究提供了较好的条件和切入点。在大理及大理白族的研究过程中，学者们重视历史文化研究，特别是南诏、大理国的历史文化研究，但对当地社会经济问题研究薄弱，尤其是有关白族地区社会经济发展现实问题的调查研究并不多。本研究将采取田野调查的方式对大理白族榆村进行研究，主要研究目的是探究当地社会经济的变迁，研究领域主要是社会结构和经济文化，但也会关注到当地生活习俗，信仰等方面。对前人的研究进行追踪研究或再研究，不仅仅是学术之间的一种传承，更能够观察时代变迁，社会结构之变化，还有对理论和方法进行再思考。这是一项有价值、有意义的工作[1]。

（二）文献综述

乡村社会在分化与整合的双重逻辑下发展变迁，传统社会走向现代化的过程中，社会越来越分化为一系列的功能子系统。生产组织由家庭型向工厂型转变，为适应大生产需要，发展大工商业，这就要求技术进步，技术的进步使得一方面分工化，一方面大众化，很多人都会同一技术，同时很多人只会全部生产中的一部分。社会的极速分化，也使得社会成员间的价值观变得多元，曾经相对封闭的社会体系和价值体系，越来越被现代社会中多元、开放的体系取代。

本研究的核心是，在从传统走向现代的过程中，农村社会经济是如何从家庭经济整合走向家庭经济分化，这里必须再次说明，所谓家庭经济整合是指家中的每一分子都成为家庭结构上的某一部分，在家庭结构中承担起自己的责任，尽到自己的义务，为家庭经济服务，使家庭经济成为一个整体。而经济分化则是家中成员成为具有独立人格的个体，家中成员有更多的独立性，比如他们离开家庭进入工厂，自己享有支配薪资的权利，家庭经济形态处于分化状态。

---

[1] 白兴发：《关于云南著名人类学田野调查地点的再研究》，《学术与探索》2008年第6期，第75—79页。

本文认为从 1945 年至今，中国社会结构产生了剧烈、持续而深刻的分化，某种意义上，乡村社会关系从 1949 年之前的"伦理本位"或"差序格局"，经 1949 年至 1978 年的"总体性社会"转变为 1978 年后的"个体化社会"。因此本文着重探究促使分化的原因和分化的表现，将主要从社会分工、现代性和个体化三个方面进行研究梳理。

1. 对社会分化的相关研究

当社会结构发生冲突或社会要素数量发生增减或社会功能发生转化，就会引起社会分化。传统社会走向现代化的过程中，社会越来越分化为一系列的功能子系统。分化是社会发展的必要条件，分化作为一种内在动力，推动着社会的发展。整合是分化得以持续的基本要求，社会如果一直持续分化而没有发挥整合的功能最终走向是解体，甚至是崩溃。当社会矛盾持续冲突而没有得到解决，就可能造成社会危机。社会成员诉求整合，以缓解社会矛盾。在错综复杂的社会关系网络中，家庭、国家和市场等，是把人联系起来的纽带。总之，分化与整合是社会发展的双重逻辑，现代社会就是一个不断分化与整合的社会[1]。

齐美尔（Georg Simmel）的社会学研究始于他的社会分化的研究。他的社会分化理论对西方现代社会学的贡献，不逊于涂尔干的劳动分工理论和韦伯的西方的理性理论对社会学的贡献。齐美尔关于社会分化的概念，实际上是他从斯宾塞的著作以及现代生物学中进化论的基本假设中接受过来的，只有将个人化的历史过程和整合社会的发展过程结合起来，才能理解现代社会中个人自由和个人独特性。社会分化与社会群体间亲和力有关，发达的社会内部关系分化，成员间个性分明；而一个相对封闭的社会，其社会越粗鲁、越不文明、

---

[1] 王虎学、万资姿：《分化与整合：现代社会的哲学诠释》，《山西师大学报（社会科学版）》2009 年第 4 期，第 12—16 页。

越不分化，内部间联合越紧密。在未来的社会中，从社会强制中解放出来的人可以自由在其生活的社会中交往，个人的活动空间扩大，自由追求个人的目的，然而另一方面，个人进入新圈子也要接受新责任，同时面临异化的风险[1]。

前现代社会中，个体自主性缺乏，个体往往依附于集体中，个体行为与集体行为混为一谈，这是因为这样的社会中，分化机制缺乏。个体的社会行动和情感关系往往受到社会纽带的影响，而社会纽带将个体"锁定"在某个小范围里，个体的力量越是简单，个体与群体之间的联系越是紧凑和休戚相关。群体纽带松动，管束减少，个体人格就可得到发展。随着社会群体扩大，社会资源因占有而变得稀缺，个体之间的竞争加剧，竞争导致个体的专门化，个体化不只是竞争过程导致，分化和个体化交互起作用。群体的分化与个体的分化出发点不同，群体的分化目的是提高效率，效率的提高意味着节约能量的同时还使得物尽其用、人尽其才；而个体的分化是要拒绝片面化和工具化，意味着个体要追求自我人格完善，既是自我意识的觉醒也是自我意识的追逐，以区别大众，与众不同[2]。

帕森斯（Talcott Parsons）的社会分化理论关键概念是结构分化和子系统之间边界复杂化。结构分化意味着承担多种功能的单一结构转化为各自承担单一功能的多种结构类型，结构分化带来子系统之间关系复杂化，由于系统内部分化的速度和水平不一，容易打破边界之间的平衡。当不平衡变得突然和激烈，超出社会调节机制范围，造成更大变迁、更大社会分化形成。在帕森斯看来，分化是指一系统或一单位，分解为两个或两个以上系统或单位的过程，也就

---

[1] 格奥尔格·齐美尔：《社会是如何可能的：齐美尔社会学文选》，林荣远译，桂林：广西师范大学出版社，2002年，第3页。

[2] 成伯清：《格奥尔格·齐美尔：现代性的诊断》，杭州：杭州大学出版社，1999年，第65—70页。

是说，社会原先的某一单元分化成一些在结构上与功能上皆不同的新单元。比如，生产功能从家庭制度内分化出来而形成独立的单位[1]。

卢曼（Niklas Luhmann）认为社会分化是功能上的分化，功能上的分化使得各系统开放互通，个体可以进出不同系统且在不同系统内活动。各功能系统间，相互独立，不可替代，各个系统履行自身独特功能，从社会功能的履行方面看是平等的，同时，每个系统用自己的视角来审视世界，做出相应的解释。卢曼认为人类社会的演进有三者形态，分别是区隔分化社会，阶层分化社会和功能分化的社会。现代社会是一个高度分化了的社会，各个系统既相互独立运行，又相互依赖，彼此间互相支援、服务，通过功能分化，系统内部与各子系统间协调实现系统功能。现代社会重要的标志：是不是一个边界明确、权力清晰和功能分化的社会[2]。

杨建华认为社会分工是社会分化的前提和基础，生产力快速发展使得社会结构日益负责，劳动分工造成社会成员间差异性扩大，这是横向维度上的区别。因为社会成员间的差异，部分成员掌握并占有社会资源，在信息不对称中，社会分层，这是纵向维度的区分。社会系统功能分化，各功能间相互协调发展，是现代化的重要形态。社会分化的三个维度就体现在这方面[3]。

林岩认为当社会结构从封闭走向开放，人们的价值观、社会意识也相应发生变化，相对封闭的社会体系和价值体系，越来越被现代社会中多元、开放的体系取代。改革开放后中国社会结构的变化，尤其是农村社会经济的变化，使个体自由性增加，个体脱离家庭进入

---

1 杨建华：《从马克思到卢曼：社会分化与整合研究及启示》，载《浙江省社会学学会成立二十周年纪念暨2007学术年会论文集》，浙江省社会科学院社会学所，2007年，第25页。
2 Luhmann, "Differentiation of Society," *Canadian Journal of Sociology*, no.1（1977）: 29-53.
3 杨建华：《论社会分化的三个维度》，《浙江学刊》2010年第1期，第183—191页。

更广阔的市场，这意味着劳动分工的分化，社会领域中的经济关系也不断发生变化。经济的分化，使曾经同质性社会向异质性社会转变，社会越来越多元，多元的社会反过来又能够给个体更多选择[1]。

社会差别的动因是社会分化，当事务从同质性向异质性转变，我们就认为事务发生分化，社会分化不仅使个体之间的社会地位多样化，还使社会功能专一化。

社会结构从同质性向异质性变化过程中，是社会经济、政治、文化及思想领域等的分化。社会分化是国家现代化不可避免的现象，现代化有两个基础：生产力与生产关系。随着生产力的进步与生产关系的发展，世界上大多国家的发展历史均由传统社会向工业社会过渡。

我们可以区分出两种工业化模式下的社会分化，一种是以自由市场或"看不见的手"为基本方式，另一种是某种组织控制或"看得见的手"为基本方式。前者的代表模式如英国，以殖民地和遍及全球的世界工厂体系，在自由市场的作用下，经过漫长、残酷的历史过程；后者的典型代表是中国，即依靠高度计划的、强行政控制的组织手段，建立起独立的城市工业体系。生产力快速发展，社会财富迅速增长，劳动分工有了巨大发展，社会结构日愈复杂化。改革前中国农村社会的基本特征是分化程度低、分化速度慢、社会流动停滞，整个农村社会具有高度的同质性和均等性。改革开放后，中国农村在社会、经济、政治、文化与心理等各个方面经历了持续而深刻的变迁，中国农村社会分化集中表现在一方面社会位置大量增加，各种职业群体出现；另一方面是社会成员的收入差距显著增大。而且中国社会的社会分化不仅在个人层次，更表现在空间区域

---

[1] 林岩：《分化与整合：社会转型下农民价值观变迁及其当代重构》，《学术论坛》2014年第11期，第5—10页。

和组织层次上。

2. 社会分工相关研究

随着生产力发展，生产效率提高，特别是工业化的发展，生产和产品越来越复杂，工序越来越多，社会分工带来了专业化。社会分工日愈精细化，分化出不同产业行业企业等劳动场所，分化出不同的学科、思想。

英国古典经济学家亚当·斯密（Adam Smith）认为，劳动分工，促进了社会组织间的协作，提高了社会生产效率。通过考察个别制造业（扣针制造业）的分工状况，分工不仅使得这种作业成为专门职业，而且这一职业下又分很多不同的部分，不同人负责不同工序，增强了劳动生产力，使得工人生产率大大提高，生产量也比单个人生产多出很多倍。正是工人间相互配合、协同合作下，既增进了技术又节省了时间，不但提高了整体的工作量，而且大大增进了技术含量。

在亚当·斯密看来，自然形成的才能差异要比想象中的小得多，而社会成员间真正的差异则来源于由分工所导致的专业技能的差异。以劳动分工为基础的社会分化促进了社会成员在专业领域中的发展，有利于提高社会成员的熟练程度，进而有利于节省社会劳动时间，提高社会劳动生产率。劳动生产力上最大的增进，以及运用劳动时所表现的更大的熟练、技巧和判断力，似乎都是分工的结果[1]。正是因为有了分工，才更促进利益与合作。

马克思（Karl Marx）和恩格斯（Friedrich Engels）吸收了亚当·斯密有关社会分工的思想，在历史唯物主义的指引下，对其展开了更加全面、彻底和科学的分析。他们认为人类文明发展的历史就是社

---

[1] 贾双跃：《中国现代化进程中的社会分化现象研究》，中共中央党校博士学位论文，2019年，第5页。

会分工不断更新和扩大的历史，这一过程包含了生产力与社会分工的双重作用，一方面，"任何一种生产力""都会引起分工的进一步发展"[1]；另一方面，社会分工的发展也会促进生产力的进步，"受分工制约的不同个人的共同活动产生了一种社会力量，即成倍增长的生产力"[2]。

马克思在《资本论》第一卷指出，社会分工有不同的类型，工场手工业分工不仅只是为资本家而不是为工人发展社会的劳动生产力，而且靠使各个工人畸形化来发展社会的劳动生产力。社会生产过程中，新的组织建立，生产效率的提高有助于劳动生产力的提高，对社会生产的划分，明确了生产的质的比较和生产的量的划分[3]。由分工引发的社会分化不但使原有的作为整体的社会分裂成国家和市民社会等独立的领域，同时在市民社会内部产生了依据在分工中处于不同地位而形成的不同阶层[4]。

埃米尔·涂尔干（Emile Durkheim）在《社会分工论》一书中介绍了社会团结的发展历史、原因和条件，三种反常的分工形式等内容，以此来支撑他的分工理论。涂尔干认为，尽管社会分工并不是晚近的事，但直到20世纪末社会才开始认识到分工的规律，但自亚当·斯密以来劳动分工理论丝毫没有进展[5]。涂尔干认为亚当·斯密就是分工理论最早的阐发者，分工这个术语就是由斯密最先创立的[6]。

在涂尔干生活的年代，社会爆发了严重的社会危机、经济危机

---

1 马克思、恩格斯：《马克思恩格斯文集（第1卷）》，北京：人民出版社，2009年，第520页。
2 马克思、恩格斯：《马克思恩格斯文集（第1卷）》，北京：人民出版社，2009年，第537—538页。
3 马克思：《资本论（第1卷）》，北京：人民出版社，1995年，第422页。
4 马克思、恩格斯：《马克思恩格斯选集（第1卷）》，北京：人民出版社，1995年，第68页。
5 涂尔干：《社会分工论》，渠敬东译，北京：生活·读书·新知三联书店，2017年，第8页。
6 涂尔干：《社会分工论》，渠敬东译，北京：生活·读书·新知三联书店，2017年，第1页。

和精神危机，如日愈频繁和越来越激烈的劳资冲突，工商业危机和破产，社会自杀率上升等等。

社会处于失范状态，什么原因造成社会失范？有人认为是高度发达的社会分工。因为社会分工会使每个人在自己的专业活动中把自己孤立起来，不再意识到自己与他人的联系；分工也使每个人拥有不同的经验和利益，从而导致个人之间在智力和道德方面的分歧，"使顾全大局的精神产生窒息"。因此，"分工就是分散"[1]。涂尔干认为"劳动分工并不对这种事态负有任何责任"。正常的劳动分工本身"绝对不会造成社会的肢解和崩溃，它的各个部分的功能都彼此充分地联系起来，倾向于一种平衡，形成一种调节机制"[2]。

涂尔干对劳动分工的研究与其他人的研究相比（其他人强调劳动分工提高生产效率）最大区别是：劳动分工一方面将传统社会中人们之间的社会联系削弱了，另一方面又以一种新的方式，将人们整合起来，这种整合方式较之以往，整合程度更高，联系更加紧密，因而使人们较之以往，更能够感受到社会团结的存在[3]。劳动分工的最大作用，是造成社会各功能间紧密结合，正是这种结合加强人们之间的社会联系，因为分工，个人摆脱孤立状态，有了分工，人们同舟共济。因此，涂尔干认为分工的最大功能不是提高生产率，而是加强社会团结[4]。在工业社会中，把我们同社会维系起来的纽带，已经不再主要依赖于共同的信仰和感情了，相反，它们越来越成了劳动

---

[1] 涂尔干：《社会分工论》，渠敬东译，北京：生活·读书·新知三联书店，2017年，第317—318页。
[2] 涂尔干：《社会分工论》，渠敬东译，北京：生活·读书·新知三联书店，2017年，第16页。
[3] 涂尔干：《社会分工论》，渠敬东译，北京：生活·读书·新知三联书店，2017年，第112—113页。
[4] 涂尔干：《社会分工论》，渠敬东译，北京：生活·读书·新知三联书店，2017年，第24页。

分工的结果[1]。涂尔干已经非常明确地揭示出了分工的"真正功能",即促进社会团结、构建道德秩序,进而达至社会整合。

涂尔干并没有否认分工能够提高生产效率,但他更强调劳动分工可以促进社会团结,但在有些时候,分工也会带来不同的结果,涂尔干认为这种分工是反常形式,反常形式下的劳动分工分别是失范的分工、强制的分工和不协调的分工。三种模式中涂尔干最关注的是失范的分工,其他两种形式下的分工某种意义上也可以认为是"社会失范"造成的,之所以如此,与当时的社会危机密切相关,"失范"正是当时各种社会危机爆发的根源之一。要解决危机,就需要重新建立社会规范和树立集体意识,这样才能够消除"社会失范"。现代社会中遭遇的各种危机原因可能不一,但如果能够消除"失范",将能够大大整合社会。

社会分工源于社会劳动,劳动分工推动生产分工,进而是社会的分工与分化。现代社会的分工越来越细,越来越专业化,生产部门越来越多。在马克思主义看来,人类社会经历三次社会大分工:第一次是野蛮群体中分离出游牧部落;第二次是农业与手工业的分离;第三次是商业从农业和手工业中分离出来。在三次大分工中,具有决定意义的是第三次分工。这是这次分工中,具有个人权利的公民出现。社会分工是社会进步的动力与标志。涂尔干认为社会分工的根本原因是社会上人口的增加,社会容量和社会密度达到一定的程度,社会分工产生。与孔德论述的分工削弱社会凝聚力不同,涂尔干认为劳动分工产生了社会团结,分工有整合的功能,分工带来了更为广阔的社会交往,为孤立的人类个体带来广泛而频繁联系的机会,使人与人之间的关系带有普遍的道德属性,产生新的道德

---

[1] 涂尔干:《社会分工论》,渠敬东译,北京:生活·读书·新知三联书店,2017年,第108页。

和集体意识，涂尔干还讨论了一些反常的分工形式，并认为这是"道德的失范"。现代社会的发展正在经历从"分工"到"分化"的过程，分工在现在社会生活中是一种分化而非团结，经济的发展已经强力地挤压社会意识，这就存在集体意识与经济发展的冲突问题。

3. 现代性相关研究

何谓现代性？这是一个纷争的理论领域，就现代话语而言，从18世纪后期开始，就已成为哲学讨论的主题[1]。在后现代学者看来，话语即权力，"现代性"一词的出现，标志着现代意识取得某种象征性的话语权力，这种话语权力的获得，表示现代社会意识的某种胜利[2]。现代性是一种强烈的、当下的时间意识，与代表永恒和不变的"过去"相区别，现代性是对新观念的倡导，对新意识的觉醒，不仅包含对过去历史的叙述，还包含对未来社会中社会规范和价值的追求。这种对未来社会中某种规范和价值的追求，意味着不仅要超越现在，更执着于未来。

现代生活和现代背景有一个非常突出的特点，这一突出特点也许是"差异产生差异"（difference makes difference），也许是它们所有其他特性都源于一个关键特性，即空间和时间的变动关系。当时间和空间从生活实践中分离出来，当它们彼此分离，并且易于从理论上来解释为相互区别的、相互独立的行为类型和策略类型时，现代性就出现了[3]。现代性在本质上折射出人的"实然"与"应然"存在方式之间存在冲突，根源在于资本逻辑的持续运转。尽管马克思并没有明确提出"现代性"概念，但却代表着现代性批判的根本方向，

---

[1] 哈贝马斯：《现代性的哲学话语》，曹卫东等译，南京：译林出版社，2011年，第1页。
[2] 唐文明：《何谓现代性？》，《哲学研究》2000年第8期，第44页。
[3] 齐格蒙特·鲍曼：《流动的现代性》，欧阳景根译，北京：中国人民大学出版社，2018年，第34页。

因为"资本主义是现代性的名称之一"。[1]

哈贝马斯（Jurgen Habermas）对现代性研究概括起来有两点，第一点是将现代性视为一种"现代病理学理论"[2]。现代性的状况是问题百出，已经崩溃，因此需要对它进行"修复"。现代性有其规范的基础，社会的合法性秩序最终也是建立在规范基础之上。哈贝马斯认为可以通过实践问题来解决行为冲突[3]。第二点是哈贝马斯视现代性为一项未完成的设计[4]。旨在用新的模式和标准来替代旧的模式和标准，建构一种新的社会知识和时代。在现代性中，个人自由构成了时代特征，"主体性"原则构成现代性的自我确证的原则。哈贝马斯除了把自由称为现代的标准之外，还把自由视为现代性的首要特征[5]。自由作为现代性的原则，的确不能用主体哲学的基本概念来加以把握[6]。现代性试图依据主体性原则来为自己确定规范、获得自我确证。但问题是，主体性和自我意识能否产生出这样的标准，它既是从现代世界中抽取出来的，同时又引导人们去认识现代世界。

哈贝马斯在现代性的哲学话语中，从对早期法兰克福学派现代性理论的批判到对黑格尔、尼采，随着尼采进入现代性话语，整个讨论局面不再像从前那般，而是发生了巨大的变化，尼采话语分析的目的是打破现代性的"理性外壳"。除尼采，哈贝马斯还对黑格尔、阿多诺、德里达等思想家及其流派批判，哈贝马斯认为以往的研究

---

[1] 转引自刘顺、胡涵锦：《从马克思到吉登斯：现代性批判的生态维度——兼论对中国生态文明建设的启示》，《东北大学学报（社会科学版）》2015年第3期，第119页。

[2] 哈贝马斯：《现代性的地平线——哈贝马斯访谈录》，李安东等译，上海：上海人民出版社，1997年，第45页。

[3] 哈贝马斯：《现代性的地平线——哈贝马斯访谈录》，李安东等译，上海：上海人民出版社，1997年，第164页。

[4] 哈贝马斯：《现代性的哲学话语》，曹卫东等译，南京：译林出版社，2011年，第1页。

[5] 哈贝马斯：《现代性的哲学话语》，曹卫东等译，南京：译林出版社，2011年，第96页。

[6] 哈贝马斯：《现代性的哲学话语》，曹卫东等译，南京：译林出版社，2011年，第343页。

或表述仍旧未脱离主体哲学或意识哲学困境,因此它们并没有做出正确的选择,而他的现代性系列讲演的根本意图就是:如果所有的理论都未能找到走出这一困境之路,不如回到起点——研究现代性话语的起点,这样便能够重新考察,人们当时面临怎样的选择,如何做出选择,这种选择所指明的前进方向[1]。

吉登斯(Anthony Giddens)认为,现代性在17世纪的欧洲出现,指某种社会生活或组织模式,现代性一经产生,在后来的岁月里,对整个世界产生不同程度的影响[2]。在吉登斯看来,人们若想要更好地理解现代性的性质,就必须要站在现代制度的动力机制的基础上去把握,将现代性看作是现代社会或工业文明的缩略语,包括从世界观、经济制度到政治制度,着眼于"从制度层面上来理解现代性"[3]。现代性,是在人们反思性地运用知识的过程中被建构起来的。现代性本质上是一种后传统秩序,必须从反思性的背景进行思考,现代性使得时空压缩、抽离,原有的社会规则和社会控制对现代性下的社会生活方式管控减弱,一旦社会生活发生脱离,现代制度的影响势必削弱。现代性的反思性,指的是自然社会中的关系与社会行动中的个体,依据新获得的知识和信息做出相应的调整,这种调整更多是做阶段性修正。对现代制度来说,这种知识信息并不是无关的,而是其本身内在的组成因素,这是一种复杂的现象,因为在现代社会条件下,存在着对于反思性反省的诸多可能性[4]。

吉登斯特别突出了现代性与传统的"断裂",视之为在这种断裂

---

[1] 哈贝马斯:《现代性的哲学话语》,曹卫东等译,南京:译林出版社,2011年,第346页。
[2] 徐陶:《儒学与现代性关系之论争:西方视角的范式转换》,《文史哲》2021年第5期,第129—141、168页。
[3] 安东尼·吉登斯:《现代性与自我认同》,赵旭东译,北京:生活·读书·新知三联书店,1998年,第1页。
[4] 安东尼·吉登斯:《现代性与自我认同》,赵旭东译,北京:生活·读书·新知三联书店,1998年,第22页。

后建立起来的"一种后传统的秩序"。断裂,是指现代的社会制度在某些方面是独一无二的,其在形式上异于所有类型的传统秩序[1]。现代社会不同于前现代社会,前现代社会时间和空间没有分离,总是一致的,因而受"在场"(presence)的支配,正因为生产生活被限制在一定范围内,这种活动便受地域性支配,也即生产生活的安排须在一定范围内依据时令进行。但现代性的降临,时空分离、社会场所让人捉摸不定,"缺场"(absence)取代了"在场"(presence),社会生产生活的场所,被遥远的社会影响穿透,遥远地方下产生的影响能够影响到在场下的某些东西,可见形式下的东西并不能掩藏未知领域下的关系,空间从地点分离,场所的性质发生变化[2]。

福柯(Michel Foucault)理解的现代性是"一种态度",这种"态度"既不是时间概念又不是历史时期,这种态度更像是一种"精神气质",一种可以被解读的精神气质,这种解读是一种质疑,对哲学的质疑,亦即对时代批判性质疑。"所谓态度,与社会现实相联系,由人民作出的志愿选择,是一种思想和感觉的方式,一种行为举止的方式,在一个和相同的时刻,这种方式标志着一种归属的关系并把它表述为一种任务。"[3]福柯认为现代性根本上就是一种批判精神,批判的目标不是制造形而上学,不是去寻求一切认识的、道德行为的普遍结构,而是去质询我们的思想与行为及同历史事件联结起来的那些话语。

伯曼(Marshall Berman)认为现代性是这样一种环境,个体身处这种环境中,去冒险,获得某种权力、娱乐和成长,这种环境孕育了个体,去了解自我,去改变世界,个体在获得成长的同时能够

---

[1] 安东尼·吉登斯:《现代性的后果》,田禾译,南京:译林出版社,2000年,第3页。
[2] 安东尼·吉登斯:《现代性的后果》,田禾译,南京:译林出版社,2000年,第16页。
[3] 转引自汪晖、陈燕谷主编:《文化与公共性》,汪晖等译,北京:生活·读书·新知三联书店,1998年,第430页。

更具自我意识。但这种环境在培育我们的同时，又爆发出某种威胁，它试图摧毁一切我们所拥有的、认知的和表现出来的东西，这种歇斯底里充满了矛盾性。现代性具有超越性，它跨越地理、民族、心理，甚至是意识形态[1]。因而它就具有某种统合性，这种统合性将整个人类归到一起，使得现代性成为世界的一个部分[2]。

现代性是对现代意识的觉悟，自由构成现代性的根本价值。现代性与现代化密切相关，现代性的概念被广泛运用于先进国家所拥有的在技术、政治、经济和社会发展诸方面的特征，现代化则是社会获得上述特征的过程。现代性着眼于传统与现代的对比，反思"现代"的意识与精神。现代性标志着一种断裂或一个时期的当前性或现在性，现代性自身充满着矛盾与对抗，这种矛盾和对抗表现的是坚固的东西变得弱化，甚至烟消云散。

现代性与现代化过程密不可分，当今世界，现代性是个"风险社会"，风险社会使人们的生产生活变得不可知，不可知意味着难以预料，因而在我们的社会生活中，无论是在个人层面还是集体层面上，充满了风险，风险的根源和范围都发生了变化，带来新的不确定性，新的不确定性导致身处在"风险社会"中的个体，面临难以预料的威胁与危险。中国传统社会中，那种有明确的分工与协作，以更好地抵御外来风险的"需要的共同体"家庭，在现代性的冲击下走向分化，这种分化不仅是生产领域，还表现在分配、消费等领域。对于生活在共同体中的个人而言，不确定性增加，新的灾难性风险可能随时会降临到个体的头上。

---

1 马歇尔·伯曼：《一切坚固的东西都烟消云散了：现代性体验》，徐大建、张辑译，北京：商务印书馆，2003年，第15页。
2 朱国华：《现代性视域与批判理论》，《黑龙江社会科学》2007年第5期，第15页。

4. 个体化相关研究

20世纪中期特别是中后期，社会结构急剧转型和变迁，两次世界大战，给人类社会带来巨大的创伤。"二战"后，相对和平稳定的环境，给社会的发展带来有利条件，交通的改善与信息技术的发展，使人们联系越来越便利，消费主义盛行，个人主义膨胀，社会发生巨大改变，出现了一些新的发展趋势，这一过程使早期现代性工业所确立的社会大生产体系不断受到动摇，影响力逐渐降低，一方面瓦解了"集体化社会"，另一方面促进了"个体化社会"的到来。个体化研究的起步伴随着对现代性的研究而进行，在当代社会性推进的过程中，个体化现象成为当代社会的问题。当今社会，新自由主义思潮大行其道，有关个体化问题的研究提供了社会学理论的新生长点，去分析和看待社会现实。

何为个体化（individualization）。个体化就是指作为社会行动中的个体，随着社会结构和制约框架的松动，逐渐从行动结构中脱离出来，个体完成相对解放。这一过程，不仅仅是个体获得自由，同时也是个体在社会设计下进行的生活形式的选择。贝克（Ulrich Beck）认为，个体化不是指个人主义，也不是个性化。个体化是一种结构的概念。这里贝克主要是指西方社会的个体化，与福利国家的发展有密切联系。因此个体化并不意味着个人获得越来越多不受限制的自由，不意味着个人不受管控，可以为实现自身独特性和个性，就不受社会规则控制。个体化实质是社会制度的推动，是一种结构的概念[1]。因此，个体化指的是一种"制度化的个人主义"。西方社会个体化发展的过程中，瓦解了社会历史延续性的经验，人们丧失了传统支持的网络，不得不依赖于自身和个体命运。

---

[1] 乌尔里希·贝克：《风险社会》，何博闻译，南京：译林出版社，2004年，第159页。

个体化进程在世界不同地方呈现出不同的发展模式，个体化就其本质而言是对新的社会生活之道和社会生活形式敞开的，不能理所应该地认为欧洲社会的个体化道路是原生的、真实的、可靠的。贝克认为应根据欧洲和欧洲以外各种并行的个体化进程提出新的观点，在此基础上，找出各种现代性和各种个体化之间的差异。贝克从经济生产和再生产（资本主义）、政治权威的性质、社会文化整合（个体化、普世化和宗教）三个维度来划分欧洲、美国、中国和伊斯兰几个不同地区和国家的现代化的理想类型，由于不同国家政治体制和文化背景不同，也就产生不同的个体化模式[1]。

对于一个建立在流沙上的高度个体化的社会，是否有整合的可能？贝克讨论了三条整合道路：第一条道路可以称为一种超验共意（transcendental consensus）的可能性，通过建立共同价值，实现整合。第二条道路是将整合建立在共同的物质利益之上。共同价值已经行不通，在一个高度发达的社会中，替代办法就是对大多数人都能感受到的繁荣进行分享，从而把他们黏合在社会中。也就是"做大蛋糕"，让社会成员都有机会享受到经济改革发展的成果。第三条道路是国族意识，同样也无法再为稳定的整合提供基础。由"国家计划"导致的种种极化现象表明了这一点。国族意识"与真切的、实实在在的裂痕相比显得太过抽象"，完全无法触及并弥合这些裂缝。换句话说，国族整合与民族认同相关，民族认同松动，将不利于国族整合。贝克认为除了上面三种外，至少还有一种整合的可能。当社会发生重大变故或人生面临新挑战时，个体之间能被动员起来，能清晰地认识到，只有个体间协调与配合，才能造就出新的社会联结和纽带，

---

[1] 乌尔里希·贝克、伊丽莎白·贝克—格恩斯海姆：《个体化》，李荣山等译，北京：北京大学出版社，2011年，第5—6页。

那整合就可能能够实现[1]。

贝克的个体化命题是在第二现代性的框架下讨论的，在第一现代性下，社会秩序和个体行动之间有着明显的界限与区分，这种建立在社会分工和职业分化及劳动力自由流动上的个体化，管辖权、资格和责任有明确的制度归属。但这种原则正在被不确定性取代，现代性正在激化，带来无数风险和始料未及的副作用，现代性迈向新阶段，这个新阶段可成为第二现代性[2]。第二现代性以第一现代性为基础，福利国家和福利体系，使得个体化遍及家庭各个成员，同时，在第二现代性中，个体实现权利不似第一现代性中通过个人努力和争取得到，而是一种"强制性个体化"。当社会个体都为了争取个人权利和某种自由时，当这种自由被定义，社会个体借助自由的民意一块施行，反而变成了没有个体性的个体。

鲍曼（Zygmunt Bauman）赞同托克维尔（Alexis de Tocqueville）的观点：在公民社会中，个体是最坏的敌人。因为个体化使得个体不再热衷于参与到社会和生活中去，个体甚至更多地关注自身利益多于关注集体的责任，个体将会发生不可避免的退却，这种退却使个体不愿承担相应的社会责任，最终的结果是丧失掉公民的身份。鲍曼甚至认为，在现代社会中，个人使公共空间殖民化了[3]。这种殖民化将导致个体作为公民的身份被剥夺，使公民的能力和利益受损，个体对社会和政治的关注，被贬低为对公共人物私生活的好奇，当这种"私人"领域无限扩大，也就意味着"公共空间"的缩小，更

---

[1] 乌尔里希·贝克、伊丽莎白·贝克—格恩斯海姆：《个体化》，李荣山等译，北京：北京大学出版社，2011年，第19—22页。

[2] 乌尔里希·贝克、伊丽莎白·贝克—格恩斯海姆：《个体化》，李荣山等译，北京：北京大学出版社，2011年，第5页。

[3] 齐格蒙特·鲍曼：《个体化社会》，范祥涛译，上海：上海三联书店（三联书店上海分店出版社），2002年，第130页。

为关键的是，个体热衷于公共人物的私生活，在一种娱乐至死的社会中，热衷探讨，最终将导致公民身份丧失[1]。与此同时，个体被严重的不确定性包围，但社会现实是没有其他人为个体自身苦难负责，而且整个社会都推崇这种伦理，当个体无助的时候只能从自身去寻找失败的原因，因此，个体每天的生活都将是陷入自责与自卑之中。

鲍曼作为后现代性的代言人，其语言风格晦涩难懂。在《个体化社会》中，鲍曼以犀利的眼光将具有后现代气质的现代社会进行剖析。在现代社会中，个体化是其重要特征，这不仅是我们的存在方式，也是我们的思维方式和行为方式，个体化作为我们的存在方式深刻根植在社会变迁的过程中。劳动力在商品化和市场化的过程中，逐步走出农村进入城市，从土地中走出来摆脱了土地的束缚。思维方式作为我们的一种社会态度也在于个体化社会在进行着互动。在这种思维和存在的指导下，我们发出的行为是一致的。

埃利亚斯（Norbert Elias）认为个体的发展是一个历史的进程。个体的文明化过程，就是个人成长中的自我改变过程。在早期的、较为严密的和较为封闭的集体里，能对规范个体行为起到最大作用的，是他人的始终在场性，仍然是与他人持久的共同相处状态，是那种置身于他人中的毕生的和不可解除的归属感，以及对他人的直接的敬畏感。个体没有独立生产的可能也没有这种需要。当社会发展进入高度工业化、人口众多和城市化的社会，个体才有能力而且有需要，并且这种独立需求越来越旺盛。高度个体化的个人对自己的独立性、对自己的自由、对他们有能力在责任自负的条件下采取行动和独自为自己作出决断而感到自豪；另一方面是，他们彼此间出现的不断加深的隔离性，他们的偏执，他们觉得自己是某种其"内在世界"深

---

[1] 齐格蒙特·鲍曼：《流动的现代性》，欧阳景根译，上海：上海三联书店，2002年，第61页。

藏不露，因而无法被别人了解的东西，是"披着外壳的自我"[1]。

改革开放以来的市场化改革，打破了国家对于社会结构与社会资源的垄断地位，促进了社会阶层、社会群体等领域的社会分化，社会异质性的增强、个人主义对于传统伦理道德的冲击以及社会结构的变化，影响着人们日常生活的方方面面。随着个体化社会的到来，个体之间进一步分化，并且随着这一过程，社会问题也越来越突出。社会问题突发，人们越来越多地去个人身上寻找而不是到社会中去寻找，由于许多问题表现为个人问题，社会对个人能力和成就的强调，无形之中也强化了遇到问题就到"个体"中寻找的可能性[2]。

阎云翔将对20世纪90年代中国社会变革的研究，写成了《中国社会的个体化》，这本书每个章节都是反映中国社会个体化进程的一个小专题。其中，导论部分总结了中国社会实践中个体崛起的历程。阎云翔借助个体在制度变迁下的日常生活经历，分析与考察中国社会的变化。以制度变迁下的个体解放、权力关系的结构性变化、个体的能动性和自主性研究以及全球化与消费主义对于中国社会个体化的影响几条主线进行研究。阎云翔认为，中国社会不同于西方社会，西方民主文化经宗教改革、启蒙运动等得到很大发展；同时，西方福利体制也比中国社会更加完善，这些都是贝克所说的个体化进程中依赖的，加之长期以来中国国家的管理，使得中国社会的个体化仍处于发展中，中国的个体必须在同一时间应对前现代、现代和后现代的状况，中国个体化过程呈现出多层次和多时间的混合[3]。

中国社会的个体化发展仍停留在贝克所谓的"第一现代性"，即

---

[1] 诺贝特·埃利亚斯：《个体的社会》，翟三江、陆兴华译，南京：译林出版社，2003年，第142—149页。

[2] 文军：《个体化社会的来临与包容性社会政策的建构》，《社会科学》2012年第1期，第81—86页。

[3] 阎云翔：《中国社会的个体化》，陆洋等译，上海：上海译文出版社，2012年，第345页。

追求有保障的工作、福利安全、迁徙自由、言论自由、公共参与自由，但在全球化、风险社会、市场经济和全球资本主义的影响之下，中国个体化呈现出前现代化、现代化和后现代化的多重面貌，由于国情不一，中国社会中的个体化模式必然与西方的不一致，中国的个体化实践是基于中国社会的变革，在巨大的社会变革中，个体、群体和国家将基于某种内生力而发展[1]。

贺美德（Mette Halskov Hansen）等人编著的《"自我"中国——现代中国中个体的崛起》是对中国社会个体化进行研究的著作之一，他们通过实证调查研究，以多学科的视角论证个体已经成为一个基本的社会范畴事实：个体崛起的影响——积极或消极，都已经开始渗透于社会结构、思想观念、经济组织形式，并深入影响着人们的工作、爱情、家庭，改变着养老观念、就业方式，改变着个体和社会团体、个体自治与集体自由、个体选择与群体象征之间的关系，也改变着个体与法律、个体与国家之间的关系[2]。

沈奕斐的《谁在你家：中国"个体家庭"的选择》[3]通过46个个案的调查发现，对中国社会结构中的家庭关系研究，不能再根据以往的分析范式，中国的家庭结构已经向"个体家庭"转变，这种转变表现了传统"家族主义"的解体，个体家庭在主观认同、亲属关系、独生子女、权力与冲突等方面展现出独有的特征及某种行为逻辑。由于家庭结构的变化，个体越来越强调个体独立性，同时，社会流动性越来越强，当前家庭结构变化，不能再简单概括为从主干家庭到核心家庭了。

---

1 阎云翔：《中国社会的个体化》，陆洋等译，上海：上海译文出版社，2012年，第344—346页。
2 贺美德、鲁纳主编：《"自我"中国——现代中国中个体的崛起》，许烨芳译，上海：上海译文出版社，2011年，第28页。
3 沈奕斐：《谁在你家：中国"个体家庭"的选择》，上海：上海三联书店，2019年。

个体化是社会分化最直接的表现，个体化将个体从对他人的依赖中解放出来，使其获得前所未有的自主性和独立性，但与此同时，它又使得人与人之间的整合，面临着重大挑战。个体化是现代性最为根本的特征之一，传统社会向现代社的转型，很大程度上就是个体从"需要共同体"的笼罩和支配中脱离出来，获得独立性的过程。与其他国家相比，中国社会个体化的脱嵌过程是由个体社会地位的提升引起的，其内在动因为寻求身份认同而非寻求自我，国家在社会生活中的软性管控也在一定程度上引导着个体化的走向。

如上所述，社会分化适应了劳动分工的需要，社会分工引起社会分化。分工越精细，越专业化，生产部门越来越多，社会分化就越复杂。社会分工不仅提高生产效率，还促进社会分化，分化作为社会发展的动力，推动着社会向前发展，现代社会的发展正在经历从"分工"到"分化"的过程，分工在现在社会生活中是一种分化而非团结，经济的发展已经强力地挤压社会意识。社会分工的发展，对社会关系网络也产生影响，引起人际关系变化，一方面，社会分工造成个体原有的社会关系网发生断裂，另一方面，也构建出新的网络，使群体在分化的社会中，能够进行新的组合。

现代性是对现代意识的觉悟，自由构成现代性的根本价值，传统社会中小共同体在现代性的冲击下走向分化，对于生活在共同体中的个人而言，不确定性增加，不确定性的增加意味着可能给个体带来新的社会风险。社会日新月异，社会结构快速变迁，现代性受到全球化的冲击，这种冲击对个体产生直接作用。现代性一方面塑造了人们的自我认同，另一方面也瓦解人们的认知。个体的社会行动将不由自主地受到现代性的影响，这种影响超越人们的社会背景，超越人们行动的地方性。

个体化研究的起步伴随着对现代性的研究而进行，20世纪两次世界大战给人类带来巨大的创伤。战后，交通网络和信息技术迅猛发展，资本主义的浪潮裹挟着工业主义推向全世界，同时，另一个意识形态也在战后迅速发展，两大阵营的竞争不仅仅围绕军事、政治、经济，还包括意识形态等。交通的改善与信息技术的发展，使人们联系越来越便利。尽管社会发生巨大改变，但冲突依旧在部分地区爆发，理论家们不由得对启蒙思想家理性设计的、精心构建的现代社会或现代性社会进行反思、批判。在这些反思中，个体化理论是重要组成部分。

在中国传统文化的表达与实践中，家庭的重要性大于个人，家族利益高于个人利益，个人的身份和价值只有在集体中才能得到确认和界定，正是在这个意义上，个体的身份和自由都被消融于强大的国家怀抱。新中国成立之后至改革开放前，个人主义被视为集体主义的对立面，是反社会、不负责任的思想，以自私自利，缺乏组织性、享乐主义为主要特征。然而改革开放之后这种情况发生很大变化，我们对个人主义的理解从妖魔化到公开崇拜。

中国社会的个体化进程与其他国家相比，中国社会个体化的脱嵌过程是由个体社会地位的提升引起的，其内在动因为寻求身份认同而非寻求自我。由于家庭共同体的需求处于工作和经济生活的中心，规定了日常生活的方向，农田和作坊是家庭的核心场所，每个人总是在能和其他成员联系得上的地方活动，任务的完成，总是按照熟悉的节奏进行，这一节奏受到限制和调整。与此同时，家庭的社会功能和经济功能发生变化，个体的能力和表现，成为社会的关注点，与劳动力发生联系的是个人，个人的社会地位取代原有的家庭或群体地位。在我们中间有很多人都已经被分化，却没有真正地成为个体。社会福利和制度保障的不足，使个体难以独自面对分化过程带来的后果。单个人越来越依靠自己谋生立业，流动性增加了，不确定性也同样增加了。

（三）概念的界定及分析框架

1. 概念界定

（1）分化

按照《现代汉语词典》的解释，"分化"一词本是生物学用语，生物在发育成长的过程中，其结构和功能不一，个体细胞朝不同的方向发生变化，甚至异化。这种分化使生物由一般变为特殊，引申意义在于统一的事物变成分裂的事物[1]。本文所指的分化是随着经济生产水平的不断发展，社会分工的不断深化，社会结构也发生分化，个人社会角色分离，社会组织从传统的功能多元组织中分离，社会呈现出一种高度分化的状态。这种分化是伴随社会分工、现代性的冲击，出现明显的社会区隔，同时，分化的结果，个体化社会形成，即人们越来越具有自我意识和独立性，并追求自我。

（2）整合

本文关于整合的概念，主要是指国家层面的政治整合和地方层次的社会整合。国家层面的政治整合主要是依靠行政手段和法律手段，对社会进行控制和管理，以维护国家主权和稳定社会秩序。政治整合的实行往往是一个国家以强力的手段推行。地方层面的社会整合，往往是指依靠非政治性手段，采取长期策略，以稳定地方社会秩序和进行社会管理[2]。地方上的社会整合，往往指的是基层社会甚至是村落社会这个层次，通过血缘和地缘关系，依靠地方精英实现的，这种整合模式也可以称为先赋性整合，1949年之前的中国乡村社会更多的是先赋性整合。新中国成立后，通过对士绅—地主、宗族、秘密会社等的打击与取缔，国家行政手段渗透到农村，政治整合极

---

[1] 宁德安：《当今中国社会分化与整合问题初探》，《贵阳市委党校学报》2012年第6期，第46—49页。

[2] 孙立平：《转型与断裂：改革以来中国社会结构的变迁》，北京：清华大学出版社，2004年，第9页。

为有力,即使是社区层次,到50年代中后期,政治整合替代社会整合基本已形成。1978年之后,市场经济的发展,社会上越来越多出现契约性整合。本文认为,当前社会中的整合方式,是先赋性、政治性和契约性整合三者交织的,这也反映出当前社会中社会整合的复杂性。

(3) 总体性社会

总体性社会是指这样一种社会,社会中政治、经济、文化及意识形态等高度统一,政治权力和社会资源高度集中,国家组织能力和社会动员能力空前强大,国家社会政策直达民间社会。这种社会结构形态可称为"总体性社会(totality society)"[1]。本文的总体性社会指的是从1949年到1978年的中国社会,也称总体性社会。

2. 分析框架

从张之毅进行研究调查到现在走过了四分之三个世纪,中国社会发生了翻天覆地的变化,在社会变迁上从传统农业社会走向工业化社会,这种转变使中国社会结构发生巨大变化,现代社会取代传统社会,市场经济体制取代计划经济体制。

中国的社会变迁其意义最重大、最引人关注之处就是结构的剧烈、持续、深刻的分化[2]。"分化"日益成为中国农村社会主流特征,分化导致生产关系、生产方式的变化,这种变化还表现在消费领域。

20世纪救亡图存的中国革命,个体从家庭(家族、宗族)的枷锁中抽离出来,直接嵌入"个体—国家民族"的轴线中去,使个体能够和国家面对面,新中国成立后,城市有国企和单位,农村有生产合作社,某种意义上,政府成了整个社会的大家长,国家负责计

---

[1] 孙立平:《转型与断裂:改革以来中国社会结构的变迁》,北京:清华大学出版社,2004年,第5页。

[2] 孙立平等:《改革以来中国社会结构的变迁》,《中国社会科学》1994年第2期,第47—62页。

划分配所有资源与资产,全包公民个人的生活和生产,国家对个人的幸福负责。但改革开放后,伴随着集体所有制经济的瓦解,中国个体化进程进入了新的历史时期。

个体从传统社会中脱离,被纳入国家治理体系中,社会个体与集体(主要指公社领导)发生面对面接触,市场经济推行,国家权力退出,个体一方面从家庭、集体中解绑,社会成员快速流动,个体独立性和自由度空前发展,社会机遇也越来越多;但另一方面,由于传统社会联结纽带断裂,个体同时也丧失了传统社会中的家庭和总体性社会中集体的庇护,个体被置于"孤立无援"的境地,同时,由于资源稀缺性,社会竞争导致社会个体只能加倍努力。个体在竞争激烈社会中,或"内卷",或"躺平",但无论是哪种选择,社会中的风险和生活中的不确定性,随时都可能给个体带来致命一击。

本研究主要分析随着社会分工的不断进行,现代性的推进,个体化时代的到来,张之毅笔下的以家户为分析单位的家庭经济整合在不断分化的社会发生了什么变化?现在的家庭经济随着社会的变化,个体人格的发展,有什么样的变化,从20世纪中叶以来,一切都在飞快地变化,新中国成立前的家庭对个体负责,个体承担相应的责任,做出相应的义务;新中国的成立,政府取代了传统社会中的"大家长",国家为个体负责;但改革开放以来,国家不再为个体的幸福负责,个体必须为自己负责。随着资源的减少,竞争加剧,人们时时刻刻都必须面对一个陌生人的世界,产生焦虑、不安。甚至还可以分析,从新中国成立前到新中国成立后,社会整合机制从以前的先赋性整合(依靠血缘、地缘、神缘等)变成了行政性整合,但随着社会结构变化,社会不断分化,个体性社会的到来,现在社会需要一个什么样的整合机制等。

（四）研究方法

1. 访谈法

访谈法是指采用面对面的交流方式，强调受访人给予真实的反馈信息，通过直接的接触并交流，了解并获取受访者的相关经历、心理感受和看法等第一手资料。本文主要采用无结构式访谈，即没有固定的访谈提纲，研究者围绕研究主题，以自由、开放的方式进行访谈。笔者将根据需要，对村中人（村领导、小组长及村民）进行访谈，通过与受访者面对面接触，收集第一手资料。前期主要对村领导、小组长及老年人访谈，以求能够最大限度地了解村情民情，在逐步熟悉的基础上尽可能地大范围对村民访谈。笔者本身作为重要的研究工具，在研究过程中，除了认真倾听、做好记录外，也会顺着被访者的思路做深层次的探索与引导，实时记录访谈情境和被访者的肢体语言，以便后期作为参考。希望通过这些过程，能增加研究者对被访者语言表达的体会和了解，更加接近被访者的个人世界，以提高资料的深度和丰富性。

2. 观察法

观察是指带着明确的目的，用自己的感官和辅助工具去直接地、有针对性地了解正在发生、发展和变化着的现象。本研究中，笔者主要通过参与式观察，深入当地村民生活中，通过对他们的家庭结构（包括居住格局）、生活方式、饮食习惯等进行细致观察，真正了解他们家庭人际关系、收入来源等，进而分析他们的民情、生活状态，为本研究提供更多的资料支持。由于本研究的研究对象大多是成年人，因为他们才有可能对家庭经济收入有详细的了解，笔者在调研过程中，深入他们社会生活中，通过劳动、聊天等方式，细致地观察他们的言行举止，以获得有效、真实的资料。

一、传统时期榆村的社会经济

（一）有关榆村的相关介绍

1. 榆村地理位置

榆村隶属于大理市银桥镇，地处银桥镇南边，距镇政府所在地5公里，到镇道路为水泥路，交通方便，居于大理古城东北面，距古城约3.5公里，西对点苍山"雪人峰"。东邻洱海，南邻下鸡邑，西邻大丽路，北邻阳波。全村土地面积1.97平方公里，全村耕地面积2832.46亩，人均耕地0.78亩，林地806亩。海拔1976米，年平均气温15.4℃，年降水量800毫米，适合种植水稻、蚕豆等农作物[1]。

流经榆村的河流主要有两条：双鸳溪和隐仙溪。双鸳溪发源于兰峰与雪人峰之间，上游有两股水源流到箐口，合二为一流出平坝。昔时当地村民把两股水比作一对鸳鸯，故名"双鸳溪"。全长9公里，从山脚到海口4.26公里，宽约8米，流域面积18平方公里。流经双阳、双鸳、庆安里等村，注入洱海。灌溉面积2000余亩。隐仙溪发源于雪人峰和应乐峰之间。相传，本溪上游山涧岩洞中，有一块形状像人的巨石，上山者都将此石称为隐居仙人，遂名"隐仙溪"。全长9公里，从山脚到海口长4.85公里，宽约8米，流域面积17平方公里。流经北五里桥、松鹤里等村，注入洱海。灌溉面积1000余亩。

榆村公所辖4个自然村，分14个生产社。凤上中自然村1—4社，凤西南自然村5—7社，凤北自然村8—11社，白塔邑自然村12—14社。村公所驻凤西，位于街场西南方约50米[2]。2011年全村经济总收入20821万元，其中种植业收入358万元，畜牧业收入1082万元，第二、三产业收入18253万元，工资性收入230万元。农民人

---

[1] 大理市地志名编纂委员会：《云南省大理市地志名》，大理市人民政府编，1990年。
[2] 那荣昌主编：《凤上中村村志》，2014年，第1页。

均纯收入6959元，农民收入以农业、渔业等为主。全村外出务工收入170万元，其中，常年外出务工人数250人，在省内务工200人，到省外务工50人。2014年实现人均纯收入8799元。[1]近年来，榆村村民也积极种植经济作物，如大葱、烤烟等。随着旅游业的发展，榆村部分家庭经营客栈或出租自家庭院。目前，全村总户数991户，总人口4104人。全村经济总收入达35201万元，农民人均纯收入达13451元[2]。

2. 榆村社会历史

点苍春雪，玉带浮云，叠翠跃千里，湖波纵万年。榆村位于苍山之下，西洱海边。历史记载，汉武帝元封二年（前109），苍洱之间始建"叶榆县"，西汉武帝之前，文献涉及洱海地区的很少，榆村底盘，处于未建村年代，地理方位属叶榆县。唐玄宗开元十九年（731）至唐昭宗天复二年（902），此间，皮罗阁将南诏王都迁至"太和城"，洱海西岸为蒙氏南诏国辖地，榆村地属南诏国。后晋天福二年（937）至宋宝祐元年（1253），共316年，后期榆村已形成村庄，属（段思平）大理国。元世祖中统元年（1260）至明太祖洪武二年（1369），共109年属段氏大理总管府。明洪武十六年（1383）至崇祯十七年（1644），共263年，榆村属大理府太和县。清顺治元年（1644）至清宣统三年（1911），共267年，榆村属大理府太和县。大理县志稿·卷三·沿革三：民国元年，府县治归并以大理府长兼摄县志；沿革四：民国二年，政府通令，废府、厅、州制，改太和县为大理县。民国二年（1913）起，榆村属大理县。区属先后：第三区，凤阳乡，桂楼乡。

---

1 李超主编：《大理市白族村名考》，昆明：云南人民出版社，2015年，第118页。
2 资料来源：榆村村委内部资料。

表1 历史上榆村隶属关系表

时代	隶属县	隶属郡	文献依据
西汉	叶榆县	益州郡	《汉书·西南夷列传》
东汉	叶榆县	永昌郡	《续汉书·郡国制》
西晋	叶榆县	云南郡	《新纂云南通志·第七册》
东晋	叶榆县	东河郡	《新纂云南通志·第七册》
隋	大理县	南宁州	《新纂云南通志·第七册》
唐		南诏都城治下	《蛮书》
宋		大理都城治下	《新纂云南通志·第七册》
元	太和县	大理府 大理路	《大理县志稿·卷三》
明	太和县	大理府	《大理县志稿·卷三》
清	太和县	大理府	《大理县志稿·卷三》
中华民国	大理县（区属先后：第三区，凤阳乡，桂楼乡）		《大理县志稿·卷三》

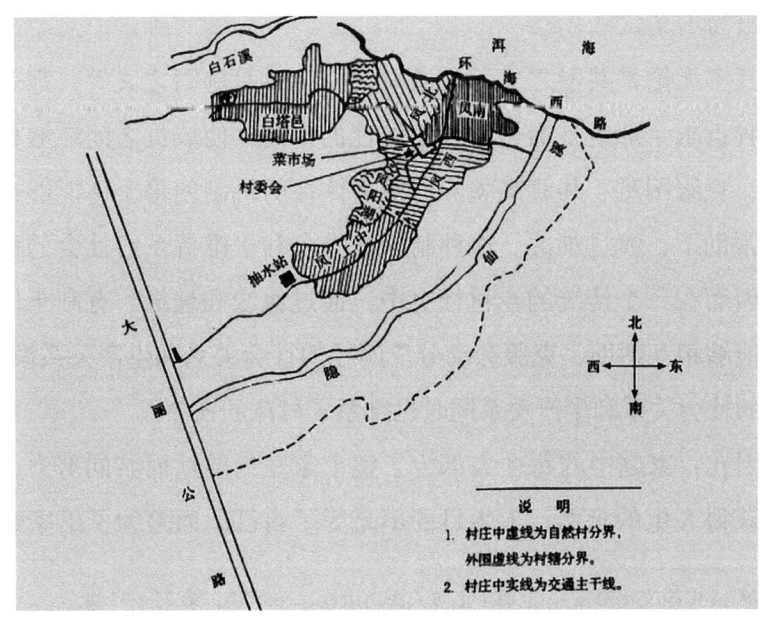

图1 马久邑村示意图

（二）1949年前的乡村社会关系

乡村社会关系是我们认识乡村社会的重要内容，乡村社会经济放置在社会关系视角下能够有更好的理解，同时，社会关系随着时代的经济政治发展而不断变迁。

梁漱溟在《中国文化要义》中提到：中国人将整个社会中的各种关系家庭化，以最初的家庭伦理关系推而广之来建构社会关系结构。个体对四面八方的伦理关系都负有义务，而后者也对他负有相应的义务，这样整个社会就通过直接或间接的各种关系相互联系起来成为一种无形的组织[1]。梁漱溟认为整个社会的有序存在依靠于每个人都能认真地履行自身的社会关系后的义务。义务的履行意味着彼此之间在经济方面的相互帮助、互通有无。"伦理社会中，家庭成员间有共财之义，兄弟、支族间有分财之义，亲戚朋友间有通财之义，施财亦是一种义务。此外，宗族财产、乡党财产可作救济孤寡贫乏和补助教育之用。在经济上皆彼此顾恤，互相负责；有不然者，群指目以为不义。"[2]

其实无论是共财之义还是通财之义抑或是施财之义等，都表达着一种诉求：那就是通过一种集体性的机制，使成员之间能够相互帮助、克服困难、共渡难关。这种集体性的机制使得个体能够在集体的帮助下，渡过难关。这种制度安排有利于维持乡村社会的稳定性。因而在一个传统的乡村社会中，通过血缘和地缘，有利于形成一个能够相互帮助、克服劳动分工问题的社会关系和生产关系模式。这样的社会关系和生产关系同时也维系了村庄的秩序。

因此，家庭中的每个人都为了整个家庭的前途而共同努力，并由此获得人生的意义。人生目的不是为了自己，而是为了给家庭带

---

[1] 梁漱溟：《中国文化要义》，上海：上海人民出版社，2005年，第72—73页。
[2] 梁漱溟：《中国文化要义》，上海：上海人民出版社，2005年，第74页。

来更加富裕的生活，给家族带来更高的荣耀。而且，当一个人有能力实现这些目的时候，他就应该如此，否则，便担上不忠不孝的骂名。光宗耀祖，个体正是在对家庭的义务和责任中激发自己的奋斗意志，寻求人生的精神寄托。

梁漱溟的伦理本位中强调"互为对方"，而费孝通则用"差序格局"来概括乡土中国的社会结构，与梁漱溟相比，费孝通更加强调的是，中国人是自我主义的，甚至可以是自私的，以"己"为中心来判断对错和衡量得失，正所谓"己欲立而立人，己欲达而达人""己所不欲，勿施于人"等。社会关系以自己为中心，向外扩散，社会就是由一个个不同的私人关系而组成的网络。费孝通通过一个形象的比喻：石子抛入水中所产生的波纹喻中国社会中的关系结构，说明关系的亲疏远近[1]。中国社会结构的基本特征就是"差序格局"。儒家最考究的是人伦，伦是什么？就是从自己推出去的和自己发生社会关系的那一群人里所发生的一轮轮波纹的差序。阎云翔认为"差序"实际由"差"与"序"两个概念合成，即由"横向的弹性的以自我为中心的'差'"和"纵向的刚性的等级化的'序'"共同构成[2]。对"差序格局"的研究近年有很大发展，并产生很大新的理论范式用来研究今天的中国社会[3]。

传统社会中的农民是生于斯、长于斯、死于斯的，整个村庄构成一个人生活的全部世界。传统的农民耕作世代相承的土地，土地的耕作又衍生出一套传统的生产、生活习俗。在"传统"之下，农民认为，"传统"是理所当然的。作为被家族和血缘包裹着的社会个

---

[1] 费孝通：《乡土中国（插图版）》，北京：中华书局，2013年，第28页。
[2] 阎云翔：《差序格局与中国文化的等级观》，《社会学研究》2006年第4期，第201—213页。
[3] 张江华：《卡里斯马、公共性与中国社会有关"差序格局"的再思考》，《社会》2010年第5期，第1—24页。

体，离自己血缘关系越近的人，自然也越熟悉，从而形成亲密、合作的社会关系。在皇权不下县的时代，村庄被村庄精英及地主等管理，县一级单位更多是进行税收、治安管理等工作，以家庭为载体的儒家文化因为国家权力没有直接进入乡村而对乡村秩序产生重要影响，当家族势力遭到入侵，个体必须行动起来保卫家族利益，家族利益高于个人利益，而外来力量的侵入，也有利于强化族员之间的认同感和凝聚力。这种为维护家族荣誉的做法，也可能造成家族间的排斥与隔阂、分裂与对立，对整个社会的整合和经济上的合作，也会带来不利影响。

由于个体多处于家庭生活之中，家庭利益便高于团体和个人，以伦理组织社会，消弭了个体与集体两端的重要性，家庭意义便得以突出，同时，社会亦是差序格局，每个人都是推出去的圈子的中心，关系亲疏的远近由距离中心的远近决定，这就显得个体带有自我中心主义。

（三）以家户为基本单位

在传统乡村社会中，生产事业共同包括在一个家庭单位内，各方面的收入用来共同维持家庭生活，中国有一个词，叫男耕女织，这种家庭成员各自分工，相互配合，以适应农业社会的发展。由于家庭中各个成员都有自己的位置和任务，他们彼此之间相互合作，彼此协调，生产事业贴合家庭，成员为共同目标付出，这种生产事业以家庭为单位，生产事业的开办和进行由家人主持，盈亏由家庭全部承担。因此家庭成员间必须紧密编织在一起，组成家庭共同体。

在中国，"家"是社会单位，"户"则是国家组织民众的政治单位，具有政治社会意义。因此，传统中国的财政实际上是农户财政，政府需要保护和鼓励家户制[1]。王跃生认为家庭这个组织可大可小，广义的家庭不仅包括五服以内的成员，还包括附属的亲属团体，狭义的家庭可以简单归为核心家庭。家庭作为社会亲属团体和经济单位存在，家庭中存在抚养和赡养的义务，财产继承制度，作为经济单位的家庭，对成员实施财务管理，家户的定义可以概括为是以亲缘成员为主所形成的同居、共爨生活单位[2]。

在家庭中，家庭中的各个成员都有他们自己对应的位置和相应的任务。他们的活动与其他人密切协调，家庭成员之间有着共同的目标，面对同样的经验和压力，付出共同的努力，由此紧密联系在一起。在这样的共同体里，考虑的不是个人，而是共同的目标。小共同体的存在，一方面是为个体提供物质上的（经济上）帮助，另一方面则是满足个体精神上的需求。家户作为一个生产单元，农业的生产被置于大家长领导之下，同时，生产的消费环境也由大家长来控制，这就给父权制提供了物质基础。父权制下形成了社会男性从事生产劳动、女性负责家务劳动的性别角色和劳动分工，这种僵硬的分工忽略了男女两性的个体意志，也损害了其自由发展的权利，不仅限制了女性走向社会，同时也给男性套上了额外的道德枷锁。

在很多这样的家庭中，由于妻子需要照顾子女，有的甚至需要照顾老人，因此无法承担收入较高但也需要高强度时间和精力投入的工作。这样的性别劳动分工差异，导致了收入差异。而且由于女性的家务劳动没有计入社会劳动的价值体系中，照料子女和老人都是无偿的，因此女性对家庭经济的重要性往往未能体现出来。同样，男性个体在现实的枷锁下，不仅仅担负着家庭的重任，甚至肩负振

---

[1] 徐勇：《中国家户制传统与农村发展道路——以俄国、印度的村社传统为参照》，《中国社会科学》2013年第8期，第102—123页。
[2] 王跃生：《中国当代家庭、家户和家的"分"与"合"》，《中国社会科学》2016年第4期，第91—110页。

兴家族的责任，对男性就提出更多的要求。如果男性不够强势，甚至会在乡土社会中沦落下去，不仅地位低下，连生活保障也可能出现问题。

（四）张之毅对榆村社会经济的相关研究

20世纪40年代，张之毅以帮助修县志的名义在大理洱海地区做了一个白族村庄的调查，并花5年时间撰写形成了40多万字报告，然该报告未出版就丢失，以致其知名度和影响力几乎可以忽略不计。但报告的写作提纲被保留下来且非常详细。张之毅还根据在大理的调查写出了三篇学术性论文，分别是《从农村社会经济的背景申论妇女问题》《家庭与生产事业》及《农村失业问题的分析》[1]。

（1）妇女对家庭经济的贡献

张之毅认为，妇女的工作和义务，证明其对家庭经济的贡献不可谓不大，但为何女子在家庭中的权力及地位却与其贡献不相匹配？在这里有一个隐含的前提是：家庭中的权力及其地位与其对家庭所作的经济贡献和所尽义务呈正相关关系。张之毅以家户为分析单位对榆村社会经济进行研究，一般家庭活动包括自给经济和交换经济，自给经济主要是耕织，差不多由妇女担任；交换经济如做手艺和商贩，主要是由男子担任。在一个家庭经济活动中，有明确的分工，妇女负责农事和纺织，将男性从农业中解放出来，进行商业活动。农业有一定的季节性、生长周期长以及劳动过程和生产过程不一致，农闲时季节性劳动力剩余，所以妇女在农业生产活动中还可以进行手工业的活动。农业的保留，可以在危机到来时，使在交换经济中的劳动力能回到田地中来，保留了在工商上万一失败的善后基地。

---

1 马雪峰主编：《魁阁文献①（张之毅文集）》，北京：社会科学文献出版社，2019年，第19—25、26—51、60—65、284—365页。

可以说，正是因为妇女工作的重要性，使家庭经济在结构上更完善，在功能上更不易摧毁。但这并没有改变传统社会中男强女弱，女子处于依附地位的状态。社会中对性别的歧视体现在教育、风俗习惯、婚姻、财产继承等多个方面，所以中国传统农村中，一般妇女命运悲惨，权力小、地位低、义务多。张之毅通过分析认为，导致妇女地位低下的原因分别是家庭无给制、财产权和继承权、家长制。

因此，压迫妇女的社会因素，主要的就是无给制、男子单系继承财产制以及家长制三者。无给制是基于农村自给的和共产的农业经济所造成的。男子单系继承财产制，乃为保持田场整合，使田场和住宅接近，不让田场过分碎小，为农业经营所切需的。家长制在于监督管理和计划生产事业的进行，保持生产和消费的调和，是以家庭为生产单位所必不可缺的条件。三者都是为适应农村经济需要而产生的，和农村共产经济构成一个整体，成为整合的一套安排[1]。

（2）家庭与生产事业

张之毅认为各类事业大都是以家庭为单位，生产事业中资金的筹集、生产经营、销售等由家庭负责，盈亏自负。以家庭为单位而不是联合经营使家庭在从事生产中筹集资金有限，有限的资金无法进行大规模投资生产而只能发展小生产事业。同时，又因为许多家庭往往不只进行一项生产事业，往往是多业并举，这又进一步分解本就不多的用于生产事业的资金。但也恰因为资金的分散，即使某一行或某一业遭到打击或者利润微薄，其他行业的帮扶也不至于使生产者陷入绝境，因为多元渠道的收入，即使一种生产事业衰微或没落，对家庭经济的打击只是部分，而不是全部，因而不至于致命。

---

[1] 马雪峰主编：《魁阁文献①（张之毅文集）》，北京：社会科学文献出版社，2019年，第51页。

作为生产单位的家庭，也是消费单位。这种既是生产单位又是消费单位的家庭，常常生产资本与日常生活费用混杂不分，作为生产的资本有可能被挪用到生活消费中，本不充裕的资本又被进一步分散，导致生产事业受阻甚至陷入停滞乃至破产地步。但也正是生产资金和消费用款之间的互通，使得某一行业或某些家庭能够进行一些简单的生产。

家庭既为生产单位，家庭经济能力便成为决定生产事业的有力因素。家庭经济左右了生产事业的开办和职业的选择。家庭经济贫富之间的分化不仅影响不同种类职业之间的选择，也影响在同一种类中职业之间的区隔，往往有钱的是作为经营者或管理者存在，钱少的则依附于管理者而过活。

如开布店、杂货店，当军官及公教人员，多是在村里田比较多的人家。如打鱼、卖工、做手艺、犁田、赶马驾船、熬酒、贩卖零货的一些人，多是村里无田或田少的贫农和小农。此种分化情形在其他地方也见到：如易村穷人织篾器，富人造土纸，如玉村贫人种菜园，富人种农田[1]。

可以认为，富人在生产事业上偏运用资本，贫人在生产事业上偏劳力利用。在生产事业间，偏"资"和偏"劳"的区分，不仅是家庭贫富分化的结果，也是家庭贫富分化的原因。偏劳和偏资生产事业的分化，将更加促使家庭间的贫富分化，因生产事业仍局限于家庭，偏资生产事业的发展不免受阻，缓和了分化的加剧趋势。

以家庭为单位的生产事业劳力的供给也大多由家庭完成，这不仅有利于家庭中劳动力过剩问题，同时，家中成员帮自家干活，工资或薪酬往往无须支付，这就形成家内无给方式，本着省到钱便是

---

[1] 马雪峰主编：《魁阁文献①（张之毅文集）》，北京：社会科学文献出版社，2019年，第23页。

赚到钱或者说少花钱便是赚到钱的原则，小生产事业中劳力自给是一种普遍现象。而规模较大的生产事业中，往往需要人员之间的相互配合，并且需在较短时间内尽可能地多生产，这就需要另外雇人进行加工生产，但这种方式，受雇者领薪酬进行生产并没有进入管理层中，并不负担盈亏责任，且雇约解除就退出此领域，因而也没有破坏生产事业以家庭为单位的完整性。正因为生产事业与家庭之间的复杂性，往往难以断定失业的标准，不像工厂或机关里，某人被雇用就可认为其就业了，一旦发生解雇关系即可认为是失业或待业中。这是因为小生产事业往往由家庭成员之间配合且无一定工作报酬，工作和休息时间也不似工厂那般有固定的时间，这就难以在就业与失业间形成一条明确的规定。

（3）农村失业问题

张之毅强调，农村里的失业问题有其独特性质、独特影响，不能把农村失业的问题和近代工商业社会中的失业问题等同并论。失业是和就业相对，当雇佣关系和契约形式的职业发生时，才有受雇和解雇之分，受雇即就业，解雇即失业。在中国广大传统农村社会中，以家庭为生产单位的小规模经营中，雇佣关系并不明显或者说由于并不发生雇佣关系，亦不存在受雇解雇问题，相应也无就业和失业。这是因为个体作为家庭中的一分子，既是生产单位又是消费单位，自己帮自己工作，无所谓薪资，并不像现代工厂中以劳力付出收取报酬的方式，工作机会不够，工作报酬过低可能会造成的失业问题在农村并不发生，也就没有在农村演变成严重的失业问题和就业问题。

张之毅认为所谓失业的意义，必须在雇佣方式的职业中才能清楚理解。所谓失业成为社会问题，是在近代工商业社会中才发生的事实。在农村经济形态的职业中，有其独特的问题，其问题有其独特性质,且有其独特影响,和应付问题的一套独特办法,凡此均与近代工商业中有所不同[1]。

被雇用者一旦被解雇,意味着其即成一位失业者,雇佣权掌握在雇主手里。受雇者须为自身是否随时可能被解雇而担忧。而非雇佣的独立劳动者则无须为此担心,因为自己不可能解雇自己,自己不会把自己的工作机会从业务中排斥出来,但非雇佣的独立劳动者亦有其苦恼:劳动力旷废的问题。雇佣者担忧的是工作机会有无的问题,非雇佣的独立劳动者担忧工作机会够不够的问题,因而他们用兼业多业和多种服务方式的办法,解决在一事中工作机会不够的问题。

一个机会不够,劳动力被旷废的问题,迫使他们找各种事做:在农业之外兼做工商业;在制造或采集之外兼贩卖,如熬酒的也卖零酒,打鱼者也卖零鱼;在手工业中更有采用多种服务方式的,如榆村未外出的缝衣匠,一方面应雇去雇主家里做工,一方面在自己家里为顾客做订货,一方面自备布料做成品拿去市场上卖,无非利用多样服务的方式以增加工作的机会[2]。生活的维持建立在多元的收入基础上,任何一种职业的失败或是收入的减少,不至于威胁到全部生活,因为其影响只是片面上的。

失业者可以退回到家中去,这个家是指共产组合体的家,在这个家庭内,成员之间各尽所能,各取所需,个人的利由全家共享,个人的害由全家共担。正是基于这个基础上,个人能够退回的家庭中去,不至于产生现代社会中,严重的社会问题和失业问题。

---

1 马雪峰主编:《魁阁文献①(张之毅文集)》,北京:社会科学文献出版社,2019年,第64—65页。
2 马雪峰主编:《魁阁文献①(张之毅文集)》,北京:社会科学文献出版社,2019年,第62—63页。

（4）分工协作与经济整合

张之毅还认为是家庭分工，促进了家庭经济的整合，因为生产单位和消费单位均在家庭中，生活的那批人，也是消费的那批人，生产结果直接用来自家消费，生产是每一分子对家庭应尽的义务，消费是每一分子由家庭所享受到的权利。榆村家庭经济的整合，使得每个劳动力在家庭结构中承担起自己的责任，尽到自己的义务。这种分工协作，使家庭经济成为一个整体，个人成为家中的一个分子，为家庭经济服务。正是在一个相互配合组成的家庭，家庭中的每一分子都能在组合体内各尽其能，各取所需，个人的利由家庭共享，个人的害由家庭共担，才使得家庭中某些个体能够从事另外的工作，此家庭能够实现再生产。以家庭为生产的基本单位：一是家庭是社会成员生产的基本场所，是构成社会的细胞，在社会生产活动中，家庭生产是最主要最基本的活动；二是家庭是一个完整的基本经济单位，在自然经济条件下，生产和消费是以一家一户为单位进行；三是绝大多数民众的个人收入普遍不高，在家庭范围内生产和消费可以相互调剂，个人生活费用相对来说比较经济合算。

由于当时中国的现状，白族地区的农村土地、资本财富越来越多地向少数"精英"和家族集中，自耕农和独立小商户在当地经济社会所占财富比重有了一定幅度的下降，经济发展和市场向规模化、聚集性转向。如拥有强大经济实力的白族资本集团有的因传统思想和观念在家乡大肆购买田地以"叶落归根，颐养天年"，少则数百亩、多则上千亩，有的则将大片农田集中形成农场进行农业产业化实践。但在许多普通的白族小村寨其完全失去土地靠租地耕种的农户比例较低，且几乎户户有其田有其业。户户有其田，但不足以养活整个家庭，迫使妇女管家：耕田、织布，男子则到工商业中寻找机会，找钱补贴家用；如若机会好，发一笔横财，使家业发展起来；若不成功，还可退回家中，不至于生活过不下去。

农村中存在以占有土地不平等的高度分化社会，一部分人占有较多土地，另一部分人则失去土地，甚至部分人在农业领域连被雇用的权利也享受不到。同时，正是因为户户有其田有其业，但传统农业生产并不能满足一个家庭实现生存及再生产，因此出现了家中男性到城市进行贩卖生意，而女的负责种田和养猪、纺织等，或言之，正是因为农业中用不了那么多人，才在某种意义上出现所谓的"农村劳动力剩余"，部分人才会脱离家庭去从事副业，形成了家庭"搞副业"的人口流动。但随着新政权建立，尤其在某个阶段，这种"搞副业"的方式被禁止，随着家庭联产承包责任制的建立，以家庭"搞副业"的人口流动再次兴起。

（五）小结

传统社会相对独立，带有一定的自治性，皇权不下县，村庄的社会秩序由"地主—士绅"集团管理，对乡村的治理大多依靠一些民间力量和非政治性的手段。在这样一个先赋性社会中，人们血缘上亲近，地缘上靠近。个体依赖于家庭、家族及村落邻里。传统社会中，强调人情社会，因而乡村共同体成为农民生产生活和提供归属感及安全感的家园，是村民在生产生活、举止规范的场所，是使个体在遭受不可预知风险下的避风港。由需要组成的小共同体，不仅能够为社会成员提供相应的庇护，同时还能实现再生产，正因为有了避风港，减少了从事其他行业可能遭受失败的顾虑，家庭中其他成员才能够进入其他生产领域，以实现社会生产的多样化。传统农业生产能使家庭实现自给，交换经济则使家庭生产和经营多样化，家庭经济在图谋发展的同时又不失安全稳妥性。"正是小共同体的重要性，使得成员相互依靠，但某一成员遭遇不幸，其他成员也能帮助，不至于使其陷入绝境"[1]。

项继权认为，正是传统社会中的诸多利好，才使社会成员彼此协作，以应对社会生产过程中可能遭遇的天灾或者由于社会结构突变产生的人祸，在家庭共同体、村落共同体中，社会成员间，由于生产、生存、信仰及娱乐等需要，组织起来以对抗可能遇到的社会风险或共同享受社会生活。到了集体时代，由于社会资源掌控在国家手中，国家又通过工作人员将这些资源分配下去，这就使得社员对集体产生服从和认同[2]。

正是在需要的共同体内，个体能找到自己相应的位置，并在自己的位置上承担起自己的责任，尽到自己的义务。这种分工协作，使每个人都成为家中的一个分子，为家庭经济服务，使家庭经济成为一个整体，整体内部，是共产的。仅仅依靠传统的农业进行生产，可能不足以养活一个大家庭，一个相互配合组成的家庭，家庭中的每一分子都能在组合体内各尽其能，各取所需，个人的利由家庭共享，个人的害由家庭共担，才使得家庭中某些个体能够从事另外的工作，此家庭能够实现再生产。小共同体成为家庭中每个人的避风港，在避风港内，人们相互扶持，共同应对威胁。

家庭是社会成员生产的基本场所，是构成社会的细胞，在社会生产活动中，家庭生产是最主要最基本的活动；家庭作为一个基本经济单位，在自然经济条件下，生产和消费是以一家一户为单位进行；绝大多数民众的个人收入普遍不高，在家庭范围内生产和消费可以相互调剂，个人生活费用相对来说比较经济合算。在这样一个传统社会中，社会伦理对每个个体都能产生影响，整个社会的有序

---

1 齐格蒙特·鲍曼：《共同体》，欧阳景根译，南京：江苏人民出版社，2007年，第2—3页。
2 项继权：《中国农村社区及共同体的转型与重建》，《华中师范大学学报（人文社会科学版）》2009年第3期，第23—25页。

存在，依靠于每个人都能认真地履行自身的社会关系后的义务。义务的履行意味着彼此之间在经济方面的相互帮助、互通有无。

小共同体内部虽说有诸多利好，但显而易见的问题是：父权和家长权问题，家庭内无给制问题。上文已经提及，家庭中的一大特点是生产单位亦是消费单位，生产是每一分子对家庭应尽的义务，消费是每一分子由家庭所享受到的权利。如果保证每一分子都能尽到自己的义务而不是只享受，尽到自己的生产而不是只消费？单单依靠家庭情感是不能够的，就需要制约办法，即全家在家长的统率下，从事生产和消费，计划如何安排进行，分配和督促工作，生产成果的保管和动用，这些均由家长负责，使家庭和谐完整。生产事业一经进行，就需要一套相应的组织，有组织就需要有管理和管理者，如此才能约束众人以推动生产事业进行。由于一家生产由大家长掌控，家庭中其他个体生产过程在家中，容易受到管制，又缺少机会去进行经济交换，导致工作的贡献和价值往往被忽视。

家长制是适应农家经济需要而存在，目的在于监督管理和计划生产，保持生产和消费的调和。家庭无给制是基于农村自给和共产的农业经济造成的。一旦这种传统经济形态改变，当生产从家庭转移到工厂，报酬由无给变为有给，家长制势必削弱，个体独立性自会增强。近代工商业的发展，有利于将个体从家庭中解放出来，工业化推动社会分化，社会分化最直接表现就是形成个体化社会。

二、1949—1978年榆村社会经济

（一）新中国成立前后社会结构演变

孙立平用国家、民间统治精英、民众三层结构模式探讨了改革前后的中国结构的演变，传统中国社会中，存在三层结构的互动关系，在这个结构中，民众占大多数，是被治理和管理的对象；民间统治精英，是指能够在社会公共领域中行使社会组织和管理的人，民间精英还扮演着协商者和仲裁者的角色，必要时候起整合作用的人；国家与主权相联系，具有最高仲裁权和终极性权力[1]。国家与民间的互动往往是间接的，借助民间统治共同管理，皇权不下县，民间治理更多的是依靠地主——士绅集团，然而随着近代工商业发展，民间统治精英也在发生变化。三层结构中的互动关系图示如下：

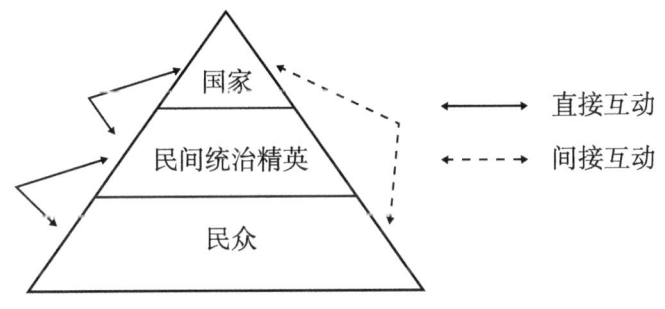

图 2 三层结构的互动关系

社会不断变化，尤其是西方列强坚船利炮敲开中国国门，一系列制度的实施，设立了新的统治机构，如总理衙门、总税务司等；创办新式学堂，如京师同文馆；重用汉族官员，实施洋务运动，发展近代工商业等，这些制度和政策实行，使传统社会中三层结构的互动关系发生变化，尤其是中间的统治精英一层，这些变化使手握乡村权

---

[1] 孙立平：《转型与断裂：改革以来中国社会结构的变迁》，北京：清华大学出版社，2004年，第172—174页。

力的士绅—地主集团遭受打击并沿新的方向变化：成为近代工商业者、近代知识分子、新式军人及仍在农村中的土豪劣绅。中间统治精英的变化，意味着统治精英的衰落与解体，更为关键的是社会结构由此不再稳固，失去中介的效性，而国家又无法直接与民间相联系，这一系列的背后，是帝制终结，伴随政治解体，社会也发生解体。

西方近代民主思潮传入，下层阶级抬头，社会运动此起彼伏，革命造反频繁，激进主义四起，而保守主义随着制度变更，处于弱势。从第一次鸦片战争到将日本帝国主义赶出中国，长达一个多世纪的时间里，中国社会遭受各种社会灾难，更为关键的是，中国社会缺乏一个稳定的制度框架，最终的结果是，国共两党之间，以中国共产党的伟大胜利并掌握大陆政权而告终。由于近代社会以来，各种社会危机频繁，社会缺乏有效的整合机制，最终形成总体性危机，中国共产党的胜利是对总体性社会危机的结束，同时在此基础上建立总体性社会[1]。

1949年以后，新生政权的建立，政治管理系统达到社会基层。于是乎，三个结构因子便只剩下两层结构因子，国家行政命令和意志力能直达民间，由此形成新的社会结构[2]。如下图所示：

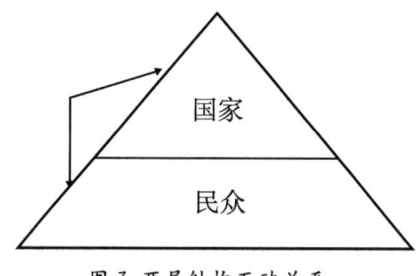

图 3 两层结构互动关系

---

1 孙立平：《转型与断裂：改革以来中国社会结构的变迁》，北京：清华大学出版社，2004年，第176—177页。
2 孙立平：《转型与断裂：改革以来中国社会结构的变迁》，北京：清华大学出版社，2004年，第178—179页。

在两层结构中，国家与民众面对面，再没有任何中介力量，也就是说，国家制定的任何制度措施，都是直接对民众发生作用。国家对稀缺资源进行分配；民众作为直接生产者，是资源配置的接受者。

中国共产党成立之前，社会组织不发达，低度化，因为受到传统农业中的社会生产方式和家庭模式的影响，组织发展受到抑制，工商业的发展和现代理念的输入，组织化才逐渐发轫。共产党成立之后，依靠工农运动，在组织管理上日益成熟，新中国成立之后，中国社会随之开始向现代社会变革。大机器生产和工商业推动社会发展，工人意识觉醒，知识分子的呐喊，大量民主运动的兴起，成为促进中国社会"组织化"的推力。随着组织效率的提高，国家在动员民众运动中越来越得心应手。高度的社会动员能力，一方面有力地促进了中国的工业化进程，特别是在工业化的最初阶段，高度的社会动员能力起到了至关重要的作用，最高决策使政策的施行少了扯皮与纠纷，能够最大限度地得到施行。

1949年后，中国共产党的领导人决定对作为中国社会基础单元的家庭进行改造，从而自下而上地建立一个社会主义新社会，并塑造一种全新的人格观念。集体化有效地结束了家庭对土地和其他生产资料的所有权。通过农业集体和地方政府，国家可以触及每一个农户的公共和私人生活。国家推行的运动是社会主义建设的一部分，目的是发展集体主义，把个体村民对家庭的忠诚转变为对集体和社会主义国家的忠诚[1]。这样，就必须打破旧有的等级制度，改造与之相关的习俗，将个体从忠诚家庭中的一员转变为社会主义公民。这就使得个体直接面对国家意志，与国家权力和正式的管理相接触，与此同时，个体也在很大程度上摆脱家庭、家族乃至社区的控制。

---

[1] 阎云翔：《中国社会的个体化》，陆洋等译，上海：上海译文出版社，2012年，第222—223页。

（二）总体性社会中社会经济的变化

1950年1月，大理地区全境获得解放，大理区专员公署成立。面对国民党政府留下的生产凋敝、市场萧条、人民生活极端困难、社会治安混乱的局面，中共大理地委、大理区各级新生的人民政府，遵照中央和省委的有关指示，先后进行了迎军建政、剿匪、土改、互助组合作化运动等工作，并对农业、手工业、资本主义工商业进行社会主义改造。马曜在《周保中与云南统战工作和民族工作》一文中写道：云南是多民族的边疆省，解放初期，复杂的民族关系和紧张的阶级关系交织在一起，内地的阶级斗争（清匪反霸、减租退押、土地改革）和边境帝国主义威胁同时存在。因此，1950年1月20日，中共中央西南局指示："云南整个工作，必须以统一战线为中心，稳健耐心地把握政策"[1]。

新中国成立伊始，面临着内忧外患，为应对外来势力随时颠覆国家政权，加强国家主权，维护国家安全，保护人民安全，稳定社会秩序，国家开始有计划地进行管理和控制。在这个过程中，要么对反对力量进行抑制，要么使其成为国家中的一部分。这样做，扭转了以往由"地主—士绅"集团对社会管理的局面。应该说明的是，由于传统社会中，国家更多的是在国家层面进行政治整合，而地方上更多的是依靠某些集团进行整合，维护社区层面基本的社会活动秩序。由于国家与地方之间联结较弱，更多是依靠"地主—士绅"作为中间纽带进行管理。国家在外来力量入侵时无法做出强有力回应，民间更多的是一盘散沙，表现出整体性整合层次低。新中国的成立，通过行政手段将基层纳入国家治理体系中，通过行政手段和法治手段（如党、政、工青妇等团体）强硬进行整合，最直接的表

---

[1] 马曜：《周保中与云南统战工作和民族工作》，《大理师专学报》2001年第3期，第4—11页。

现是农村成立人民公社，城市建立单位体制。

（1）土地制度

对成分的划分主要依据是土地占有和租赁情况，1950年8月的决议通过，对农村阶级进行成分划定，划分出地主、富农、中农和贫雇农。解放伊始，展开土地调查，一方面是为了征收农业税，另一方面是为土地改革做准备。当时银桥镇所属区域大理县第三区区委会、区人民政府相继成立，区政府所在地设在银桥村委会潘曲村，区委会全面建立新生民主的各项政权任务。此时，原桂楼乡乡长杜翰舒在本地区组织了滇西帮助华南纵队反共救国军反革命组织，企图伺机反扑，同时，一批兵痞流氓也组织起反革命武装，保和社执法老幺李珠勾结榆村座堂杨直辅大爷等一批骨干分子聚集在其家中，计八九十人，阴谋破坏五里桥等几个村子。可以说，新政权建立之初，时刻面临着反革命分子的反扑，但这些最终都被新政权破获镇压。

土改施行，农民们分得土地，短短几年时间，国家生产力就得到大幅提升，然而此时中国面临外患，即使朝鲜战争也才刚结束不久，但落后的工业生产力，使得国家必须集中精力发展工业，"一五计划"结束时，中国工业生产第一次超过农业，另一方面，城市化建设，这些政策的施行，就只有国家控制土地，保证统购统销制度落实，也即以农业来反哺其他行业的发展。1956年起，国家就开始通过农业集体化的形式，把土地的所有权回收。

新中国成立伊始，就试图打破传统的社会结构和价值理念，在传统社会中，由于乡村权力往往掌握在地主和乡绅手中，地主和乡绅结成利益共同体，土地改革及一系列政策的施行，使得传统社会结构一定程度上瓦解，原有的社会等级制度被扭转，新社会，财富不再是权力和威望的基础，贫穷反而成为政治资本。阎云翔关于下呷村的调查就写道："一次斗争会上，当上村长的羊倌一本正经地发言说，多亏了党，如今我们这些拉绿屎的人才说了算。拉绿屎是因为革命前的穷人以野菜为主食。"[1]

土地制度改革，将原先传统社会中社会结构瓦解，依据土地占有和租赁情况对社会阶级进行划分，同时开展土地调查，进行土地划分。土地划分，农民生产积极性提高。与此同时，国家为巩固新生政权，建设新中国，就需要改变传统的社会结构，将农民组织起来进行合作化，农村组织起来进行集体化。于是在村一级建立大队、小队，在乡镇一级建立人民公社，新制度设立，意味着国家权力史无前例地下达基层，原有乡村社会中，那种被士绅—地主把控的社会关系瓦解，人民公社制度取代了原有的管理模式。由于人民公社具有生产、生活、抚育、教育等社会功能，掌握着消费与分配，农民与公社便形成依附关系，公社处于支配地位，农民处于服从地位，最终公社成功地支配农民的思想和行动，从而将国家意志力、命令、任务等传达到个人身上，输入广大农村社会之中。

土地制度的变化，改变了传统社会中的大家长制度。家庭不再是一个生产单元，农业生产的家长领导被村干部的领导取代。工分制度突出每一个家庭成员对家庭经济的贡献，也因此培养青年人对个体身份的自觉。在集体经济的记账制度下，个人每天的贡献都以工分的形式记录下来，等到秋后再换算成货币价值。工分记录是公开的，每年都会贴到生产大队的墙上。这样，个人的收入和对家庭的贡献以一种非常明了的方式公布出来[2]。

在家庭无偿制度中，从事生产的子女，既拿不到工资，又拿不

---

[1] 阎云翔：《私人生活方式的变革》，龚小夏译，上海：上海书店出版社，2009年，第27页。
[2] 阎云翔：《中国社会的个体化》，陆洋等译，上海：上海译文出版社，2012年，第163—164页。

到生产的成果去供自己支配，因为生产的结果，往往是由家长掌管，由家长支配和动用。这就导致工作的贡献和价值往往被忽视。工分制度凸显每个家庭成员对经济的贡献，年轻人个体身份意识迅速成长，在公社的结算系统中，社员以工分记录，秋后将工分依照集体当年的收入转换成现金价值[1]。由于父亲的角色地位被取代，长辈和晚辈之间是以同样社员的身份听从生产队长或者其他领导的指示，生产的管理秩序不可避免地削弱了父亲的权力和权威，导致年轻人的自主意识日益增长，独立发展的要求不断增加。当青年人意识到自己对家庭经济的重要贡献，传统家庭经济中，大家长否认或贬低其家庭成员对家庭经济的贡献便很不常见了，个体对自身的自觉，使得对家庭中父辈的权威不再那么遵从。

通常，一个成年年轻女性一年能挣到1800—2000工分，成年男性能挣到2800—3000工分，一个能干的女性比一个瘦弱的男性挣到更多工分是一件正常的事情，甚至有些特殊家庭，年轻女性甚至成为家庭中的主力，挣工分养家，而且部分女性还能参加到组织中，如妇联。正是由于家中劳动力少或缺乏，女性对家庭经济的重要贡献，使其意识到她们的重要性，意识到自身对家庭的重要作用，这种意识又反过来引导且加强她们对独立性的追求，当妇女在经济中开辟出一片领域，妇女的权利就能得到伸张。妇女在获得独立性的同时，也加深了家庭成员之间的分化。

土地制度的变化，改变了传统的家庭共同体之间的联系，因为传统社会中，需要一个大家长来领导进行生产，同时，在消费方面，比如农作物的购买，家庭中日常的消费等等，所有这些，一方面是家庭经济上的整合，但另一方面，社会生产和社会资源由大家长掌

---

[1] 阎云翔：《中国社会的个体化》，陆洋等译，上海：上海译文出版社，2012年，第190页。

握，这也容易滋生大家长制，家庭中的其他成员依附大家长。当家庭不再是一个生产单元，农业生产的家长领导被村干部的领导取代。家庭中成员间的身份的界限就不再那么严格。公社领导取代了原有家庭中大家长角色，工分制度让每个成员都认识到自己对家庭中的贡献，这种意识加深了他们的独立性，不论男女，通过对自身地位的自觉，对父辈的权威就不再那么遵从。个体依附的对象发生变化，个人必须服从于官方支持的集体，服从带来的利益。华尔德称之为"组织性依附"。

（2）村落共同体

村落共同体的形成，与一定的社会条件、地理因素密切相关。中国的村落往往表现为农民聚村而居。其原因是多方面的，最为主要的是，根据耕地面积决定，住宅和耕地距离不是很远，有利于耕作；旱涝灾害对农业影响很大，水利设施建设使人们有合作需要，而且只有合作起来才能够更好地面对天灾人祸；人聚集起来也更好地进行保卫工作，等等[1]。这些原因，再加上传统土地的继承制度，使人口一代一代聚集起来，形成一定规模的村落[2]。田野调查点榆村相传早先就是几兄弟到此落地，因而有"三杨四赵"的传说，加之后来因军事等，相继迁入其他姓氏。

村落共同体的形成取决于一个范围内的人的共同利益。天灾人祸影响的不是单个的人而是影响到这个地方上的所有人，所有人们必须合作起来，协同保护彼此，如遇水旱，需要筑堤积水或泄洪；外人侵入需要集体防卫；宗教活动需要大家参与。个人在耕作过程中，也需要别人的合作，同样，产品运送、生产贸易都需要合作。

---

[1] 彭兆荣：《重识"村落—家园"——后疫情时代传统村落的人类学再考察》，《西北民族研究》2020年第1期，第168—177页。

[2] 费孝通：《乡土中国》，北京：中华书局，2016年，第5页。

娱乐和休息的需要,把人们聚集起来进行群体娱乐活动,宗教活动有时候也可以视为人们进行的娱乐活动。因此,村落共同体中,人们出于政治安全、经济、宗教及娱乐等目的组织起来。

在"村落共同体"中,成员间在血缘和地缘基础上,形成认同感和归属感,由于生产和生活一致性,成员间彼此熟悉,并有公共文化信仰,村落共同体有利于加强村民认同感,凝聚向心力,这种有先赋性产生的整合方式,使得村民间因熟悉产生互动,因互动结成紧密关系网络,最终变成建立在乡土上,人与人紧密互动的共同体。共同体内部不计较成本,比如,邻居家办红白事情,需要人去帮忙,不取报酬,家务劳动中,邻居齐来帮忙,也不需要付出劳务。

人民公社制度对村落共同体产生了重要影响,新制度的建立,摧毁了原有的社会组织和结构,尤其是对家族、家庭产生重要影响,家族功能被公社取代,农民从家族、家庭中的一员变成社员,这种制度的建立打破了原有的以血缘、地缘结构为特征的社会结构,而将社会成员放到更大的社会结构中,村与村之间联结起来。国家政权不仅打击了传统社会结构,还对乡村社会关系产生深刻影响,族权、父权等思想受到冲击。[1]

公社制度将个体纳入更大组织中,大家一起劳作,个体效忠的对象变成了集体。例如,榆村下辖的凤上中村自然村,在集体化时期,为了提高生产效益,统一管理,1958年开办了大食堂,在今张家四合院内的门口大书"公共食堂真正好,十样菜蔬九样巧",一社在西坊,二社在东坊,三社在北坊,四社在南坊。就食各农户自带的饭桌都在各自的区域摆放,社员出工收工都以号声为令。开饭了,软硬不同的几笼米饭大甑子摆在场院里,饭量不限,任人各取所需。

---

[1] 阎云翔:《私人生活方式的变革:一个村庄里的爱情、家庭与亲密关系(1949—1999)》,上海:上海书店出版社,2006年,第257页。

办这么一个大食堂，配套分工有：①炊事组；②燃料组，砍伐树木，筹集柴火；③粮食筹备组，由年轻力壮者组成，日夜轮班踩干碓舂米；④蔬菜队，四社以悉弄典型著称，负责蔬菜种植供给；⑤娃娃组，负责社员5岁以下的孩子的照料；⑥普及（教育）班等。大食堂经历不到半年的时间，由于供给不继，被迫解散[1]。

新制度打破了原有的以血缘、地缘结构为特征的社会结构，而将社会成员放到更大的社会结构中，村与村之间联结起来。1957年至1960年，建高级社，将榆村与周围几个村合并起来，成立榆村管理区。1961、1962年将榆村与附近两个村子合并为大乡，合称"五邑乡"，从1962年至1982年，分别成立了银桥区榆村小公社好、银桥公社榆村大队、榆村大队革命领导小组。表面上看，通过行政性命令，新结构将村与村之间联结起来，形成更大的社会整合，这种整合已经超越传统社会中依靠血缘、地缘间的整合。其范围更大，成员更多，在集体领导的指令下，进行生产劳作。但与此同时，也应该看到，先赋性的整合并没有完全被取代，在公社下，各大队、小队之间仍旧是建立在血缘、地缘基础上的结合。不可否认，新的社会结构和社会规范，在国家的强力推行下，一定程度上打破了传统的价值观和社会关系结构，然而传统社会中的道德观念仍旧起着作用，孝顺观念尽管在某些地方受到严重冲击，但仍是公众遵从的道德理念。

例如，在成立高级社之后，榆村大队组织集体缝纫厂。1—11队为一个厂，设门市于榆村街面；12—14队为一个厂，设在某社社员家中。分开管理，各自核算。固定资产由集体购置，成本费用，由收入部提出开支，职工由生产队提名纳入。报酬按计件定分，加经

---

[1] 那荣昌主编：《凤上中村村志》，2014年，第99页。

济补贴。年终结算，余利上缴大队。农忙时职工调回本人所在生产队突击。随着体制变化，缝纫厂也随之变化，职工有的归农，有的编入副业人员，按月交包费记工分，直到农田承包，各自安排[1]。

从上面信息，我们发现，尽管社会整合方式，涵盖的范围更大，但在各个生产队层面，其划分方式，仍旧没有脱离原有的地缘基础上的社会关系。在榆村，直到今天，仍旧有14个社，其中凤上中自然村为1—4社，凤西南自然村为5—7社，凤北自然村为8—11社，白塔邑自然村为12—14社。

当社会个体从家庭、家族、村落中脱嵌出来，被纳入人民公社中时，个体与原有的社会关系就发生变化，个体从家庭中的家庭成员变成了公社中的社员，这种身份的转变，是建立在强国家行政力量基础上的，但这种力量由于在乡村社会中缺乏内生性，表面上村庄层面构建起强大的公共性，但这种组合一旦公权力消散，将立刻土崩瓦解，因为这种将农民整合到一起并服从国家安排并非出自人们彼此之间的相互信任和依赖，而公权力掌握了农民生产和生活的必需资源，从而进行的强制性整合，是无法长久的。

国家权力在乡村社会的退出与农村市场经济的迅速发展，二者共同导致农民的流动性增强，自由意识兴起，个体化给个体带来了个体与他人、个体与集体、个体与社会之间权利边界的调整，个体在社会与国家中的重要性得到前所未有的尊重和强调，每个人都有权利按照自己喜欢的方式进行生活。市场经济的崛起对于农村社会道德规范发展逐渐起主导作用。

农村从半封闭走向开放，意味着村庄间，个体间的社会流动性增加，社会异质性增强，家庭生产生活进入一个更加广阔的市场领

---

[1] 那荣昌主编：《凤上中村村志》，2014年，第89页。

域，基于熟人社会所产生的认知感便不再适应一个复杂多变的社区，文化参与感、社区认同无从谈起。个体经济理性本无可厚非，但在追求自身利益的时候，许多人淡化了社会责任，部分人甚至走向违法犯罪的道路。更为重要的是，市场经济下，社会商品高强度的流动，个体之间相互不识，以至于做出损害他人利益的事也变得理直气壮。

（3）家户经济变化

传统社会中，家户经济是每个成员一起劳作，一起付出，家庭中没有量化的指标来衡量每个个体对家庭做出多大的贡献，家庭成员之间相互扶持，家庭中的每个人都为了整个家庭的前途而共同努力，并由此获得人生的意义。人生目的不是为了自己，而是为了给家庭带来更加富裕的生活，给家族带来更高的荣耀。个体正是在对家庭的义务和责任中激发自己的奋斗意志，寻求人生的精神寄托。

新中国成立后，尤其是集体化时代，青年权力构成社会变革力量中最有力的力量之一。实际上，到了80年代以后，家庭权力已不可逆转地转移到年青一代身上，家庭生活的变革，个体化的发展，对父权家庭来说是一个摧毁性的打击。青年男女的崛起，深深地打击了父权，随着父权的衰落，个体寻求自我独立。

学校教育对家户经济也产生了重要影响。学校教育的开展为村民提供了家庭以外发展同龄人关系的重要社会空间，同时也用更多的知识和新思想武装他们的头脑。适龄儿童入学、夜校的开办，使人们受教育程度提高，尽管此期间，他们和家庭之外的同辈人一起参与社会活动，但新眼界的提升，使他们能适应技术改革、不断提升自己的工作能力，这一点在中国经济转向市场经济，非农工作越来越多的时期尤为重要。

从20世纪50年代开始，政府在农忙群众中开展大规模普遍的文化教育。主要形式有开设夜校、举办冬学、开办扫盲班等，开展以扫除文盲为主，辅以时事学习的文化、政治教育。在新中国开展扫盲识字教育，有利于提高农民的智识，有利于生产力的发展。而且，教育让家庭中的个体脱离家庭，到学校中去，在这个过程中，个体不仅仅学到知识，还开阔了眼界。

1955年底和1956年初，农村扫盲工作进入高潮，各乡建立文化学习委员会，负责指导扫盲工作。由各个学校的小学教师分片分点地包干负责。1958年，中共云南省委提出"苦战三个月，扫除全省青壮年文盲"的要求，大理市则提出"苦战三天，扫除文盲，实现文化市"的口号。全市农村组织了青年文盲73632人入学学习，出现了"村村办民校，家家学文化，处处读书声""三代同堂学文化，漫山遍野读书声"的景象。除小学教师出动扫盲外，还发动半文盲教文盲，小学生当"小先生"。村村站岗识字，过路行人要认识1—2行字才放行。当年7月中旬至8月上旬，不到1个月的时间里，扫除青壮年文盲54857人。但是，由于采取突击办法扫盲，虚报浮夸脱盲人数，已经宣布脱盲的青壮年劳动力，回生、复盲现象也相当严重。1959年的扫盲工作，按照"闲时多学，忙时少学，大忙时机动学、经常学、不中断"的原则，组织了85%以上的青壮年文盲、半文盲参加扫盲学习。

教育对男子的影响不言而喻，部分村民通过教育，学到了简单的计数，甚至有些还当上小队长。但在传统社会中，强调女子无才便是德，一般富裕的家庭家中女性在受教育方面都受到很大的限制，更遑论普通家庭。集体化时期，年轻女子获得接受正规教育的机会，她们离开家庭，增加了与家庭之外其他社会网络中的同龄人之间的联系，新的知识和思想使她们获得权力。年轻女性所受的教育越多，在择偶、婚姻选择等方面就会越活跃。

同时，由于年轻女性有更多的机会参与到公共活动中，她们是妇联和共青团的核心成员，部分女性甚至参加剧团，四处表演，尽管这些活动在她们婚后会部分退出，甚至到分田单干、政府组织公共活动的减少，使得部分女性重返家庭，在自家田地上以农户为单位进行劳作，无疑，公共空间的缩小以及公共生活的消失不利于年轻女性参与公共生活。但是，其他方面的新情况使年轻女性的独立自主意识仍在野蛮生长。这就是改革开放后，随着国家对人口流动限制的放松，新的工作和机遇为她们打开了新世界。

与其他地方风俗习惯不一样的是，女性在结婚后搬到其他地方住，榆村这里却是盛行上门。上门，又称"倒插门""入赘"等，是婚姻结合的一种方式。事实上，由于少数民族的特性，与其他地方不同，某些地方将倒插门演绎为极含贬义色彩，如果一个男人选择了倒插门，那么代表着家里经济困难或者是有不好的问题，给男方以及男方的家庭以极大的舆论压力。而女方选择了倒插门则代表着家里人丁不旺，需要借外人传宗接代。尽管如此，在传统社会中，即使是上门的男子地位仍比女子高。张之毅就举例子说道：杨某的父亲，本是上杨家门的姑爷，还不是在原配之外，另娶了一个四川女子做妾吗！普通都说上门的姑爷地位低，和其他男子比较起来，这话是对的，但和女子比较起来，这话就不对了。[1]

如今来看，当地人对婚姻的态度，或者说他们对重男轻女的态度，并没有那么深，在当地人看来，男孩女孩都一样，如果是两个女孩，就将其中一个嫁出去，一个留在家中，有些人家如果是两个男孩，也会让其中一个上门，但大部分人看来，最理想的模式还是男的有一个，女的有一个。如立火把就能够看出，女孩的社会地位得到很大提升。在农历六月二十五晚上，村里要庆祝火把节。"头生

---

[1] 马雪峰主编：《魁阁文献①（张之毅文集）》，北京：社会科学文献出版社，2019年，第30页。

男"的人家才有资格"立火把",而"头生女"的则没有。大火把由本年内头胎得子人家共同出资分摊,小火把则是各家购置,点燃后手持回家,意为带来幸福。但现在,无论是生男孩或是女孩,均有资格立火把。调查过程中,笔者就曾参与到当地"火把节"中去。

在婚姻过程中,许多未婚男女结婚的对象都会看未婚人村庄的总体经济条件。简单说,年轻女孩希望通过婚姻嫁到更富裕的地方,以实现向更好的一层的流动,同样,男性在选择倒插门的过程中,也同样希望从较贫困的地方到相对富裕的地方。这里必须强调一下,由于中国社会结构问题,普通人向上流动的渠道屈指可数,往往包括这么几条:高等教育、参军入伍及婚姻。传统社会中,能接受高等教育的人少之又少;战争年代参军则意味着相当大的伤亡。这两者,要么需要花费高昂的教育成本及时间成本,要么可能会牺牲生命。通过教育或者以入党提干,成为国家干部中一员的机会实现阶级跃迁确实不如婚姻实在。因此,我们可以看到,许多人将婚姻视为阶级跃迁中的一环,对婚姻的态度更加谨慎。

总之,包括婚姻法、家庭改革、农业集体化、正规教育及女性社会流动等,这些社会条件有利于女性权力的崛起,正是国家政策的施行和社会实践活动所带来的机遇,改变了女性在传统社会结构中的地位,甚至是家庭中重要的一员,当时的政治口号:"妇女力量大无边,生产能顶半边天。"作为不可忽视的生力军,年轻女性权力崛起,同样重要的是年轻女性主动利用新机会来挑战家庭生活中父权秩序。

正是这些变化,对家庭经济产生重要影响,个体注意到自己对家庭的贡献,而且,由于忠诚的对象从家庭变成集体,父辈与子辈之间,都是在公社领导、生产队长的指挥下进行生产,无形中会消弭掉传统社会中某些等级界限。年青一辈甚至会站起来挑战父辈权威。个体社会意识的觉醒，使个体更加追求独立性，因此，我们说，在更大范围内，整个国家依靠行政手段，完成了更大范围的社会整合，与此同时，个体的社会意识也在缓慢增长，尤其是一系列社会政策和运动，加大了社会个体的独立性，尽管社会整合过程中，试图抑制社会分化，但这些随着个体觉醒，已经很难再抑制了。

（三）集体化时代

新中国成立初期，为实现国家现代化目标，国家领导人优先选择了工业化和城市化优先发展的战略。新中国成立之初，工业基础薄弱，且大多位于东北部地区，工业化积累只能通过内部完成。为实现快速工业化，国家从农业、农村中抽取资源以支撑工业化、城市化建设，这一过程中，国家为了优先发展重工业，保障粮食和蔬菜的有效供应，实行统购统销政策，通过剪刀差，农业剩余价值被国家拿走。有学者统计，从1949年新中国成立到1978年，国家通过统购统销获取的牌市价差额为2 800亿元，约占同期农业国民收入的17%[1]。

国家在发展过程中，以农业补贴其他行业，因此，农业的发展也是很重要的。70年代，国家鼓励发展社队企业，农村办企业、办好企业促农业，管委会成立了企业办公室，明确大队生产队社员的经营权，进行分级管理；建立奖惩责任制，形成村里"四厂一站一队"的企业框架。这一时期，银桥公社在境内将个体手工业、私人加工经营的水碓、水磨等经营户，纳入集体经营，统一核算，统一分配，开展以粮为主、农林牧副渔发展多种经营方式的发展，组成粮食加工、缝纫、制鞋、泥木工、石业、铁业、竹木农具等各个副业小组

---

[1] 武力：《1949—1978年中国"剪刀差"差额辨正》，《中国经济史研究》2001年第4期，第5—14页。

及马帮运输队和船业队等项目。当时，每个农业社的副业总收入占农业总收入的17%—20%，产值四五万元，人均增收10—15元。从建立小公社以来，各大队均完成了社队企业办公室，先后建立了联营厂，生产队建立了茶、林、果基地，粮食加工站，养鱼、鸭、蜂等小型工副业，榆村建立硅酸盐沙砖厂和车线厂。社队企业的开办，不仅有利于提高社会总收入，还能将农民组织起来，使农民生产方式发生变化，生产合作化使个体生产模式转变为先进的大规模生产方式，农民能够逐步摆脱贫困的状况，提高社会经济收入，过上自己满意的生活[1]。

传统社会中，个人终其一生可能都离不开祖荫、家荫，但后来发生了很大改变。解放运动、新婚姻法、新型消费和新型生活方式等，使得社会主义改造运动深深渗透到私人生活领域，以及个体不仅从家庭的束缚中解脱，还能参加到国家推行的社会运动和宣传中去，国家成为个人所归属的最强大也是最终的实体。

---

[1] 那荣昌主编：《凤卜中村村志》，2014年，第99页。

三、改革开放以来榆村经济生活变迁

改革开放之后,随着市场经济的发展,国家强调"政社分开""政经分开"。这不仅改变了乡村社会中的治理模式,同时,也使乡村社会关系重构。过去只有党政国家挑选的信任得过的人能够在社会资源分配过程中受益,而今,每个人都能在国家或集体主导之外的某些领域中找到自己一方天地。治理模式变成乡政村治,在乡村社会中采取普选方式,这表明计划经济下的社会主义国家中的那种通过行政关联管理模式的解体,乡村中的社会力量从束缚中解脱出来,得到发展,尤为关键的是社会主体性的发展[1]。市场能够提供资源和机会,同时,自由与空间不断扩大,相当一部分农民摆脱土地的束缚,进入城市中,寻找更广阔的市场。

当人们离开家乡到城市务工,先天性的具有血缘性、地缘性的乡村社会反而成为一个驿站,成为逢年过节重温亲情关系的一个地方。而当这些外出人到达一个新的地方后,便会以自己为中心,以业缘、学缘、趣缘等各种关系建立起自己的圈子,构建起属于自己的小圈子。因此,当乡村社会充满流动性的时候,人们就会在更广阔的范围内寻找发展的机会,构建自己交往的圈子,并依据关系的亲疏远近选择是否将外来者纳入自己所在的体系。总之,国家权力的退出,市场经济逐渐在农村发展起来,市场逻辑和交换原则渗透到农民潜意识中,"总体性社会"走向分化。

这里所提到的亲属关系,可以用人类学上的拟亲制度来理解,通过拟亲属关系,构建出一种新的联系,这种联系将陌生关系转变为亲密关系。在传统的社会秩序中,当几个朋友情投意合,互为知己,

---

[1] 张良:《乡村社会的个体化与公共性建构》,北京:中国社会科学出版社,2017年,第129页。

进而关系密切,并在社会生活中相互依靠,通常会通过结拜的方式来巩固、维持彼此之间的关系。在结拜过程中,焚香烧烛,祭拜天地、神仙等仪式是不可或缺的。比如我们熟悉的一些黑帮性质的洪门、青帮。一些正当行业里面,也会形成兄弟姐妹相称的团体,比如广东某些地方的"老姑娘社"。就为妇女不仅提供了物质上的帮助,还有精神上的,当年迈的老人逝去,在世的人有义务为其烧香祭祀。

传统社会中的亲属关系,主要提供两个方面的功能,一方面是物质上的(经济上)帮助,另一方面则是精神上的需求。随着社会的转型,这些功能也不断地发生改变。因此,当个体离开原有的乡村共同体,到一个新的区域,便会通过某种社会联结,形成新的小共同体,以便从这个新的小共同体内,获得新的资源。当个体的流动性增加,不稳当性增强,会导致原有的社会结构进行分化,甚至于瓦解消散,但在一定意义上,个体会在更大范围内进行新的整合,以更好地获得和利用某种资源。

尽管选择的权利多了,但这种以业缘、趣缘为主构建的小共同体往往不如传统社会中以血缘、地缘构建的共同体稳定,这种小团体形成时间短,建成速度快,消失得也很快。由于工作地点的不断变更,社会关系的形成往往是基于不同打工地点生产、工作和感情的暂时性需要,这种社会关系建立的基础往往是获利性,当利益共同体瓦解或是发生冲突的时候,往往就会曲终人散、各奔东西。不稳当基础上建立的社会关系,当利益解体时,关系网络也便破碎。正如鲍曼在《流动的时代》中提到在竞争激烈的商品和劳动市场上,由于社会资源的稀缺性,同时社会鼓励竞争,这样不仅激发个体竞争意识,而且视合作为暂时性策略[1]。

---

[1] 齐格蒙特·鲍曼:《流动的时代》,谷蕾、武媛媛译,南京:江苏人民出版社,2012年,第3页。

随着改革开放的推进,对工人的需求大幅增长,部分农民走出家庭到产业区做一名工人。城乡二元体制的逐渐放开,人员流动的多元性,使得一个个个体越来越依赖自己,高度分化的、自己对自己的未来负责的社会逐渐出现。

从新中国成立以后,新政权对农村进行全方位的改造。在推行一系列组织与制度变革的同时,还致力于摧毁农村的旧风俗,旧习惯。可是,慢慢地,民间信仰恢复,传统仪式、信仰得到复兴。

(一)家庭联产承包责任制

家庭联产承包责任制,即把生产队的统一经营与家庭的分户经营结合起来,把农民的切身利益同产量密切联系起来。家庭联产承包责任制的具体施行方法是包干到户和包产到户。在实践中,绝大部分地区采用的是包干到户的形式。家庭联产承包责任制,使农民不仅获得土地耕作和经营的相对自主权,还有对自身劳动力的支配权。制度的施行事实上是恢复了以家庭为基本生产单位的农业生产模式。

榆村一些生产队从本地实际出发,学习借鉴外地的经营管理办法,恢复与发展互助组、初级社经营管理经验,探索专业分工、包产到组、联产计酬等各种形式的生产责任制。由于包产到户的生产责任制度简便易行,适应大理州大多数生产队的经营管理水平及多数农民自主经营的愿望,绝大多数社队农民群众选择了包产到户的生产责任制形式。从 1982 年 12 月 13 日至 1983 年 4 月 20 日,银桥公社党委按照大理县人民政府颁发的有关规定,全面完成了农田包干到户和工副业承包生产的家庭联产承包责任制。至此,人民公社三级所有、队为基础的集体统一经营体制,被家庭联产承包责任制所取代。

家庭联产承包责任制，是在生产资料公有、禁止土地买卖、统一计划的前提下，生产队将集体所有的耕地，按人口以户为单位包给社员经营。土地好坏搭配，抽签认领。承包户交一定提留款归队。公余粮（合同订购粮、任务粮）分户分担，生产费用自理，自负盈亏。耕畜、大农具等折价归社员所有，分期付款。生产队的砖瓦窑、作坊、加工机房、果园、茶园、桑园及其他经济林木等，由社员自由联户经营，定期向生产队上缴积累或租金。承包责任制落实后，生产队与承包商双方签订合同，报大队备案，共同遵守。

贯彻执行"宜统则统，宜分则分，统分结合"的双层经营体制。将农田基本建设、机耕、排灌等不适宜农户单独开展的生产环节，通过集体服务的形式完成，提高了农业生产社会化程度；适宜农户完成的田间管理环节由户进行，增强了农业的活力。双层经营体制的实施，进一步完善了家庭联产承包责任制，使集体和农户的作用在农业生产全过程中相互补充，扬长避短。继续稳定家庭联产承包责任制，坚持土地集体公有，农户承包使用。由于农户家庭人口变化，各地在"大稳定"的前提下，进行必要的"小调整"。

简单地将农村在改革开放后取得巨大发展全部归功于家庭联产承包责任制也有些绝对，某种意义上，20世纪六七十年代的水利基建工程和作物的研发，也起到了很大作用。20世纪60年代，随着科技的进步和生产的发展，银桥引进了水稻的新品种，如西南175、台北八号等品种，产量和品质得到提高。但这些品种株高不高，需肥量大，适应性差，病虫灾害严重，推广面积不大，种植时间不长。70年代以后，随着各项技术措施的推广运用，氮、磷、钾化肥的推广，农业机械化水平的提高，水稻生产进入了新的阶段。1972年后大力推广杂交苞谷品种，使产量大幅度提高。生产中使用的品种根据品质又分为食用型、饲料型、蔬果型品种。在种植中，逐渐改变老式满天星的种植方法，采用3尺×8寸双行薄膜笼的先进种植方法，基本苗每亩约5000株，产量一般达1500斤。

1984年统计资料显示，榆村有人口3218人，667户，到1987年增长到3437人，734户，耕地面积3065亩；1990年统计资料表明榆村有人口3480人，耕地3063亩。这表明从联产承包责任制以来，人均土地耕地面积不到0.9亩，约为0.88亩，这也与全镇数据大致相符，就全镇来说，1989年与1990年统计，人均占有耕地0.87亩。[1]

据担任过包产到户时的ZXZ[2]说：土地承包的时候，将土地分为水田、雷响田[3]、旱地和水浇地。榆村主要是水田和旱地，划分的时候就是将一片一片的田地分给每一家，连路边长的大大小小的树，都分给了每一家。到最后就剩下路和村公所没有分。这种土地分配是最彻底的包产到户，几乎没有留下属于集体的部分，每个人平均分到土地只有0.89亩左右，土地承包权属于家庭，人口新生、死亡、迁徙等因素并不影响到对土地的承包。

榆村从1982年起开始实行农田承包到户的生产责任制，农民自主管理土地，在发展农业生产的同时，开展了多种经营管理。榆村农业生产条件好，水利网覆盖全村，交通便利，又有小型农业机械配套设施，随着农药、化肥、品种、科技等不断更新，年年都获大丰收。1992年，二社ZXZ户的水稻单产达到了世界高产水平。该户的一丘1.8亩稻田，经大理州、市、乡、村四级农科部门测地积、测产验收，亩产量达2048千克，创了超吨粮纪录[4]。

与此同时，一些互助性的活动也在减少，劳动日益货币化，一

---

[1] 资料来源：银桥镇政府内部资料，2021年7月5日引用。
[2] 访谈时间：2021年7月6日；访谈地点：于榆村；访谈对象：赵某某，75岁。
[3] 雷响田指的是雷响后，靠天下雨集满水，才能进行插秧和播种，风调雨顺年月则有收成，若遇干旱则收获寥寥无几，甚至绝收。
[4] 那荣昌主编：《凤上中村村志》，2014年，第102页。

些在某些领域有一技之长的人，纷纷到各地打工，一般有些一天能挣两三百，少的也能挣一百多，所以，村邻之间相互帮衬，给钱又有点伤感情，但邻人又不可能放弃自己的挣钱机会来帮忙，因此，大多数时候，便是将自家的业务承包给专业的人进行修缮，以货币来进行支付，而不是像以前那样通过帮工或者换工的方式。另一方面，农业的机械化在农村地区的普及，不仅大大节省了劳动力、劳动时间，还提高了生产效率。曾经是彼此间相互换工进行耕作，但机械的普及，使得相互之间可以不通过互助合作，而是简单依靠家庭层面就可以完成。

改革开放初期，农村生产力快速发展，家庭经济收入结构发生变化，使农民的收入从以农业收入为主转向非农产业收入为主。在80年代末90年代初以前，农民的生计以种植业为主，养殖业为辅。据统计，从1978年到1985年，第一产业的增加值以年均7%的速度增长[1]，这有利于提高农民的收入。在农业快速发展的同时，乡镇企业异军突起，农村劳动力向非农产业转移，随着工业化和城市化的推进，进一步推动了劳动力转移，使得非农产业收入成为农村居民的主要收入来源。

个体化问题必须和经济问题关联起来，必须摆在社会整体中去衡量和寻求解决之道。近代工商业社会取代传统社会，生产单位由家庭转移到工厂中去，因而也就取消了为生产而加强家长权的根据。伴随工商业发展，个体获得解放，这种解放放在农村经济形态中的社会里，事实上是不会发生多大作用的，当个体流动性增加，可以不依靠家庭生产便能够谋生，个体通过自身努力便可获得经济能力，无疑能够促进个体化的发展。

---

[1] 资料来源：银桥镇政府内部资料，2021年7月5日引用。

20世纪70年代末80年代初的"分田到户"改革,使农业生产方式从集体作业中脱离出来,回到以个体为单位的小农生产方式,生产方式的变化,实际上标志着集体化时期从公社到生产队的纵向控制的瓦解,农民一方面获得了相对自由,个体能够自由流动,使得原本被束缚在土地上的人们,能够灵活就业,可以选择自己想要的生活,这种选择方式不断强化着个体的自我意识;但另一方面,这也意味着个体失去组织的保护,对于个体农民而言,公社的解体意味着个体失去集体的保护,个体从公社时期的庇护—依附中脱离,而且随着市场化改革,个体将独立面对市场,风险性和不确定性增加。

经过30多年的改革,中国的农业、农民和农村都已经高度分化,这种分化不仅有生产方式和生产关系的变化,还有社会理念、心理方式等方面的变化。当前中国社会中的农业生产方式,表面上似乎和传统农业中的生产方式有很多相似之处[1],但本质上却大不一样,尤其是在社会加速转型,市场经济的加持下,这种不同意味着我们需要以新的范式去研究。

(二)土地流转制度

家庭联产承包责任制一方面给村民带来很多自由,但在这个过程中,妇女又被纳入家庭生产中去,尤其是在集体化后期,社会运动和动员越来越少,妇女不太可能离开家庭,新制度使得妇女再次纳入家庭生产。土地流转制度的施行,使妇女可以离开家庭去打工,这无形中使得妇女脱离开家庭,并且,支付方式为现金,甚至要求个体每人自带一张银行卡。获得经济收入,不仅让妇女提高社会地位,同时还获得了社会话语权。

---

[1] 张慧鹏:《农民经济的分化与转型:重返列宁—恰亚诺夫之争》,《开放时代》2018年第3期,第112—128、10页。

传统的集体生产中，个人不太容易意识到在家庭集体生产中的贡献，小辈依附于长辈，妇女依附于父亲或者丈夫，家中钱财掌握在一家之长手里。当挣钱的人从家中脱离出来，他们能感受到自己的工资收入是自己的劳动成果。在集体化时期，是通过记工分形式表现出来，当集体化解体，工资由工厂直接支付，个体至少能够按照自己的意愿将一部分资金用于满足自己的愿望。由于挣工资成了个人的事，个体的社会经济地位无形之中提高了。挣钱的人从家庭成员中分离出来也会对亲属关系产生影响。

费孝通在《江村经济》中举例子说道：有一个妇女，在结婚一年后离开了她的丈夫，在无锡的一家工厂里工作，并和这个厂里的一个工人发生了恋爱。他们这种不合法的结合被发现之后，被厂方开除。他们同居了两个月，由于经济所压迫不得不分离。这妇女回到村中，受到很大的羞辱。她的公婆最初拒绝再要她，但后来又收留了她，因为准备将她另嫁他人，以便可以收到一笔钱作为补偿。最后，考虑到她在本村丝厂里能工作的本领，她的公婆取消了原来的打算，对她一如既往。她的丈夫对这件事则完全采取被动的态度[1]。

榆村在土地流转过程中，在所有权不变的前提下，以一定条件从农民手中获得土地的经营权或使用权。这种所有权获得主要有转包、转让、股份合作等方式。土地流转制度的施行是根据当前社会环境下做出的调整，有利于加强土地利用，大规模进行农业生产，提高农民个人收入。从2006年取消农业税，国家加大对农民的补贴，减轻农民的负担。但部分地区由于大量人口流出，土地荒废，国家通过土地流转，鼓励有能力的企业或个人进行生产，也有利于保护粮食安全，发展社会经济。

---

1 费孝通：《江村经济》，戴可景译，北京：北京大学出版社，2012年，第204页。

银桥镇依托云南农业大学编制和指导实施《银桥镇现代农业发展规划》。全镇现代农业发展将进一步突出"生态有机高原特色农业"一条主线。积极抓好土地流转和协调服务,土地流转总面积达7000亩,建成2100亩蓝莓基地、1300亩苗木基地、1500亩有机米生产基地、1620亩无公害蔬菜基地、150亩食用玫瑰基地、2100亩现代烟叶基地、200亩薰衣草基地;修建机耕路590米,建设蔬菜大棚20亩,安装喷滴灌系统180亩,发展了大理市银顺蔬菜种植专业合作社、霖锡蓝莓种植专业合作社等22个农业专业合作社。

几年来,通过土地流转探索,初步显出集约化经营的优越性:一是改善了生态环境,培肥了土壤,节约了农业用水,确保了工业用水,减少了化肥农药施用量年计614吨,减轻了洱海面源污染。二是营造了田园风光,园区内鲜花铺地、果硕累累、稻田里鱼鸭游泳,多样的生物资源为发展观光旅游业创造了条件。三是为市场提供了优质农产品,天赐蓝莓、优质蔬菜运往北京、上海、广州等地。四是增加了农户收入,部分劳动力从农民转变为农业工人,月均收入70—100元,为脱贫致富迈出新路子。

2003年启动建设银桥绿色食品工业园区。银桥绿色食品工业园区规划区总面积1814亩,建成面积638亩。2014年以来,银桥镇通过引导当地群众向有实力的企业和大户流转土地,实现土地资源的合理高效利用,村民将土地以每亩1600元并每年增加50元的方式租给企业,同时,还可根据公司生产需要,在基地内务工以增加收入。刘圣欢、杨砚池认为土地流转制度的施行,是适应市场经济和现代农业化建设,农民将土地流转,不改变所有权,在土地集中生产的过程中,有利于集中统一管理,提高农业生产效益,提升农业综合生产力[1]。

---

1 刘圣欢、杨砚池:《现代农业与旅游业协同发展机制研究——以大理市银桥镇为例》,《华中师范大学学报(人文社会科学版)》2015年第5期,第44—52页。

为了响应政府政策，榆村也将大量耕地进行流转，当前榆村有耕地2800余亩，已经出租1800余亩，土地租金一年1400元/亩，按年给，租期为14年，土地租给外地老板做蔬菜种植或开田舍。这些老板雇佣当地人或者一些邻县的人干活。土地流转过程由村一级进行，社长签订合同，将农民的土地承包出去。由于用途不一，租金的价格也有很大差别，如果是用于建厂方面，一亩土地租金能达到2000元，农作种植就是1000多元。

ZZC[1]表示：家里的田地都租出去了，全村的土地差不多都租出去了，只有小部分没租，有的是政府租的，有的是私人租的，但不知具体的租主，他们租了也不种东西，就荒着，有租田合同，但是有些连租金都拿不到。比如红宝公司租了田，没给租金，老板跑了。一般是社长出面向村民租田，每亩1400元，家中6.3亩田都租出去了。

LZJ[2]说道：村里种田的人很少，一个是成本高不划算，一个是村里的土地都租出去了，主要租给一些企业种植花卉、绿色环保蔬菜、树苗、水稻等等。租金差不多是1400元一亩，租期一般是10年以上，租金按年给。但也有些人没给租金，昆明有个老板租田种水稻，两年没给租金，稻谷收了就走了，后来村干部找到他，他说："稻谷有的，没有钱"，大家也没法，虽然有合同，但是村民也不能把他怎么样，只好把田拿回来重新租给他人。我家有4亩多田也都租出去了。村民把田租给老板，老板又雇一些村民干活（如种花、种水稻、栽树苗等等），工钱是一天80—100元，干工（不包饭），男女都有，但男的很少，男的还是愿意去外面打工。

土地流转中，明显能看到部分农民是比较认同的，一方面，家庭中从事农业劳动的人越来越少，土地流转能够避免土地撂荒；另

---

1 访谈时间：2021年8月3日；访谈地点：于榆村；访谈对象：赵某某，55岁，环卫工人。
2 访谈时间：2021年7月23日；访谈地点：于榆村；访谈对象：李某某，50岁，建筑工人。

一方面，耕作土地投入越来越多，尤其是作物、化肥、农药等价格上涨，而产出越来越少，种地不太划算。土地流转之后，每年可获得一定的租金，同时解放出来的劳动力能够离开家庭，出门打工或者给土地承包者打工。当地部分村民，就是在田舍里面从事服务员工作，还有一些种树、育草、施肥、浇水等。每天都能获得几十到上百元的收入。

但部分村民也认为，土地流转使他们失去土地，看着流转出去的土地，承包者并不利用，任其长草，这是祖祖辈辈耕作的田，对土地的深厚感情，让他们感到难受。同时，土地的流转，部分人无法获得新工作，这更加加深了他们对未来的担忧，不确定性和风险可能随时会降临，这部分人对土地流转发出质疑。

调查中就遇到访问者表示：

> 自己还是喜欢种田时候，两亩田种菜，主要种植冬瓜、辣椒、韭菜之类的经济作物，一年挣三万多块，并不是什么难事，自己还能够走走亲戚。种植蔬菜，可以两三天不管。而现在一天不工作就一分钱也没有，在酒店当服务员打扫卫生，朝九晚五，一个月差不多挣2000块，不能请假，干一天有一天的钱。[1]

土地流转制度对不同群体产生不一样的影响。第一类是在很大程度上依赖土地的人，对于他们而言，土地流转使他们觉得自己的生计被剥夺，且由于年龄、学历的限制，不能很好地找到一个较为满意的工作。家中上有老，下有小，也影响到他们外出打工的积极性。这部分人对政策有所怨言。

---

[1] 访谈时间：2021年5月30日；访谈地点：于榆村；访谈对象：赵某某，42岁，酒店服务员兼打小工。

第二类是不依赖或不完全依赖土地的人，他们一般都是拥有正式的工作，或是在有关部门任职，或是一家人全身心投入商业中做生意，他们的土地本身就少，而且大多已放弃土地。对于他们而言，土地流转使他们能够更加专注到其他领域中从事生产，而且每年还能额外领取一定租金。

第三类人介于二者之间，可将其视为一般依赖土地的人，这类人一般都是家中部分人有工作，不管是长时性的还是短期的，他们家中田地不多，也不少，便出现部分人在外工作，部分人专门务农，当农忙时，在外工作的人便回到家中帮忙。由于他们的收入不全靠土地，所以土地流转对他们的影响不如第一类人那样，但也产生一定影响，尤其是对于在家中专门务农的人而言。

蔡某主要从事装潢工作，据他说，自己主要从事房屋装吊顶工作，一天200多块，有活干的时候，包工头会主动联系他，他的儿子在古城某酒店上班，一个月3000来块，早出晚归。他老婆则在家，有活干的时候就到蔬菜种植社去采摘蔬菜。因为家中田地只有一两亩，一家人不可能靠土地养活。如今，土地流转出去，老婆有事就忙自己的，没事就到处找点事干[1]。

可以说，现代社会中，如果从事农业的个体因土地流转失去工作的机会，又不能找到足够好的工作来支持自己和家庭的消费，便造成工作的收入不够维持生活，必须设法利用空闲的日子多找些收入以补生活费用的不足。而且更为重要的是，现代社会中求职者大部分时间是由买方掌握，公司、企业拥有求职者大部分时间，而求职者时间不容自己自由支配，往往只能专于一业，职业是独一的，收入是独源的，一旦失业来临，收入全断，立即会威胁到生活。

---

[1] 访谈时间：2021年6月25日；访谈地点：干榆村；访谈对象：蔡某某，50岁，建筑工人。

现代社会中，劳动者脱离生产工具，放弃生产经营，便失去了独立的能力，个体依附于企业，根据契约将劳动卖给企业，职业机会亦操之于后者之手，如果劳动者不能够被雇用或者被解雇，这意味着劳动者丧失从业机会，即完全陷入失业境地，这将带来严重的失业问题和社会问题。而传统社会中，个体可以从事以家庭为单位的小农经营，即使是在手工业上，年长的人也能够为家庭经济做出自己的贡献，如织布，挣几文钱，多少也能够补贴家用，减轻家庭中的负担。

土地联产承包，看似又回到原来一家一户为单位的个体小农经济上，但实际上发生了很大变化。传统社会中生产方式通过简单协作，生产环节相对独立，生产目的注重家庭需求；而在商品经济条件下，对个体将产生重要影响。农村土地流转，一方面将个体从农业生产中脱离出来，另一方面也将个体置于更不安全之下，因为不同于传统农业或集体化下的生产，个体需要担忧自己是否可能遭受失业危机，一旦危机发生，对个体及其家庭，影响巨大。同样的影响也来自第三产业，如服务业。一旦社会结构发生变化，个体又不能返回传统社会中去，无疑将失去就业机会，减少收入来源。

（三）旅游业对社会经济的影响

21世纪以来，大理市结合新农村建设实际，通过洱海保护，结合弘扬民族文化，引导环洱海住农户发展农家乐、办客栈、做餐饮，更好地满足游客的观光、休息、度假、农事体验等旅游消费需求。进入"十二五"，特别是21世纪第二个十年起，大理环洱海乡村旅游进入一个快速发展时期，环洱海乡村旅游如雨后春笋，势不可挡。在国家政策和市场经济双重加持下，环洱海一线的村庄快速发展乡村旅游业。

在这个背景下，榆村地区由于独特的气候条件、壮丽的景色和历史人文，吸引着大量外地人，外地人的到来，不仅带来外资，还有先进的经营管理经验，这些外地人纷纷租用或购买农户住宅进行改造，部分村落中的有钱人也将资本投入农村旅游业中，开办客栈、酒店、农家乐、旅拍景点等。杨复兴认为通过对旅游资源的购买和租用，实现资本的运作，资本的运作使这些外来经营户能够享受到公共利益。在外资进驻下，环洱海一线的居民纷纷将住房进行改造，或建成客栈，或建成酒店，部分人依托地利，兴办农家乐，吸引外地人到此休息、用餐，这些举措有利于促进乡村旅游业的发展[1]。

相比于早期通过低价购买土地或租用茶场等方式对土地资源实现占有，现在则是用租金租用房屋或投资合建房屋来进行旅游开发，这种方式更隐蔽、不易察觉，表面上看，租户租用的是农家的房屋，实际上是免费占用苍山景观、洱海资源、农村便利的基础设施等经济"公共产品"，即租户用低成本、低租金，攫取了大量的公共资源的利润。据调查发现，在榆村的客栈、酒店经营中，有95%是外地租户，本地人开办的只有两户，大量外地租户的进入，榆村的旅游资源再次被那些拥有投资眼光的人占有。这些客栈、酒店床位的价格有588、688、888元不等，有些甚至更多，某种程度上，正是由于苍山洱海绝美的环境和悠久的历史及名人效应等因素，吸引了大量的海内外游客到此，这是一个充满商机、可以获取高额利润的一次投资终身获益的绝佳机会。

一方面，农民出租房屋取得租金，一般是一年2万元，一次租20—40年，一次拿到50万—60万，农民从未见过这么多钱，感到收益巨大，但是这些农民没有看到租户的利润和发展前景，为以后

---

[1] 杨复兴:《大理旅游跨越发展研究》，昆明：云南人民出版社，2013年，第112—113页。

的租户和房主之间留下了很多隐患,甚至会引起农民对周边田园风光土地的无序扩张式的占用。同时,大量金钱的涌入,导致部分民众不知所措,没有长远眼光将这笔钱投入再生产中去,而是用于吃喝嫖赌。尤其是2010年左右,赌风盛行,后来政府及相关单位花很大精力才遏制住这股不正之风。另一方面,由于租户所在村的村委对今后的村集体经济的发展、社区经济的发展规划不足,使目前云南旅游中,旅游产品的同质化导致许多项目只能相互降低价格以吸引游客,不仅不利于旅游质量的提高,而且还容易形成低价竞争。旅游管理过程中的疏忽,导致黑导游事件,影响了旅游形象。所有这些不仅影响当地旅游业的发展,更是给当地从事旅游行业的人带来经济上的影响。最直接的影响是游客的减少,导致当地某些以出租接送、拍照摄影的人或失业或转投其他行业,然而其他行业也已饱和,以致这部分人只能以更低的价格出售劳动力,这也造成人们收入低下。

在市场带动和政府引导下,榆村以田园风光为先导,依托大理三塔寺之便利,利用洱海风光,结合新农村建设,以旅游促发展,农民获利增收,实现"以旅促农"的新发展。榆村的发展是适应市场需求的,比如,在村西南侧,进村就有两条并行道路,最左侧的仍旧在进行道路路面拓宽,以满足更多车辆进出的需求,外地游客可以直接驱车到田园中游玩,田园距离洱海只有几十米,游客随时能到洱海边上拍照,在2015、2016年左右,榆村从原来名不见经传发展成为热门旅游点,人送外号"小马尔代夫"。

需要明确的是,旅游业的发展不能离开当地农户,而是应以当地农户为主导,使农户成为这类旅游链条里的主体。在旅游发展过程中,收益应主要归当地农户,而不是旅游公司。榆村之所以能发展起来,一个很重要的原因就是劳动力都还在村里,而那些大量劳动力流出的村庄，有些只能做资产经营，把全部资产打包出去，改成现代化的酒店，接受分红。如果被外来资本买断承包，农民就可能失去主体地位。这是发展乡村旅游过程中，不能忽视的地方。

榆村在乡村旅游发展过程中，主要存在以下几种模式。第一种为个体农户开发。即农户自己经营、自己管理的方式。其特点是个体私营经济，个体经营者通过对自己的民居进行改造以发展住宿、餐饮等乡村旅游项目，自己完成旅游接待和服务过程中的全部工作，实现自主经营、自负盈亏[1]。这种模式经营者有YFY，其经营客栈为YW海景客栈。榆村环洱海的客栈经营大多是以租赁方式。但YW海景客栈是榆村本地人自主经营。YFY，高中学历，今年36岁。整个院子面积差不多900平方米，现在一晚，大床房是200元左右，特价房160元左右，家庭套房350元左右。整体来说，现在的房价比之前已经少很多，之前洱海边上一般都是588元、688元、888元，有时甚至上千元一晚也很正常。偶尔节假日，价钱会稍微提高一点，但也没有之前高。除此之外，本村老板YRL开了TR田舍，YRL当年是做建筑行业，早期是干包工头起家，手底下有几个人，慢慢地，规模越来越大，在工地上承包工程，挣了不少钱，后来将这些工作交给了他的儿子管理，自己回村弄了TR田舍，为本地人提供了一些就业岗位。

第二种模式为外地人租赁农户房屋进行开发。外地商户向农户租用房屋，农户出租房屋，收取租金。这种模式在榆村占据大多数。如MSJ客栈，店长CYY，是西安人，毕业于西北大学，有出国经历。客栈老板是大理本地人，但不是榆村的。客栈是2018年6月才开业的，她也是6月份才过来当店长的，准备2019年3月份离开。客

---

[1] 杨复兴：《大理旅游跨越发展研究》，昆明：云南人民出版社，2013年，第293页。

栈租的村里人的房子，自己花钱装修的，整个装修风格主要以多肉为主题，老板和房东签了15年的合同。客栈共有9间房，客栈房价480元到1080元不等，春节期间满房。平时入住率都能达到50%以上。客栈招的客房服务员是本村人，卫生打扫时间不定，时间安排灵活。

HJSY客栈老板是广东人，房子是榆村本地人的，租过来自己装修的，租期是15年。之前生意挺好的，但2017年关停后，加上海景房的拆迁，游客相比2015年、2016年少了很多，现在生意就没之前好了。平时一般能住到一半人，生意好的时候可以住满，总共有10多间房屋。客栈的服务自己家人也干，也招村里人干。

YT客栈的老板是剑川人，姓张，50多岁，是昆明工商旅游学院的最早一届学生，毕业后去当兵，服兵役结束就开始搞投资，后来2015年开始自己经营客栈。大多游客都是来自北上广这样的大城市，之前营业的时候基本能住满，能卖出的房量基本都在90%以上。张某给了房东200万租金，租期20年。

第三种模式为股份合作制开发模式。这种模式以实物资产、资金、技术、劳动等多种形式入股，各持取一定股权，收益按股分红与按劳分红相结合，进行股份合作经营。如XX旅拍景点是班某与本村人合作，涉及多个主体，主要是班某提供资金、技术、劳动，房东提供实物资产（房子）进行合作，利润依据各占比例进行分成。

在这三种模式中，受益人多的是围绕环洱海一线的农户以及地处交通便利的农户（交通便利主要是指进村道路及停车场附近农户），村庄中大部分人并没有获益。

（四）小结

改革开放以来，市场经济对村落共同体产生了严重冲击。村落共同体的形成是基于共同利益，出于生产、安全、经济、娱乐等目的组织起来，天灾人祸使人们必须合作起来，协同保护彼此；宗教活动需要大家参与；个人在生产生活过程中需要与别人合作，娱乐和休息的需要，也把人们聚集起来。集体活动的减少，使得人们减少了往来，家庭成为一个私密空间，人们之间相互串门次数减少，更多是在高墙围起来的院内吃饭、看电视。之所以如此主要是因为家中劳动力外出打工，家中只剩部分老人和孩子，人员减少，自然相互之间的联系就会减少。

市场经济不仅对村落共同体产生严重冲击，同时也导致村民个体之间持续分化。市场经济中的理性经济人概念越来越深入人心，人们之间精于计算。传统社会中的个体之间相互扶持、守望相助在社会交往中变成利益交换，事不关己高高挂起的理念让人们不再随便说东家长西家短。村落中的舆论力量对人产生的影响越来越小。因为个体可以随时离开家庭，离开村落，到陌生人世界中去。由于个体之间的差异，部分村民或者利用信息不对称优势、人脉优势等，在浪潮中博得一些利益，还有一些人通过打工改善自己的生活，村民个体之间经济分化，逐渐演变为社会分化，使得个体之间的异质性大大增强。

随着旅游业的发展，环洱海一线的农户通过自己开办或者把房屋出租的方式，获得一定收益。他们通过自己的劳动提高了收入，改善了生活，改变了社会经济地位。

但也应该看到，无论是土地政策的变化或是旅游服务业的发展，这些都是在市场经济条件下进行的。此时，家庭之间再难以相互配合，安全性不断下降，不稳定性逐渐上升。

四、结论

本文对从 1945 年到 2021 年榆村人民的经济生活进行研究,并将这段时间划分为 3 个时间段,1949 年之前的社会(主要是 1945 年至 1949 年这个时间段)为传统社会或者伦理社会,这段时间中主要探讨家庭经济整合对个体的影响,整合方式主要是依靠血缘、地缘进行的先赋性整合。新政权建立后,农村进行改革,个体从家庭中抽离出来,直接嵌入"个体—国家民族"的轴线中去,使个体能够和国家面对面,在城市有单位,农村有生产合作社,某种意义上,政府成了整个社会的大家长,这段时间指的是从 1949 年到 1978 年的中国社会,也称总体性社会,先赋性的社会整合从属于国家层面的政治整合。

1978 年后社会发生翻天覆地的变化。个人从传统的束缚和归属纽带中解放出来,以便按照主观意愿造就自我。农村的分化首先是村庄里的分化,社会分化的同时,个体意识日渐独立。个体化进程给个体带来了流动、选择和自由,但由于缺乏相应的制度保障和支持,榆村人的经济充满了不确定性。而且,个体化进程加速了整个社会经济分化,导致个体之间、区域之间社会经济和社会地位产生严重的两极分化。

(一)从传统社会到总体性社会

传统社会中,家庭中的每个人都为了整个家庭的前途而共同努力,并由此获得人生的意义。人生目的不是为了自己,而是为了给家庭带来更加富裕的生活,给家族带来更高的荣耀。个体从出生到成长再到生存,离不开家庭的庇护。在一个流动性小、半开放的熟人社会中,家庭、家族、邻里成为农民日常生活的主要互动对象。

乡村社会由乡绅、族长等人进行管理和统治。这些人所拥有的权威为他们带来了权力，权力又带来更多的社会资源，社会资源转过来又能加强他们的权力，带来更大的威望。村庄的秩序由村规民约、习俗等维系。

为了家庭的繁荣，一方面每个劳动力在家庭结构中承担起自己的责任，尽到自己的义务。这种分工协作，使家庭经济成为一个整体，个人成为家中的一分子，为家庭经济服务。另一方面，"需要的共同体"为个体提供庇护，而且，正是因为家庭中每个个体的相互配合，使得家庭共同体更有能力面对社会风险。个体间的合作延续了群体。建立在血缘基础上的家庭群体，利害与共、休戚相关，自觉地在自身位置上，对生产负责，以适应多变的农业生产情况，并由此创造出一套管理经验和耕作方式。以家户为单位的生产成为整个农村经济组成的细胞。1949年以后，个体从家庭、村落共同体中脱离出来，当个体从家庭共同体中抽离，就需要建立新的联结，国家取代了家庭原有的地位，个体被纳入强有力的国家中。

新政权建立后，通过土地改革、集体化运动，实现从互助组到高级社的改变，乡村社会进行集体化运动，建立人民公社，使得国家意志力可以下达到具体某个人身上，这深深地改变了原有的社会结构。一方面，新制度的建立，摧毁了原有的社会组织和结构，尤其是对家族、家庭产生重要影响，家族功能被公社取代，农民从家族、家庭中的一员变成社员，这种制度的建立打破了原有的以血缘、地缘结构为特征的社会结构，而将社会成员放到更大的社会结构中，村与村之间联结起来。

另一方面，当社会个体从家庭、家族、村落中脱嵌出来，被纳入人民公社中时，个体与原有的社会关系就发生了变化，个体从家庭中的家庭成员变成了公社中的社员。

在中国传统文化的表达与实践中，家庭的重要性大于个人，家族利益高于个人利益，个人的身份和价值只有在集体中才能得到确认和界定，正是在这个意义上，个体的身份和自由都被消融于强大的国家怀抱。总体性社会时期，国家将个体从家庭、村落的束缚中解放出来，重新嵌入社会主义大家庭的分配体系中，表面上看，似乎个体社会并没有得到发展，群体利益依旧被置于个体利益之上，个体依旧属于群体。但仔细看集体化时期的社会政策和运动，由于社会生产从家庭变成了公社、生产队，从前那种家庭生产中无法准确区分个体的贡献的做法被工分制度取代，个体可以看到自己的贡献，明白自己对家庭的作用，同时，各种社会运动、动员，都是父辈与晚辈之间在公社领导、队长带领下进行，这无形中消弭掉了传统社会中的等级制度。不仅这些，还有教育、参军、婚姻选择等方面，个体的自主性得到了发展。

（二）不确定的自由

1978年之后，国家权力在乡村社会的退出与农村市场经济的迅速发展，二者共同导致农民的流动性增强，自由意识兴起，个体化给个体带来了个体与他人、个体与集体、个体与社会之间权利边界的调整，个体在社会与国家中的重要性得到前所未有的尊重和强调，每个人都有权利按照自己喜欢的方式生活。国家力量的退出，对于私人领域的控制减弱，国家集中精力搞经济建设、发展市场经济。市场经济的崛起对于农村社会道德规范发展逐渐起主导作用，因为传统时期的儒家伦理在集体化时代已经几乎被摧毁了，而集体主义精神在人民公社解体之后也轰然倒塌，市场经济裹挟的个人主义、理性主义开始占据农民的思想观念，个体越来越强调追求个人利益最大化。

市场经济下的个体不似传统社会中和总体性社会中那样。传统社会中不同成员间所任工作的分野，使得家庭单位内能够从事多种生产事业，多种生产事业带来的多元收入，能更好地维持家庭生活，更为重要的是，自给经济下的生产方式，更能使家庭不断扩充在其他领域上的生产，这种方式，使得家庭能够保有退路，即使遭遇不幸，也不至于倾家荡产。新中国成立后实施的一系列政策，使大共同体的国取代小共同体的家，个体的忠诚对象从家变成国。维持秩序的节点从士绅变成官僚，从讲究人情秩序变成权力秩序。又因为中国社会中根深蒂固的"关系"存在，因而无论是小共同体还是大共同体内，在"关系"下人情可以干涉到权力，同时，依附关系使个体能够得到共同体的庇护，使得家庭经济能在不失稳定性下得以发展。

随着工业化、市场化、城市化的推进，社会结构发生深刻变化，在新的社会结构中，家庭不再是基本的经济单位。工厂、企业招的是个人，个体以独立的姿态在工厂内部进行生产和社会交往。尤其是1984年个人身份证的发行，改变了原先出行或参加重大事务必备的介绍信或工作证。当个体从家庭、单位束缚中解放，便能够离开自己原先所在社区，通过选择新的职业，改变自己生活的轨迹。法律赋予个体平等权利和社会地位，个体日愈独立自主。

经过30多年的市场化改革，中国的农业、农民和农村都已经高度分化，并且仍然在加速分化，农村从半封闭走向开放，家庭生产生活进入一个更加广阔的市场领域，基于熟人社会所产生的认知感便不再适应一个复杂多变的社区，文化参与感、社区认同无从谈起，人们成了"无公德的人"。农民价值观日趋理性化、世俗化，追求自身利益最大化。改革后我国社会结构的分化一方面体现了这种功能分化的过程，如国家与社会职能的分化，党政政企职能的分化以及职能单一化专门化组织的发展等。另一方面由于现阶段我国的社会分化主要是体制变革的结果,而体制改革的核心内容之一是利益的重新分配与调整,从而结构分化在很大程度上体现为一种利益分化政策因素在其中起着重要作用[1]。

当改善生活不再是一个集体而是一件个体性的事情,当发展进步成为一件私人化的事情,个体成为自身生活世界的中心:个体中的男人、女人,需要更加独立地运用自己的智慧、资源和勤奋,将自己提高到一个更为满意的状态,这种状态不仅仅是肉体上生存的满足,更是精神上的一种富足。个体如何选择自己满意的活法?那就是抓住现在,将现在状况中任何可能感到的不满抛至脑后,个体只能自我"减负"。个体自己成为再生产的单位,在这个单位中,将更加依靠自己,依赖自身的努力来现实目标。而且社会形成一种共识,那就是个体的不如意往往是个体自身的结果,以致当个体无法达成目标,便陷入无休止的自我内疚之中。

中国社会的个体化进程与其他国家相比,个体化的脱嵌过程是由个体社会地位的提升引起的。在我们中间有很多人都已经被分化,却没有真正地成为个体。社会福利和制度保障的不足,使个体难以独自面对分化过程带来的后果。单个人越来越依靠自己谋生立业,流动性增加了,不确定性也同样增加了,这种不确定的增加是因为失去自给经济的退路,同时又将个体置于风险社会中,这种风险哪怕是经历一次偶然的失业危机,也可能将个体陷入一种困境。曾经以分工促进家庭经济的整合是建立在自给经济上,正因为家庭中有最低保障,如家庭耕织事业,所以其他成员才能够去闯。但市场经济下,当人们的土地被流转,市场竞争加剧,有些个体因为知识或能力等,并不一定能够找到一个如意的工作,看似流

---

[1] 孙立平等:《改革以来中国社会结构的变迁》,《中国社会科学》1994年第2期,第47—62页。

动性增强，但也带来极大的风险，曾经的风险可能在家庭小共同体下或集体社会中解决，但国家权力的退出，社会保障并不足以使个体能够安心应对突如其来的风险。

人生而自由，却无所不在枷锁之中。个体化的社会，一面是前所未有的自由，一面是前所未有的毫无保障[1]。社会不稳定性渗透进个体生活的方方面面。从前"需要的共同体"能够为个体提供支持与帮助，但现在信任的港湾在减少，个体就像一艘没有抛锚的船只，四处漂泊，徒劳地寻找自己的避风港。甚至在发出求援的呼声时，得到的是你要自力更生。共同体的失去，可能意味着失去安全感，而公共体的得到，则可能意味着失去自由。

---

[1] 齐格蒙特·鲍曼：《个体化社会》，范祥涛译，上海：上海三联书店，2002年，第203—204页。

边境贸易中的社会网络变迁
——以云南省都龙口岸为例

作　　者：蒋　平
　　　　　云南大学民族学与社会学学院
　　　　　2017级社会学专业硕士研究生
指导教师：张　亮

导论

（一）研究缘起

自从来到云南大学，对边疆进行了解与研究逐渐成为我的主要学习内容。2017年第一次前往边境时，我内心充满了忐忑。想象中的边境是危险、需要保持距离、令人生畏的地方，而现实中却是完全不同的情景。在这片土地上，每天都在发生着各种"有意思"的事情。灰色贸易、流动频繁的外国人等现象与大多数人的日常生活都反差甚大。田野带队老师说没"蹭"到饭的田野是不成功的，但初来乍到的我们却极少饿肚子。那年回家过年，我兴奋地和父母分享在云南边境上的有趣见闻。当时像旅游般的我可能万万没想到从此和这个地方结下了缘，又去了第二次、第三次，并将这个地方当成了毕业论文的田野点。

本文的田野点位于云南省文山壮族与苗族自治州的中越边境，茅坪村村民的生计大多是务农、做"生意"。由于边境特殊的地理位置，他们做"生意"的交易对象主要是越南边民。这些生意通过边民互市、灰色贸易等方式，利用两个国家不同的经济政策与市场来获得收入。我第一次到茅坪村的田野主题即边境贸易，主要内容即村民的"生意"。2018年3月26日，都龙口岸正式开关，被批准为国家级一类陆路口岸。"生意"在都龙口岸的建设与完善中逐渐减少，当时被采访的村民无不表示"生意"越来越难做。2019年1月我再度来到茅坪村调研，此次调研是为毕业论文做开题准备。基于之前的田野收获，我的好奇心转向口岸开关与村民"生意"的关联。一位大哥对于开放的国门与"门槛"的比喻引人深思，为何打开的国门反而成为边民的"门槛"是本文的源问题。

云南省文山壮族与苗族自治州目前有国家一类陆运口岸天保口

岸、都龙口岸、田蓬口岸，是云南省面向东盟开放的前沿阵地。在"一带一路"倡议的推动下，中越边境的口岸经济蓬勃发展势在必行。文山州2019年的进出口总额为4.93亿美元，仅相当于同期德宏州的10.26%。出口额为0.14亿美元，相当于同期德宏州的1.53%。解读文山州中越口岸经济发展现状，发现其中的结构性限制由此显得十分必要[1]。

从历史的视角来说，边民的生计方式有一个建立过程。边民作为主体，其生存策略受到国家政策调整的影响，不同时期两国的不同外交关系也影响着两国边民的贸易形式、交往等。

关于边疆的研究常常基于国家在场的理论，讨论的基础是国家与社会互动中的社会建构主义，指向的问题是国家认同、边疆治理等。但随着边疆建设的经济意义逐渐凸显，把经济活动带回到研究视野中的呼声越来越大。此类研究更能与民族国家边疆社会治理等研究相辅相成，充实现有的认识。

经济社会学中最基本的概念即"嵌入性"，研究经济活动背后的社会结构性因素是主要内容。但对嵌入性的讨论并不能止于是否嵌入的验证，而应更深入地基于行动者的主体行动、对经济活动背后所具有历史感的互动历程进行探讨。经济活动从非正式化到正式化的变迁如何影响行动者的行动策略，从而推动社会网络纽带的变化，最终形成当前的经济活动现状是对于现实问题的理论解读。对社会现象的中微观社会结构分析，更是政策研究的排头兵。

本文关注的现实问题是经济行为与边民社会结构的互相作用，及二者互动对边境贸易正式化进程的作用。理论问题的落脚点是社会与经济的互动关系中的中微观社会结构变迁，通过社会网络分析

---

[1] 云南省统计局：《2019年云南统计年鉴》，http://stats.yn.gov.cn/tjsj/tjnj/201912/t20191202_908222.html，访问时间：2020年2月1日。

范式中的强关系、弱关系的分析性概念，认识边境贸易正式化的过程，从而展开一些学理与现实的思考。

（二）文献综述

1. 理论文献综述

"网络"这一概念最早由齐美尔提出。周雪光认为，其将个体与个体之间的关系以网络的方式进行可视化描述是极具想象力的。[1] 在随后对经济与社会关系的热烈讨论下，社会网络概念得到明晰与发展，社会网络研究逐渐成为当代热门的社会学议题。其中涉及代表性学者有波兰尼、格兰诺维特、林南、伯特、边燕杰等。

理性主义是经济学的重要基础，亚当·斯密在《国富论》中基于人的自利本性是一切经济行为的出发点对经济人假设进行了翔实的论述。[2] 此后随着对社会、个体的认识与研究的深入，逐渐出现了经济理性以外因素的考量，其中最具代表性的即波兰尼的"脱嵌"与"嵌入"概念。波兰尼从历史社会学的视角对工业革命后英国市场经济的兴起与发展进行了梳理，并通过"嵌入性"概念讨论了英国从圈地运动到济贫法案与斯皮纳姆兰法案的矛盾，最终由于社会结构与市场脱嵌，社会与经济陷入双重危机中[3]。在符平看来，波兰尼始终持有整体主义方法论，"嵌入性"概念在其书中仅使用两次。并未对造成以上问题的社会结构性矛盾作进一步深入分析[4]。而真正引发学界讨论"嵌入性"热潮的关键人物是格兰诺维特。

---

1 周雪光：《组织社会学十讲》，北京：社会科学文献出版社，2003年，第111页。
2 汪丁丁：《经济学理性主义的基础》，《社会学研究》1998年第2期，第3—13页。
3 卡尔·波兰尼：《巨变——当代政治与经济的起源》，黄树民译，北京：社会科学文献出版社，2013年。
4 符平：《"嵌入性"——两种取向及其分歧》，《社会学研究》2009年第5期，第145—168、249页。

古典和新古典经济学大多持有过度与低度社会化的观点，而新经济社会学则认为行动者的行动镶嵌在真实的、正在运行的社会关系系统之中。格兰诺维特认为，社会网络展现了整体社会结构图景中经济与社会关系的建构。他提出了强关系、弱关系的概念来展开他的研究。以个体为中心、由亲密关系联结形成的紧密社会结构即强关系。在强关系中，人们彼此熟识，联系密切。以个体为中心展开，彼此之间极少认识，松散、联系不密切的社会结构即弱关系。在弱关系中，个体在信息、资源上的差异巨大。正如林南所引用的一句俗语："重要的不是你知道什么，而是你认识谁。"[1] 以上是格兰诺维特"弱关系假设"的提出背景。此后他的研究沿着经济行为与社会结构的理论脉络，在镶嵌的核心概念之上展开了众多经济社会学的讨论。[2] 在格氏研究的巨大冲击性、影响力之下，社会网络分析逐渐成为一种成熟、可操作的研究范式。

19世纪70年代末80年代初，布迪厄、科尔曼等人深化了社会资本的概念，并丰富了社会网络分析的内涵。在他们看来，社会资本是附着在社会网络中的各种资源。在这一理论视域下，社会资源与社会资本概念分别在实证与研究层面、一般理论层面使用。林南在研究中扩展并修正了弱关系假设，并提出了社会资源理论。他认为，社会资源附着在社会网络中，通过社会网络能够实现社会资源的共享与分配。弱关系提高了社会资源的可及性及可操作性，在成就取得上发挥积极的作用[3]。

---

[1] 强舸：《关系网络与地下经济——基于上海一个自行车黑市的研究》，《社会》2013年第2期，第131—155页。

[2] 马克·格兰诺维特：《镶嵌——社会网与经济行动》，罗家德译，北京：社会科学文献出版社，2007年，第5页。

[3] Lin N, "Social Networks and Status Attainment," *Annual Review of Sociology*, no. 25 (1999): 467-487.

伯特延续了格兰诺维特的弱关系假设，在探究社会网络效率的优化中提出了结构洞的概念。结构洞是处于不同网络之间的缓冲器，用来描述非重复关系人之间的断裂。伯特认为密集的社会网络相似且重复，结构等位的存在将产生大量的信息资源冗余。而不同的、分散网络之间的结构洞则能够获取不同领域的信息，实现不同利益的整合。在网络规模不断扩大的情况下，结构洞的构建是提高网络效率的必要途径。正如他在书中的形象比喻："洞是通向信息的要塞。"结构洞的数量与可选择的机会息息相关，"玩家"的回报率随着结构洞的数量而增加。伯特与格兰诺维特的注重点不同，他的"结构洞"概念更注重于对社会网络动因的探讨。[1]

边燕杰通过对天津工人就业的实证调查发现，格兰诺维特的弱关系假设并不完全适用于中国的求职研究。在公有制为主体的经济体制下，强关系在工作分配中发挥着连接间接关系的桥梁作用，并推动着中国人关系的互惠网络循环。他的求职研究并没有完全否定格兰诺维特的弱关系假设，而是认为在中国的人情社会中强关系的沟通作用强过弱关系[2]。此后边燕杰通过众多的研究进一步验证了强关系的重要性，形成了强关系假设。

以上是目前强关系与弱关系概念的论述脉络。有学者认为，多数关于社会网络的讨论都是关注于其实际作用、以数据为主要载体的工具化的研究，忽略了对于社会网络本身的学理性、解释性讨论[3]。边燕杰也曾提到，目前社会网络研究中的定量研究为主，造成缺少

---

[1] 罗纳德·S.伯特：《结构洞——竞争的社会结构》，任敏、李璐、林虹译，上海：上海人民出版社，2017年，第35—125页。

[2] 边燕杰、张文宏：《经济体制、社会网络与职业流动》，《中国社会科学》2001年第2期，第77—89、206页。

[3] 邱泽奇、范志英、张树沁：《回到连通性——社会网络研究的历史转向》，《社会发展研究》2015年第3期，第1—31页。

侧面定性研究验证材料的现象[1]。格兰诺维特在提出弱关系假设之初也曾提到，对于社会网络研究的最好方法是定性研究。他为了更好地展示社会网络的形式，从而采用定量、数学的方法[2]。因此，回到田野调查的实际生活中，用定性方法回应当前强关系、弱关系的相关研究，形成对话，将成为推动社会网络研究的重要任务。

此外，从对强关系、弱关系二者关系的讨论而言，格兰诺维特的"弱关系假设"与边燕杰的"强关系假设"之间并不冲突，而是扩展与补充关系。格兰诺维特的弱关系强调信息的流通，而边燕杰的强关系力量则体现在获得影响力较高的帮助上，强关系和弱关系孰强孰弱难分高下。姚小涛等人通过对企业成长中的资源依赖进行调查，发现在所有制结构和产业类型一定的情况下，对强、弱关系的依赖会随企业不同发展阶段而有所差异，规模小的企业更倾向使用强关系。随着规模壮大、企业网络的扩展，关系强度会随之减弱，弱关系转而发挥重要作用。[3] Suseno 等人对律师事务所在国际化过程中社会资本、人力资本的相互关系进行了研究。他们发现专业服务越是趋于全球化，强关系的相对重要性逐渐减弱。弱关系对于律师事务所成功实现国际化转型发挥着越来越大的作用[4]。众多的研究都显示着经济活动的正规化、规模化、国际化与社会结构层面的强关系、弱关系有着密切的联系。

在跨境经济互动中，强关系与弱关系的作用如何变化？是否能

---

1 孙晓娥、边燕杰：《留美科学家的国内参与及其社会网络强弱关系假设的再探讨》，《社会》2011 年第 2 期，第 194—215 页。

2 马克·格兰诺维特：《镶嵌——社会网与经济行动》，罗家德译，北京：社会科学文献出版社，2007 年，第 8 页。

3 姚小涛、张田、席酉民：《强关系与弱关系：企业成长的社会关系依赖研究》，《管理科学学报》2008 年第 1 期，第 147—156 页。

4 Suseno Y, Pinnington A H, "Building social capital and human capital for internationalization: The role of network ties and knowledge resources," *Asia Pacific Journal of Management*, 2017.

够与其他学者的讨论互相印证？强关系、弱关系之间的阶段变化关系如何？边境贸易正式化中社会网络形式的变化、影响为何？这些都是本文的关注重点。

2. 国内边境贸易的相关研究

为了更好地聚焦研究领域的问题，这一部分综述从狭义出发，以边境贸易为关键词进行学术梳理。以"边民""边疆"为关键词对国内文献进行检索发现，学界对边疆的讨论多围绕边疆治理出发，其议题涉及跨境民族、跨境婚姻、认同、生计等。其中心问题都是源于边疆秩序如何维护，边疆安全如何实现。随着改革开放后开放型经济的建设，边疆不仅是国土安全的重镇，更是承担着边疆经济跨越式发展、人民生活富足的重要任务。如何推动边疆经济发展，助力国民经济建设的问题无法避免。仅就云南省而言，其进出口贸易从1980年的1.1百万美元增长至2018年的298.95百万美元。这一阶段边境贸易在其中的占比持续增加，展现了巨大的潜力。[1]

新中国成立初期，我国曾与周边一些国家签订了口岸开放、边境贸易的协定。在实施期间取得良好的效果，但后来却因为一些原因中止。因此，真正意义上现代的边境贸易发展开始于改革开放后。相关学术研究最早始于1984年，学者对广西中越边境的靖西、大新、龙州地区的边境贸易进行了调研，展现了改革开放后繁荣的中越边民互市场景。[2] 此外，新疆的霍尔果斯口岸自恢复通商以来边疆城市的巨大变迁也受到关注。[3]

以时间为线索我国对于边境贸易的研究可以分为：① 1992年

---

[1] 云南省统计局：《2019年云南统计年鉴》，http://stats.yn.gov.cn/tjsj/tjnj/201912/t20191202_908222.html，访问时间：2020年2月1日。
[2] 尹之群：《中越边境集市贸易见闻》，《东南亚纵横》1984年第1期，第11—15页。
[3] 汪有富：《中苏边境贸易口岸——霍尔果斯见闻》，《瞭望周刊》1984年第32期，第28页。

以前：边境贸易初起步；② 1992—1998 年：构建对外开放新格局；③ 1998 年以后：融入世界的中国边境贸易。1992 年以前的边境贸易研究多集中于中苏贸易关系的现状、问题及对策，以及云南、广西边境中越、中缅边境贸易发展前景的探讨。由于边境贸易的地域特殊性，其发展与国际局势、国内形势都有着密切的关系。卢明辉等人基于中苏间边境贸易的历史亲缘性、地理优势性及发展现状，提出应提升口岸管理水平、制定配套政策等建议[1]。薛东从云南地区作为面向东南亚窗口角色的角度来讨论中缅、中越边境贸易对于中国对外开放水平、云南边境地区的繁荣稳定将发挥的巨大作用。[2] 朱应庚认为在国际经济力量的推动下，云南省对东南亚的开放步伐应该提上日程，融入东南亚的经济发展中去才能带动云南经济的腾飞。[3]

1992 年以后，国际局势、国内状况都发生了巨大的变化，主要包括以下三个方面。首先，东南亚国际形势缓和，中越紧张局势减轻，两国边境贸易得到了进一步的升级与发展。吴岸鸿对于广西地区对越口岸存在的商品结构、管理不力、政策延后等现状及问题进行了讨论，他认为政府应发挥对于边境贸易的重要引导作用，促进边境贸易的进一步繁荣升级。[4] 其次，苏联解体后中苏的单一边境贸易关系转化为以俄罗斯为首的多边独联体边境贸易关系，产生了很多新的讨论议题。中俄边境贸易中存在的商品质量低劣、人才培养不配套、制度建设不合理、市场秩序差等问题，造成了中国商品在俄罗

---

1 卢明辉、张昱：《对扩大发展内蒙古与苏、蒙边境贸易的几个问题及其对策探讨》，《民族研究》1989 年第 6 期，第 27—33 页。

2 薛东：《关于云南对外开放的思考》，《东南亚南亚研究》1989 年第 3 期，第 37—41 页。

3 朱应庚：《云南省对外开放所面临的国际经济形势》，《云南社会科学》1991 年第 6 期，第 6—8 页。

4 吴岸鸿：《当前国际贸易的发展趋势与广西外贸应采取的对策》，《广西社会科学》1992 年第 2 期，第 34—38 页。

斯滞销的困境[1]。阚泽彬对于中俄边境贸易所存在的瓶颈及升级问题提出了一些思考。他认为国内的产业升级、制度建设、政策扶持都是解决该问题的重要途径。[2] 最后，中国对外开放格局升级的过程中基本形成了由沿海到内陆的各国边境口岸体系，与东北亚、东南亚地区的边境贸易都得到了蓬勃发展。1998年及其后边境贸易的研究始于亚洲金融危机。亚洲金融危机使面向东南亚地区的边境贸易受到了持续而严重的影响，学界开始思考货币结算方式对于边境贸易的重要性。亚洲金融危机后，我国对边境贸易的认识进一步提升。

中国加入WTO后，边境贸易开始面临新的管制，也面临着更广阔的市场环境。此外，东盟、湄公河次流域的经济合作、图们江区域国际合作开发也提上了日程。踏上国际经济合作平台后，我国边境贸易发展所面临的升级与正式化的艰巨任务日益凸显。边境贸易的既存问题得到关注，比较典型的有中缅、中越边境的地摊银行、中俄边境的灰色清关等问题。晓刚最早提出了对于地摊银行现象的关注。地摊银行是边境贸易地区常见的一种民间外汇兑换的行业。地摊银行的从业者为交易者提供便利的汇兑业务，但也隐含着洗钱的犯罪性活动。[3] 尽管地摊银行不利于边境贸易的健康发展，但却因便捷性而屡禁不止。[4] 张立国就中俄边境灰色清关对国家税收的影响及如何应对提出建议。[5]

此后研究的主题一直围绕着边疆发展与民族团结问题，以及各

---

[1] 侯宝泉：《中俄边境贸易：形势、问题、建议》，《国际观察》1993年第5期，第16—21页。
[2] 阚泽彬：《中俄边境贸易现状、困境与出路》，《科学社会主义》1994年第3期，第14—18页。
[3] 晓刚：《"地摊银行"难取缔》，《时代金融》2008年第5期，第32—33页。
[4] 潘永：《中越边境贸易结算中"地摊银行"模式的竞争优势研究——基于业务效率的视角》，《学术论坛》2010年第7期，第121—124页。
[5] 张立国、孟丽丽：《"灰色清关"对我国边境贸易的影响及对策》，《黑龙江金融》2005年第9期，第56—56页。

口岸贸易现状、问题、政策探讨等。"一带一路"倡议的提出使得推动边境贸易升级助力的重要性进一步提升。基于"一带一路"大背景，狄方耀对西藏与南亚国家各国的边境贸易发展进行了前瞻性的探讨。[1] 杨磊对"一带一路"倡议下中越边境口岸进行重点区域经贸开发的必要性进行了分析[2]。此后跨境电商也成为新时期边境贸易的新方向。韦斐琼就"一带一路"倡议下我国跨境电商的信息基础设施水平、贸易结构、法律法规等问题提出了建议。[3]

边境贸易研究多在应用经济学、理论经济学方面，从中、宏观角度进行政策、金融上的分析。把边境贸易置于较长时间序列，从边境贸易发展环境的变化中寻求边境贸易发展的内在经济规律的研究论著则较少，对改革开放以来我国民族地区边境贸易发展演变轨迹的研究更是凤毛麟角。[4]

近年来，民族学、人类学关于边境小额贸易、边民互市、非正式跨境经济互动的研究逐渐增多。有学者从经济人类学的视角讨论了文化作为一种资源对于中越边境边民生存策略的重要意义[5]。而对"江外三猛屯方"哈尼族边民的研究则表明传统社会交往方式被打破后将导致经济利益成为新的追求中心，提升国家认同将成为新问题[6]。

---

1 狄方耀：《"一带一路"视域下中国西藏与南亚国家发展贸易问题初探》，《西藏民族大学学报（哲学社会科学版）》2015年第5期，第43—49、69、160页。

2 杨磊：《"一带一路"战略下中国与越南沿边重点区域经贸开发开放探析》，《经济研究参考》2016年第35期，第74—77页。

3 韦斐琼：《"一带一路"战略红利下跨境电商发展对策》，《中国流通经济》2017年第3期，第62—70页。

4 胡超：《改革开放以来我国民族地区边境贸易发展的演变轨迹与启示》，《国际贸易问题》2009年第6期，第5—12页。

5 周建新、蒙秋月：《跨境谋生：现象与策略——以广西那坡县那孟屯中越边民跨国谋生个案为例》，《广西民族大学学报（哲学社会科学版）》2013年第1期，第20—26页。

6 卢鹏：《经济交往对中越边民国家认同的影响——以"江外三猛屯方"哈尼族为例》，《思想战线》2013年第2期，第149—150页。

此外，也有学者从边界形成与中越跨境交易变迁的视角来认识国家认同、民族认同[1]。胡美术发现中越边境跨境经济互动中互助、互市中存在互助组织。他认为边民互市发展过程中组织化的过程具有重要意义，政府、社会层面应该给予一定的扶助。[2] 对于中越边境跨境经济互动的研究大多注重于对国家认同、民族认同及其引申议题的讨论（覃萍，2015；高文、杨宗霖，2017；饶卫、秦红增、曹晗，2017）[3]。雷韵重点关注圩市的经济功能、社会职能、空间职能对于边民社会的重要性。她指出应对圩市的地方社会、文化和经济的交互意义进行深入讨论。[4] 在未来，推动以问题为导向的学科融合式思考，不囿于某一学科的传统议题成为学界努力的方向。在跨境经济互动这一议题中，学科之间的对话还有很大的空间。

3. 国内外关于强关系与弱关系的研究

国内外对于以强关系、弱关系为核心概念的社会网络研究主要分为以下几类：①与格兰诺维特的"弱关系假设"对话的"找工作"研究。②企业资源依赖研究。③移民研究。④对于强关系、弱关系的理论探讨。下面就不同类型的研究进行简要评述。

（1）找工作研究

强关系、弱关系相关的研究中，找工作研究是最经典的主题。

---

[1] 韩娜：《中越边境社会变迁与跨境民族国家认同——基于边民跨境交易的分析》，《人民论坛》2013年第20期，第254—256页。

[2] 胡美术：《中越边民的互助与互市：基于东兴河洲村的讨论》，《广西民族大学学报（哲学社会科学版）》2015年第6期，第118—123页。

[3] 覃萍：《中越跨境民族文化对龙州边贸的促进作用》，《传播与版权》2015年第12期，第164—166页。
高文、杨宗霖：《中越彝族边民互市中的族群互动与国家认同研究》，《红河学院学报》2017年第6期，第16—20页。
饶卫、秦红增、曹晗：《聚民合边：中越边境民营经济发展研究》，《广西大学学报（哲学社会科学版）》2017年第2期。

[4] 雷韵、李志霄：《中越边境圩市的社会功能研究》，《广西民族师范学院学报》2018年第4期，第19—23页。

自格兰诺维特提出弱关系假设以来,对此进行回应的研究甚多。[1]边燕杰对中国的求职过程进行了研究,认为应带回强关系假设。他发现个体在找工作时,那些通过强关系为中介的间接关系更容易得到工作。基于此提出的"强关系假设"在国内的研究中得到了众多的佐证。[2] Brown 等人验证与发展了格兰诺维特的弱关系假设,认为在行业环境影响个体在求职中的网络战略。当新求职者开始寻找工作机会的有关信息时,他们倾向于建立强关系。但通过纵向研究的方法却发现,成长型行业的求职者倾向于弱关系,衰落型行业的求职者倾向于强关系。在最终的职位、工资方面,弱关系的作用更大。[3]

Yakubovich 等人通过对俄罗斯一个就业市场的调查数据发现劳动力市场和社会关系有着密切联系。能否得到工作与个人特征无关,而是弱关系及时传递的有效信息直接影响雇主的选择[4]。Pfeffer 等人在对美国拉丁裔移民从农业转向其他类型的就业中所偏向使用的社会网络资源的分析中发现,不过分依赖强关系的人能够获得更广泛的劳动力市场机会与更高的收入。[5] Zenou 用强关系和弱关系讨论了黑人、白人的就业差距。他发现依赖强关系的黑人的行为深化了社会网络资源上的不对称,导致最终就业困难、日渐贫困。[6] Burke 和

---

[1] Granovetter, M. S. , The strength of weak ties[J]. *American Journal of Sociology*, 1973, 78 (6):1360-1380.

[2] Bian,Yanjie. Bringing Strong Ties Back in : Indirect Ties, Network Bridges, and Job Searches in China[J]. *American Sociological Review*, 1997 (62):366-385.

[3] Brown D W, Konrad A M. Granovetter was right: The importance of weak ties to a contemporary job search[J]. *Group & Organization Management*, 2001, 26 (4): 434–462.

[4] Yakubovich, V. Weak Ties, Information, and Influence: How Workers Find Jobs in a Local Russian Labor Market[J]. *American Sociological Review*, 2005, 70 (3):408-421.

[5] Max J. Pfeffer, Pilar A. Parra, "Strong Ties, Weak Ties, and Human Capital : Latino Immigrant Employment Outside the Enclave," *Rural Sociology* 74,no.4 (2009) : 241-269.

[6] Zenou Y, "Explaining the Black/White Employment Gap : The Role of Weak Ties," *CEPR Discussion Papers*, 2011.

Kraut 通过社交软件 Facebook 发现强关系能够缓解失业者的压力,并提供一定的社会支持。作为连接社会资本纽带,依赖强关系的个体在三个月内找到工作的概率更大[1]。苏丽锋等人用实证验证的方法发现大学生在就业时利用强关系更容易顺利就业,且大多就业于国有单位。[2]

近年"找工作"研究开始走向强关系、弱关系并不冲突,而是各有优势的理论路径。孙晓娥和边燕杰通过质性方法对留美科学家的国内参与及社会网络进行研究。强关系发挥稳固节点的作用,而弱关系则互通信息,二者之间的优势互补在求职网络中发挥了巨大作用[3]。钱芳等人则对农民工的就业质量进行讨论,发现在通过强关系实现就业的农民工中雇主的满意度更高,弱关系在收入、就业正规程度等客观就业质量方面更高。[4]

(2)企业资源依赖研究

Ruef 对超过 700 家创业者进行调查发现,社会网络、文化嵌入与企业创新机制存在着密切关系,强关系、弱关系影响到社会网络的多样性与创新的持久性、动力。[5] 国内一些学者讨论了企业类型、产业类别、经营年限、规模等因素对企业成长中强、弱关系依赖情况的影响。企业发展进程和社会关系网络的演进进程密切相关,企业经营年限越长、规模越大、越偏向于第三产业则弱关系的作用越

---

[1] Burke M, Kraut R, "Using Facebook after losing a job: Differential benefits of strong and weak ties," In CSCW. ACM, 2013.

[2] 苏丽锋、孟大虎:《关系还是弱关系:大学生就业中的社会资本利用》,《华中师范大学学报(人文社会科学版)》2013 年第 5 期,第 161—168 页。

[3] 孙晓娥、边燕杰:《留美科学家的国内参与及其社会网络强弱关系假设的再探讨》,《社会》2011 年第 2 期,第 194—215 页。

[4] 钱芳、陈东有:《强关系型和弱关系型社会资本对农民工就业质量的影响》,《甘肃社会科学》2014 年第 1 期,第 56—59 页。

[5] Ruef, M, "Strong ties, weak ties and islands: structural and cultural predictors of organizational innovation," Industrial & Corporate Change, 3 (2002): 427-449.

大。[1]

Hsu 等人把中国经济型连锁酒店的发展分为两个阶段,发现经营者通过不同时期采取不同的社会网络策略来获得更多的资源。在起步初期,企业家将强关系和弱关系结合使用;在发展阶段,他们依靠牢固的联系;在最后的成长阶段,他们不重视社会网络的作用,只使用弱关系来维持业务的联系。[2] Gretzinger 等通过丹麦、德国中小企业问卷调查与数据分析得出了不同的结论,中小企业为了防止潜在或具体的创新通过弱关系扩散并转移给竞争对手,更多地依赖强关系;咨询公司等第三方的弱关系只有外在权力依赖得到有效规避、咨询系统被控制的情况下才被使用。[3]

(3) 移民研究

Wilson 发现弱关系对于移民而言是迁移到新目的地的重要途径,而工作及移民的扩展则与强关系密切相关。[4] Bagchi 发现弱关系对于美国专业移民的迁入有着重要影响,强关系对女性的影响更大。[5] 刘林平对深圳"平江村"作为外来人口的关系运用进行分析后认为,需要以过程化视角来讨论关系的生产和再生产,并提出强关系、弱关系、弱弱关系、强弱关系几组概念。他讲到,关系是特定时期下发挥着作用的一种资源分配方式,通过正式制度来强化弱关系,推

---

[1] 姚小涛、张田、席酉民:《强关系与弱关系:企业成长的社会关系依赖研究》,《管理科学学报》2008年第11期,第143—152页。

[2] Hsu C H C, Liu Z, Huang S, "Acquiring Intangible Resources through Entrepreneurs' Network Ties: A Study of Chinese Economy Hotel Chains," *Cornell Hospitality Quarterly*560,no.3 (2015): 273-284.

[3] Susanne Gretzinger, Holger Hinz, Wenzel Matiaske,*Strong Ties, Weak Ties and the Management of Innovation: The Case of Danish and German SMEs*, Physica-Verlag HD, 2011.

[4] Tamar Diana Wilson, "Weak Ties, Strong Ties: Network Principles in Mexican Migration," *Thinking*57,no.4 (1998): 394-4003.

[5] Ann D. Bagchi, "Migrant networks and the immigrant professional: An analysis of the role of weak ties," *Population Research & Policy Review*20: 9-31.

动关系网络配置资源向市场配置资源转变是我们长期要思考的问题。[1]

（4）对于强关系、弱关系的理论性探讨

Jack通过定量研究发现对于个体而言，稳固的强关系发挥着广泛的用途，能够调动信息、知识等，强关系同时可以充当节点调用弱关系来发挥更大的作用。[2] Levin则发现强关系能催化信任并带来仁爱与能力，其主要的优势体现在接受隐性消息。但除此之外，依赖于弱关系的企业能获得更长远的发展。[3]

李林艳认为强关系是一种家族内部社会关系形式，而关系则是与家庭外部事务相关的社会关系形式。中国社会是一种弱关系社会，有着推动弱关系向强关系发展的内在动力，妥善利用弱关系的个体能发挥出巨大的能量[4]。陈成文对农民养老的社会网络进行分析后提炼出强网、弱网的概念，认为当前我国农民养老主要依赖于强关系网，而农村养老改革必须推进强网向弱网转化[5]。高红艳则对目前学界中对关系、强—弱关系的研究进行评述后认为，不管是对关系还是强—弱关系假设的讨论，都应该回到实践中去回答，而不是一味地追求类型与测量上的意义。[6]

乔坤用多案例方法，根据互动频率、认识的时间长短、亲密性、

---

1 刘林平：《外来人群体中的关系运用——以深圳"平江村"为个案》，《中国社会科学》2001年第5期，第112—124、207页。

2 Sarah L. Jack, "The Role, Use and Activation of Strong and Weak Network Ties：A Qualitative Analysis," *Journal of Management Studies*, 42, no.6 (2005)：1233-1259.

3 Cross L R, "The Strength of Weak Ties You Can Trust：The Mediating Role of Trust in Effective Knowledge Transfer," *Management Science* 50, no.11 (2004)：1477-1490.

4 李林艳：《弱关系的弱势及其转化"关系"的一种文化阐释路径》，《社会》2007年第4期，第175—194、210页。

5 陈成文、肖卫宏：《农民养老：一个社会网络的分析框架》，《湖北社会科学》2007年第4期，第59—64页。

6 高红艳：《关系、强—弱关系假设的方法论困境及实践的超越》，《广东社会科学》2008年第5期，第173—177页。

互惠程度和交往物质投资五个维度重构了关系的测量，由此将关系分为强工作—强私人关系、强工作—弱私人关系、弱工作—强私人关系和弱工作—弱私人关系[1]。沈毅延续之前学者关于本土"关系"概念的讨论，认为其归根结底是对于差序格局的进一步探讨。在他看来，关系更深层次是一种文化传统特征，强弱关系假设在适用性上不如场域理论，应多使用个案调查、叙事分析进行讨论。[2]

虽然就国内外强关系、弱关系的研究主要可以分为以上四类，但各个类别并非泾渭分明，而是存在一定程度上的重叠与共同的讨论重点。首先，随着企业经济规模增大、理性化、科层制等现代化因素的扩张在社会网络嵌入中，强关系依赖到弱关系依赖的转变是普遍存在的现象。但这一类研究多以企业创新、发展为议题，极少以某一类经济活动为研究对象。因此，以强关系、弱关系来讨论边境贸易正式化过程中社会网络及其作用的变化有一定讨论空间。其次，在传统找工作、移民研究中，学界的关注点开始从强关系、弱关系何者发挥更大作用转向对二者关系、不同作用方面的讨论。强关系、弱关系的相互关系、变化形式的展现与讨论也是本文的主要理论关怀。此外，对于本土关系社会学的发展还存在方法论、概念上的延伸。基于深度访谈的案例研究能够展现某一特定领域中的关系纽带，对某一行业、某一区域内的社会网络进行研究也具有方法论上的创新。

（三）核心概念

1.边境贸易与跨境经济互动

边境贸易是本研究的中心关键词，但边境贸易的定义只能部分

---

[1] 乔坤、吕途：《强关系与弱关系的内涵重构——基于4家企业TMT社会关系网络的案例研究》，《管理学报》2014年第7期，第972—980页。
[2] 沈毅：《迈向"场域"脉络下的本土"关系"理论探析》，《社会学研究》2013年第4期，第203—228页。

囊括研究对象。跨境经济互动包含边境贸易，使用跨境能够将非正式、正式的经济互动都囊括进来，以更整体化的视角来认识、解读边境贸易的正式化过程。

自有国家以来，边境贸易行为就开始存在。作为一种基本目的是满足两国居民基本需求的贸易形式，边境贸易对于各国的边境发展、管理发挥着重要的作用。杨清震从狭义出发，将边境贸易定义为：中国边境地区的边民在边境线20公里以内，经政府批准的开放点或指定的集市上，在不超过规定的金额或数量范围内进行商品交换活动的边民互市贸易和沿陆地边界线经国家批准对外开放边境县（旗）、边境城市辖区内经批准有边境小额贸易经营权的法人、其他组织或者个人，通过国家指定的陆地边境口岸，与毗邻国家边境地区的企业或者其他贸易机构之间进行的贸易活动以及中国边境地区经商务部批准有对外经济技术合作经营权的企业与我国毗邻国家边境地区开展的承包工程和劳务合作项目。[1] 常文娟基于GATT/WTO第24条，提出边境贸易是指边境地区的居民和企业，在距边境线15公里以内地带，通过国家指定的陆运边境口岸，与毗邻国家边境地区的企业、居民之间进行的，可以享受优惠及便利的贸易活动，包括边境小额贸易、边民互市贸易及边境地区经济技术合作三种形式。[2]

基于以上定义，本文从边境贸易的广义定义出发将跨境经济互动定义为：边境地区的人们进行的交易活动，其形式包括边民互市贸易、边境小额贸易和经过口岸的一般贸易等正式与非正式的经济互动。

2. 弱关系、强关系

格兰诺维特认为人与人之间连带强度的区分标准包括连带的强

---

[1] 杨清震主编：《中国边境贸易概论》，北京：中国商务出版社，2005年，第5页。
[2] 常文娟：《关于边境贸易的重新思考》，《统计与决策》2010年第6期，第125—127页。

度、"认识时间的长短"、"互动的频率"、"亲密性及互惠性服务的组合"。在强关系社会网络中,个体的连带强度大,朋友圈重叠多。同时,较强的连带关系需要长时间的培养,网络中的个体彼此熟识。在个体之间频繁的互动中,形成情感互动,具有一定的亲密性。以强关系为纽带的个体联系紧密、稳固,具有明显的互惠性。但强关系也有弊端,常常造成社会网络内规模有限、个体相似性高等特点,拥有的资源、信息也具有重复性。[1]

而弱关系则与强关系相反,弱关系是基于个体展开的社会网络,其中的个体很少互相相识。弱关系像是连接不同个体之间的桥梁,沟通不同社会网络之间的资源与信息。格兰诺维特将朋友对应强关系,而相识的人的例子或许更好理解二者的定义与区别,强关系相似于紧密的社会网络,弱关系相似于不紧密的社会网络。信息、资源在弱关系中流动范围更广、速度更快。[2]

3. 结构洞

伯特注重社会网络所影响的最终结果,他提出了结构洞的概念。结构洞是强弱关系之间存在作用的差距的原因。在群体内部的行为、观点和信息相比于群体之间存在同致性,如果个体将关注的重点放在他们群体内的活动上,不同群体之间的信息流中将产生"洞",这就是结构洞。由于群体内部的同质性大于群体之间的同质性,结构洞在社会网络中群体与群体之间架起了桥梁。拥有"有洞结构"的个体在寻找和开发社会资源方面具有优势,能够更早、更宽泛地了解信息。通过信息来获利是他们的优势,他们像中介一样在不同的

---

[1] 马克·格兰诺维特:《镶嵌——社会网与经济行动》,罗家德译,北京:社会科学文献出版社,2007年。
[2] 马克·格兰诺维特:《镶嵌——社会网与经济行动》,罗家德译,北京:社会科学文献出版社,2007年。

群体之间交换信息。[1]

结构洞的数量随着网络规模的扩大而增加，在弱关系的社会网络中，能够获取不同领域的信息，获得丰厚的信息利益。第三方的存在能够调节不同的利益，通过第三方策略可以让每个关系人身边的人认可你所发布信息的合法性。作为结构洞的个体可以通过提高结构自主性，成为结构自治者，参与并控制更多的回报机会，得到更高的投资回报率。[2]

（四）研究方法及对象

1. 具体研究方法

（1）文献研究法

通过图书馆、马关县档案馆、茅坪村村委会、海关、都龙口岸管理办等途径收集文献，了解都龙口岸地区茅坪村小组的历史及重要变迁。以官方公布文件为时间节点梳理口岸建设过程，包括口岸建设前茅坪村小组村民的生计情况、口岸建设中和口岸建设完成后的标志性事件。

（2）个人生命史及重点访谈

由于需要从深入、鲜活的视角来对中微观社会结构、个体实践进行分析，研究以深度访谈的方法为主。在操作方面，为了更好地收集一段时期内的变迁情况，对受访者进行个人生命史访谈是最关键的方法。在通过访谈总结出关键事件后，再进行二次的重点访谈，聚焦研究内容。

---

[1] Burt, R. S. ,"Structural Holes and Good Ideas," American Journal of Sociology11,no.2 (2004): 349–399.

[2] 罗纳德·S.伯特：《结构洞——竞争的社会结构》，任敏、李璐、林虹译，上海：上海人民出版社，2017年，第44页。

2. 访谈对象的选取

研究旨在展现都龙口岸跨境经济互动的社会网络变迁，因此访谈对象首先包括参与边境贸易的边民，他们的主要生计方式是务农与跨境经济互动。边民间的跨境经济互动关系不是脱离环境建构的，而是依赖于一定的政策、资本环境。访谈对象还包括相关行政机关的公务员与外来商人。

尽管本文是定性研究，但在研究对象选取上也进行了控制，控制因素涉及职业、生计方式、年龄等。通过避免重复性、以事件为中心的抽样策略，避免因材料主观化选取倾向而带来的信度与效度的降低，最终确认受访人共29人。从职业及生计方式而言，主要包括村干部、边贸商人、公务员、外来投资商、普通边民。就年龄来说，包含青、中、老年三个阶段。基于丰富的访谈材料，本文讲述了都龙口岸地区较为完整的跨境经济互动中社会网络的变迁过程及其中的关键性事件。

研究基于2018年1—2月、2019年1—2月、7—9月在云南省文山壮族与苗族自治州马关县都龙口岸进行的调查，受访者共计29人，整理出访谈材料约10万字，形成主题性田野报告3份。

3. 资料处理及编码

为了保护受访者，本文通过隐去真实姓名、以缩写的英文字母为替代的方式对资料进行了处理。同时，对所有受访者进行了编号。列出了一定的基本信息，作为文后附录。文章中使用到访谈材料的地方以"访谈记录，编号：XX/201X0XXX/ABC"的方式进行编码。

（五）田野点简介

早在汉代，中国中央王朝就在今越南设交趾郡、九真郡、日南郡，在今滇东南和黔西南设牂牁郡进行统治，马关与越南的界线是当时的牂牁郡与交趾郡的一段行政区域界线。宋代越南立国为安南，属于中国的藩封属国。马关与越南的界线为中越藩属界线中的一段。清朝雍正年间，两任云贵总督的重视与上奏，使这一边界得以维持。1885年中法战争结束后，越南沦为法国的殖民地，清政府希望和法国通过协商来收回在明末清初失去的国土，从此形成了马关、麻栗坡南部边境的中越国界线。[1]

茅坪与越南接壤，自古以来就是滇西南通往越南的一个重要门户，历史文化源远流长。明清时期，马关民众与越南边民就有贸易往来，茅坪成为民间通商的一个主要通道。太平年间，马关民众人背马驮，通过茅坪将一些土特产运到越南箐门、黄树皮、猛康、花隆等地去交易，换取盐巴等所需物品。民国时期，日用百货、土杂、布匹等成为越南边民最喜欢的商品，从茅坪过境交往的来往人员越来越多，马关民众与越南边民的贸易往来日益频繁活跃。[2]

中越两国的边界联系紧密，其共同的边界线长达1353千米。云南与越南陆地边境线长430公里，沿边一带分布有7个县。[3] 1954年3月，中越两国政府开通了"中国都龙—越南箐门"口岸，1960年12月短暂关闭，1963年底复通，1974年再次关闭。中越自卫反击战以后，中越关系紧张，马关境内边界再度关闭。1991年，两国政府签订了《临时协定》，决定在条件具备时逐步开放21对陆地出入境口岸。"中国都龙—越南箐门口岸"就是其中之一。[4] 但直到2010年7月14日，《中越陆地边界勘界议定书》《中越陆地边界管理制度协定》和《中越边境口岸及其管理制度协定》生效仪式在中越边境天保口

---

1 曾丽琼：《茅坪"国门"的历史及其价值》，《文山学院学报》2013年第4期，第52—56页。
2 来源于茅坪村村委会：村委会公开信息栏信息。
3 秦红增：《中越边境口岸型城镇化路径探析》，《云南师范大学学报（哲学社会科学版）》2017年第3期，第47—54页。
4 罗春燕：《都龙口岸：马关又添发展新通道》，《云南经济日报》2010年6月11日，第2版。

岸举行，中越两国间的贸易活动才有了基于正式文本的坚实基础[1]。

都龙口岸于2015年1月19日获准开放，从原来的省级口岸升格为国家一级口岸，2018年3月26日正式开关。该口岸的定位是公路客运货运口岸。口岸位于文山州马关县境内，距离文山州政府所在地121千米，距越南箐门县40公里，距越南河江市200公里。[2]在口岸正式开放前，都龙口岸周边已形成了两个边民互市点，分别为周二的"茅坪街"与周六的"国门街"。

茅坪行政村有10个村民小组，分别为茅坪、田竹坪、岩头一、岩头二、新坪、懂腊鱼、南车、丫口寨上、丫口寨下、南庄。其中村委会位于茅坪村小组，与口岸距离约1.9公里。目前茅坪村小组主要发展边境贸易，另外9个村小组主要发展甘蔗、香蕉、红薯、水麻皮等种植业。[3]由于参与都龙口岸跨境经济互动的边民多为茅坪村小组的村民（以下简称为茅坪人），因此茅坪村小组是主要的田野地点。

---

1 乌元春：《中越边界协议生效双方将按新界线行使主权》，http://world.huanqiu.com/roll/2010-07/929027.html，访问时间：2020年1月15日。

2 李胜军：《云南省文山壮族苗族自治州边境贸易发展研究》，广西民族大学民族学与社会学学院硕士学位论文，2015年。

3 来源于茅坪村村委会：村委会公开信息栏信息。

一、长期互惠孕育的强关系纽带

（一）边民间密切社会交往的历史背景

据相关史料记载，茅坪村出现并最早作为一个行政单位是光绪二十三年（1897），设河、麻两副督办署，额兵百名。河口督办辖坝洒、那发、新店、老卡各汛。一等汛，兵额70名；二等汛兵额50名；三等汛兵额40名。麻栗坡督办辖茅坪、天保、攀枝花、董干、田蓬，各汛额兵30名[1]。对汛的主要职能是巡查国界、管理界碑、签验单照、处理双方边民的纠纷、维护边境治安及出入境秩序。[2]

都龙口岸所在地马关县之源起，民国《马关县志》卷二《建设志》载："查县治原名马白。初，居民尽为侬人，其地多白马，而侬语倒呼为马白，遂以得名。"[3]可见马关县辖区内自古便是以少数民族为主。即便就现在茅坪行政村划分而言，10个村小组中也只有茅坪村小组是汉族村落。因此也让汉族占95%以上的茅坪村在边境村落中十分突出。经过长期的迁徙过程，形成了中越边境的汉族聚集区集中在茅坪村及越南箐门县附近的现状，也为两国汉族边民的密切交往、通婚奠定了地缘、族群基础。

新中国成立后边界的精确划分使原本属于同一个聚居区域的居民成为两国国家的公民，从此拥有了不同的国籍。在族群身份意义上是汉族，而国界的划分赋予了他们不同的政治身份：中国人、越南人。在茅坪村村民的生活用语中对于"上面""下面"的代称就能很好地体现国家边界划分与自然语境中族群身份与政治身份的不同。

---

1 何伟：《马关县征集通志材料校注》，云南大学历史与档案学院硕士学位论文，2017年。
2 付世明：《中法战争后的广西边境对汛》，《广西民族研究》2011年第3期，第144—149页。
3 何伟：《马关县征集通志材料校注》，云南大学历史与档案学院硕士学位论文，2017年。

中国都龙镇及以上的行政单位都指代为"上面"，周围中越少数民族村寨指代为"下面"，没有国别的区别。当受访者谈到有关"下面"时，通常需要进一步询问或根据语境来推测是中国还是越南。

茅坪村所在位置的特殊意义由来已久，首先是作为边境，其次是中越边境。从边境而言，茅坪人的祖辈来自中国各个地方与各个阶层，其组合充满了复杂性。多数人对于祖辈迁移到茅坪的记忆为国民党抓壮丁、来此地谋生、从越南回迁等。在传统社会中，中国农民大多依附于故土，甚至连去世后也要葬在故土。但茅坪人的祖辈却从各地来到茅坪，聚集成一个汉族村庄。其原因不仅是边境地区广阔的生存机会，更是茅坪人先辈所具有的"逃避统治的艺术"。作为流散而聚集的群体，他们的存在本身是一种国家与个体利益抗争的结果。大多数边民的祖辈都是因为逃难而到边境地区，寻求的是对于当时国家、宗族等责任的逃避，茅坪作为一个"小跳板"，满足了他们的需求。从迁入地而言，茅坪人的祖辈来自云南省各地州、湖南省、江西省、江苏省、四川省等。从姓氏而言，仅本文中受访的茅坪人就有17个不同姓氏。搬迁到茅坪村居住近70年的WMD的描述展现了新中国成立前或成立初期大多数汉族边民在中越边境的流动轨迹：

> 我（1935年生）家的老人是从玉溪搬过来的，因为国民党抓壮丁。来茅坪的时候我十四五岁，当时杨国华捣乱，来打汛长，把茅坪的房子都烧了。茅坪人都走光了，有的搬走了就再没搬回来。有的人去越南、巴宝、牛马栏，哪里有熟人就往哪跑了。后面解放了我们才敢搬回来。[1]

---

[1] 访谈记录，编号：23/20190914/WMD。

据村里的老村长 LGQ 说，传说茅坪村这个地方原本是一个苗族村寨，后因壮族与苗族之间的纷争成为一个壮族村寨。但由于茅坪村土地贫瘠、土地出产很少，最终壮族迫于生计压力搬走。此后汉族开始在茅坪村聚居，逐渐成为来自不同区域汉族组成的单一汉族村落。土地的贫瘠、低产也是茅坪人选择赶街、"小篮篮"生意谋生的原因之一。

封而不闭、有限有序开放是中国西南边疆的特点。[1] 政治边界、自然地理边界、社会文化边界之间的分割与交融给茅坪人造就了一个特殊优势。他们能够参与越南与中国两国的集市，通过两国物资的不同来交换粮食、盐等生活必需用品。新中国成立前的茅坪村处于政权交替、土匪横行的混乱中，而越南在法国殖民时期局势较为稳定，因此多是中国人前往越南购买商品或避难。他们买到商品后在中国交换或卖出来供养家庭，此时已经形成了茅坪人"小篮篮"生意的雏形。

（二）跨境经济互动中强关系的构建与强化

1.边民间密切的社会交往

如果用边境贸易的标准来进行对照，"小篮篮"生意是非正式的边民互市。长期以来，这一形式是边民满足日常需求的重要途径，在中越边境的经济生活中占据着重要的位置。茅坪人的生计以"小篮篮"生意和务农为主，他们的主要收入即来自商品在"下面"和"上面"中往复流通中的差价。

茅坪人具有农民、边民的双重身份。作为农民，他们与同时代内地的农民并没有任何区别：以耕种为生，经历过 1959 至 1961 年

---

[1] 周建新：《封而不闭的民族国家——兼论跨国民族研究两大范式》，《广西民族研究》2018 年第 2 期，第 59—65 页。

的三年困难时期以及"大跃进"等关键性大事件。但作为边民，他们极少经受和内地农民一样的粮食紧缺。中越两国边界山水相连，农作物产出具有相似性。"小篮篮"生意跨越边境，能够通过两国不同的政治、市场环境等因素更好地沟通两国边民的产出与需求。曾在村内长期担任生产队长的RGL对茅坪村的关键时间点进行了复述：

> 新中国成立时，茅坪只有43家人。1953年土改，1954年复查，1955年办高级社。1957年、1958年搞"大跃进"。搞到1959年，1959年分生产队，开始挣工分了。1960年办食堂。[1]

集体化时期的大锅饭和1959至1961年的三年困难时期让许多年长的茅坪人印象深刻。这一时期茅坪人的生活主线是务农、赶街，主要定期集市为马关县、都龙镇、越南箐门县。茅坪人的生活需求的满足依赖于定期的集市与"小篮篮"生意。

集体化经济体制时期，茅坪村里的行政机构以生产队为单位，还有上级政府委派的工作组。生产队的生产队长、会计、仓管员等职位都由本村村民担任。在处理涉及"吃饱饭"等与基层稳定的非原则问题时，工作组大多睁一只眼闭一只眼，或是通过调解、协商解决。在特殊背景下，茅坪人"靠边吃边"是一种群体现象，他们白天是生产队监督下干生产的农民，晚上是为了"吃饱饭"参与跨境经济互动的边民。在村内，大家对彼此与越南亲戚借米、换米等事心知肚明，但也不会举报。他们像是"囚徒困境"中共同冲向"谋生"大门的个体，团结性极高。LGR对于当时"小篮篮"生意的情形说道：

---

[1] 访谈记录，编号：11/20190821/RGL。

> "大跃进"的时候生活困难,我们这个地方属于边疆,就是背小篮篮吃饭的。我们在统一做活路收工了后,还要去越南求生活。去找那些在下面的华侨亲戚,找点吃的、猪食,背起上来。那时候回来不敢大量地吃,要悄悄地躲着吃。如果被发觉了就要说你搞投机,都是悄悄的。因为在越南边境,所以生活还是有点好,可以出到外国去,在都龙那些地方就困难了。那时候是背着东西去换,亲戚说需要什么,我们就买一些过去换,换点粮食回来吃。那时候就背一些糖、罐子、腌咸菜的坛子、铁锅过去。铁锅卖八九块钱,到下面可以换十几块钱,也很不错了。清凉油、毛线、花布啊,越南都没有。大家很团结,如果偷偷去越南,大家都不会说。收了工才去,夜半三更的去,天不亮又转回来,接着回来又要在生产队干活。[1]

1963年后国务院对投机倒把罪的行为进行了明晰并不断强调其严重性[2],"小篮篮"生意成了非法行为,使其小规模、私密性的特点进一步发展。特殊情形下,茅坪人只能把经济交换嵌入强关系中增强交换中的约束性、稳定性,以降低风险系数。"小篮篮"生意涉及的商品属于生活用品、杂货,不仅价格低廉易获得,消费群体也很广泛。茅坪人获得的食物数量少、消耗大、十分常见,不易引起执法者的注意。但也限制了交易规模的进一步扩大及交易形式的升级,长期以小规模维持。村内老人DYJ所说的晚上点着小火做饭成为当时茅坪人的常态:

> 我们都是晚上偷偷地过去,中国方管得很严,(不仅)不

---

[1] 访谈记录,编号:11/20190821/LGR。
[2] 刘灿璞:《谈投机倒把罪的存废》,《当代法学》1993年第3期,第42—45页。

让人过去，拿几斤玉米也没收。那时候没有武警、海关，工作组的人住在队长等家里，如果哪家被举报了，去抓到了就要被没收，刚刚解放，（出入境管理）很严。工作人员对工作要求严格、很负责，随便做点什么就是投机倒把。随便拿一口锅都不行，要走共同道路、集体道路。不能拿去卖了致富，怕转成资产阶级。以前不敢做生意嘛，做点什么就是投机倒把罪。只能偷偷地换点大米，换点猪、鸡、狗回来自己吃，还要晚上点着小火煮。那个时候不敢换牛，因为体积太大，一下就被发现了。越南人就要换一些电池、风油精去用。[1]

2. 互惠交换关系的建构

随着人民公社建设的推进，生产队成为茅坪村的经济、生产的组织形式。由于劳动与产出的不对应，村民的劳动积极性也不高，获得工分即可。为了能够供养家庭，大多数适龄入学的茅坪人辍学抢工分，造成村民整体教育水平低下的状况。据估算，出生于50至60年代，达到小学及以上教育水平的村民只占1/3。大多数茅坪人忙于生产劳动，没有人取得较大的经济成就。DYJ对于抢工分的生活印象十分深刻：

> 那个时候最深刻的事情，就是早上吃了饭，得两分，吃吃饭，出工，得八分。如果不干活要被生产队长催，那个时候的生产队长可以相当于现在的县委书记。天天喊去做事，但是到了地里做事谁都不使力。你和我聊天，我和你聊天，谁都干一点事情。栽的庄稼都不好，栽是栽了一大片，但是不好。[2]

---

1 访谈记录，编号：02/20180125/DYJ.
2 访谈记录，编号：01/20190804/DYJ。

1966年后全国上下掀起"文化大革命"的风潮，多数村民并不明白"文化大革命"的斗争内容，更多是将其作为响应上一级要求而执行的任务。但不同阶级的差别化对待仍对一些祖辈属于地主、富农的村民在教育获得、工作安排、婚配等方面产生了巨大的影响。老一辈村民十分了解村内属于压迫阶级的家庭，能够说出某家的成分及被划分的原因。比起阶级上的憎恶，大家更多的是对因斗争而付出代价者的同情。

因阶级身份而造成的婚配上的不公平使得部分村民转而寻求跨国婚姻，造成特定年代跨境通婚的增多。在高压下，一些茅坪人外迁成了越南汉族边民，他们在获得自己生存机会的同时也成为沟通两国边民关系的纽带。社会网络节点的增加使中越汉族边民的交往更为密切，为此后更大规模的跨境经济互动奠定了社会资本基础。WGF因父亲曾担任茅坪对汛汛长的库管员，家里曾有两亩田地而被认定为富农阶级。他对此深有体会：

> 因为家里成分不好嘛，在中国找不到老婆了。当时讲身份匹配，如果你是地主家的，人家各方面都好，就要配最差的。最后没得办法就去越南找。我老婆是赶街时别人介绍的，（越南的）汉族。会说几句越南话，做生意很厉害。当时因为我是村里的干部，不方便外出，家里就是她做生意赚钱补贴家用，我在家搞生产。[1]

越南女性嫁到茅坪村后成为一个特殊的存在，她们在情理和法

---

1 访谈记录，编号：15/20190827/WGF。

理的缝隙中发挥着重要的桥梁作用。其特殊性主要体现在两个方面，在礼俗上，中越边民通婚由来已久，她们是明媒正娶的事实婚姻。在法理上，他们没有合法的出入境证件及婚姻居留证，甚至可以认定为非法婚姻。基于各种矛盾，跨境婚姻的问题长期处于边境管理的灰色地带。但正因为不是中国人，越南媳妇成为游走在边界的"自由人"。在日常生活上照顾丈夫，在物质上贴补丈夫，在参与跨境经济互动时还能充当联系人、翻译。ZYC是第一批嫁到茅坪村的越南汉族边民。她的父亲是越南箐门县的经商精英，丈夫的母亲则是茅坪村的个体户。商业活动中的密切交往促成了这桩父母之命、媒妁之言的婚姻。ZYC对此仍然记忆犹新：

> 在嫁来中国后（1974年），主要是丈夫去赶街，当时投机倒把抓得严格，他也是偷偷地去。去都龙、马关、文山去买点小货，让我背到越南去处理。我父亲在越南是专门做这些小生意，有时候我父亲就拿去处理。他在那边有很多一起做生意的熟人，有些就一起拿去处理，拿钱给我们。我们在上面（中国）就负责给我父亲采购。[1]

中越跨境婚姻现在仍然存在，甚至不减反增。一般而言，多数人认为娶越南媳妇是基于国内高额的婚姻成本而做出的选择。但在茅坪村这却是一种基于"生意"的生存策略选择。两国边民密切的经济、社会交往推动着频繁的跨境婚姻，婚姻维系的强关系又推动"生意"的达成，如此往复循环推动了二者密切合作关系的形成。越南媳妇在跨境经济互动中发挥着沟通不同强关系的结构洞作用。KL曾是村里的会计，家境在村内中上。其小儿子的妻子H来自越南，

---

[1] 访谈记录，编号：02/20190820/ZYC。

H定期往返于中越边境为其家庭充当"传输带",在KL家随处可见越南食品、用品。FMF是村内卫生室的医生,家境在村内中上,儿子却娶了越南汉族LSL为妻。不同于此前低文化水平的越南媳妇,LSL具有高中学历,精通汉语、越南语,与丈夫Y在村内共同经营一家地摊银行。他们经营地摊银行的越南盾本金由LSL的哥哥提供。从越南来的商人和求职者来到茅坪村都会首先寻找亲戚、熟人,以此为基础建立起与中国人的联系。越南媳妇也发挥着中介作用,可以帮其他村民介绍越南小工、找生意合作伙伴等等。

3. 社会网络纽带强度的增强与中心集市的迁移

1978年后,人民公社逐渐走向解体,家庭联产承包责任制推行过程中茅坪村的村貌也发生了巨大变化。1977年前茅坪村所有房屋均为茅草屋,此后生产队组织村民集体烧瓦、烧红砖,村民才慢慢盖起了红砖房。在分田到户的过程中,茅坪人巧借"组"这一形式的变化,从大组到小组,小组不断分化,在国家政策明确公布时已经基本实现了土地承包权的落实。分田到户激发了村民的劳动积极性,土地的大量开垦迅速解决了吃饭难的问题。此后茅坪村逐渐出现剩余劳动人口,为跨境经济互动从以物换物的互惠交换行为走向商品经济奠定了劳动力基础。DYJ对分田到户带来的生活巨变印象深刻:

> 还没有改革,说要改了,就开始分到组。一个队分到两个组,两个组又变成三个组。两三年后,逐步就好了。分到组粮食就够吃了。十家人、十五六家人一个组。看着越南的粮食栽得好,就互相比较。当时中国还没有肥料,要去越南换,去越南走私,买点回来用。分到组,再到户,慢慢地就好了。分到组大概要了三年。起初不敢分到组,按丈来分,整了两三年。后面上面

的政策不紧，上面不说，就悄悄分组，一个队就分两个组，上面不说，大队的也不说。又来把已有的组分成两个组。组分小组，分着分着后面说有政策可以分田到户了。分到户，就够吃了。当时村里50多家人，包括到国门的地，都栽满了。大家劳动热情高，换工很频繁。只要你栽了，就有比较，你看着别人栽得好，你就要努力栽嘛。[1]

20世纪70年代以后，中越关系破裂使得越南排华情绪随之强化，一些居住在边境的越南汉族开始回迁到中国境内。在恐怖笼罩的环境压力下，1977年8月到1984年底，先后被越南驱赶由马关和河口县各口岸流入马关县境的难民达1614户、8838人。[2]

在越汉族华侨的回迁推动了村庄交通条件、基础设施的进一步提升。在村庄的聚居区域，华侨到村后茅坪形成了老街、从老街到学校的回迁华侨聚居区。老街为中国汉族村民自称为"老寨的"（聚居情况见图1）。在华侨回迁前，茅坪村小组五十几户人家。13户越南回迁华侨落户后村落规模扩大，青壮年劳动力增加。自茅坪村到金厂镇的石子路得以修通，交通条件大大改善。此前走商形式的"小篮篮"生意依靠步行，交换的商品规模、价值都很受限制。路的修通推动了区域内商品、人口的快速流动，两国边民间社会网络的覆盖范围、结构洞数量等都呈现增多趋势。

遵循中共中央"热情接待，妥善安置"的方针和国务院有关指示精神，中共马关县委、县人民政府对难民回迁十分重视，成立了

---

[1] 访谈记录，编号：01/20190804/DYJ。
[2] 云南省马关县地方志编纂委员会编：《马关县志》，北京：生活·读书·新知三联书店，1996年，第584页。

安置难民领导小组及办公室，由一名县级领导担任领导小组组长。[1]在政策利好下，茅坪村获得了许多乡村建设、扶助难民等方面的政策帮扶。时任村支书WGF作为主要领导干部充分发挥了主观能动性，让茅坪村小组的基础建设走在了其他村庄的前面。中越自卫反击战时期，炸弹、地雷等武器使一些村民或是遭受巨大损失，或是陷入残疾。WGF以照片的形式将情况保存起来，以此为证据去州难民办、支县办等部门寻求帮助。尽管已80高龄，WGF谈到当年的工作仍然富有激情：

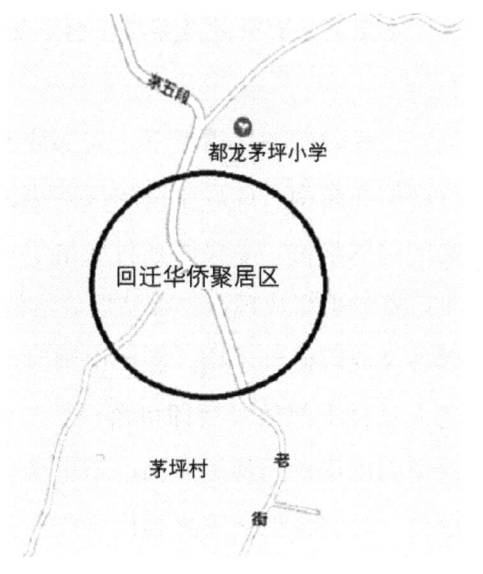

图1 20世纪70年代末在越华侨回迁聚居示意图

> 老街的路是1988年修的。那时候是我在组织群众工作。这个地方困难啊，街心都是牛屎和深深浅浅的泥坑。后面我就背着包包去上面反映。去州上找支县办、难民办来修。难民办拨无息贷款，我就把茅坪的贫困的十多家难民，拨给一家800块钱来买牛，后面就慢慢富裕起来了。（茅坪村）有难民，我们去要钱就好要。后面难民办这一边，我把他打通掉了。州难民办、县难民办来采访，发现饮水困难就拨了人畜饮水款，人畜饮水

---

1 云南省马关县地方志编纂委员会编：《马关县志》，北京：生活·读书·新知三联书店，1996年，第584页。

款最先拨到的就是茅坪（村小组）。[1]

在战时的特殊情形下，大部分越南汉族边民搬回了中国，小部分则留在越南。此后越南的汉族边民分化为三个群体。一是返回原籍的归国华侨。原籍所在村庄给予口粮及土地，并根据华侨带回的生产资料折算成现金、补贴发放给他们。这类人原是中国汉族边民，因各类原因搬到越南。搬回中国时经原籍村内有权威、了解情况的老人、村干部认可后即可落户。二是安排到农场就业的归国华侨。此类归国华侨因各类原因已不记得自己的原籍，或是主观不愿意回原籍。政府将他们安排到位于红河州金平农场、西双版纳州橄榄坝农场、保山市潞江农场、临沧市勐定农场等地落户。三是继续在越南并被越南政府安置到越南中部的华侨，他们脱离了"边民"的身份，逐渐成了真正的越南人。

第三类华侨在中越关系缓和后，一部分回迁到中越边境的越南箐门县，一部分留在越南中部河江省等地。他们大多会汉话，民俗与中国汉族相同。迁移到越南中部的华侨没有与茅坪人失去联系，仍然保持着密切的联系。他们的迁移扩展、强化了茅坪人与越南内陆地区的联系，成为沟通茅坪人与越南商人的第三方，推动了从越南国内到越南边境再到中国边境的完整商业社会网络的形成。回迁到边境的越南华侨在跨境经济互动中扮演着茅坪人的合伙人、联系人等角色。在越汉族华侨的社会资本、语言上优势在此后的跨境经济互动中得以凸显，频繁的经济交往推动二者关系纽带进一步强化。

华侨的回迁、中越自卫反击战时越南国内仇华情绪的上升，推动了包括茅坪村周边与越南箐门县周边区域内经济中心由越南箐门

---

[1] 访谈记录，编号：15/20190827/WGF。

县向中国茅坪村的迁移。据归国华侨回忆，越南箐门县原本为商贸活动繁荣的汉族聚居区。但随着汉族的搬离，该地成为苗族、壮族的聚居区，已不再有往日的繁华。越南的苗族等少数民族的居住格局与生活方式都与商贸活动的发展有所冲突。汉族的聚居方式整体呈现为十字形，大门朝向一致。整齐而密集的建筑为商铺的分布、街道的形成奠定了基础条件。而苗族、壮族的房屋则零散分布、大门朝向不一。

改革开放使中国经济迎来了蓬勃发展，越南在中越自卫反击战后经济遭受重创。中越两国生产力水平差距的不断拉大推动了两国集市商贸中心地的变迁，中国的茅坪街与国门街替代了越南箐门县集市的经济地位与影响力。

（三）小结

中越边境山水相连，两国边民也素来交往密切。茅坪人的祖辈大多于民国前或民国时期自发迁移到边境，在政策等外在环境因素的推动下发生流动、扩散，形成了现今跨国而居的 A 型跨境民族。[1]

尽管三年自然灾害、"文化大革命"等时期供需环境特殊，中越边民间的经济、社会交往也从未中止。与越南边民的互惠交换为茅坪人提供了维持生活的"防护网"。"小篮篮"生意、赶街带来的人口流动都为边民间的日常交往创造了条件，推动婚姻、干亲等强关系纽带的形成。此外，中国边民中的人口外流现象使一些村民外迁成为了越南人，也促进了边民间社会网络的扩大与交叉，促进了网

---

[1] 周建新：《跨国民族类型与和平跨居模式讨论》，《广西民族学院学报（哲学社会科学版）》2002年第4期，第65—69页。
A 型跨境民族，就是邻国界而居的跨境民族。他们居住的地区连成一片，在经济、文化甚至婚姻嫁娶方面都有着密切的联系。有的居民过去甚至经常在国界两边往复迁居。他们的民族意识较强，有的还有着或近或远的亲戚关系，所以并不因国界的存在，而影响他们的联系交往。

络节点数量的增加。

边民间的强关系纽带为跨境经济互动中中国商人的人身安全、货物安全等方面提供了保障。在商业沟通上则破除了语言障碍，互信程度高。正如市场社会学研究所表明的，在国家相关管理制度还没有建设起来的情况下，经济活动的开展依赖于一定的社会网络与信任关系，这是经济活动背后的社会基础[1]。

随着分田到户后生产力的解放，剩余劳动力的增加使边民间跨境经济互动得以进一步发展。华侨回迁则使茅坪村的公共设施、交通条件得到大幅改善，为此后更频繁、更大规模的经济活动奠定了基础条件。

---

[1] 符平：《市场的社会逻辑》，上海：上海三联书店，2013年。

二、非正式边境贸易与强关系纽带

(一)从互惠关系走向商品经济

1. 亲密关系的工具化

中越自卫反击战后,战时边境地区埋下的众多地雷不仅给茅坪村村民的日常生活增添了一份安全威胁,也造成了两国跨境经济互动恢复缓慢的困境。地雷如物理屏障般使原本如没有扎紧的篱笆一样的边界真正成了泾渭分明的边界。据多名村民回忆,茅坪村周边的表层地雷于1980年左右被村民的牛、狗等家畜引爆后,两国边境的小路才恢复通行,边民间的经济、社会交往才逐步增加。JYD还深刻地记得最初刚恢复时的情形:

> 打仗以后,地雷被狗、牛、马绊掉了,才慢慢地敢来。起初就来几个,慢慢地来得多了,就又联系起来了。最先来的是一个曼捧的,拉着一条牛过来,那是刚刚打仗后一两年。[1]

此后,很长一段时间中越边民间跨境经济互动的范围很小,其形式多是基于亲缘的互惠性交换与"小篮篮"传统的生意,没有大宗货物交易的产生。他们交换的商品限于粮食、牲畜、日常生活用品等必需品,用途是自用。由于小规模、非正式的跨境经济互动常常需要强关系纽带来保证交易的稳定性,因此两国边民社会交往也得以增加。WMD详细地叙述了与越南边民交换生产资料的过程:

> 对越反击战过一两年,有越南人过来后,我们才敢过去。

---

[1] 访谈记录,编号:01/20190808/JYD。

当时没钱没什么生意,都是种地养猪。猪养肥了,才能和越南换牛。越南的牛便宜,一头猪一百多两百斤,就可以换越南的一头小母牛。下面的需要猪,就找村里的人说,牛的尺寸大小,要是合适的话,没有牛的人家就会和他换了。换牛的时候把牛赶到界上。都是换回来耕地,没什么人来收牛,就没得什么生意。那时候茅坪街上都是拿猪去换牛,下面(越南)养的牛多,猪少。[1]

在生产资料需求得到满足后,一些茅坪人开始做起了"生意"。这里的"生意"较难定义,既有边民互市,也有走私。为了更好称呼,统称为"生意"。在初期没有足够的经济资本时,茅坪人依靠与越南边民的强关系来以赊借、以物换物等方式获得越南商品。这一阶段的商品仍以生活必需品为主,但具有易得性、稀缺性、高价值等特点。两国产能、经济政策不同造成的"空白"是交易存在的根本原因。

在卖出商品的过程中,茅坪人采取多地点分散售卖的策略来逃避政府部门的监管。售出商品后通过同样的策略购买越南亲戚所需商品或购买自己所需,以差价获利。在积累一定的经济资本后,生意所涉及的商品规模、交易频率得以增加。茅坪人在社会资本、经济资本上的优势得以稳固与提升,从而能进行更大规模的"生意"。核心商品从糖精、味精、化肥等生活用品慢慢变成牛、马、木材等更大型更值钱的商品。FGW 仍能清楚地回忆起当时简单而又关键的交易:

> 当时中国出味精、糖精了,这些越南都没有。我们就拿一两包味精去越南,和他们悄悄地换肥料。肥料不是拿来自己用,

---

[1] 访谈记录,编号:23/20190914/WMD。

而是用马驮到都龙去卖。那时候管得松了，悄悄驮一点出去卖也不怎么管。拿到都龙去卖了，然后赚钱了，才买点肥料回来自己用。文山有很多人种三七，他们就买肥料来种三七，那时候越南有水素，是从日本过来的肥料，中国当时还没有肥料。当时一个地方不给买多，买多了要打证明。当时有市管会管，如果被抓到了要被没收。一个月3包味精，2包糖精，我们就转着去马关、文山、都龙、麻栗坡买味精、糖精。当时赚对本，味精买10元，到越南就卖20元，糖精赚一倍多。[1]

"牛生意"是将越南的牛、马卖到中国的跨境经济互动的简称，因以牛为主统称为牛生意。最初是中国边民用等价的商品与越南边民换牛、马，以走商的方式售卖。主要的购买者是中国各个少数民族村寨的边民。牛、马是农村地区必备的生产工具和运输工具。家庭联产承包责任制推行以来，生产队的牛、马等生产资料并不够平分给各家。农耕生产的需要为"牛生意"营造了巨大市场空间。但牛生意需较大的经济资本作为成本，前往越南收购牛、马也需要亲戚提供信息与居留安全的支持。往返中越边境进行买卖对于体力要求很高，因此最初只有少数满足条件的男性村民敢于参与。

散养的养殖方式造就了越南的牛马等牲畜数量多、价格适宜的特点。越南的瑶族、拉基族等少数民族村民的山地是极佳的放养场地，他们只需在山中划定某个山谷并简单搭建圈养设施即可。牛、马散养在山谷中，自行寻找食物、繁殖，一个月去山谷中照看一次，在需要售卖时再进行抓捕。越南牛、马的养殖成本低、收购价格低，因此售卖价格比中国本土的牛、马便宜。据村民WMD回忆，1980

---

[1] 访谈记录，编号：15/20190827/FGW。

年一头两百斤的小猪左右就可以换回一头小母牛，可见越南牛、马价格之低。价格低廉、相同的实用性使其成为许多中国边民的选择。少数民族村寨远离政府市场管理机构的监管，宽松经营环境使走商方式的"牛生意"得以长期存在。1983年单头牛、马的价格500元至800元之间，而当时中国农村居民家庭平均每人纯收入仅为309.8元。[1] 就收入而言，牛、马属于高价值的商品，且能够通过驱赶的方式实现运输。一个成年男性可以驱赶4至5头牛，运输成本与难度都极低。基于"小篮篮"生意的积累，牛生意让一些村民实现了从小资本到更大资本的转变，村内出现了第一批精英。最早经营牛生意的村民JYD表示：

> 刚刚分田到户（1983年），就有了牛马市场，就可以拉出去卖了。当时在马关、都龙、夹寒箐都可以卖。当时好的马，可以卖五六百，好的牛卖七八百。1000块钱可以相当于现在10000块钱，除了牛马，没几家有1000块的现钱。现在10000块钱，茅坪再穷的人家里都有。刚分到户时，茅坪只有七八家人有1000块钱现钱。我赶着牛去麻栗坡卖赶了三年，每一街跑两个来回。先去寨子里卖，寨子里卖不完了就去街上卖，街上没卖完就接着去寨子里卖。转着到处卖。一次不赶多了，就赶三四条、五六条。那个时候整个街上就我一个人赶牛马卖，其他人还没有。[2]

当周边各村寨的耕地牛数量达到饱和后，走商方式售卖牛的牛生意逐步成为过去。来自其他省市的商人开始到茅坪村收购牛。"牛

---

[1] 国家统计局：http://data.stats.gov.cn/easyquery.htm?cn=C01，访问时间：2020年2月1日。
[2] 访谈记录，编号：01/20190808/JYD。

生意"中的牛不再用于耕地,而是食用。此时"牛生意"的内容是茅坪人从越南收购牛,赶回到茅坪村售卖给外地商人。

大规模牛生意是边境贸易正式化过程中的重要阶段,促成了经济资本、社会资本的加速度积累。茅坪人内部的分工也开始出现,基于社会资本与经济资本区别的精英、普通村民在生意中扮演着不同的角色。精英通过特殊的社会资本联系拥有积压库存的工厂及百货公司,将缝纫机和花布等库存商品批发运回茅坪村后批发或赊借给其他村民。村民背着缝纫机、花布等商品去越南换牛、马,换回后到中国卖出赚取差价。"牛生意"进入大规模交易后,如何通过稳定的合作关系保持货源的供应及运出成了最重要的问题,而解决途径就是强关系。精英与普通村民的差距不断加大。由于交易性质的灰色性,交易网络多在亲密关系内建立,形成了中国的边民负责谈价格、卖出,越南的边民负责联系、提供货源的循环。JYD对当时生意的盛况回忆道:

> 邓小平刚上台时,主要是卖布匹、缝纫机、录音机,我卖的机器可以从这里一台挨着一台摆到昆明去,我卖的布匹拉开了,可以拉到北京去。那时候的老库存大花布。我从上面的百货公司仓库拉过来,拉到茅坪来,我就放在各家。这家放20台,那家放30台。布匹就这家几匹,那家几匹。让村民拉出去卖。因为村民找不到地方买这些东西,我就去用大车拉过来。去百货公司批的都是老库存,中国人不想要了。越南刚打完仗,国家穷,他们觉得新鲜,就很稀缺。我给茅坪村村民,他们拿去和越南人换牛。把牛赶来中国卖了,有了本钱在中国又换了商品拿去换牛。那时候没有人管,你去越南卖东西,买东西,拉

牛拉马，买粮食都没人管。只要你自己赚钱，都没人管。[1]

"牛生意"热潮后，20世纪80年代中期药材生意开始兴起。不同于牛生意，药材买卖涉及的市场信息、药材品质等专业知识都具有较强的专业性。茅坪人需要从药材商人处了解各种常见药材的大体特征、不同品质对应的价格等知识。茅坪人作为第三方角色沟通着中越间的药材交易，他们在药材生意中虽然是最外围但也是最重要的环节。来自各地的药材商人将需求信息、收购价发布出去，茅坪人在收购中以药材商人给出的收购价为上限来不断压低买入价，最终从收购价和买入价中的差价获利。但由于特殊的行业壁垒，他们也很难融入药材交易的全程中。不同于牛生意，细心的挑选，反复、漫长的价格商谈过程使女性成为这一时期药材生意的重要力量。CYZ表示：

> 八几年的时候，背小杂货要串着街走，如果卖不完还要背回来，后面一想不如专门背药材。我们一天跑两三趟。那个时候做生意没人拦，什么药材都可以买卖。很多人就去国门过去那个去拦货，没到茅坪就被人拦着收完了。拦一大堆，背回来，或者拿马驮。我们是天一亮就去拦一批，回来煮饭吃。煮饭吃了，又去拦一批货，回来天黑了，吃了饭，又去那边接一批。那时候我30多岁，能背七八十斤东西，一天能跑两三躺。我们全村大大小小都背着包去越南收药材。翻过国门去越南那边一个山坳坳里买。背回来后就有文山、马关的老板来收。老板会提前说好要什么药材，给多少钱一斤，你们去讲价。比如他们说给

---

[1] 访谈记录，编号：01/20190804/JYD。

三块，我们就去讲价到两块五。谁给的高就卖给谁，会到各个地方比价。老板也会为了做生意，互相竞价，谁的价格高我们就卖给谁。一趟能赚二三十块。[1]

茅坪人在牛生意、药材生意中始终扮演第三方角色，负责与越南人对接并把越南的商品运到中国卖出，或者去越南把中国的商品卖出。但此时的茅坪人并不属于中心的控制地位，跨境经济互动仍然以物物交易为主，两国的货币交易并不频繁。中越边境山路纵横，险恶的交通环境使得贸易的运输方式仍以人力、牛马为主，"生意"的形式、规模也受到限制。

2. 赶街的兴起与结构自治者角色的建立

1983年，经云南省人民政府正式批准，小坝子镇为对越开放的边境集市贸易点，允许越方边民入境互市。随后都龙、茅坪、保良街以及金厂等地也逐步成为边民互市的驻扎场地。[2] 茅坪街创办于1989年，圩日为每周二，位于茅坪村村小组街心。国门街兴办于2004年，圩日为周六，位于与茅坪村村小组距离1.9千米的都龙口岸旁。

1989年后茅坪村村民开始在自己家门口摆摊，经营内容与走商形式的"小篮篮"生意基本一致，为百货日杂商品。与此同时，背着"小篮篮"做生意的村民逐渐减少。到2019年9月已没有人做走商形式的"小篮篮"生意，只有3户还坚持每周五去越南箐门县赶街。

1992年至1994年，中国政府在中越边境组织了第一次大扫雷，此次排雷主要是针对口岸区域，排雷后60条边贸通道和25个边境

---

[1] 访谈记录，编号：02/20190806/ZYC。
[2] 云南省马关县地方志编纂委员会编：《马关县志》，北京：生活·读书·新知三联书店，1996年，第373页。

贸易点得以开辟。[1] 边贸通道、口岸地区、小路的通畅使得原本停滞的双边交往再度活跃起来，为跨境经济互动创造了交通条件。越来越多的越南边民来到茅坪街，既带来了中国人需要的商品，也拉动了当地的经济发展。从背着商品出去找顾客，变为让顾客上门来买，从个体与个体连接转变为面向群体、大众的经营方式。各家各户也开始有了自己主营的行业，或为粮食、药材等。不同于之前的"牛生意"、药材生意，边民互市点的建立使得茅坪村村民"天时地利人和"的优势结合起来了，在跨境经济互动中的优势进一步建立。他们不再是帮外来商人收购货品，而是跨入某个行业的门槛成为内行人。茅坪人"地主"角色开始凸显，他们逐渐登上跨境经济互动的中心舞台。在跨境经济互动中具有巨大的影响力，形成了"生意必须有茅坪人参与才能做成"的现象，推动着都龙口岸边境贸易的正式化路径的发展。

（1）茅坪街

茅坪街"赶起来"的契机是牛马生意的盛行带来了大量的人流、物流，村内精英的主动性也是重要的助推因素。在筹备阶段茅坪村精英发挥了重要的作用，他们前往周边中越边境村庄进行宣传，把赶街的消息传达给生意合作伙伴。经中国马关县委、县政府相关的考察，越南箐门县相关政府部门的同意，边民互市点正式成立。此后，在政府的帮扶与补贴下，茅坪街得以正式"开街"。WGF 作为当时的村长参与了边民互市点的组织，他表示：

> 茅坪街是 1984、1985 年那时候越南人过来赶街多了，我们就做生意了。去文山马关批发一些布匹、缝纫机等老库存，拿

---

[1]《中越边境为什么有雷区？中越边境历次扫雷盘点》,《海峡都市报》, 2015 年 11 月 4 日, http://www.mnw.cn/news/china/1021281.html, 访问时间：2020 年 2 月 1 日。

去和越南人换牛换马。到上面卖了，然后又拿钱买货。越南人每天都上上下下，我们就看着说干脆赶街了。我们就一算金厂是星期一，保良街、小坝子、普拉街，最后茅坪就定在周二，没有冲突。我们就和办事处的人说，周二要赶茅坪街。当时开街时就是越南人过来买东西，换牛换马。[1]

此时小规模的跨境经济互动作为边民互市，受到政府的鼓励与扶持。在中央电视台庆祝中国共产党成立80周年的采访中，能得到一些较为确切的记载：

> 1987年，马关县委、县政府领导到茅坪实地考察后，决定兴建茅坪边境集市。身为村干部、共产党员的吴光富带领群众发展边境贸易的信心更足了，在上级有关部门的大力支持下，他动员群众投工投劳，和广大群众一起修建茅坪边贸集市。1989年，修建成水泥路面街道的茅坪集市正式开街，一个推动边境经济发展的边境集市初具规模。1992年，都龙被云南省人民政府批准为省级开放口岸后，茅坪成了都龙口岸的主要边境集市之一；2000年，上级政府扶持11万元，采取民办公助的形式，修建茅坪集市新商贸大街，吴光富又带领群众投工投劳，建成长200多米，宽20多米的新大街，茅坪集市变得更加整洁、规范。此后，吴光富又抓住机遇，出入国门，宣传以茅坪集市为集散地，发展中越边境贸易的优势，使更多的中越客商涌入茅坪集市参与边境贸易，赶集人数从最初的几百人增至数千人。与茅坪一界之隔的越南菁门、戈丕等地边民和商人赶猪、牵狗、

---

[1] 访谈记录，编号：01/20190808/WGF。

背中草药到茅坪集市出售,从茅坪集市买回中国生产的电池、肥皂、味精、塑料制品等日用百货,日成交额逐步上升[1]。

茅坪街为两国边民的交易提供了一个固定的圩日,越南的边民出售牛、马、猪、狗、中草药、稻谷、玉米等商品,而中国人则出售日用品、服饰、农机用具等商品。如今茅坪街已成为周边边民购物、出售商品的重要集市,茅坪村在中越边境名声越来越大,成了远近闻名的边境贸易繁荣村,甚至被称为"小香港",吸引了众多的外来客商来找寻商机。

改革开放初期宽松的对外经济政策是促进跨境经济互动行为频繁的重要条件,而密切的社会交往则为之提供了防护网。茅坪人与越南商人跨境经济互动的日益增多,为了建立更为稳固的交往与合作关系,开始出现打干亲的形式来增强经济交往关系的现象。打干亲俗称"认干爹",即以拟制亲属的方式为自己的孩子建立一个新的关系。在中越边境,这一关系的建立跨越两国,提出邀请的通常是越南边民,他们希望干亲关系可以与中国商人建立密切、长久联系的强关系纽带,以此来参与到某一生意中,或是深化现有的合作。"打干亲"是亲情关系向商业工具关系的渗透,也为不正式市场环境下的交易行为增加了道德监督。两国边民间强关系的构建也是社会资本拓展、升级的过程。JYD 表示:

> 我经常下去做生意,比较熟。在下面我也有干亲,有几个。这个不能太多,过年你还要买东西,他也买来给你。但是你不想接待啊!现在走动少了,他们也不怎么来了。以前我经常下

---

[1] 王勇等:《都龙镇的党员们》,http://www.cctv.com/specials/80 zhounian/sanji/zhenwen0625_4.html,访问时间:2020年2月1日。

去就比较亲。下去找他们也是做生意嘛，如果不是做生意，谁有心肠去维持这些关系？现在（不做生意了）偶尔还电话联系，但是你不打给他，他也不打给你。你要是愿意给他打，他就愿意给你打。过年过节也有来走动一下，还要给压岁钱。不经常走也不亲了。认干亲对生意有帮助，你去到他家你问哪里有什么东西卖，他也会和你说，你想要什么货可以让对方帮忙找，或者让他帮忙买，给他钱。都是做生意嘛，交往就是为了彼此的利益，如果没有生意，交往着也没意思。他们会主动找人结干亲，他哪天看见你要去了，就打碗水放在路上，等你到了就拦住你说，亲爹来了，亲爹来了，说不定就是他知道你会经过这条路，故意放在路中间的。找我们认干亲的大部分都会说汉话，正式的安南只和我们做生意，不整这些。[1]

随着越南国内生活水平的提高，越南边民对缝纫机、花布等商品的消费达到饱和后，以物易物交易逐渐成为过去。两国的货币更广泛地在茅坪村通用，地摊银行也由此产生。"牛生意"也开始进入大规模交易，越南箐门县周边地区的牛马存栏量已无法满足中国商人的需求。此时"牛生意"的含义开始变为单一的牛，已经不再包括马。牛的来源也从越南边境省份拓展到其他地区，甚至缅甸、柬埔寨等邻近国家，越南成为转运国。

1998年以前，茅坪村只有一条出村土路，从都龙口岸现址到茅坪村需要翻过几个山头。商品运输依赖于山间的小路，而小路又分布于地雷埋藏情况复杂的山间。穿行者不仅要熟悉山路，更要掌握足够的本地知识来应对突发情况。高排他性使得在公路修通前，都

---

[1] 访谈记录，编号：15/20190808/JYD。

龙口岸附近的边境贸易活动必须依赖于茅坪人。同时，因为交易具有灰色性质，常常面临着风险及违法处罚。茅坪人在越南的亲戚、朋友所构成的社会网络能够有效降低在越的违法成本。而在中国，边民的身份也让他们参与边境贸易具有情理上的合理性。以出入境为例，如果茅坪人不办证去越南，遇到越南公安排查出入境证件时，他们可以就近找一个亲戚或朋友家躲起来而免受罚款，而外来客商则基本不可能迅速找到合适的地点进行藏匿。同时，茅坪人的越南亲戚来到中国遭遇同样情况时，也可以通过躲避或茅坪人出面协商解决。

（2）国门街

随着1998年后马关县对于都龙口岸的开发与投入，都龙口岸到茅坪村的公路开始修建。原本弯曲、翻山越岭的山路成为一条距离近、宽敞的公路，并最终与越南箐门县的公路对接，为大型货物的过境提供了交通条件。越来越多客商、边民来到都龙口岸进行交易、务工，形成了大量的流动人口。都龙口岸前开始形成一条草坝街，最初只是聚集了一些给过往生意人、工人提供吃食的摊位。在茅坪街成功开发获得利好的鼓励下，茅坪村的精英决定再次策划国门街。全程参与策划的 FGW 表示：

> 因为国门那边修路，要建口岸，老国门旁边的地雷扫了，用推土机推了一个大平台，茅坪去国门也有一条土路了。那个时候马关种三七的人托我们帮他们收盖三七的草，越南人就帮忙砍草。当时国门边刚用炸药炸开了，有些人挖石头卖，用来炼硅。有很多人在那里做事，久了就开始有越南人在那里卖一些农产品，我们也卖些百货、卷粉、布匹。然后几个人看着热闹就说赶街嘛。我们看着国门那挺热闹，就提议干脆把街赶起

来。推算了一下决定把街定在周六。几个人凑了点钱，每个人出了50块钱把街赶起来了。通知越南的公安，通知上面的政府，办事处，通知经贸局，在那天要开街。那天赶街很热闹，一赶就赶起来了。大家都没赶过，都是图新鲜，起初大家来玩。赶了两三街才开始有外面的人来摆摊，拿些东西来卖。越南人过来摆摊主要卖一些农副产品、粮食、山里的草药。都是栽的粮食、养的鸡鸭狗[1]。

国门街相比于茅坪街有更多外来人口的参与，具有跨境经济互动及旅游的双重功能。赶街的商户也不同，有更多的从马关、都龙、金厂、越南来的职业赶街商户。外来商户多售卖服装饰品、农机、干货、炉灶、影碟、旅游纪念品等商品，而茅坪村村民售卖的多为杂货、水果、蔬菜、烧烤、米线等。越南的边民则售卖越南特色的农副产品、食品、日化用品等。

边民互市点除了满足两国边民日常生活用品、交易的需求外，其他时间则是边民做"运货生意"的场所。这里的运货生意主要商品涉及大米、玉米、猪、牛、白糖等，在小规模时可以认定为边民互市，而在大规模时则是走私。为了方便叙述，下文中以"运货生意"来统称。在这一阶段，茅坪人在跨境经济互动中的中心地位逐步建立。

在旅游意义方面，圩日选在周六的国门街吸引了大量的赶闲街的人，主要是周边的政府部门、事业单位、公司的上班族，以及当时还没有整合为国企的都龙锌锡矿的私营矿主。此外，都龙口岸旁建于民国时期的老国门作为景点吸引了大量游客，有专门来考察生意的外地商人，也有感受边境风情的游客。他们极大拉动了国门街

---

[1] 访谈记录，编号：15/20190827/FGW。

的消费及人流,这是茅坪街所没有的。

来赶国门街的人群根据消费的不同可分为中国及越南的普通边民、上班族、商人、游客。普通边民到国门街主要是出售农副产品后购买日常生活用品、食物、衣物等商品,中午在地摊吃上一顿卷粉、快餐或者狗肉火锅。饭后在斗鸟处看看热闹,或者参与一番小额赌博,将赚来的钱花光后心满意足地回家。

而上班族、商人、游客来到国门街主要是采购或旅游,游览完老国门,买一些土特产、越南商品后行程就结束了,随即驾车回城。一部分想继续游玩的人会在附近找饭店吃午饭,他们对饭店的标准是环境更好、更适宜聚餐、能吃到当地特色等等。但国门街的地摊就餐环境差、卫生条件不佳,人群鱼龙混杂,桌子和椅子都较为破旧、低矮。由此,一些村民开始在家中开设饭店,专门针对上班族、外来商人、游客。

开饭店的村民社交范围相比于其他村民更广阔,与外界有更多的沟通机会。到了2019年,村内的大多饭店不只是吃饭的场所,同时还提供住宿服务。吃住一体使其逐渐成为外来客商的社交场所。村内X家开宾馆就是一个很好的例子,在X家的能遇到各个单位出差的工作人员、外来商人、外来务工者等等,成为很多客商进入茅坪村的第一站。X家宾馆的经营者CYZ说道:

> 当时饭馆都是上面下来的人吃,很少越南人,他们喜欢吃摊摊上的,你说在家里好好的煮煮、摆好,他们还不喜欢。越南人最喜欢街头、街角,你拿个锅支在那里,板凳矮矮的,他们最喜欢。你拿一张大桌子支着吃,他不习惯,他不喜欢。即便是在环境好的店里和地摊上价格一样,他都喜欢地摊,不喜欢店里。喜欢在摊摊上买东西,不喜欢去超市买。他们在家里

也是整个矮的桌子,围着吃。[1]

(3)国门街与茅坪街的区别

国门街与茅坪街的最大区别首先体现在商户及消费者方面。茅坪街赶街的商贩较少,更像是一个传统的中国乡村集市,消费者多为周边中国少数民族村寨的中国人,越南边民较少。赶茅坪街时,村民多以自家房屋或门口的街道为地点进行经营,售卖农机、化肥、小猪、木炭、家具等大体积商品,还提供理发、照相、打字复印等服务。国门街是边境特色集市,有商户售卖旅游纪念品,提供娱乐、照相服务等。

此外,国门街还是越南劳工找工作的场所。每到周六国门街就能看到越南边民聚集在一起,都龙口岸前停满了招越南劳工的中国面包车,满眼都是为首的越南边民老练地与中国人讨价还价的场景。同时,也有一些在华越南劳工选择周六回家并续签边民证上的居留时间。多股人流的汇集拉大了国门街与茅坪街在繁荣程度上的差距。

(4)从"下面"到"上面"的运货生意

这一阶段茅坪人做的是从"下面"到"上面"的运货生意。村内的精英负责与"下面"的越南人联系货源及交易方式,并与"上面"需要货的中国商人商谈价格,负责完成商品从越南到中国境内交易点的运输过程。运货生意的主要商品有大米、玉米、白糖等,其发展与我国边防管理体制、海关检疫制度正式化进程十分密切。这一交易游离在制度未明确的区域,或是在夹缝中形塑。JYD对生意的演变过程及交易过程进行了详细的叙述:

---

[1] 访谈记录,编号:02/20190820/CYZ。

越南用车拉到国门，我们从国门背下来，外面的人又拿车拉。那时候上上下下没人管，海关在马关，没人管。那时候政策松，你拉什么东西都可以，你拉大米也好，苞谷也好，拉猪拉牛都没人管。国门还没建就开始拉了，大批大批的拉。后面等国门慢慢建起来，管得才慢慢地严。起初还可以拉中国的废烟下去卖，卖完了就又拉汽油、苞谷、白糖、大米等等。以前拉货还会堵车的。以前拉什么都赚，拉一斤谷子赚一两角钱、拉一斤大米赚一两角钱、拉一斤汽油赚三四角钱。后面的时候很多越南人会拉到国门，我们过去和他谈价格就行。我们拉到马关、都龙也会有人专门收。起初少少的收，后面就有比较固定的收，我们就拉到马关交。后面上面的、广西的开大车来拉走，在上面打包了，又当成国产香米卖。[1]

不同于边民互市，运货生意对于社会资本、经济资本的门槛要求极高，扮演主角的是村内精英。村内精英与越南商人联系并安排商品的过境，联系好时间地点来对接货物。而普通村民则受到精英的雇佣负责开车、搬运等辅助性工作。普通村民FZW表示：

去国门那边的路通了以后，有人做谷子生意，他们喊越南人拉谷子到界边，他们就来去批发谷子。那个时候从来没有中国边防来管，只有越南边防来管，主要管治安。但是越南人只要给钱就行了。等晚上的时候，越南人把谷子拉到界边，一个车对一个装车就可以了。我们就去帮他们运谷子上下车。做生意的就把这些粮食拉到上面去卖。[2]

---

[1] 访谈记录，编号：01/20190808/JYD。
[2] 访谈记录，编号：28/20180115/FZW。

普通村民除了受到雇用外，在空闲时也做小规模的运货生意。他们不需要提前联系越南商人，而是在赶街时收购越南边民的零散农副产品，积少成多后运到都龙等地卖出。普通村民在交易中并没有固定的社会网络，其交易对象更具零散性、随意性。村内精英与普通村民的区别还体现在车型与数量上。精英的车型为大货车甚至挂车，而普通村民则为小货车。精英的大米交易数量可能在一晚上几百吨，而普通的村民则至多一周三四百吨。曾经做过大米生意的YDJ说道：

> 以前赶国门街的时候，一个街子可以买三四吨，用车运过来。那个时候过边检站那里没人管，买的东西主要是玉米、谷子、药材。去越南购买谷子主要是靠量多来赚钱，有时候一斤谷子就能赚个一角钱、五六分钱。[1]

3. 从走商到坐商

2013年茅坪村兴起了第一批建房风潮。多年做"生意"的积蓄，加之国门建设征收土地的赔偿款让部分村民修建起新房。2016年起，在国家对于农村地区安居工程的大力推动下，茅坪人都从红砖瓦房搬入水泥小楼中。楼房林立、商铺众多使茅坪村的建筑规模甚至达与一个小型集镇相当的水平。

新房修建完成后，坐商开始成为茅坪人的生计方式之一。茅坪人生意模式开始转变，他们已经有了固定的生意伙伴、特定的经营内容。边民间的强关系纽带构建的稳固的合作关系是茅坪人实现走商到坐商的关键。茅坪街时，村民在家门口摆摊。国门街时则需要

---

[1] 访谈记录，编号：22/20190918/JYD。

把商品运到都龙口岸前的摊位售卖。坐商的经营时间不受街天的限制，村民在家中就可以经营。

茅坪村的商铺类型包括杂货店、饭馆、烧烤店、旅馆、地摊银行、理发店、水果店、农机店、建材店等。在自建房屋内开设商铺无须房租成本、挑战性小，是许多村民的选择。杂货店、饭店、旅馆、地摊银行、建材店每天都开门营业，而理发店、水果店、农机店、化肥店则要通过电话联系。除了街天，坐商的主要消费者是两国边民、周边的公务员及上班族、工人。

村内精英多选择成立宾馆。此类店铺不仅需要宽阔的建筑面积，还需要众多的配套设施，高昂的经济成本并非普通村民能承受。在目前日常人流固定的情况下，宾馆要经营下去必须依赖于熟人关系。JYD 在 20 世纪 80 年代就开始做生意，在都龙镇都小有名气。他最初在村内经营着一家狗肉火锅店，2013 年后在自建房内开办了一家吃住一体的宾馆。X 家宾馆是村内第一家宾馆，并成功经营至今。众多的朋友和亲戚的消费是他经营火锅店、宾馆的契机，也是能够存续下来的原因。在谈到开办过程时，JYD 表示：

> 最初没有经验，我也不想整的，但是朋友太多了。那些单位上的人，上上下下做生意的人。就经常一起喝酒，喝酒开始就是自己打点酒喝，因为是朋友也不收钱。后面他们让我开店，他们愿意给点钱，老是不收钱的话，他们下次也不好意思来了。后面我就说好嘛，我整来卖嘛。街天你们过来吃，有一些人来，就慢慢地人多了。后面久了他们就说，上面有人开旅馆，让我也开一个旅馆。当时还没有人，就是这四五年才有人住。人多是从去年开始，今年人开始多起来了。建设口岸，上面工地上

的来租。他们租长期的。他们差不多就把旅馆的房间都包了[1]。

2017年前X家宾馆主要的客人是自家亲戚及合作伙伴，房间一个月偶尔卖出一两个。2018年3月26日都龙口岸正式开放后，越来越多外地商人、工人来到茅坪村，D家饭店的12个房间几乎天天住满。为了接待更多的客人，DYJ将房子通过改装后又增加了三个房间。口岸正式开放后，海关在都龙口岸增设了办公地点，边防公安也从周六日上班转为每天上班，以前运货的生意都不再能做了。普通村民或是外出打工，或是在家种地等机会。而DYJ等精英则能在原有的经济资本、社会资本的积累之上保持较为稳定的收入。

（二）从"生意"步入正轨的艰难路径

1. 从协商到严格执法

1959年河口县的小坝子划归马关，从此马关有了国境线。当时公安武警系统在都龙、堡梁街、金厂、小坝子等地设有边境检查站（边防工作站）和边防派出所，负责边民出入国境的签证验证工作和其他边境管理工作。都龙海关的设立也由来已久，1954年初在都龙设海关。1957年海关人员撤走，业务停办。1965年恢复都龙海关，配备3人办公，未设关长。1982年始任命副关长1人。[2] 在改革开放初期，中国的边境管理制度、海关监察制度还未完全建立，都龙口岸边境管理工作的直属单位是都龙边防工作站，都龙海关的办公地点设在马关县。人员配备不完全，流动性大是当时两个单位人事管理情况的真实写照。延续祖辈"小篮篮"生意的传统，茅坪人对走

---

[1] 访谈记录，编号：01/20190808/JYD。
[2] 云南省马关县地方志编纂委员会编：《马关县志》，北京：生活·读书·新知三联书店，1996年，第634页。

私性行为的内涵及性质的不了解是运货生意长期存在的主观认知原因。在工作站与海关政策不统一、制度仍需完善的情况下，政府工作人员也难以及时制止运货生意，许多执法行为只能通过协商和解。边境管理站工作人员还曾因矛盾主动与时任村支书WGF寻求和解，并让海关退还了茅坪人拉到中国境内的稻谷。FGW说道：

> 那时候刚开放了，茅坪人去拉了几十斤谷子，经过工作站，工作站同意了。工作站和海关不一，海关不同意，来没收。我去拦着，我说有理可讲，工作站也是国家公务人员，工作人员说可以给拉，现在又说不给拉，这个没有道理。后来我就告海关的，我告到大队又告到州长。大队长说老吴不要告了，我和海关说，让他们赔给你们就是。后面谷子又赔了，海关没敢拉去。现在又有人做谷子生意被人拉去了，来找我，我说我不能保你了，刚开放那会儿我敢保。后来海关拿国家文件给我看了，说是外国的稻谷不能进入中国，是宏观调控。有的地方是专门栽稻谷的，进了他们就不栽了。[1]

该事件可以解释"运货生意"长期存在于灰色地带的客观原因。不同制度之间有模糊地带，但边民的利益却很明确，这是"靠边吃边"背后的动力机制。此后随着管理制度之间缝隙的缩小、实施力度的加强，协商空间日益缩小，"运货生意"也逐渐走向式微。

作为边民，茅坪人可以通过情理与法理博弈，降低违法成本。而这一优势也是越南商人、外来商人选择其作为合作对象的重要原因之一。协商行为的长期存在也是边境管理中基层工作人员对村民

---

[1] 访谈记录，编号：15/20190827/FGW。

生计及现实情况的考量。"有理可讲"的存在也是国家制度并未在边疆地区深入建设的情况下，边境管理工作人员与边民和谐相处的重要原因。

协商行为上很贴切的例子之一即越南劳工在茅坪村居留时间的灵活性。HMC 在国门街经营一家米线店，雇用了四名越南妇女作为帮工，主要负责后厨杂务。多年来越南帮工都是从小路过境，没有办理过合法过境手续。口岸正式开放后，由于过境人口管理制度的严格实施，越南劳工必须从口岸以合法手续过境。但都龙口岸并非 24 小时通关口岸，最早一批入境的越南边民也需上午 8 点以后。而米线店的工作早上 5 点开始着手准备才能让赶早来摆摊的商人吃上早餐。合法的过境时间与实际商贸活动时间之间的矛盾由此产生。CMH 与边境管理站工作人员进行沟通后，最终米线店的越南帮工能够走小路出入境，但仅限于在赶国门街时。

在农忙季节，茅坪人会请越南边民帮忙播种、施肥、收获玉米与水稻。一些越南边民鉴于高额的办证成本走小路入境，没有合法的出入境证件。边境管理的工作人员熟知农忙的特殊情况，在入境人流可控时内极少采取执法行为。但随着口岸开放后各项政策的落实，茅坪村村民开始只雇佣有正规出入境证件的越南人，需要协商的行为在逐渐减少。正如村民 XMB 所说：我们与边防、海关都还挺熟的，（如要找没有出入境证件的越南劳工）找他们说点情肯定可以。但正是因为熟，也知道事情难办，我们要做好自身，不给对方添麻烦[1]。

2015 年 7 月 17 日，文山州州政府召开全州打击走私综合治理工作会议，进一步加强对走私的打击力度。2016 年 7 月份以来，马关

---

[1] 访谈记录，编号：06/20190813/XMB。

县人民政府调整充实了打击走私领导小组及其办公室。从公安、边防、森林公安、海关、市场监管等部门抽调人员组成缉私小组，专门开展缉私工作。2017年6月，马关县人民政府发布了《关于严厉打击走私违法行为的通告》，出台了《马关县打击走私奖励举报办法》，将打击走私工作进一步落到实处。截至2017年9月查获大米502.605吨、稻谷15.8吨、白糖851.81吨、有骨类冻品76.2吨、无骨类冻品185.12吨，查获生猪3468头、生牛34头（已就近采取灭活、消毒、深埋的措施进行无公害化处置），皮革32.1吨、矿类99.42吨。[1] 口岸管理制度的逐步完善使人流、物流过境管理的进一步加强，"运货生意"发生了翻天覆地的变化。越南边民过境人数及其所能携带的商品种类都大幅度减少，都龙口岸的边境贸易正式化进入关键的转型阶段。

都龙口岸接壤的越南河江省位于北部，地形多为山地，边民以传统的农业为生，其收入主要来源于将农产品卖到中国。但如今农产品却面临拿不过来、卖不出的困境，收入急剧减少后其消费能力受到大幅削弱。高成本的证件办理更是让原来来去自如的边民过境积极性严重受挫。在茅坪街、国门街的边民互市冷清的市场行情下，商户对赶街生意的积极性也因此降低，参与赶街的茅坪人也越来越少。ZYC说道：

> 现在赶街人少了很多了，之前他们说H家赶街一天可以赚六七千，现在一天能赚三千都是生意好了，可见生意差了不止一半。我们这边现在不能买越南那边的东西过来做生意，越南人又穷，全靠种地的一点收入。没有钱他们怎么来赶街？以前

---

[1] 政府办：《第280号关于加大对走私行为打击力度的建议》，2007年9月7日，http://www.ynmg.gov.cn/info/1289/43357.htm，访问时间：2020年2月5日。

就只能背一点大米过来，现在大米都不让背了，当然很多就不过来了。在越南，边民证很难办的，虽然办证只要三四十块钱，但是一天往往办不好，还要住一晚。住一个晚上差不多要几十块钱，然后办的时候可能还被越南的办事人员克扣，又要给几十块钱通融。这一个证办下来差不多要将近200块钱，走小路被抓的风险也很大，他们本来就穷，自然就不过来了[1]。

2. 严抓严打下的"生意"

在严抓严打的情况下，一些边民迫于生存压力仍铤而走险地做着运货生意。在这一阶段，茅坪人的边民身份、与越南边民的强关系纽带再次凸显优势。作为边民，充足的地方性知识，长期的生活经验，使他们更了解边界区域山间小路的分布及具体情况。在生意中积攒的经验及社会资本也是大多外来商人所无法超越的。与越南边民长期、稳固的交往形成的强关系纽带犹如一张防护网，发挥着巨大的作用，有时甚至超过经济资本。一位外来商人曾和我们笑言："在茅坪做生意只要茅坪人带到越南去，拿货不要钱的。"[2]

作为以种养为生的农民，稻谷、牛、猪、山货等商品是其正常的劳动产出，因此高价值的牛重新成为新阶段运货生意中的主要商品。"牛生意"要求经营者对于整个生意的过程十分熟悉，有着至少能买一车牛（8万—20万）的本钱，会"看"牛。"看"牛是牛生意中与收入的密切相关的环节。在中越边境做"牛生意"时，并不会对牛进行称重，而是遵循传统商业中"相物"的规则。一个会做"牛生意"的人，必须知道哪种外形的牛肉多，而不是骨架大。村民将此总结为"膘气"，以脖子粗、屁股大的牛为最佳。"牛生意"的门

---

[1] 访谈记录，编号：02/20190807/CYZ。
[2] 访谈记录，编号：04/20190825/QL。

槛极高，如果不会看牛，也会因此造成巨大的经济损失。简单来说，"牛生意"并非普通村民能参与，即便参与也很可能血本无归。

这一时期"牛生意"的过程大致如下：首先是交易者在越南的牛交易市场看好牛后，委托越南边民将牛赶到中国，根据数量支付报酬。中越边境山路崎岖，仍然有触发地雷的风险，赶牛者需要对于路况十分熟悉。此外，在越南的国土范围内，越南边民也不允许中国人赶牛影响自己的收入，赶牛的工作被他们垄断。作为边民，在遇到越南公安时也能避免处罚。做"牛生意"的茅坪村村民与赶牛的越南边民或有血缘关系，或维持着固定的社会交往。越南边民按照他们的要求将牛赶到指定地点后，赶牛入境的工作结束。赶到中国的牛大部分拉到村民家中后院的牛栏中等待装车，小部分则会直接上车运走。熟悉牛生意的 JYD 说道：

> 现在做牛生意是他们去下面买，买了让越南人拉过来、一条牛给 1000（越南盾），合中国 30 块钱。两个人赶 10 条牛过来，一趟就能赚两三百，他们都是在界边的，又不远，一天能跑两三趟。中国人不能过去赶牛，越南人不同意。请越南人赶牛也更划算，这些中国的老板怎么会帮你赶牛？他们少赚点都行，都要找越南人赶牛。这些在下面做牛生意的人都互相熟悉，买牛的、卖牛的、赶牛的都是熟人。牛要去戈玉买，要么就在金厂过去的三号界那边买，这两处都有牛市场。这些牛市场很大，有几百头牛，用大车拉过来交易。这些赶牛的都是固定的人，你买了牛，和他说几头，你给了钱，他就帮你赶过来了。很熟的话，你不给钱，他帮你赶过来你再给钱都可以[1]。

---

[1] 访谈记录，编号：01/20190804/JYD。

为了控制"牛生意"的成本，降低风险，多数情况下牛不会在村民家的牛栏过夜。短暂地补充饲料，牛恢复体力后，就上车拉到都龙、马关、文山等地。在拉出的过程中需要多人协作，村内精英是做"牛生意"的老板，而普通村民则负责开货车、望风等辅助性角色。从茅坪村拉出的牛没有经过正式的入关手续，如果被执法部门拦住或是被其他村民举报将面临巨大的损失。由此也产生了一批来自都龙镇、马关县等地依赖于收"过路费"生存的地痞，他们通过在货车驶出的必经之地设卡来收取过路费，根据货车的大小、货值多少等因素来衡量过路费的数量，在双方协商一致后才允许货车通过。

　　并不是拉到茅坪的牛就能成功运出并交易，一些因为各种原因无法拉出，或者短期没有计划卖的牛则养在村民家的牛栏中。一些村民的房屋后侧有牛栏，除了日常养牛外，还能饲养无法运出的牛。此外在因为某些原因被政府部门采取执法手段时，村民可以此为依据来证明牛是自家所养。

　　在茅坪村，牛的来源多元而模糊，主要包括自养繁殖、与周边中国少数民族边民购买、中国牛市场、越南牛市场。牛的用途可以是肉牛、耕地牛。大部分村民都有养牛证，证件上的数量从几头到20头不等。卖出养牛证上数量限制内的牛的行为具有程序合理性，但牛作为一种可以自行繁育的牲畜，难以实现牛只数量变化的及时上报。畜牧管理部门也难以通过养牛证上的数量、牛的耳号来认定村民家中的牛是否合法。无法估算确切的数量、无明显的生物特征成为牛的来源模糊的基础性条件。

　　耳号是证明牲畜具备合法检疫身份的标志。据村民说政府部门批准茅坪村共有400个耳号，但村内的牛很少打耳号。对于村内耳号的消失，他们主要持两种观点。首先，给牛打上耳号有助长"牛生意"的趋势,村委会、兽医等都难以承担走私罪的法律后果。其次,村内养牛为生的村民怀疑耳号通过不正当交易的方式卖给了做"牛生意"的人。一些越南牛打了耳号成了中国牛进入市场。而普通农民养的中国牛却无法获得耳号合法进入市场,只能一直养在家中。

牛普遍无法打耳号不仅造成中国牛与越南牛身份模糊,也是牛生意仍然能存在的原因之一。在协商时还能以此为理由认为是外在原因造成茅坪村所有的牛都是非法的。牛身份模糊给基层执法工作造成了边防管理与边民生计之间的现实矛盾。将"牛生意"作为走私行为打击将伤害到部分养牛为生的普通村民的生计,在执法上多以冷处理为主。非法牛只入境事件的处理方式通常是以查证、劝阻、没收为主。卖出牛的数量与养牛证上的数量如果能符合,村民就存在与执法部门协商的空间。证明牛是自己所养即可以合法入境、成功地进入中国市场交易。

"牛生意"中的各个过程环环相扣。越南边民在运输牛时要减少牛只遗失、死亡的现象,处理好与越南公安的关系。而中国边民内部也需了解政府对于"牛生意"的相关法律规章来避免高额违法成本。两国边民需要密切、高度互信的合作。茅坪村村民与越南边民长期频繁交往所建构的强关系纽带是二者实现合作的基础。成员之间彼此熟识,有感情也有利益,能够对失信行为进行严格监督。

在边境管理尚未明晰阶段,基层政府对于小规模的"运货生意"采取的鼓励态度与如今的严抓严打形成了鲜明的对比。国家对"牛生意"的冷处理像高悬的达摩克利斯之剑,执法者与茅坪人的认知间隙可能会成为引发矛盾的引子,推后边境贸易正式化的进程。在执法过程中,基层执法者常常注重执行,极少解释违法行为背后的法律、规章制度的意义及严重后果。因此,一些村民在主观认知模糊、侥幸心理占上风时,仍然做着牛生意。他们认为即使被政府"抓"了,也存在"有理可讲"的协商空间,灰色贸易的高额利润依然值得冒险。

3.边境贸易正式化的瓶颈

作为边民,茅坪人在跨境经济互动中一直扮演着不可或缺的第三方作用。在经济资本、社会资本的积累中,他们逐渐建构起自己的优势地位,成为"生意"的控制者。为了增强社会网络中关系纽带的强度,中越边民间通过打干亲、通婚等方式实现了从亲属关系向经济工具性关系的渗透。而到了口岸建设阶段,对人、对物流动的严格控制使茅坪人收入急剧减少,生存压力之下开始出现村民外出打工的风潮。

严格执法环境下"生意"中的强关系纽带更显重要,茅坪人尽显地主之利。为了避免钓鱼执法、信息泄露等问题带来的高额违法成本,"生意"社会网络中的排外性日益凸显。JYD表示:

> 外地人不可能抢得过茅坪人嘛,就算你抢得过,路是茅坪人修的,茅坪人路都不让你过。而且茅坪人一直做生意,越南人也只认识茅坪人,你外地人去做生意越南人基本不会相信。这里做生意还是要茅坪人来。越南人不能直接和外面的商人联系,如果他联系外面的商人,他站不住,他货拉过来要茅坪的人帮忙上车啊!如果他不让我们参与进去,这些小年轻的,偷都要把他的货偷完。必须靠本地人。靠本地人才不会有人敢动他的货,必须要拉本地人入伙。原来他们拉矿就是,只要在哪放着,吃顿饭,车里的矿被人下好几袋,运走一吨多,他都不会知道的。必须要有本地人帮忙看,外地人人都不认识,他知道是谁拿的。只有有本地人一起,才能站得住。[1]

---
[1] 访谈记录,编号:01/20190808/JYD。

WRY 等人在茅坪村新街以 3.8 万元的价格租下了一栋临街的房子，开办了一个集旅馆、饭店为一体的吃住店。他们花费了近 10 万元进行装修与家具的添置，加上一行人的开支，总支出约 20 万元。就目前的生意状况而言，他们很难在短时间赚回本金。在口岸边民互市点没有正式开通前，茅坪村的常住人口仍以两国边民为主。在商品、服务供给充足的情况下，他们通常出于关系选择去熟人的店铺消费，外来商人短时间很难立足。这也是为什么 WRY 的宾馆在装修、价格、配置方面虽高于 X 家饭店，却极少有人光临的原因。对此，在茅坪村多年的边防公安 HDK 说道：

> 在茅坪 WRY 肯定开不久。涉及油烟、噪声等问题的邻里关系他们就无法处理。目的性也太明显，村民又不傻。在茅坪，一切都很讲人情。她做得再好吃都不可能天天去吃，你可以去他家吃一顿，你总要去熟人家吃两顿才说得过去嘛。不然在村里怎么待？[1]

与 WRY 相似的还有在茅坪村开超市的江西人 FKL。FKL 自 2000 年左右开始来到云南边境城市开超市，目前在河口县、马关县等地共有 5 家分店。他来到茅坪村开超市的原因有二：一是在马关县开的超市遭遇失败，希望就近找一个旺铺重新开张，减少处理货物的麻烦。二是此前在河口经营超市十分成功，他认为口岸地区具有良好的发展前景。最后经过考察，他以两万元的价格租下场地，开始在茅坪村经营超市。经营初期，超市一直处于亏本状态，多数边民更愿意在熟人的杂货店消费。超市的主要消费群体是周边的上班族。

---

[1] 访谈记录，编号：12/20190825/KDH。

2019年以来都龙口岸地区抵边移民新村、恒富国门街、兴龙都商贸城三个工地同时开工，极大地增强了区域内的人流及消费总量，超市的经营才得以打开一个新局面。FKL长期参与村民的社交活动的努力也让其得到了认可。超市卖场的购物方式逐渐深入人心，越来越多的中国边民开始更愿意在明码标价的超市消费。此外，FKL还为周边顾客提供免费送货上门服务，这是多数杂货店所没有的。在对比之下，大家反而觉得杂货店常常存在货品不全、不明码标价、商品过期等问题，超市的顾客越来越多，生意慢慢红火起来。

茅坪村是典型的熟人社会，任何外来人员及其目的常常备受怀疑。外地人需通过长期交往来与村民建立良好关系，或是由社区权威人的引入才有进入社区的可能。如果想参与跨境经济互动更是需要稳固的强关系纽带作为保障，才能避免复杂情况中的潜在矛盾。排外性不仅是对外的排斥，更是内聚化的体现，将成为边民融入边境贸易正式化中去的瓶颈。

4. 边境贸易发展受阻中兴盛的服务业

随着海关政策的明确，边境贸易基础设施的建设完善，都龙口岸实现正式通关后，边民参与到边境贸易中的活动形式主要有三种：第一种为利用现有社会资本、经济资本，基于对某一行业的熟悉，经营某一种货物的小额边境贸易。第二种为基于国家对边民互市规定的8000元的免税额，收购商品积少成多来赚钱。第三种即将自己的免税额度的使用权出售给贸易公司，每天固定拿30—50元的佣金。在第一种、第二种参与方式中，他们能否参与的关键是昆明海关规定出台的关于都龙口岸允许过境货物的清单中是否有擅长经营的商品，否则就只能选择第三种参与方式将免税额出售给贸易公司。

茅坪人所经营的"生意"以低价农副产品为主，他们擅长经营的产品不一定在海关指定的通关商品内。此外，大多数茅坪人文化水平低下，在相关法律、政策解读方面与专业的边境贸易通关公司有着很大的差距。如果在商品通关时无法合理降低关税，他们所经营的商品在价格上的优势也不复存在。此外，在第二种积少成多的贸易方式中，零散的过货也将因低盈利而增加经营难度。边境贸易的高门槛将使大部分边民在边境贸易中不再有地主之利。

即便是能够跨过门槛的边民也还需要等待时机，都龙口岸还无法处理货物通关的现状，要求他们有能够撑过漫长等待期的经济资本。如何成功养家糊口成为他们目前最大的困难，茅坪村青壮年劳动力的选择可分为以下三种：打工、务农、开店。选择去外地打工的多是村内20至40岁的村民，年长的村民则选择在附近工地务工。务农的村民则在自家的土地种植水稻、玉米、草果等。此外，在国家对于都龙口岸的大力宣传下，越来越多的外地客商到都龙口岸考

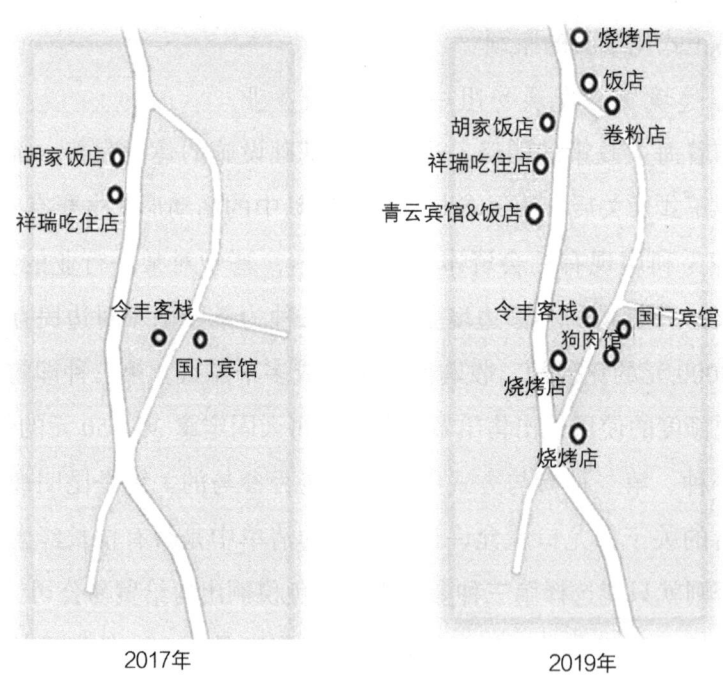

图 2 2017 至 2019 年茅坪村服务业的变化

察投资。众多的工地集中人力赶工期为茅坪村带来了大量的流动人口，村中原有的饭店、旅馆、杂货店、超市等商铺的客流量显著提高。村民经营服务业也是低成本、低门槛的选择。一些村民开起了早餐店、烧烤店、KTV、奶茶店等，村内的服务业发展呈现出繁荣景象。2017年年底，笔者第一次来茅坪村时，只有赶街时能找到吃早餐的地方，烧烤店需要提前预约，到2019年情况已经完全不同。（通过图2标注，能够对此有更直观的了解。）

作为现代娱乐的一部分，烧烤店、KTV、奶茶店等场所的出现是茅坪村商贸活动扩展的体现，也是越来越多的外来工人、商人之间社会交往的需要。不同人群之间社会交往的增加也将推动以弱关系为纽带的社会网络的建立。

（三）小结

从计划经济走向市场经济，中国经历了巨大的变革。经济发展水平、生产力水平迅速提升。计划经济时代的产品因落后于人民的需求而面临淘汰，造成了大量库存商品积压。中国边民通过物物交易的方式将库存商品与越南边民换取牛等商品，在一来一去中两国边民间形成了强关系纽带维系的社会网络，茅坪人在跨境经济互动中的优势也逐渐建立起来。此后，随着中越边民之间的经济交换行为逐渐走向商品化，在政府对边境管理制度没有完全建立起来的情况下，基于中越市场及生产力上的差异性，越来越多的茅坪人参与到非正式的边境贸易中。强关系纽带在非正式的边境经济互动中发挥了巨大的作用。

频繁的经济互动推动着边民间各类社会交往活动的延续与发展，政治边界对其影响很小。从牛马生意到药材生意，跨境经济互动中的商品种类、规模都进一步增大。从满足需求到赚钱，从以物换物到商品交换,商品流散的范围也不断扩大。茅坪村从一个边陲村落,逐渐被纳入市场经济的发展中,从自给自足走向商品经济。

继牛生意、药材生意之后,边境贸易的巨变来自边民互市点茅坪街、国门街的开通。国门街促成的"运货生意"也在很长一段时间构成了大多数村民的生计来源。茅坪街与国门街的建立与繁荣也深化了两国边民的经济交往,边民互市的出现推动着边境贸易的正式化进程。茅坪人的核心地位也逐渐建立,在生意的特殊性与强关系纽带的双重作用下,出现了"越南人只认茅坪人,做生意必须要有茅坪人"的现象。新房的修建则促进了茅坪人的生意从走商到坐商的转变。通过强关系,越来越多的越南边民直接带着商品到熟悉的茅坪人家中,或通过约定的形式进行交易。此类交易是边境贸易走向正式化过程中灰色贸易的回光返照,并不长久。

从1987年的茅坪街到2004年的国门街,再到2013年后都龙口岸国门及联检楼、查验货场等基础设施的建设,这一建立过程也象征着边界"从无到有"的过程。随着边境管理的日益推进,牛生意成为一些人特殊时期铤而走险的选择,强关系纽带的作用仍然巨大,但也面临走向衰落的挑战。对于多数茅坪人来说,边贸正式化的推进对他们的生存压力极大,国门不是一道门,更像是门槛。如何认识跨境经济互动与社会网络中的纽带变化与推动边贸正式化、激发边境经济活力有着密切关联。

三、边境贸易正式化催化的弱关系纽带

（一）外来资本对边民间社会网络的跨越性重构

作为国家一类陆路口岸，都龙口岸的发展当然不能只依赖作为边民的茅坪人。在未来的发展中，边境经济的参与是开放的，市场经济规律中的理性因素将发挥更大的影响。目前都龙口岸主要有两家投资企业。兴龙都边境贸易进出口有限公司（以下简称兴龙都），老板是江苏人，主要投资范围在边民互市点、一般贸易货场建设与房地产开发，公司于2013年到都龙口岸投资。马关恒富置业有限公司（以下简称恒富），老板是湖南人，主要投资范围在都龙口岸进行房地产开发，公司于2018年到都龙口岸投资。

兴龙都最初了解到都龙口岸是通过朋友介绍，因为看好口岸生意能带来的巨大收益而决定进行投资。作为最早来都龙口岸投资的公司，他们耗费了大量的资金进行前期建设。目前完成了边民互市集市、一般贸易货场、兴龙都边贸城的部分建设。对于他们而言在口岸投资要看长期收益，不能急于求成。就像有钱人买藏品一样，他们不需要藏品立即产生效益，能够经得起等待。但长期投入使兴龙都的资金链断链问题较为严重，在资金短缺、外在建设环境不佳的情况下，都龙口岸已正式开放一年还没有实现正式通关。兴龙都对此并不以为然，负责人LZ认为他们仍然具有独特的优势，成功只是时间的问题。ZL说道：

> 边民互市因为马关县政府没有钱，所以就我们投资来做。我们有20年的经营权，是唯一能做边民互市的企业，我们投了快一个亿了吧，在商贸城和边民互市，后期下面还有个物流场。这里的投资就要看真金白银，你有500块，干个50块钱的事情，

这很游刃有余，不急于一时拿回收益。如果你就50块钱，你要干50甚至100的事情，那就不行。这里的投资短期想得到收益有点难，我们都是在等未来。[1]

在恒富进行投资时，都龙口岸已具备了一定的建设基础。作为招商引资来的公司，他们享有政府指定的冰鲜海产品的经营权。兴龙都与恒富的不同之处在于对边境贸易行业的开发经验。兴龙都的投资者从未参与房地产、边境贸易方面的投资，参与都龙口岸的投资是一次大胆的尝试。恒富在边境贸易行业有着专业、经验丰富的团队，他们认为此次投资胜券在握。对于都龙口岸开发周期过长，迟迟未能正式通关一事两家公司也有不同的看法。兴龙都认为马关县政府工作效率太低，各类基础设施建设跟进缓慢。而恒富则认为兴龙都作为承办企业因为没有经验也是重要原因。恒富的负责人QL表示：

我们公司来这个口岸，是招商引资过来的。这个口岸的冰鲜海产品是指定我们公司做的。老板之前在东兴、凭祥都做过，也见证了很多口岸的发展。这个口岸，来到这里也是一个待开发的状态，从上面的国家政策来讲，这里的前期政策肯定是非常好的。比如你在这边成立公司，最多可以减免80%的税收。1000万的税可以退800万的税。所以为什么我们选择这个口岸，就是因为这个口岸在国家政策定义上是国家一级口岸，但是却很长时间了都没能成熟运作起来。到现在边民互市一直没做起来，可以说还没有真正意义上的开放。另外就是，边民互市、

---

[1] 访谈记录，编号：07/20190816/ZL。

正常报关进货的形式这边也没有。这两年在茅坪还有点机会，所以我们才从大老远过来，我们做的东西是别人看不到的东西，抓住一些别人看不到的机会。[1]

外来投资者来到都龙口岸投入大笔资金，谋求的是在政策福利下参与规模化边境贸易的机会。他们对茅坪人小打小闹的"生意"并不感兴趣，认为村民既不是他们的客户，也不是合作对象。对村民的期望是不要扰乱他们目前的投资、建设计划，如遇日常小矛盾则通过口岸办等相关政府部门协调。大额经济资本的优势足以让外来投资者越过村民从"小篮篮"到"运货生意"的发展路径。公司能够通过专业的团队解读相关政策及流程，全程监管边境贸易的运营，这是大多数边民所难以做到的。

兴龙都、恒富在边贸生意上的着重点也有所不同，兴龙都主营边民互市，恒富则主营房地产开发。兴龙都与马关县政府签订为期二十年的一对一的边民互市合作经营合同。马关县政府负责提供地皮与政策保障工作，兴龙都负责边民互市的硬件与软件的投资与建设。作为都龙口岸唯一具有经营边民互市资质的公司，在边民互市的经营中，政府与兴龙都就边民互市货物的过磅费收益进行分成。前两年所有边民互市的收入都是归兴龙都所有，从第三年开始县政府和公司各占一半，此后随着合作期的延长分成比例将会更改。依据 2008 年发布的关于促进边境贸易发展有关财税政策的通知，边民通过互市贸易进口的生活用品，每人每日价值在人民币 8000 元以下的，免征进口关税和进口环节税。[2] 边民可通过以 30—50 元人民币的

---

[1] 访谈记录，编号：04/20190809/QL。
[2] 中华人民共和国中央人民政府：《关于促进边境贸易发展有关财税政策的通知》，2008年 10 月 31 日，http://www.gov.cn/zwgk/2008-10/31/content_1136830.htm，访问时间：2020 年 2 月 5 日。

价格出售自己的免税权给边贸商人，多个边民可以通过拼车方式实现更大规模的货物过境。但货物的估值及组合方式要符合免税的标准，十分考验经营者对政策的解读。

在前期准备阶段，兴龙都通过村委会召集边民登记身份证、边民证相关信息，将登记过的边民录入信息库中并给每人进行制卡。在对边民进行编号后，以50个边民为一组安排组长，由组长负责与边民管理、沟通。在有边贸商人需要货物过境时，公司根据货值大小来通知组长带领特定人数的边民前往口岸刷边民证。边贸商人支付给被使用边民证的边民每人每次30—50元不等的酬劳，而兴龙都则根据货物重量收取过磅费。在整个边民互市的过程中，兴龙都与边民无需实质性的交往，通过村委会、组长的方式来实现管理，公司与边民只是雇佣关系。随着边境贸易正式化的推进，兴龙都将取代茅坪人成了都龙口岸跨境经济互动中的第三方，沟通边贸商人与本地人的资源、信息。

恒富的主要投资项目是以房地产开发为核心的恒富国门商贸街，通过售卖商铺的方式盈利，其长期战略立足于国门特色步行街、四星标准的国门酒店与冰鲜海产品行业。作为有着丰富外贸经营经验的公司，他们认为都龙口岸作为国家一类陆路口岸，与同等级别口岸的开发水平仍然存在着很大差距。都龙口岸长期没有发展起来与财政基础薄弱的当地政府、"小打小闹"的边民有着密切关系。以茅坪人为代表的中国边民格局太小，过于注重关系的作用。村民常常沉浸在酒桌交往中，多数情况下社会交往多于经济交往，人员的过于内聚化造成跨境经济互动长期非正式化、低端化。QL说道：

> 我们董事长M总在深圳等地从事外贸多年，对于口岸发展十分熟悉，曾参与东兴、凭祥等口岸的投资。由于之前投资的

成功,所以才来到都龙口岸投资,认为都龙是下一个东兴,具有很高的战略地位。我们目前主要参与商业房地产开发,还拿下了都龙口岸的海鲜进口专营权,预计在未来投资建设一个海鲜冷冻工厂。很少有村民和我们买门面,他们的观念还是比较传统,是老一套,(注重)吃饭喝酒,不懂对外贸易的政策法规和运营规则。我们是以不同的方式、正规的方式在做,也是一样做贸易的嘛。大多数村民到达不了那个高度,如果能达到那个高度,就不会一直发展不起来了。[1]

(二)空心化与社会网络节点的缺失

国家强力推动口岸经济建设,投入大量资金进行配套设施建设。都龙口岸区域实现了从崇山峻岭到云岭雄关的转变。在边境严格治理的推动下,赶街、"运货生意"等生计方式渐走向式微。人流、物流的暂时减少使得茅坪街与国门街两个边民互市点的繁荣也宛如按下了暂停键。高额的违法成本下,大部分茅坪人已不再从事以前的"生意",因而收入急剧减少。国门虽然开了,而实际开而不开的状态却成为村民口中的"门槛"。此外,在边境地区推进的保障性安居工程中,政府给予边民4万元建房补贴与一定额度的三年无息贷款。在政策鼓励之下,很多村民建起了新房,却也背上了不少的债务。村内青壮年劳动力外出打工现象增多,曾经的边贸繁荣村成了一个以老人、小孩为主的"空心化"村落。仍然坚持在村内的年轻人JH表示:

国门开放以后,对我们的影响,你不是能看到吗?我觉得

---

[1] 访谈记录,编号:04/20190809/QL。

它是开放了，但是它不是门，而是门槛。是让我们小老百姓的很多生意都没办法做了，大家都没钱赚，尤其是以前去越南那边做点小生意的[1]。

还有一部分略有积蓄的青壮年劳动力则选择"混日子"来等待赚钱的机会，他们打牌喝酒度日。在村里，每天中午12点开始就能听到村内的青壮年聚集起来打麻将的声音。一桌麻将是四个人的娱乐，但在茅坪村却是一群人的活动。有钱的打麻将，没有钱的则在一旁围观。他们打麻将到晚上，回家吃过晚饭后就接着去村内的烧烤店喝酒。有时在村内吃喝完，还要去都龙镇继续其他娱乐活动。更令人惊讶的是，在茅坪村因电路并网连续停电5天时，"麻友"们居然发电打麻将，整条街只有太阳能路灯和麻将室透露出灯光。村内青壮年劳动力的外流及他们迷茫、空虚的生活与都龙口岸数量繁多的工人日夜加班的场景形成了强烈对比。

政府对边境管理的加强切断了两国边民之间的密切交往关系。村民唯一能做的就是等待时机，等待国门真正成为开放的"门"，但长期的等待所带来的经济资本消耗对于大部分人而言却是漫长的寒冬。

都龙口岸作为开发中的国家一级口岸，其广阔的前景吸引了众多外来商人来考察口岸发展情况并进行投资。兴龙都和恒富的到来为边境贸易的正式化注入动力，也将对边民生计变化产生着巨大的影响。购买商贸城的摊位是边民能够融入边境贸易的方法之一，他们可以继续摆摊来参与边民互市。但大多数边民对于口岸的发展前景都持怀疑态度，不愿意购买摊位，而选择等待时机。他们坚信政府、开发商会迫于压力维持之前的协商结果：不会因为商贸城中正

---

[1] 访谈记录，编号：25/20190109/JH。

式边民互市集市的启动而关闭国门街、茅坪街两个非正式边民互市点。从经营成本而言，商贸城的摊位费是国门街、茅坪街的几倍之多。在人流急剧减少、边民互市受阻的情况下，以高额投入购买商贸城的门面、摊位极有可能入不敷出。经营赶街生意多年的XMB表示：

> 商贸城里也有摊位，但是太贵了，要25元一米。我们在外面摆摊只需要5元一米，一个摊位大概10米，摊位费才50元。做的也是日用杂货的生意，利润很低，赶街一天就两三百元的收入，好一点话可能有五六百。但是现在管得严了，没什么人过来，200多一天都算很好了。我一天才赚200多，摆进去的话，一天摊位费就要200多，而且又窄，根本没有收入的空间了。而且越南人不认识路，也不进去买东西，专门在外面买怎么办？最开始建商贸城的时候，我们也是因为说清楚了能继续摆摊的事情，才同意他们建。反正到时候可以在外面摆摊，租不租里面的摊位也无所谓了。[1]

（三）边民边缘化催生的社会网络断链

为了活跃口岸经济，马关县与马关县亚龙房地产置业有限责任公司（以下简称亚龙）与马关县政府以地皮置换的方式来修建抵边新村。抵边新村一共有四期，每期为200户贫困户提供住宅。马关县政府希望抵边新村的建立能为口岸的后期发展提供劳动力，发挥活跃口岸经济的作用。为了按约定在年底交房，该工地自2019年3月开工以来，日夜赶工，到9月中旬已经封顶。

亚龙和兴龙都、恒富与边民相处的模式一致，二者基本没有交

---

[1] 访谈记录，编号：06/20190125/XMB。

集，乐于通过行政命令解决纠纷。在抵边新村建设过程中，工人因混凝土灌溉操作失误，混凝土淹没了村民 FBD 即将收获的玉米地，但却没有道歉或采取赔偿措施。这一行为让 FBD 很不满，他打算召集亲戚去闹事解决。此事被村委会的监督主任 CMH 知道后，他作为中间人与两方进行沟通，最终才达成和解。CMH 表示自外来开发商来到茅坪村后，原本作为兼职的村内工作加重了他的工作负担，甚至自家店铺都无暇顾及。

外来投资商将重点更多放在与海关、边防检查站、县政府等政府工作人员交往来获得更及时的政策消息。恒富的负责人 QL 与边防检查站、海关等公务员称兄道弟，十分熟悉。而他来到茅坪将近一年，才在饭局中第一次与村内精英 GD 一起吃饭。此后 GD 回请 QL 等人吃烧烤，却久久等不到人。QL 以喝醉了为借口婉拒了 GD 的邀请，让其扫兴而归。在传统乡土社会中，面子与回礼的重要性不言而喻。QL 的行为也很明显地表现出了其对边民的态度。对此，QL 说道：

> 马关口岸办专门负责协商，如果有问题就找他们。村民、边检、海关、水电问题，都可以找他们，他们来协调。我们只是来做生意，这个身份有时候协调并不能得到想要的效果，但是口岸办不一样，他们是政府的人，更好说话。和村民也没什么好交往的，我们只是在上面开发，他们在下面的村子里，他们不买商铺也没关系，商铺售卖面向的是全国的人。[1]

在问题处理上，外来投资者多采取跳过基层的方式直接与相关政府部门进行沟通、协商，他们巧妙地利用了政府的权威提高了自

---

[1] 访谈记录，编号：04/20190818/QL。

身沟通的效率及影响力。外来投资者与边民的互不交往状态使得二者之间形成了一个中间区域，处于中间区域的则是口岸办等公务员。边民则注重强关系，其社会网络的排外性日益凸显。强关系内的资源的静止与封闭状态，甚至可能成为边境贸易正式化中的巨大阻力。在外来经济、文化冲击的压力下，边民内社会网络产生向心力。在政策、政府的支持下，外来投资者通过大额经济资本构建信息获取能力、制度等优势，不断扩展来取得在边境贸易参与中的优先地位。由此，在边民、政府、外来投资者之间逐渐形成"边民边缘化"这一矛盾的现象，在三者的互斥中，边境贸易正式化进程受到限制。

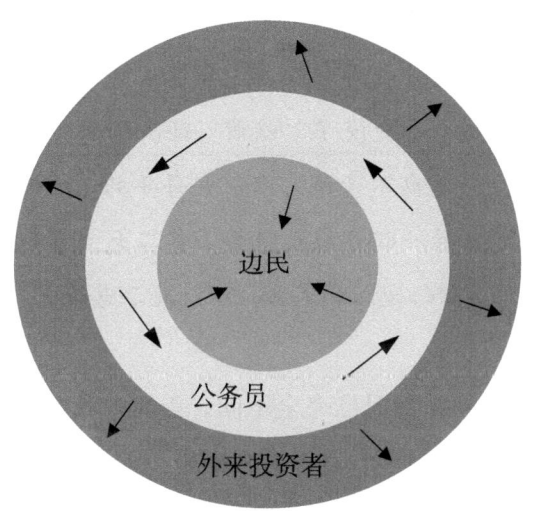

图 3 边民边缘化

上文对外来投资者与边民的关系进行了一些简单的论述，下文将从广义上的政府与边民关系、边民边缘化的后果展开讨论。口岸正式开放后，海关正式入驻到都龙口岸办公，口岸办、边防检查站的公务员数量也得到扩充，给边民和公务员之间的交往关系带来两大变化。首先，不同单位之间形成互相监督氛围，与边民密切的交往可能影响工作。再次，公务员内部交往机会增多。以上变化通过对比在茅坪工作13年的KDH与其他新来的公务员就能发现。KDH为茅坪人熟知，走在路上都会有村民主动和他打招呼。而新来的公务员则只活动在超市等消费场所，除了执行任务外与村民极少互动。在边防、海关、口岸办内部以权威为划分形成了不同的圈层。这些圈层的分化通过他们的饭局能够很好地分辨，圈子成员主要包括公务员、兴龙都或恒富的上班族、超市老板等，没有边民。村民YWW对政府工作人员与边民间密切交往关系的变化仍然记忆犹新，她表示：

> 由于腿脚不方便，这几年都不太跟连队和边防走动。现在也换了领导，领导的群众工作没有原来的领导群众工作做得到位。这几年关系都变淡了。以前，连队的领导跟老百姓就像是"鱼和水"，谁也离不开谁。以前在每年的12月31日，就会喊村里面的老百姓一起开联欢晚会。第二天，百姓就会把自己家里贵重的物品赠给边防和连队，以此表示感谢。[1]

而时至2019年，情况已完全不同。当年中秋节，在邀请下，我们与边防公安一起度过节日。饭后大家坐在院子里赏月，此时海关、口岸办的工作人员提着水果、月饼前来联欢，三个友邻单位相处十分融洽。没有边民参与他们的联欢也是边民边缘化现象的表现。随着边民与政府工作人员交往的减少，二者互相了解的减少将使基层执法中协商空间日益减少。政府部门权威、公事公办的符号化形象进一步得到构筑，推动边民边缘化现象的加剧。

---

[1] 访谈记录，编号：16/20190829/YWW。

（四）小结

随着外来大资本、专业边境贸易公司的进入，茅坪人开始从控制性角色走向辅助性角色。尽管中越边民间的强关系纽带在传统"生意"上曾发挥过巨大的作用，但在正规、合法的边境贸易中，始终是价格、质量等因素的公平竞争。如果说茅坪人参与非正式的边境贸易的基础是强关系纽带勾连的社会资本与经济资本，那么外来投资者依赖的则是大额经济资本下科层制公司的成熟运营模式。在巨大的经济资本运营中，经营者通过精细的成本管理制度、人事管理制度、利润分配制度等制度化因素来控制成本、迅速反应，构建值得信任、放心、价格合理的形象来实现规模化的利益产出，边民在如此竞争下几乎没有优势可言。

在过去，茅坪人得益于强关系中无后顾之忧的信任及迅速的商品流动信息。而在如今大资本跨境经济互动的时代，信息的数量、流动的速度早已不是在一个传统、密切联系的强关系社会网络可以比拟。理性化、现代化、数据化的边境贸易处理方式才能更好地实现信息的充分流动、交流，推动持续的高回报率的实现，这也是边境贸易走向正式化的必经之路。

关于村落空心化、边民边缘化的讨论更多的是关于在以弱关系为主建立的边境贸易正式化背景下，实现兴边富民的现实意义。随着多股力量汇入口岸进行投资、建设，不同群体间的内聚化、互斥现象加重。此前边民能在生意中获得成功，得益于强关系纽带所联结的社会资本优势。但在正式化的边境贸易中，他们在社会资本的优势并不能弥补经济资本、边贸专业知识上的欠缺。优势不断弱化的边民逐渐被边缘化，"边民靠边吃边"的现象似乎将成为过去。在生计及贷款的压力下，大量人口外流使原有紧密、团结的社会网络面临节点缺失。

政府招商引资、外来开发商投资等行为都在于吸引劳动力前往口岸置业、就业，但边民边缘化却推动着村落空心化。在有适当时机回乡时，边民又将面临新矛盾。除了社会资本、经济资本上的欠缺，他们还将面临大批外来劳动力的冲击。企业为了压缩用工成本，将以价格、专业为考量聘用雇员，在口岸找到合适的工作并不是简单的事情，边民因此而陷入去留两难的困境。从长期而言，推动边民与边境贸易的紧密联系的建立将成为边疆地区经济建设的重要问题，亟需进一步探讨。

四、结论及反思

（一）结论

本文讨论了边境贸易正式化过程中经济形式变化与社会网络纽带变化之间互相建构所形成的微观社会机制。最终落脚于如何推动边境地区经济发展的现实问题。此外，基于定性的研究方法深入案例，希望通过过程性的视角展现都龙口岸地区跨境经济互动构建的社会网络纽带形式、作用。在方法上与其他社会网络的研究结论能够形成互补，通过对边境贸易的讨论深化对强关系与弱关系纽带的理解，并与相关研究进行对话。

在新中国成立前，居住于都龙口岸附近的中越汉族边民因为谋生、逃避国民党抓壮丁等原因从各个地方迁入。中越两国山水相连，两国边民同烧一山柴，共饮一江水，互迁、互婚、互市以及探亲访友等都极为频繁。[1]在中越边境特殊的社会文化环境的影响下，形成了较为完整的以区域为中心的市场体系。围绕跨境经济互动的社会网络纽带的变化主要分为以下四个阶段。

在新中国成立前，居住在都龙口岸周边的中越汉族是居住在封而不闭的国界上的跨界民族，他们自由交往、自由通婚，"小篮篮"形式的走商生意是主要的形式，并由此建立了交往密切的强关系纽带。此时的跨境经济互动并不受到政府的限制，更像是自然的乡村集市贸易。中越边民交换的商品主要是食盐、粮食等。

新中国成立后，国家制度的建立、相关政策的落实使得沟通两个国家不同经济体制的跨境经济互动开始出现。在1959至1961年的三年困难时期，中国边民依赖于越南亲戚的帮助，以交换或赊借

---

[1] 云南省马关县地方志编纂委员会编：《马关县志》，北京：生活·读书·新知三联书店，1996年，第45页。

的方式来"吃饱饭"。这一阶段关系的互惠性特征显著，商业交易性质的经济互动极少。此后至改革开放前，在"吃饱饭"的激励下，茅坪村村民与越南边民的关系通过频繁交往、通婚等方式不断加强，社会网络中结构紧密的强关系纽带发挥了"防护网"的作用。茅坪村村民通过中国公民的身份在中国市场帮越南亲戚代购风油精、肥皂等生活用品换取粮食成为一时的风潮。在群体的内聚性方面，在中国都龙、越南箐门周边的中越汉族边民内部形成了以汉族族群特征为划分的"社区共同体"。茅坪人早上是中国农民，晚上是"靠边吃边"的边民，成为这一时期的显著特征。一些中国边民也在越亲戚的帮助，迁移到越南居住，增强了边民间社会网络节点、扩大了其地理影响范围。这一阶段越南箐门县是中心地，占优势性地位的是越南边民，中国边民对越南物资有着较高的依赖性。

中越自卫反击战时的暂时中断，改革开放的迅速推进都是与跨境经济互动发生转变有着密切关系的重要历史性事件。在家庭联产承包责任制推行的背景下，中国农民的劳动热情被激发，对耕地牛的巨大需求推动了与越南边民以物换物形式的交换。随着"吃饱饭"不再成为担忧，茅坪村村民开始进行具有商业性质的跨境经济互动。最初是化肥等商品的交换，和越南亲戚赊借一些化肥卖给中国人来赚取价差。在积累有一定的经济资本后，走商形式的"小篮篮"生意开始复兴。为了避免因没有合法出入境手续可能面临的高额违法成本，是否有越南亲戚至关重要。通过强关系纽带，茅坪人在越南有地方可以落脚，在被越南公安抓住时有人可以"捞人"。在国家的制度保障不能落实的阶段，强关系产生了可观的保护作用。花布、缝纫机换牛更是紧密圈子内的互动，圈子内的成员间形成互相监督，欺诈信息的快速传递要求有良好的"口碑"才能不出局。

市场分布和交易行为方式的变化是现代化进程的体现，茅坪街、国门街的兴起推动都龙口岸边境贸易从零散的"小篮篮"生意走向有固定地点、圩日的边民互市。此后茅坪街的发展推动围绕茅坪村的一定经济区域内现代商贸活动的兴起。随着新国门前公路的修通，交通条件改善后，以粮食、白糖等商品为主的"运货生意"逐渐兴起。茅坪人成为都龙口岸跨境经济互动中的第一代结构自治者。他们与越南边民的强关系发挥着特殊优势，这些是外来商人所没有的。他们连接着越南边民的一端有着丰富的结构洞，中国商人的一端没有结构洞。他们可以基于自身利益，构建网络中获取信息利益与控制利益的最佳位置[1]。身处强关系中的茅坪人能够消弭中国商人、越南边民在生意中因陌生、不信任而造成的困难，由此营造高互信来突破灰色性质"生意"中的不确定因素。作为第三方构建有序贸易环境来减少囚徒困境发生的可能。

口岸正式开放前，跨境经济互动的主体是两国边民。在封而不闭的民族国家背景下，为了稳定地维系灰色"生意"，边民间的高互信需求推动关系纽带的不断强化。但随着口岸的建设完善、边境管理实践经验的充足，国家力量的影响范围、强度也不断得到扩大，强关系发挥优势的时代逐渐过去。边民逐渐走下控制性地位，外出打工潮所造就的空心化现象也在加速强关系纽带的瓦解。他们从原有的社会网络中脱域，被打碎成为适应现代化发展，走向个体化、原子化的个体。

在法治化、规范化的外在环境下，外来投资者有着明显的优势，主要表现在以下三个方面：首先，在口岸开发上，他们有着长期开发口岸的经验。懂得如何在国家规定的政策下合理控制运营成本，在边境贸易中具有压倒性优势。能够通过成熟的运营模式迅速实现

---

[1] 罗纳德·S.伯特：《结构洞——竞争的社会结构》，任敏、李璐、林虹译，上海：上海人民出版社，2017年，第44页。

与电子商务化的边境贸易接轨。此外，基于平台式运营方式的弱关系纽带中信息传递的数量、速度所营造的信息利益是传统的强关系纽带所无法比拟的。

其次，弱关系纽带构建的社会网络中信息优势与大规模资金造就的经济资本优势结合。外来投资者以符号化、制度化的第三方形象参与跨境经济互动，突破了传统的人与人之间的商业交往。权威感的第三方组织将替代人与人之间的信任，削弱强关系纽带的作用。

再次，外来投资者高度组织化的科层制能够以稳定的机制处理更复杂的交易。[1] 在非正式的跨境经济互动中，交易的成功依赖于高强度、稳定的私人关系，通过强关系纽带来提高稳定性，避免高额违法成本、降低机会成本。但在制度建设完善、全景监控下的边境贸易中，如何认识、利用科层制，合理利用资源达成交易将成为大势所趋。作为组织化的商业机构，外来投资者能够聘请更多的工作人员，通过制度化的高执行力来将不同的工作分工到不同的人身上。他们顺应边境贸易正式化的大环境成了继茅坪人后的第二代结构自治者。弱关系的建设推动结构洞的数量增加，提高交易规模与效率，从而降低强关系中所存在的信息资源冗余，最终实现高额利益的获取。

（二）讨论及反思

对强关系和弱关系的讨论多注重其在某一领域影响孰强孰弱。在对二者关系的讨论中，有许多关于互补、不同作用方面的研究。而从历时性角度对个案进行展开，就强关系、弱关系阶段性变化进行深入分析的却并不多。本文通过对中越边境都龙口岸跨境经济互动与社会网络纽带变化的过程化梳理，发现在传统、不正式的跨境

---

[1] 马克·格兰诺维特：《镶嵌——社会网与经济行动》，罗家德译，北京：社会科学文献出版社，2007年，第146页。

经济互动中强关系纽带发挥着巨大作用，但随着现代化、正式化边境贸易进程的推进，弱关系纽带将逐渐取代强关系纽带发挥更大的作用。印证了前人研究中随着经济规模增大，弱关系将发挥更大作用的相关假设。在研究领域上，以独特的理论实践、田野材料丰富了对边境贸易的认识。研究密切结合跨境经济互动、社会网络纽带的变化进行讨论，对于强关系、弱关系讨论也具有方法论意义上的贡献。在边境贸易非正式化阶段，强关系发挥着巨大的作用。而随着边境贸易日益正式化、经济规模日益扩大，弱关系的优势日益突出。这一认识对于认识边民与边境贸易的关系，推动边境经济建设具有现实意义。

自改革开放政策实施以来，我国 GDP 从 1978 年的 1495.41 亿美元增长至 2018 年的 13.61 万亿美元。外贸进出口总值从 206.38 亿美元增长至 2019 年的 41045.04 亿美元。[1] 国内经济发展状况及国际贸易形势都经历了翻天覆地的变化。但在中越双边贸易中仍然存在进出口产业结构不合理、产品低端化的现象。

从国家利益角度而言，推进社会网络弱关系纽带建设具有其现实意义。实现这一转化能够更有效地优化资源，减少非法的走私活动，构建更具规模的边境经济。此外，还能推动高信息交流效率的建立，减少信息损耗、扩大收益。灰色性质的边贸活动作为"摸着石头过河的改革政策的意外后果"将逐渐走向消亡。出于对中越双边贸易的长期健康发展的考虑，政府必须大力推动边境贸易参与者的组织正式化、信息化、现代化进程。通过引导建设弱关系纽带为中心的社会网络来提高边境贸易的成交量，及通过口岸的一般贸易的占比，弱化强关系纽带来减少非正式化的跨境经济互动，从而助

---

[1] 国家统计局：http://data.stats.gov.cn/easyquery.htm?cn=C01，访问时间：2020 年 2 月 1 日。

力中越边境贸易走出低端化、小规模的困境。

将引领新型靠边吃边关系的建立提上日程。边民依边既是经济建设的考虑，也是边疆安全的需要。推动政策利好、经济扶助的落实来减缓村落空心化的趋势，将边民留下来，发挥边民建设边境贸易的优势。此外，还应优化政府、边民、外来投资者之间的沟通与互动模式，强化边民建设边疆的信心，将口岸建设与边疆发展切实联系起来。

嵌入性视角下生态移民的生计变迁研究
——以云南省 C 市为例

作　者：李　洪
　　　　云南大学民族学与社会学学院
　　　　2019 级社会学专业硕士研究生
指导教师：刘建娥

导论

（一）研究缘起

改革开放 40 年来，我国工业经济高速增长，城镇化建设发展迅速。据统计，1979—2020 年，我国国内生产总值中，工业的平均增长速度达 10.2%；城镇化水平（户籍城镇化）从 1978 年的 17.9% 增长到 2020 年的 63.9%[1]，创造了中国的经济增长奇迹和城镇化发展奇迹。但随之带来的是生态环境恶化、地区发展不可持续、城镇化建设粗放等问题。对此，在理念上，习近平总书记基于生态环境保护和社会生产力发展之间的现实矛盾提出"绿水青山就是金山银山"的科学判断[2]；在实践上，通过生态移民项目践行绿色发展观，统筹生态文明建设和经济发展的"生态—经济"工程，以"绿色主义"的思想在生态与发展之间寻求平衡。

我国的生态移民始于 20 世纪 80 年代，首先起源于 1983 年宁夏回族自治区开展的易地扶贫移民，后历经三峡工程（1994 年开工，1996 年一期移民）、"八七"扶贫工程（1994—2000 年，内蒙古、新疆、甘肃等地区移民）、中国农村扶贫开发工程（2001 年至今，云南、贵州、四川、广西等地移民）、三江源保护工程（2005 年至今，青海三江源地区移民）等，已有 40 年实践经验。[3] 中国生态移民的 40 年实践在生态效益、经济效益和社会效益方面证明了生态移民项目是建

---

[1] 《中国统计年鉴》，https://www.stats.gov.cn/tjsj/ndsj/2021/indexch.htm，访问时间：2022 年 1 月 11 日。

[2] 叶冬娜：《习近平"两山理论"对马克思主义生产力理论的丰富和发展》，《广西社会科学》2020 年第 12 期，第 7—11 页。

[3] 蔡林：《中国生态移民工程的问题及规范性研究》，《环境保护》2014 年第 23 期，第 45—47 页。
荣钰、庄优波、杨锐：《中国国家公园社区移民中的问题与对策研究》，《中国园林》2020 年第 8 期，第 36—40 页。

设生态文明、改善生存环境、促进农民脱贫致富、全面建设小康社会的有效渠道。[1] 在"十四五"规划主张全面推进乡村振兴、健全城乡融合发展体制以及完善城镇化空间布局的政策背景下[2]，生态移民所带来的人口集聚、资源集聚、空间集中、产业转型等移民效应为中国新型城镇化和乡村振兴提供契机，生态移民仍将在中国经济发展和社会建设中充当重要角色。

"生态移民"作为我国项目建设、环境保护、农民迁移的政策性工程，其可以被视为詹姆斯·斯科特笔下的"国家规划的项目"，即被设计或规划出来的社会秩序。在这一秩序重建的过程中，一些不可预见的偶发事件往往背离项目主导者的良好用意，从而带来负面影响。[3] 我国的生态移民项目如果要避免陷入"失败"境地，还是得回到"以人为核心"的主题，重点关注作为移民主体的农户。对此，判断一个生态移民项目最终成功与否，不看是否把人全部迁出来，还得重视生态移民迁出后在安置区的经济就业与社会融入。迁出后，生态移民的就业结构是否改善？原生计模式的改变以及村落共同体的解体对他们带来哪些影响？哪些因素决定移民农户的生计选择？这些问题都决定了生态移民项目正向效益的发挥以及生态移民是否能"安居乐业"。

C市境内有着中国第二深水湖——抚仙湖，是中国重要的淡水资源战略储备湖区。云南省政府为了保护抚仙湖水质，联合地方政府开展生态移民工程，对湖区沿岸110米范围以内的居民进行生态搬

---

[1] 李培林、王晓毅：《生态移民与发展转型》，北京：社会科学文献出版社，2013年，第318—322页。

[2] 新华社：《中华人民共和国国民经济和社会发展第十四个五年规划和2035年远景目标纲要》，2021年3月13日，https：//www.gov.cn/xinwen/2021-03/13/content_5592681.htm，访问时间：2022年1月11日。

[3] 詹姆斯·C.斯科特：《国家的视角：那些试图改善人类状况的项目是如何失败的》，王晓毅译，北京：社会科学文献出版社，2019年，第7页。

迁，以新村集中安置、特色小镇安置、市区高层公寓安置等为主要方式。在此过程中，生态移民与土地流转、旅游开发、城镇化建设同步进行，这极大改变了当地民众的生产生活方式，具有深入发掘研究的价值。由于C市生态移民从距离上看，属于县内就近后靠安置和市区集中安置，距离原居住地并不遥远，特此本研究不关注其社会适应问题，主要聚焦于生态移民的生计变迁。

（二）研究意义

1. 学术意义

（1）理论层面：本文引入"嵌入"理论对生态移民的生计变迁进行多要素分析，拓展嵌入理论的应用范围，丰富生计变迁研究领域的理论认识。自卡尔·波兰尼提出"嵌入"概念以来，嵌入性理论在概念内涵、分析框架、层次结构等方面取得重要发展[1]，西方学界多将其应用于管理学、经济学领域的组织、市场研究，但"经济行动镶嵌于社会结构"的主体并不局限于企业组织，农民工、生态移民等自愿与非自愿移民群体的微观个体经济行动同样受到社会各方面的影响。

（2）研究方法层面：在传统社区研究的基础上采用"时空"视角和比较分析方法，对生态移民的生计变迁进行纵向比较研究。本文选取四个不同时间段、不同空间位置的移民社区，对涵括在社区之内的移民群体、社区结构、资源优势等进行比较分析，从而明确制约不同阶段、不同社区的生态移民的关键性要素。在此基础上，深入探讨C市生态移民在生计变迁之中的行动选择以及差异化选择所带来的社会经济效应。

---

[1] 兰建平、苗文斌：《嵌入性理论研究综述》，《技术经济》2009年第1期，第104—108页。

2. 现实意义

国家"十四五"就业促进规划中提出"就业是最大的民生",是践行以人民为中心发展思想、扎实推进共同富裕的重要基础。[1]生态移民作为农业转移人口中的性质特殊而规模不容小觑的群体之一,其就业仍是政府、企业和社会组织共同关注的主题。本文对生态移民的生计变迁进行全过程分析,阐释移民农户搬迁前后的生计动态变化、发掘制约移民就业发展的关键因素、提出生态移民差异化的发展策略,为促进生态移民的生计可持续发展提供借鉴和参考。

(三)文献综述

自20世纪70年代以来,学界在学理上探讨了生态移民的定义、类型、意义,生态移民与反贫困的关系以及生态移民与城镇化发展;在制度层面,分析了生态移民的政策实施与效果,安置模式与社会保障。在具体的微观层面,研究了生态移民的迁移意愿、社会适应与融入、生计变迁与可持续发展、移民风险等。总体看来,关于生态移民的研究形成了从宏观到微观、从理论到经验的多元研究面向。下面,本文主要从当前学界聚焦点及与本研究相关的主题作简要综述。

1. 生态移民政策的实施及成效

生态移民政策是反贫困政策和环境政策的一体化,其在制定之初即把削减贫困和改善环境作为双重目标,但生态移民政策在制定和实施过程中会出现目标偏移。[2]其因多种因素的影响,迁移战略还

---

[1]《国务院关于印发"十四五"就业促进规划的通知》(国发〔2021〕14号),www.gov.cn,访问时间:2022年1月15日。

[2] 葛根高娃:《关于内蒙古牧区生态移民政策的探讨——以锡林郭勒盟苏尼特右旗生态移民为例》,《学习与探索》2006年第3期,第61—64页。

达古拉、胡格吉乐图、石柱:《生态移民政策的影响分析》,《生态经济》2010年第10期,第167—171页。

具有消极的方面，生态移民政策在实施过程中存在着诸多不如意现象。[1]例如，单一的政策供给模式忽视移民群体的地域性和差异性，不当的政策供给结构忽视移民生计的可持续发展，不均的政策供给内容又会使移民群体遭受新的不平等。[2]政策保障的失效使部分移民处于建房资金筹集乏力、后续产业发展和生计保障困难的现实困境中，对此，生态移民补偿机制的主导理念和内容、标准、方式需要进一步完善。[3]

在生态移民政策的效果评估中，有学者认为：政策效益主要体现在经济效益上使移民生活得到改善，促进移民开发区发展；社会效益上，使小城镇吸纳更多人口，实现脱贫致富；生态效益上，减轻环境压力，保护生态系统。[4]总体来看，生态移民政策取得较好的效果[5]，但这一政策效果对不同群体及不同区域各有差异。如实施生态移民政策时间的早晚，较早地区的生态环境改善程度就比较晚地区的效果要好，另外移民政策对收入有显著正向影响，而政策收入又影响移民返迁意愿。[6]更糟糕的是，由于环境而造成被迫迁移时，还

---

1 W. Neil Adger, P. Mick Kelly, Alexandra Winkels, Luong Quang Huy, Catherine Locke, "Migration, Remittances, Livelihood Trajectories, and Social Resilience," *AMBIO: A Journal of the Human Environment* 31, no.4 (2002).

2 张瑜：《宁夏生态移民政策供给缺陷与原因分析》，《北方民族大学学报（哲学社会科学版）》2016年第5期，第141—144页。

3 陶少华：《基层政策视阈下民族地区生态移民的现实困境与优化路径——基于渝东南民族地区的调查研究》，《西南民族大学学报（人文社会科学版）》2018年第10期，第203—207页。

4 白雪军、温丽：《宁夏生态移民政策效益分析与"和谐富裕新宁夏"建设的思考》，《农业现代化研究》2013年第2期，第159—162页。

5 叶尔扎提·开恩思、李莉、孟梅：《塔城市库鲁斯台草原生态移民政策实施效果评价——基于邓恩公共政策评价标准》，《干旱区资源与环境》2020年第10期，第27—33页。

6 赵剑波、余劲：《陕南生态移民政策对农户收入的影响研究》，《武汉理工大学学报（社会科学版）》2015年第3期，第526—530页。

任晓蕾、张旺锋、马文亚、何蓓、雅蕊：《天祝藏族自治县生态移民政策实施效果实证研究》，《资源开发与市场》2016年第3期，第322—326页。

可能出现移民及移民家庭贫困加剧的现象。[1]具体来讲，生态移民原有生产资料丧失、进入迁入地后劳动技能和文化素质与劳动力市场需求不匹配。当需要应付风险时，原有社会关系网又不能很好提供支持，致使移民就业能力缺失，引发失业性贫困。[2]

2. 生态移民的生计变迁

移民从原居住地迁出会对生计方式产生较大影响，而且更多的是负面影响，移民原有生产体系、各种创收性资产、社会互助网络以及文化联系等都会因为迁移而遭到破坏或丧失。[3]生态移民的生计恢复问题迫在眉睫，包括差异化生计策略的再选择和生计模式重构。[4]

首先，从现状来看，生态移民在迁入地的生计状况常与移民的生计策略选择相关，不同的策略选择一定程度上反映着差异化的生计变迁并具体表现在就业结构、收入结构和消费结构上。搬迁前，生态移民主要以农业、牧业为传统生计方式，生计活动单一；搬迁后，移民主要选择工业、建筑业、运输业、服务业、个体工商业等二、三产业就业，生计策略呈现多元化趋势，移民非农就业比例逐渐增加，生态移民的生计方式实现了由农业为主到农工商贸多元发展的

---

1 Uma Kothari, "Introduction : migration, staying put and livelihoods," *Journal of International Development* 15,no.5(2003) : 607-609.

2 田朝晖、孙饶斌、张凯：《三江源生态移民的贫困问题及其社会救助策略》，《生态经济》2012年第9期，第169—172页。
严月珺：《南水北调中线生态移民扶贫开发模式调查——以湖北十堰内安移民为例》，《山东社会科学》2016年第1期，第480—482页。

3 迈克尔·塞尼：《移民与发展：世界银行移民政策与经验研究》，水库移民经济研究中心编译，南京：河海大学出版社，1996年，第86页。

4 王志章、孙晗霖、张国栋：《生态移民的理论与实践创新：宁夏的经验》，《山东大学学报（哲学社会科学版）》2020年第4期，第50—63页。

变化。[1]但由于生态移民自身文化素质偏低、现代化生产技能弱、缺乏发展资金以及受区域经济发展水平等因素制约,其在劳动力就业市场中处于弱势地位,从事劳动技术含量低、报酬低的底层或者边缘工作,致使生计方式不稳定。[2]有学者按生计方式将其分为纯农业型、农业主导型、兼业型、非农主导型、非农业型五种生计策略类型。[3]

在生计资本上,学界普遍采用可持续生计框架构建含人力资本、物质资本、金融资本、自然资本、社会资本等在内的生计资本评估指标体系,用以测量生态移民的资本状况。研究发现,生态移民搬迁后,自然资本下降、金融资本低于城镇居民、物质资本比较薄弱和单一、人力资本存量不足、社会资本优势不明显,这表明生计资本类型虽然多元,但仍处于不均衡和不足的状态。[4]而生计资本存量是移民家庭进行生计策略选择的重要考虑标准,提高资本存量会驱

---

1 Agnes Quisumbinga, Scott McNiven, "Moving Forward, Looking Back: the Impact of Migration and Remittances on Assets, Consumption, and Credit Constraints in the Rural Philippines," *The Journal of Development Studies* 46, no.1(2010): 91—113.

束锡红、聂君、樊晔:《精准扶贫视域下宁夏生态移民生计方式变迁与多元发展》,《宁夏社会科学》2017年第5期,第147—154页。

金莲、王永平:《贵州省生态移民经济可持续发展研究》,《山地学报》2019年第1期,第98—108页。

2 于洪霞、达林太:《草原生态环境政策对牧户生计影响的分析——基于阿拉善左旗的调查》,《内蒙古社会科学(汉文版)》2013年第6期,第168—173页。

冯雪红、安宇:《三江源生态移民的"边缘人"处境》,《广西民族研究》2015年第4期,第67—72页。

Jannesari S, Hatch S, Prina M, et al, "Post-migration Social-Environmental Factors Associated with Mental Health Problems Among Asylum Seekers: A Systematic Review," *Journal of Immigrant and Minority Health*, no.2 (2020): 1055-1064.

3 贾国平、朱志玲、王晓涛、邓慧丽、裴银宝:《移民生计策略变迁及其生态效应研究——以宁夏红寺堡区为例》,《农业现代化研究》2016年第3期,第505—513页。

4 辛瑞萍、韩自强、李文彬:《三江源生态移民家庭的生计状况研究——基于青海玉树的实地调研》,《甘肃行政学院学报》2016年第1期,第119—126页。

胡业翠、刘桂真、何鑫茹:《可持续生计框架下生态移民区农户生计资本分析——以广西环江县金桥村为例》,《农业经济》2016年第12期,第37—40页。

使其进行有利生计模式选择。[1]但往往生态移民在迁出过程中,其人力资本和社会资本会处于"失灵"状态,减少移民获得生计发展的机会[2],使其生计面临困境。

对于生计困境的研究,韦仁忠从生活重建的角度认为生态移民会面临政策困境、经济困境和社会困境。其中,移民发展政策的不完善、收入支出不平衡、产业吸纳劳动力有限和处于社会弱势地位会使移民生计难以持续发展。[3]何利、魏延等从经济排斥视角出发,认为生态移民面临着失业与劳动力市场排斥、补偿不科学与消费排斥、人地矛盾与生产排斥。[4]具体而言,生态移民面临着工资少、缺技术、就业渠道狭窄、知识缺乏、资金短缺、社会关系缺乏、语言沟通困难、缺乏带头人等生计困境类型。[5]

3. 生态移民的就业发展

为了缓解和改善生计状况,移民越来越多地利用身边资源构建多元化的就业方式,以谋求更多的财富。[6]如劳动力转移、农业生计多样化、市场化就业等,这也可以被看作是一种风险扩散和降低脆弱性的方式。[7]也有学者从迁入区的角度考虑,提出一种增加迁入区

---

[1] 马赞甫、王永平:《生态移民家庭生计资本和生计模式的变化及其相互影响——基于贵州省10个移民安置点的跟踪调研》,《西部论坛》2018年第4期,第45—55页。

[2] 冯伟林、李树茁、李聪:《生态移民经济恢复中的人力资本与社会资本失灵——基于对陕南生态移民的调查》,《人口与经济》2016年第1期,第98—107页。

[3] 韦仁忠:《保障、整合、激励:后移民时代三江源生态移民生活重建机制的三个维度》,《青海社会科学》2019年第1期,第117—124页。

[4] 何利、魏延、陶建格:《南水北调中线水源地生态移民经济排斥问题分析——以淅川县环境与经济社会发展系列调研为例》,《人民长江》2013年第4期,第86—89页。

[5] 史俊宏:《生计转型背景下蒙古族生态移民非农生计策略选择及困境分析》,《中国农业大学学报》2015年第3期,第264—270页。

[6] Anke Niehof, "The significance of diversification for rural livelihood system," *Food Polocy* 29, no.4 (2004).

[7] Claudia Radel, Birgit Schmook, Lindsey Carte, Sofia Mardero, "Toward a Political Ecology of Migration : Land, Labor Migration, and Climate Change in Northwestern Nicaragua," *World Development* 108 (2018) : 263-273.

社会弹性的方法，主张移民、社区和社会的相互协调，移民积极适应并融入社会，而社会也以更为宽容的环境接纳移民，把"冲突"转为"调和"。[1]Jesse Abrams 等从整体视角出发，认为生态移民需要以政策支持、土地和住宅开发、地方治理机构优化、重构乡村与自然等多维度措施共同应对迁移不确定性。[2]

邰秀军、杨慧珍认为移民户的资本禀赋、搬迁政策的实施状况和移民户的态度对生计重建有着重要影响，主张将生计重建划分为经济重建、社区重建、文化重建三个维度，为生态移民提供多方位的生计促进。[3]李生和纳慧提出宏观建议，认为培育特色主导产业、培育产业发展空间，构建产业新体系，实施农牧业产业化经营是为保障移民顺利转产、提供就业岗位的重要举措。[4]而蒋蓉华、李鹏飞和罗万云等从生态移民自身这一微观层面提出对策，主张对其进行人力资源开发，建立融合式素质教育模式，促进移民职业培训，提高农民发展的内生性动力。[5]

---

[1] Patrick Sakdapolrak, Sopon Naruchaikusol, Kayly Ober, Simon Peth, Luise Porst, Till Rockenbauch, Vera Tolo, "Migration in a changing climate. Towards a translocal social resilience approach," *Journal of the Geographical Society of Berlin* 147,no.2 (2016)：81-90.

[2] Jesse Abrams, Hannah Gosnell, Nicholas Gill, Peter Klepeis, "Re-creating the Rural, Reconstructing Nature：An International Literature Review of the Environmental Implications of Amenity Migration," *Conservation and Society* 10,no.3(2012).

[3] 邰秀军、杨慧珍：《民族文化视角下黄土高原生态移民的生计重建》，《农业现代化研究》2017年第6期，第1009—1015页。

[4] 李生：《内蒙古草原生态移民的后续产业发展状况分析》，《黑龙江民族丛刊》2014年第1期，第101—105页。纳慧：《宁夏红寺堡生态移民经济效益提升的调研分析》，《北方民族大学学报（哲学社会科学版）》2016年第2期，第142—144页。

[5] 蒋蓉华、李鹏飞：《广西生态移民地区人力资源开发与反贫困研究》，《商业时代》2013年第20期，第134—135页。
罗万云、王光耀、韦惠兰：《环境风险认知、生计禀赋与农民生态移民意愿——基于甘肃省西部生态贫困县市的实证调查》，《北方民族大学学报（哲学社会科学版）》2018年第4期，第90—97页。

4. 文献评述

国外学者对环境移民的研究是放在宏大的世界体系及现代性话语之下的，其从全球性气候问题和环境问题出发，以吉登斯式的现代性关怀对环境问题和不确定性所引致的人口迁移现象进行分析。国内研究来源于中国"移民工程"的实践要求，是在政府推动、社会践行、学界研究的体系下开展，更多是对国内生态、经济和社会发展的关切。下面，本文依次从研究的主题、理论、方法三个层面进行文献评述。

在研究主题上，国内外研究最初都遵循从理论研究出发，即对环境移民的概念、类型进行分析，之后逐渐拓展到更宽泛领域。形成了从早期的概念提出、环境变化与人口迁移关系探讨到环境移民的迁移过程分析、生计选择与可持续发展研究、移民脆弱性与风险分析、移民适应与迁入区的接纳和排斥、移民政策研究等深入的学术链。研究主题呈现宏观、中观与微观交织的多元状态。从国内研究与国外研究的主题差异看，国内研究对生态移民遭遇的社会不平等和社会分层的关注度不够。

另外，通过文献检索发现，最近几年国外研究中回顾性文章大量增加，包括人口学视域下的环境因素对人口迁移起到何种作用的反思、难民话语的反思、方法论的反思等。这表明国外研究发展迅速，进入了总结—反思—再研究阶段。但国外研究没有形成专门针对某一区域或某一群体的模式总结和系统梳理，即学术研究尚未一体化。而国内研究则相反，目前，国内学界专门出版了对内蒙古生态移民、三峡库区移民、宁夏生态移民、三江源地区生态移民等进行研究的著作，系统归纳、整理了各地区生态移民的全过程，很好地总结了中国生态移民经验。

在理论运用上，国外对环境移民的研究最常采用的是人口迁移理论，包括雷文斯坦的人口迁移七大定律、博格的推—拉理论等，并将理性选择理论、资本理论、可持续生计理论、可行能力理论、行为理论等运用在具体研究上。最为明显的差异在于国内对生态移民研究是从国内移民、短距离移民、乡城移民的理论视角出发，而国外部分研究是基于移民世界体系理论对国内移民和国际移民进行综合研究。

总体上，国内外对生态移民研究的理论运用呈现出多学科特点，人口学、社会学、经济学、政治学、管理学、生态学等均有涉及。但目前的理论运用相对理论发展而言还处于滞后状态和扎堆状态，在后续研究中应该开拓视角，尝试引入新理论进行再研究，例如"被困"理论（Trapped Theory）、"嵌入"理论（Embeddedness theory）。

在方法论层面，国外与国内学界均进行了定量研究和定性研究。定量方面常采用多元线性回归、因子分析、聚类分析、logistic 回归、结构方程模型等统计方法。定性方面，常采用案例分析、参与式农村评估、个案访谈等方法。两者相比较的话，国外研究更多是以定量为主，定性为辅，而且引入多学科的研究方法，如 GIS（地理信息科学）、投资—收益分析等。国内研究则是定性研究偏多，但定量研究也不在少数。定性研究多集中在政策研究、安置模式研究、生态移民与反贫困及城镇化发展研究等方面，定量研究多集中在可持续生计、社会适应、移民效果评估等方面。总体上看，研究方法的使用较为常规，后续研究可引入不同方法对相关议题进行分析、验证。

综上所述，国内外对生态移民的研究成果斐然，都提出了共同的理论关怀，回应了共同面临的现实问题。但我们也要注意到两者的差别，特别是在国情不同的背景下，更应关注研究结论的差异及其适用性。对此，本研究在诸多学者的研究基础上，试图从上述所探讨的可进一步拓展的方向上引出研究问题、内容与方法。基于此，本研究以传统研究主题——生计变迁为依托,创新利用"嵌入"理论和"时空"视角对生计变迁的动态过程进行纵向比较分析。

(四)理论视角

"嵌入"[1]概念由卡尔·波兰尼在1944年发表的《大转型:我们时代的政治与经济起源》一书中提出。其概念缘起于对传统经济学观点——经济是由有机整合的市场组成的经济体系的批驳,他认为这一认知与人类社会的现实差异巨大,强调人类经济一直都是嵌入社会之中的。波兰尼在文中指出,"人类的经济体嵌入并卷入经济和非经济的制度之中。把非经济制度包括在内也是至关重要的。因为对经济体的结构和作用而言,宗教或政府,就像货币制度或能够减轻劳动强度的工具和机器一样重要。"[2]因此,在波兰尼的概念内涵中,经济是人与环境相互作用的制度化过程,并非纯粹由经济市场体系决定,经济行动总是嵌入社会制度之中。格兰诺维特在此基础上深入阐释和发展"嵌入"概念,并提出嵌入性理论,其认为经济行为无论在前现代还是在现代社会都是嵌入社会结构之中的。格兰诺维特与波兰尼最大的不同在于,后者认为经济行动是一个制度化的社会过程,而格氏指出这个社会过程应被视为人际互动过程,认为经济行为都紧密地镶嵌在由人际互动所形成的社会关系系统之中,其实质是关系网络层面的结构性嵌入。[3]祖金和迪马吉奥进一步提出结构嵌入性、认知嵌入性、文化嵌入性、政治嵌入性概念体系及分析

---

[1] [英]卡尔·波兰尼:《大转型:我们时代的政治与经济起源》,冯钢、刘阳译,杭州:浙江人民出版社,2007年。

[2] [英]卡尔·波兰尼:《经济:制度化的过程》,载许宝强、渠敬东选编《反市场的资本主义》,北京:中央编译出版社,2001年,第41页。

[3] [美]马克·格兰诺维特:《镶嵌:社会网与经济行动》,罗家德译,北京:社会科学文献出版社,2015年,第3—7页。

框架。在其笔下，结构嵌入是指在持续的人际关系模式中经济交易的结构化；认知嵌入指的是心理过程的结构化规则对经济实践逻辑进行限制的方式；文化嵌入指的是共同的集体理解在塑造经济策略和目标中的作用；政治嵌入指的是由权力运作决定经济制度和决策的方式。[1]

从本研究的生态移民来看，生态移民作为行动者，生计变迁作为经济行动，政治制度和经济制度作为社会结构（制度秩序），它既受到生产条件、物质资源、地区经济水平、劳动力市场等经济因素影响，也受到政府政策、宗教文化、社会网络、个体行动能力等非经济因素影响。首先，生态移民补偿政策、安置政策、就业促进政策和产业水平、劳动力市场等作为制度性因素通过一定的规则和资源影响并制约着生计变迁；其次，生态移民作为行动主体，在生计变迁上有着充分的能动性，并不完全是受制度制约，其资产状态、能力水平、社会资源拥有量等同样影响生计变迁这一经济实践活动。因此，本研究利用嵌入性理论并结合实际对生计变迁进行经济和非经济、制度与非制度、结构与非结构的影响因素分析。

（五）核心概念与研究内容

1. 核心概念

（1）生态移民

在国外，生态移民多被称为环境难民或环境移民。环境难民（environmental refugees）概念由 Lester Brown 于 1976 年在其文章《人口问题的 22 个维度》中首次提出。[2] 1985 年，Essam EI-Hinnawi 对环

---

[1] S.Zukin Sharon and Paul Di Maggio, *Structures of Capital : The social Organization of the Economy*, Cambridge : Cambridge University Press, 1990, pp.15-20.
[2] Brown L R, Mcgrath P L, Stokes B, "Twenty-two Dimensions of the Population Problem," *Population Reports*, no.11 (1976).

境难民提出了系统定义——"由于环境破坏（自然的或人为引起的），威胁到人们的生存或严重影响到其生活质量，而被迫临时或永久离开其家园的人们"，并将环境难民分为极端自然灾害引起的难民迁移、超出生态承载力导致的永久性迁移和生态环境持续缓慢退化带来的人口迁移。[1] 此后，环境难民概念被学界广泛接受和使用。但"难民"一词颇有争议，其通常是在政治、军事、经济等领域使用，国外部分学者围绕这一称谓展开了争论，并提出"环境移民"概念。[2] Ashok Swain 认为为了避免政治、法律和制度问题，应该谨慎使用"环境难民"，主张使用针对性更强的"环境移民"。[3] 2007年，国际移民组织（IOM）对这一争论提供可操作性定义："环境移民（environmental migration）就是由于环境突然或缓慢变化，对人们的生活或生存条件产生不利影响，而被迫或主动、暂时或永久离开其家园的人或人群，他们既可以是国内迁移，也可以是国际迁移。"[4]

在国内，生态移民概念是任耀武、袁国宝等于1993年刊文对三峡库区移民的思想内核和移民路径进行讨论时首次提出，其认为这一概念的核心所在是"生态农业思想"的运用。[5] 此后，学界对生态移民概念进行系统论述，形成了四种定义范式——致因型界定、目的型界定、综合型界定及行为型界定。

致因型界定就是从原因层面提出生态移民概念。李宁、龚世俊

---

[1] EI-Hinnawi, *Environmental Refugees*, Nairobi : United Nations Environment Programme, 1985.

[2] 陈勇：《对西方环境移民研究中几个基本问题的认识》，《中国人口·资源与环境》2009年第5期，第70—75页。

[3] Swain, A, "Environmental Migration and Conflict Dynamics : Focus on Developing Regions," *Third World Quarterly* 17, no.5(1996) : 959-973.

[4] 杨俊、张婷皮美、向华丽：《人口环境迁移的国内外研究进展》，《西北人口》2017年第3期，第1—10页。

[5] 任耀武、袁国宝、季凤瑚：《试论三峡库区生态移民》，《农业现代化研究》1993年第1期，第27—29页。

指出生态移民是"由于多种原因造成自然环境的恶劣和自然资源的枯竭，导致人口与资源环境的矛盾激化，人类为了生存而主动调整其自身与资源、环境之间的关系，以保持生态系统内部诸要素的相对平衡所进行的人口迁移"。[1]目的型界定从目的层次提出生态移民概念。刘学敏认为生态移民就是"从改善和保护生态环境、发展经济出发，把原来位于环境脆弱地区高度分散的人口，通过移民的方式集中起来，形成新的村镇，在生态脆弱地区达到人口、资源、环境和经济的协调发展"。[2]综合型界定是既考虑原因也考虑目的而提出生态移民概念，包智明指出"生态移民是因为生态环境恶化或为了改善和保护生态环境所发生的迁移活动，以及由此活动而产生的迁移人口"[3]，这个定义既包含了原因（生态环境恶化），也包含了目的（改善和保护生态环境）。梁福庆认为生态移民既指"为了保护某个地区特殊的生态或让某个地区的生态得到修复而进行的移民"，也指"因自然环境恶劣，基本不具备人类生存条件或不具备就地扶贫条件而将当地人民整体迁出的移民"。[4]行为型界定注重移民的迁移行为、经济行为和保护行为等动态过程。皮海峰认为生态移民是指把那些生态条件不适合人类生存或因人类存在会对生态环境造成严重破坏的地区的人群进行迁移、异地安置的项目。[5]葛根高娃、乌云巴图从经济行为角度指出生态移民是使人们更换生活地点，调整生活方式的一种经济

---

[1] 李宁、龚世俊：《论宁夏地区生态移民》，《哈尔滨工业大学学报（社会科学版）》2003年第1期，第19—24页。

[2] 刘学敏：《西北地区生态移民的效果与问题探讨》，《中国农村经济》2002年第4期，第47—52页。

[3] 包智明：《关于生态移民的定义、分类及若干问题》，《中央民族大学学报》2006年第1期，第27—31页。

[4] 梁福庆：《中国生态移民研究》，《三峡大学学报（人文社会科学版）》2011年第4期，第11—15、97页。

[5] 皮海峰：《小康社会与生态移民》，《农村经济》2004年第6期，第58—60页。

行为。[1]

不论何种角度,对生态移民的理解可以从两个重要属性展开,即目的属性和行为属性。"生态移民"作为一个工程来理解时,其目的在于保护生态环境和将环境恶劣地区居民迁出,前往生产生活条件更好地区。对此,本研究对于生态移民的界定在澄江生态移民实践和学界已有定义基础上,认为 C 市生态移民是为保护湖区环境与水质,由政府有序组织实施,将临湖农户迁移至政府规划安置地区的一项移民工程。在此需要注意,C 市生态移民是不具备扶贫属性的,纯粹目的是为保护抚仙湖。生态保护是 C 市政府开展移民工程中对外宣传及对内动员群众时的官方话语。

（2）生计变迁

"生计"是在对贫困问题和农村发展问题的关注中经常使用的,1992 年由英国国际发展部正式提出。目前,被大多数学者认可的定义是"生计是谋生的方式,该谋生方式建立在能力、资产和活动基础上"[2]。这一定义具有三个重要组成部分,即生计的形成需要一定的能力和资产并可进行活动选择。"能力"在阿马蒂亚·森的论述中,是指人能够生存和做事的功能,包括应对冲击的能力和发现与利用机会的能力;而"资产"在 Chambers 和 Conway 的划分中,分为"有形资产"（储备物、资源）和"无形资产"（要求权和可获得权）。[3]

对此,"生计变迁"就可以理解为由于能力、资产和活动选择的变化而引起谋生方式的改变。左停、王智杰将生计变迁系统表述为

---

[1] 葛根高娃、乌云巴图:《内蒙古牧区生态移民的概念、问题与对策》,《内蒙古社会科学（汉文版）》2003 年第 2 期,第 118—122 页。

[2] Robert Chambers & Gordon Conway, "Sustainable Livelihoods: Practical Concepts for the 21st Century," *IDS Discussion Paper*, no.296 (Jan.1992).

[3] 李斌、李小云、左停:《农村发展中的生计途径研究与实践》,《农业技术经济》2004 年第 4 期,第 10—16 页。

"当政策、市场、制度以及农户自身资产、能力发生改变时,最终体现的生计结果就是农户自愿的或者被迫的生计方式变迁,即从一种生计策略转变为另外一种或几种"[1]。关于生计策略的类型,以 Scoones 提出的四类生计策略类型最为著名,分别是扩张型生计策略、集约化生计策略、多样化生计策略和迁移型生计策略[2]。

从本研究来看,"生态移民"使农户放弃原有生产资料和生计模式,一定程度上改变了移民的能力和资产水平,其不得不重新建立生计。在建立生计的过程中,移民农户原有资产的变动情况、发展能力的强弱、政策受益程度等决定了生态移民采取何种生计发展策略。

2. 研究内容

本研究以祖金和迪马吉奥的"嵌入性分析框架"作为重要理论基础,结合澄江生态移民的生计变迁实践对移民的经济行动选择进行全过程分析。首先回顾 C 市生态移民在拆迁之前的生计方式;其次,以"嵌入性分析框架"重点分析影响生态移民经济行动选择的关键因素,包括移民拆迁安置补偿政策、社会网络结构、个人生计资本与社会转型文化;再次,探讨移民农户在上述因素的影响下所采取的行动策略;最后,分析差异化行动策略所带来的结果,即阶层变动与新经济风险。论文内容如下:

第一部分:梳理已有生态移民的研究文献及制度政策,并对嵌入理论进行分析。该部分主要是为研究进行问题准备和理论准备,通过对生态移民生计变迁相关文献进行综述,明确生态移民生计变迁的具体问题;对嵌入性理论再梳理,进一步明确本研究的分

---

1 左停、王智杰:《穷人生计策略变迁理论及其对转型期中国反贫困之启示》,《贵州社会科学》2011 年第 9 期,第 54—59 页。
2 Scoones, I, *Sustainable Rural Livelihoods : A Framework for Analysis*, IDS Working Paper 72.Brighton , England : Institute of Development Studies,1998, pp.9 -10.

析框架。

第二部分：回顾 C 市生态移民的历史进程，分析移民农户的原有生计模式。首先对 C 市的自然、区位、经济、社会等基本情况做简要介绍，对田野所在地有一个宏观视角的信息把握。其次，选取不同时间段、不同社区的生态移民——X 民宿村移民、Y 新村移民、L 小区移民及 2019 年待安置移民，介绍相应的移民规模、安置社区、安置类型等情况。最后，基于县域统计资料及前期的实地调研资料，分析其原有生计方式。

第三部分：基于嵌入性分析框架，探讨影响 C 市生态移民生计变迁的关键因素并分析生态移民在多元要素影响下的经济行动选择。"生态移民"项目是一项政府主导下的移民工程，移民农户属于政策性移民。在项目实施过程中，相关移民群体直接受到移民政策的作用，政策差异及实施又带来移民生计资本以及社会网络结构的变动，加之特定社会文化的影响，生态移民的生产生活体系发生较大变化。

第四部分：对生计变迁进行结果分析。当稳定的社会结构与生产生活体系被打破时，新的社会结构与生计模式所带来的不确定性相伴而生。一方面体现在阶层变动上，部分优势移民借助政策及自身的资本优势使生计处于稳定发展状态，住房条件的改善、就业结构的升级、经济收入的增加是阶层变动的外在体现。另一方面，脱离稳定的农业就业，走向市场化、竞争性的非农就业，使移民农户面临更多的经济不确定性风险，更易受经济波动、突发社会事件的影响。

第五部分：总结本文的主要结论，对政治嵌入、结构嵌入、认知嵌入与文化嵌入的内在关联与运行逻辑进行讨论。总结生态移民生计变迁的轨迹为农转非轨迹、自雇转他雇轨迹和本地转异地轨迹，并分析不同生计变迁轨迹所带来的持续性收入流中断、社会支持网络弱化等社会经济后果。对此，就生态移民的生计可持续发展提出社会投资与农业再开发的政策建议。

（六）研究方法与调研概况

1. 研究方法

本研究主要使用质性研究中的参与观察法和深度访谈法。通过进入研究对象的生活领域并进行观察、攀谈与聆听，在研究对象的经验描述与研究者的理论背景的交互作用过程中不断发现、完善、归纳和解释经验材料[1]。具体数据收集与分析分为三个步骤：一是共享社会背景。通过政策文件查阅与前期的了解走访，在研究者与研究对象之间建立初步联系和共享部分假设。二是确定研究内容。在田野过程中通过对不同区域、不同个案的访谈进行分析与比较，修正、完善调研内容，形成主要聚焦在政策实施、生计历程回顾、个人生计资本利用与转型期的社会心态四个方面的信息收集。三是经验材料的收集与分析。本研究主要通过移民个案访谈、集体访谈、村干部访谈和企业座谈等方式收集数据与文本资料，同时进行资料分析，在每次访谈结束后选取时间长、内容深和代表性强的个案结合理论思考进行资料整理与归类。

本研究采用纵向比较研究方法。比较法是质性研究中常用的研究方法之一，为反映研究个案的变异情况，质性研究对社会的历时变化及不同的事件进行比较，比较多次事件可以避免出现解释偏差[2]。基于此，本研究根据调研地点的实际特点选取2000年、2010年、2014年和2019年四个不同时间段的生态移民事件进行比较分析，关

---

[1] 诺曼·K.邓津、伊冯娜·S.林肯：《定性研究（第2卷）：策略与艺术》，风笑天等译，重庆：重庆大学出版社，2007年，第544—546页。
[2] 艾尔·巴比：《社会研究方法（第十一版）》，邱泽奇译，北京：华夏出版社，2018年，第295—337页。

注四类生态移民案例的政策差异、群体差异与生计差异。

2. 调研概况

2020年1月3—23日及2021年6月1日—8月4日,笔者两次前往C市YS镇进行田野调查,基于前期调研基础,本研究选择X村、Y村、L小区为田野进入社区。其中X村是2010年批次的生态移民搬迁社区,安置方式为就近后靠、统迁自建、片区安置,政府将其打造为民宿村;Y村是2000年批次的生态移民搬迁社区,安置方式为就近后靠、统迁统建、片区安置,属于普通搬迁新村;L小区是2014年批次的生态移民搬迁社区,安置方式为进城、市区高层公寓安置。另外,为了与已安置移民形成对照,本研究还专门对C市最新的移民群体——2019年生态移民——进行调研,考察待安置移民在过渡期的生计选择。

通过偶遇、"滚雪球"、入户及村委干部介绍,累计访谈了33名生态移民,其中已安置移民25名,待安置移民8名。受访对象的年龄在30—70岁之间;男、女性受访对象分别有17人、16人;受教育程度为:大专及以上2人,高中学历2人,初中学历11人,小学学历12人。此外,通过集体访谈与座谈,形成移民集体访谈材料3份,企业座谈材料1份,政府座谈资料1份。调研对象概况如表1:

表1 调研对象概况

社区	姓名	性别	年龄	教育程度	生计（拆迁前）	生计（拆迁后）
Y新村	HGQ	女	53	小学	务农	无业
	LGQ	男	72	小学	铸造工	退休
	LBZ	男	45	初中	务农、泥水工	泥水工、清洁工
	LHL	女	70	小学	旅社经营	无业
	PDS	男	80	——	务农	无业
	YWQ	男	65	——	务农	客栈经营
	ZTB	男	72	小学	务农	小卖部、零工

(续表)

社区	姓名	性别	年龄	教育程度	生计（拆迁前）	生计（拆迁后）
Y新村	ZYM	男	60	初中	自由工作	客栈经营
	LQ	女	50	初中	游船、烧烤经营	餐饮、住宿、游船
	LX	男	64	初中	务农、游船经营	游船经营
X民宿村	LLZ	女	39	初中	务农、帮工	豌豆收售、帮工
	WDL	女	50	——	承包土地种菜	零工
	WY	女	——	——	务农	零工
	LS	男	58	初中	务农	巡河监督员
	HF	男	38	初中	外出打工	餐饮经营
	ZYC	男	49	初中	蓝莓种植	餐饮经营、蓝莓种植
	LH	男	30	大学	交通局职员	客栈经营
	LY	女	43	高中	酒店客房	客栈经营者
	GL	女	48	小学	外出务工	餐饮经营
L小区	FML	女	25	初中	船厂工人	房屋出租
	LXF	女	48	初中	务农	保洁员
	ZMD	女	32	——	绿化员	房屋出租、自主绿化
	ZHY	女	52	——	务农	零工
	RYH	女	41	大专	医生	医生
	TXC	男	55	小学	建筑材料运输	绿化管护
待安置移民	JY	女	52	小学	务农	餐馆服务员
	LQJ	男	71	小学	务农	无业
	LCA	男	46	初中	务农	零工
	ZGY	女	50	小学	务农	零工
	TZY	男	57	小学	捕鱼	巡河监督员
	PSG	男	42	小学	农家乐	土地承包、农家乐
	HCY	女	36	高中	酒店客房	超市导购
	ZPR	男	45	小学	务农	农业帮工

一、C市移民的宏观生计背景与生态移民历史

理解某一事件或群体的境况要回到事件发生或群体所在的时间历程与空间场域，特定的时空环境一定程度上反映了当时当地的自然、社会、经济、制度、文化等多元状况，这构成了地方知识的谱系，具有独特的地方特性与实践特性。生态移民既是作为"事件"而存在的政府主导下的移民工程，又是作为事件相关主体的移民群体。其生计变迁直接受到不同时间段、不同移民区域和不同政策项目的作用，还与移民群体所处的社会结构、自然资源条件和经济发展程度密切相关。对此，理解生态移民的生计变迁必须首先回归他们的生产、生活环境和追忆生态移民历史，以更好地探寻影响C市移民生计选择的潜在因素。

（一）宏观生计背景

1. 自然资源与社会区域特征

C市地处滇中，年平均气温11.9—17.5℃，气候温和，四季如春。从地形特征看，其北、东、西部为中山地带，山脉多呈南北走向，地势由北向南倾斜，凹陷部分形成坝子和湖泊。其中，山地面积占县域总面积的70.89%，水域面积占18.48%，坝区面积占10.63%，山体高差悬殊，三级阶地明显（如图1）。在适宜的气候类型、地貌特征和水文条件下，C市拥有肥沃的土壤和充足的水源，是滇中主要的农业产区，盛产水稻、小麦等粮食作物和烟叶、油菜、蔬菜等经济作物。

从社会区域特征看，C市距离昆明52千米，地处滇中城市经济圈，是昆明－玉溪旅游文化产业经济带的核心区域，其区位优势、市场优势明显。另外，C市以帽天山化石地和全国第二深淡水湖泊的资源

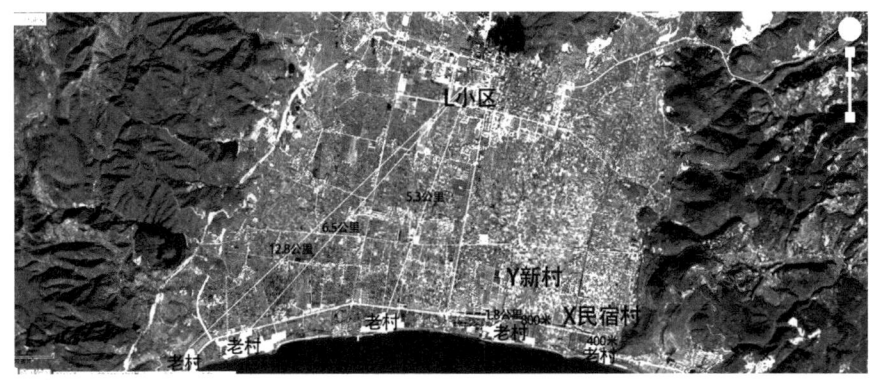

图 1 C 市的地形地貌特征及生态移民搬迁区位

优势打造了系列地方品牌，成为国家级生态示范县，抚仙湖被纳入全国首批 8 个生态环境保护试点湖泊。在区域优势和资源优势的双重作用下，地方政府遵循"生态立县"的原则将其定位为"滇中优质生态核心区、休闲康体旅游区和滇中生态农业产业区"，这为当地的产业结构转型和城镇化发展提供了契机。[1]

2. 商业文化与经济发展

在《云南三村》一书中，"玉村农业和商业"部分由张之毅先生撰写，描绘了玉溪农村地区的农业生产和商业发展状况。书中指出当时的玉溪是"滇中商业中心和交通便利的县"，提出了"菜园经济"的概念，这是因为蔬菜生产主要是商品性的，菜地收入远超其他粮食作物种植收入。[2] 历史总有相似的地方，C 市同样经历了一段"菜园经济"发展时期。如果我们对比 C 市和张先生笔下的"玉村"会发现，玉村正是现在的玉溪市红塔区中卫社区，与 C 市相隔 85 公里。在行政区划上，两者同处玉溪市的县域范围内；在区位经济条件上，

---

[1] 中共澄江县委党史研究和地方志编撰办公室:《澄江年鉴 2019》，昆明：云南人民出版社，2019 年。

[2] 费孝通、张之毅:《云南三村》，北京：商务印书馆，2021 年，第 339 页。

同处滇中经济核心区，这使两者的农业生产具有较为相似的经历。鉴于地理优势、交通优势、土地优势和水源优势，C市拥有较长历史时期和经验丰富的农业生产历程。但与国内大多农村不同，其农业生产在家庭联产承包责任制之后逐渐由非经济类粮食作物转向经济类蔬菜生产，在少部分自给自足的基础上还通过运输、售卖等方式将蔬菜销往外地，早已具有商业色彩且经济价值较高。

C市的早期经济发展是在以农业产业为核心的支柱作用下带动，但随着城镇化、农业现代化的推进，逐步调整产业结构。1978年C市第一、二、三产业结构之比为58∶12∶30，2018年产业结构之比为11.8∶31.6∶56.6，40年的时间中，农业产业急速下降，工业、服务业迅速发展。经济转型过程中的旅游城市建设、现代农业发展（土地流转与规模化经营）、城镇化建设（沿湖地区房屋拆迁与棚户区改造）对地区经济发展影响重大。对此，在急剧转型的社会经济中，生态移民作为政府主导下的行政性移民，其生计变迁更具多样化与复杂性，更应该把移民生计放在社会经济发展的大环境之下来理解。

（二）生态移民的历史与现状

C市境内有着中国第二深水湖——抚仙湖，是中国重要的淡水资源战略储备湖区。云南省政府为了保护抚仙湖水质，联合Y市、C市等地方政府开展生态移民工程，对湖区沿岸110米范围以内的居民进行生态搬迁，遵循"进城、进镇、进项目、进特色村，鼓励进城"的原则，以新村集中安置、特色小镇安置、市区高层公寓安置等为主要方式。2000—2017年期间，C市共计实施环湖生态移民搬迁3152户、8276人；2019年以来C市又再次启动环湖搬迁工作，预计将剩余6629户、2.2万余人全部完成搬迁。

具体来看，C市累计进行了4次较大规模并具有明显分异特征的生态移民工程。一是在时间上，四类生态移民工程的时间跨度长至 10 年、短则 4 年；二是在补偿标准及安置方式上因政策安排差异，四类移民工程也各有千秋，相应也会带来差异化的移民效果。对此，首先梳理四个时期的生态移民工程有利于后文对其进行差异化的比较研究。

1. 四个阶段移民项目的简况

C 市的生态移民工程一共是分四个阶段进行，分别于 2000 年、2010 年、2014 年和 2019 年开展。四次移民都是把保护抚仙湖和建设生态经济强县作为目的，以生态保护的话语开展移民工程。

第一，2000 年的生态移民。为了保护抚仙湖，努力把 C 市建成山清水秀、经济繁荣的生态经济强县，按照市委的指示精神于 2000 年开启搬迁动员工作并于 9 月签订协议。2001 年 1 月，由县、镇、村、组四级组成拆迁工作组共 47 人进驻新河口，在县委书记作为总指挥长的带领下，新河口附近的拆迁工作历时 2 月完成。本次的移民工程的范围是抚仙湖北岸，老公路以下，东至林海公园，西至新河口水上派出所，涉及 5 个村民小组的农户，共 186 户，分为 2 个搬迁安置点。其中，本文中的观察对象 Y 新村即本次生态移民工程的安置点之一，由三个村民小组组成，分别是洋潦营九组、十组和新河口，共 146 户农户。

第二，2010 年的生态移民。抚仙湖北岸一直是 C 市政府生态移民工程的重中之重，2010 年政府又将肖咀—兜底寺片区纳入拆迁范围。2010 年进行动员及签订协议，2011 年开展肖咀、兜底寺房屋拆迁工作，完成 41.5 亩安置用地征用，涉及搬迁范围内的 48 幢 54 宗 88 户房屋已拆除，确定安置的农户有 81 户。2012 年，肖咀、兜底寺移民农户的安置工作和新区公共基础设施建设工作基本完成。肖咀和兜底两个村民小组的农户安置在同一片区，政府为适应旅游发展的需要将其打造为民宿村，即本文研究对象中的 X 民宿村。

第三，2014 年的生态移民。根据 C 市发展规划，以抚仙湖生态湿地建设为契机，地方政府将马房村和广龙社区靠湖一侧的范围确立为抚仙湖北岸生态湿地一期建设项目。该地居民整体搬迁，涉及 3 个片区、7 个村民小组，457 户农民。历经动员、签约、拆除、修建安置房、安置房交接与入住等环节，这 7 个村民小组的农户于 2017 年正式入住安置房。该批次的生态移民来自多个村民小组，由政府在市区统一修建高层公寓，并将安置点小区化，本文将其作为比较研究的另一对象——L 小区。

第四，2019 年的生态移民。自 2017 年李克强在全国环境保护工作会议上对环保工作做出批示，肯定抚仙湖生态保护成效及意义之后，C 市进一步深化抚仙湖保护工作。通过 2 年的系统研究与政策制定，C 市于 2019 年 4 月全面启动抚仙湖环湖棚户区改造暨生态移民搬迁项目。本次移民项目涉及 9 个片区，涵盖环湖 4 镇、54 个村民小组，累计 6629 户、2.2 万余人，所以该批移民的规模大、任务重、波及对象广。由于其尚处于待安置时期，本文中特将 2019 年批次的生态移民称为待安置移民，以便与另三个安置区移民作区分和参照。

2. 生态移民安置类型的划分

Y 新村生态移民——就近后靠、统迁统建、新村安置。Y 新村移民的原居住地是在距离湖边 50 米左右的地方，拆迁之后，政府在原址往后 1.8 公里的地方重新选址、规划安置区。在安置区的规划建设过程中，由政府作为主导者征用土地以作为安置区地基，为每户移民农户提供 120 平方米的宅基地，再由政府统一修建一层 88 平方米的红砖房，剩余 32 平方米的空间用作房屋前院，政府要求 20 年之内前院空间不得加盖建筑。Y 新村是与某个老村子相连在一起的，安置区是在老村子前端征地建设而成，当地政府及村民习惯将其称为Y新村。

X民宿村生态移民——就近后靠、统迁自建、特色村安置。X村移民的原居住地与Y村相同，距湖50米左右，但安置区选址仅距离老村400米左右，位于新环湖路旁。相比Y村安置区，其更靠近抚仙湖以及环湖路。在安置区建设上，政府统一征地并浇筑好地基，由农户自行建房，初期规定移民农户的房屋可建至5层，后期改为只允许修建3层半。与此同时，政府同步开展X村的道路硬化、广场建设和已修建房屋的统一装修，在房屋样式、外观、风格、颜色等方面进行标准化，利用近湖近路的优势和政策支持将其打造为民宿村。

L小区生态移民——进城，市区高层公寓安置。L小区的生态移民采取"进城上楼"的原则，由政府与房产公司合作，通过政府在市区划出一块建设用地专门修建移民安置区。安置区内包含457户移民农户，每户移民根据家庭人口数按照90平方米/人的标准可获得数量不等的房屋，政府可将多余住房售卖充当地方收入。L小区的移民来自多个村民小组，农户被分散安置在不同的楼栋与楼层，其虽然远离抚仙湖，但地处市区，具有一定优势。

待安置移民——多元安置。2019年批次的生态移民由于安置房尚未建设完成，仍处于过渡安置期，属于待安置移民。该类农户的安置方式较为多元，除了以上三类安置方式，还有特色小镇安置和远郊（乡镇）高层公寓安置，目前待安置移民大多在外租房居住，处于"漂泊不定"的状态。

（三）移民农户拆迁前的生计方式

在对C市的区域经济条件和生态移民历史做简要回顾之后，还需对其原有生计方式进行考察与理解。生计变迁是农户在政策、市场、自身资产与能力发生改变时，或自愿或被动地从一种生计策略转变为另外一种或几种的动态过程。[1]因此，作为事件发生的生态移民工程在生计变迁过程中发挥着催化剂的作用——打破原有生计组合结构，构建新生计模式。而原有生计作为生计变迁的前置阶段，是生计变迁过程分析中的首要一环，是理解移民后农户的生计方式在多大程度以及向何方向（升级/降级）变迁的基础。

以就业方式、就业空间与就业行业为标准，可把农户生计方式大致分为自雇就业（自营）与他雇就业（雇员）[2]、本地就业与外出就业[3]、农业就业与非农就业[4]。三类生计方式并非泾渭分明，而是相互交叉、相互作用，构成多元的生计模式。通过调查分析，本文中的移民农户原生计方式可分为本地农业自营、本地非农业自营与受雇、外地非农业受雇。

1. 本地农业自营

本地农业自营即传统的农业经营活动，在此是指农户以农业经营为核心，生产活动就在本县开展，通过在自家耕地或租入耕地种植烤烟、蔬菜等经济作物以获取收入的生计模式。在实地调研中，该类移民农户占据大多数。以我所进入的YS镇为例，从农业劳动力、农业总产值以及移民数量做估计，该镇农村劳动力27618人，其中从事第二、三产业的有5325人，仅占总劳动力的19.3%，而从事农业生产

---

[1] 左停、王智杰：《穷人生计策略变迁理论及其对转型期中国反贫困之启示》，《贵州社会科学》2011年第9期，第54—59页。

[2] 刘建娥、李梦婷、程梦瑶：《乡—城流动人口的阶层分化、重构与差异化融入》，《学习与实践》2018年第5期，第96—106页。

[3] 李俊峰、甘伟、高凌宇：《失地农民就业空间特征及行为模式研究——以安徽省芜湖市为例》，《人文地理》2016年第3期，第19—26页。

[4] 束锡红、聂君、樊晔：《精准扶贫视域下宁夏生态移民生计方式变迁与多元发展》，《宁夏社会科学》2017年第5期，第147—154页。

的劳动力就有80.7%。该镇2016年的农村经济总收入11.6亿元，其中农业总产值3.2亿元，占27.6%。[1]这说明YS镇是一个农业大镇，所属居民大多从事农业生产。生态移民工程在YS镇也是涉及范围较广泛的区域，其移民搬迁包含2个片区、5个搬迁点、2042户、3647人，以总体的农业劳动力比例80.7%计算，移民农户中有2943人从事农业生产。可见，生态移民的原生计模式仍以农业经营为主导。

C市农户的农业经营也经历着从传统农业到现代农业、自给自足型农业到市场导向型农业的变化。自1982年家庭联产承包责任制实施以来，土地分包到户，C市农户改变政府集体种植水稻、小麦等粮食作物的经营方式，转向种植烤烟、蔬菜等经济类作物。粮食作物与经济作物的种植比例从2000年的52.37∶47.63调整为2018年的23.5∶76.5[2]。这表明农民的农业经营以获取经济收入为主，不再是满足家庭自我消费。另外，C市农户转向经济作物种植的原因还在于农业产值的高回报，虽然C市农民的人均耕地面积低于1亩，但由于土地肥沃、高产种子的引进以及农药化肥的大量施用，种植蔬菜每亩平均可达2万元的产值，农户对耕地依赖性强。

LX是一位64岁的老人，从10多岁的时候就跟着父母种地，有了几十年的农业种植经验。在访谈中他表示：

> 土地下放以后，C市这边种菜就多了，2亩土地，我1亩种烤烟，1亩栽谷子，还吃不掉，基本种一年的谷子，交了国家公粮之后，都够吃2年……后面家家栽蔬菜，就不种谷子了，米是买来吃……土地可以养活很多人的，我家有2亩多的土地，

---

[1] 中共澄江县委党史研究和地方志编撰办公室:《澄江年鉴2017》，昆明:云南人民出版社，2017年。
[2] 中共澄江县委党史研究和地方志编撰办公室:《澄江年鉴2019》，昆明:云南人民出版社，2019年。

原来盘土地的时候,一年还是有三四万。

2. 本地非农业自营与受雇

非农就业是指脱离农业生产,在生产建筑业、商业服务业等第二、三产业就业的生计类型。其中,自营是自我经营某类经济活动,属于个体商户;雇员是被雇用人员,作为被雇者从事相应工作。不同就业方式的选择与县域经济的发展类型息息相关,特定的县域经济类型为当地的居民提供了特定的就业与发展机会,非农产业发展较快的地区,其非农产业就业比重也会较高。[1] C市坚持"优一精二强三"的产业发展总体思路,县域经济形成以"发展高原特色现代农业,推动新型工业转型升级,构建生态文化旅游产业支柱"为格局的经济发展类型,40年来,一二三产业共同发展转变,经济类型趋于多元化(见图2)。在多元经济模式的推动下,C市居民的就业选择就

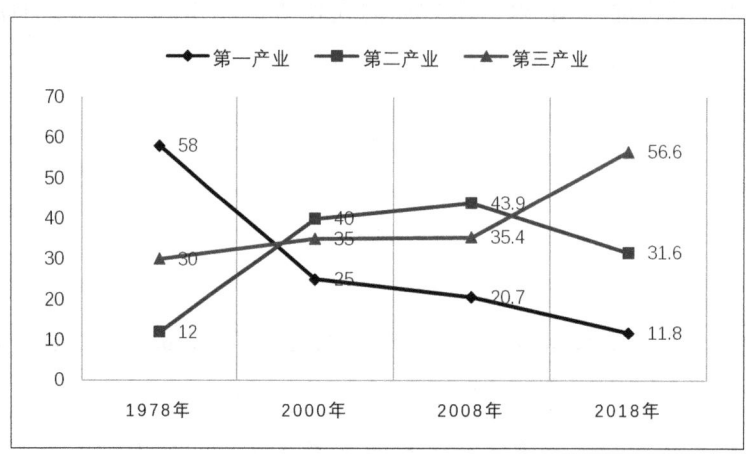

图2 C市1978、2000、2008、2018年第一、二、三产业结构占比(单位:%)

数据来源:王基宇:《澄江县志》,昆明:云南人民出版社,2002年;澄江2008年及2019年统计年鉴。

[1] 刘春光:《中国县域就业的空间分异及就业弹性研究》,《生态经济》2017年第10期,第111—115、130页。

不局限于农业经营，还可向本地的第二、三产业转移，从事多元化的工作，非农就业的比例也会随着非农产业的发展而上升（见图3）。

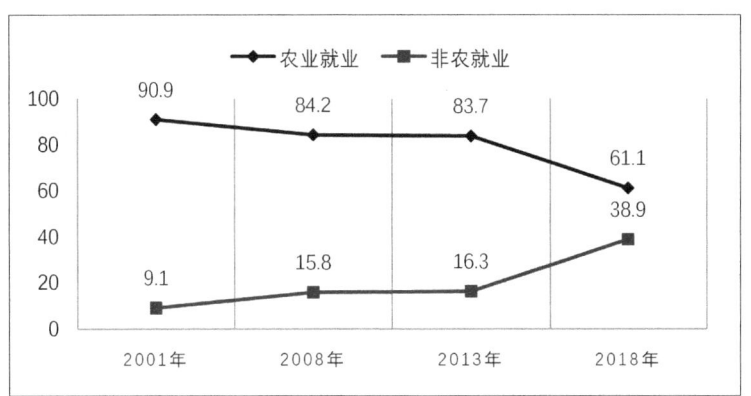

图3 C市YS镇2001、2008、2013、2018年农村劳动力人口中农业就业与非农就业占比（单位：%）

数据来源：澄江2001年、2008年、2013年、2018年统计年鉴。

因此，在C市宏观经济发展战略的影响之下，部分农户在移民拆迁之前已选择非农就业方式，从事摆摊、客运、货运、工厂、绿化保洁、保安、餐饮、住宿等生产制造业和商业服务业相关领域的工作。如本研究中的LQ和LY，前者是属于自营业者，长期在海边通过摆摊的形式进行经济活动；后者是酒店客房服务人员，自高中毕业后就进入酒店行业工作，已有10余年的酒店工作经验。

> 2000年的时候我们搬上去的，以前一直在这点（海边）摆摊，那时候开着四五年的馆（饭馆），后面就一直摆摊，整烧烤、卖拖鞋、泳衣泳裤和矿泉水，租游船……当时村里鼓励做，而且沙滩上费用低，不用交什么钱……我家就没有盘土地，我们就一直做生意。（LQ，Y新村生态移民，餐饮住宿经营者）

> 搬迁之前，那时候一直打工……我从学校里面出来就在这

个行业，我没考取大学就出来在酒店……这也是一个旅游区发展的东西，我还庆幸选了酒店，没有选错……选定一个方向，熟练之后，我就很上手，去到哪里都可以。（LY，X民宿村生态移民，客栈经营者）

3. 外地非农业受雇

虽然C市本地的农业产值高和因旅游发展而带来的就业机会多，但仍有少部分农户选择外出打工，被称为"农民工"，即本文中的外地非农业受雇就业类型。他们在拆迁前就属于流动人口，在县域范围之外的其他省市从事着生产建筑和商业服务业类型的工作。为什么这部分农民会选择外出呢？暂不论制度限制松缓（乡城的自由流动与户籍制度改革）的背景，按照学界通常的解释，一是因为地区经济发展差异，由于省会城市或东部沿海地区的经济发达，其工资水平普遍高于农民工的原居住地，高工资吸引农民前往这些地区工作[1]。二是因为农民工群体自身的主体意识，其采取"发展型"择业观，偏好外出务工的农民往往表现为年轻化、适应力强、爱冒险[2]。三是因为网络连带的关系，外出务工的农民工群体在就业空间上一般以同乡聚集为特征，与老家的亲朋群体形成两类就业网络，在外的就业网络通过展示外出务工的生产生活境况和提供互帮互助承诺推动未外出农民向外流动[3]。

---

1 李强：《当前我国城市化和流动人口的几个理论问题》，《江苏行政学院学报》2002年第1期，第61—67页。
2 李萍：《"发展型"择业观、工作转换与新生代农民工职业的"去体力化"》，《青年研究》2017年第2期，第19—28、94页。
3 张春泥、谢宇：《同乡的力量：同乡聚集对农民工工资收入的影响》，《社会》2013年第1期，第113—135页。
  陈云松：《农民工收入与村庄网络基于多重模型识别策略的因果效应分析》，《社会》2012年第4期，第68—92页。

在实地调研中,有几位移民农户曾经具有类似的外出务工经历。从地区工资差异来看,在 C 市从事小区保安、绿化保洁、餐厅酒店客房服务类工作的工资一般在 2000—3000 元,如果想在本地获取更高工资(5000 元左右),又得去建筑工地上做相对苦和累的工作,劳力付出与工资所得的性价比不均衡。从自我的主体意识和就业网络看,以前有外出务工经历的移民都是在年富力强的时候邀约一帮亲朋好友或在已外出亲朋的带领下在外打拼。通过外出就业,这类移民农户往往具有较丰富的非农就业经验和资本积累程度。

> 之前,我和老公都在外省打工,在一家船厂做,这个工作还是带有一定技术含量的,风险很高,船厂里面基本上每个月都会出事故,但工资也高,我一个月会拿着 7500 元的工资,我老公多一点,可以拿到 1 万多点……这个工作是在那边做的老乡介绍的。(FML,L 小区生态移民,辞职待业)
>
> 年轻的时候,是跟着我叔叔在外面,跑工程、揽项目什么都做,我还做过木匠和装修这块……厨艺的话,是我以前打工的时候跟着一个厨师学的,在外面的餐厅学了有三年。(HF,X 民宿村生态移民,餐馆经营者)

二、嵌入性视角下的生计冲击与经济行动选择

生态移民作为国家规划的产物和地方政府移民工程实践的对象,"嵌入"于转型社会的大环境之中。其固有的生产生活模式必然受到特定政策的制度约束和特定社会情境的文化约束。但生态移民又是独立的行动主体,其在社会环境中的经济行动选择也会受到个人能力的内在制约。

据此,本部分对生态移民的生计变迁分析主要采用祖金(Sharon Zukin)和迪马吉奥(Paul Di Maggio)的嵌入性分析框架[1],分别从政治嵌入、结构嵌入、认知嵌入和文化嵌入探析生态移民工程对农民生计的影响,聚焦移民农户的生计能力变化和行动选择背后的理论逻辑。具体而言,这里的政治嵌入指生态移民相关系列政策对移民农户经济行为的影响;结构嵌入指生产生活空间和社会网络结构对移民农户经济行为的影响;认知嵌入指移民农户的自我认知对其经济行为的影响,这一自我认知主要基于移民对自身生计资本的评估;文化嵌入指社会文化因素对移民农户经济行为选择的影响,在此特指C市移民具有的就近择业的行为文化和社会转型期的心态文化。

(一)政治嵌入和结构嵌入下的生计冲击

1. 政治嵌入——政策先赋的差异化建构

制度,一种社会安排,是对社会运行过程中的人类行为与资源调度的规范。生态保护制度是国家在生态保护方面按照一定理念与原则所做出的一切行动和方案的政策体系,其既包含规则体系,也

---

[1] S. Zukin and P. Di Maggio, *Structures of Capital : The social Organization of the Economy*, Cambridge : Cambridge University Press, 1990, pp.15-20.

包含行动体系，是一种强制性的利益再分配。[1]C 市的生态保护制度体系包含生态移民搬迁补偿安置政策、土地承包经营权流转政策、保护抚仙湖"雷霆行动"和就业促进政策。其中前三项属于前期执行类政策，对生态保护的目的、具体行动方案、生态补偿内容做规定；后一项属于后期扶持类政策，对受生态保护制度影响的农民提供就业支持。如表 2 所示。

表 2 抚仙湖生态保护制度体系

项目	政策	内容	对象	目的
生态移民搬迁	生态移民搬迁补偿安置政策	搬迁范围：新环湖路靠抚仙湖一侧整体搬迁；搬迁补偿内容：土地补偿、房屋价值补偿、临时安置补助、签约和交地交房奖励；安置方式：实物安置、货币补偿、实物安置与货币补偿相结合	生态移民（被搬迁人）	筑牢抚仙湖生态安全屏障
径流区面源污染治理	土地承包经营权流转政策	土地流转休耕轮作 5.35 万亩；土地流转费：4000 元/亩；地上附着物补偿	全体农民	绿色发展与农业现代化
保卫抚仙湖"雷霆行动"	"三禁" "关停拆退"	"三禁"：禁渔、禁游、禁娱；"关停拆退"：企事业单位退出一级保护区，关停搬迁砂石料场，整改餐饮住宿	农民、游客、个体商户、企事业单位	巩固、保护抚仙湖Ⅰ类水质
就业促进	流转区农村劳动力转移	精准培训、转移就业、贷免扶补	全体农民	农村富余劳动力转移就业

资料来源：《关于启动抚仙湖环湖棚户区改造暨生态移民搬迁项目的通告》《抚仙湖环湖棚户区改造暨生态移民搬迁项目万海、右所—吉花、矣旧片区集体土地上房屋搬迁补偿安置方案》《澄江县抚仙湖径流区土地流转发展生态农业实施方案》《保卫抚仙湖"雷霆行动"问题责任清单公示》《抚仙湖径流区农民外出就业、创业实施细则》。

---

[1] 侯鹏、高吉喜、陈妍、翟俊、肖如林、张文国、孙晨曦、王永财、侯静：《中国生态保护政策发展历程及其演进特征》，《生态学报》2021 年第 4 期，第 1656—1667 页。

在上述四类政策中，生态移民搬迁补偿安置政策是移民工程的主要政策，涉及对生态移民的货币补偿和安置补偿，其直接作用于移民的生产生活。土地流转政策主要作用于农民的生产资料和生计方式，影响以农业经营为核心的移民农户。保卫抚仙湖"雷霆行动"主要通过影响相关产业链间接作用于部分移民农户的原有生计方式。而土地流转区的农村劳动力转移政策则试图消弭前三种政策的负面影响，试图发挥正向作用。四类政策交互作用，使得移民农户的生计变迁过程深深嵌入在系列政策之中。具体政策内容及相关影响如下文所述。

（1）四类生态移民搬迁补偿政策的比较分析

政府主导下的移民政策在移民项目中起着决定性作用，决定不同社会群体的资源、地位及权利的分配，塑造着新的社会空间、生产条件与发展机会。但不同时期的移民政策或者同一时期、不同区域、不同项目的移民政策也会影响资源与机会的分布[1]，生态移民在差异性移民政策的作用下形成不同的政策先赋地位。

表3 Y新村、X民宿村、L小区生态移民及待安置移民搬迁补偿政策比较

移民阶段 政策内容		Y新村 2000年	X民宿村 2010年	L小区 2014年	待安置移民 2019年
搬迁补偿政策	土地补偿	无	地基互换	——	307元/平方米

---

[1] 施国庆、古安琪：《非自愿移民社会分层研究：一个分析框架》，《南京社会科学》2018年第8期，第80—89页。

(续表)

移民阶段政策内容		Y 新村 2000 年	X 民宿村 2010 年	L 小区 2014 年	待安置移民 2019 年
搬迁补偿安置政策	房屋价值或置换的补偿（元/平方米）	土房：180 砖木：220 砖混：350 框架：400	土木：300 砖木：400 砖混：550 框架：800	土木：650 砖木：750 砖混：850 框架：900	土木：2450 砖木：2500 砖混：2800 框架：3000
	搬家及临时安置补助	一次性补助：3000 元/户	一次性补助：10000 元/户	成人及老人：800 元/人/月，小孩：500 元/人/月，补偿 18 个月直至入住	搬家补助：20 元/平方米；临时安置补助：500 元/人/月，补偿 27 个月直至入住
	经营性用房补偿	无	无	——	临路：2200 元/平方米；非临路：1800 元/平方米
	签约和交地交房奖励	无	无	每户一次性给付 1 万元	个月内交地交房：土地面积 200 元/平方米；房屋建筑 100 元/平方米；搬迁人口：2 万元/人

资料来源：Y 新村、X 民宿村与 L 小区的政策方案来源于多位生态移民口述记录；2019 年待安置移民方案来源于《抚仙湖环湖棚户区改造暨生态移民搬迁项目万海、右所—吉花、矣旧片区集体土地上房屋搬迁补偿安置方案》。

第一，不同时间段的生态移民项目，其搬迁补偿安置政策不同，移民所享受的政策福利随时间的远近呈现"次弱—弱—一般—强"的层级化差异。表 3 中，2019 年的生态移民搬迁政策的补偿范围较之 2000 年和 2010 年的移民搬迁政策更全面，增加了经营性用房补偿和签约奖励。而且，在同一政策内容中，补偿标准的高低是四个阶段的生态移民在补偿资金收入上有着显著差异的重要原因。如图4所示，对四个时期的移民政策中同一补偿标准进行比较，2019年的生态移民位于补偿最高标准水平，所享受的政策补贴最高；而在1000元标准以下的三个移民阶段中，2000年的政策补贴最低，2010年和2014年的居中，但仍远远低于最新时期的生态移民。在实地调研中，HGQ、HF、LXF和HCY四位移民农户的谈话反映了此种差异。

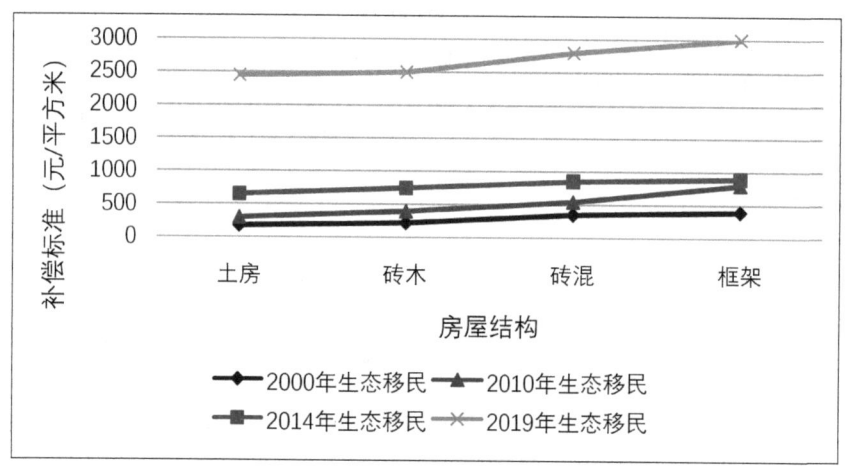

图4 四时期移民政策中房屋价值补偿标准的比较

我们是搬得最早的，也是整得最丑的……我的房子才180块一平方米，当时有230平方米，各项算下来才拿着4万多块钱，购买政府修的房子还倒贴钱……我们第一批人搬迁是最吃亏的。（HGQ，Y新村生态移民）

我们这边是政府提供地基，自己盖房……之前住的房子有260平方米，我们那会儿特别便宜，800一平方米……可以得到3套120平方米的地基，但这样我就要贴钱给政府，我就只要2套，政府补了20万给我。（HF，X民宿村生态移民）

以前的房子是砖木结构的，楼上楼下有130平方米……分到 2 套房子，1 套是 120 平方米的，1 套是 90 平方米的……我们样样事连着人头钱赔了 18 万。（LXF，L 小区生态移民）

我家有 5 口人……老房子有 480 平方米……拆迁赔偿款、人头费、过渡安置费等一共赔了 108 万……买一套 360 平方米的回迁房花了 60 多万。（HCY，2019 年待安置生态移民）

第二，同一时期的移民政策，对不同物质资本、人力资本存量的生态移民户带来差异化的政策资源禀赋：移民前的物质资本、人力资本均较好者，能获得较多的资金补偿和安置房补偿；物质资本、人力资本均较弱者，政策优势对其不凸显，政策效用不佳。生态移民搬迁补偿安置政策是基于原有住房的结构和面积、家庭人口数进行货币补偿和物质补偿，为移民提供现金收入和安置房。因此，如果生态移民户的原有住房结构优、面积大，家庭人口数多，那么将会获得更多政策资源的补偿，处于政策先赋"优势"地位；反之，则处于"弱势"地位。调研资料如下：

我家 7 口人……在老路上还有一所房子，前年又搬了……那个房子有 126 平方米的占地面积，3 层，总的有 480 平方米，政府补我 4 套房子，我花 6 万块钱买了 2 个车库，钱剩着 100 万。（LS，X 民宿村生态移民，二次拆迁户）

没拿着房子，我的户口没有挨着老人了……老房子有 300 平方米，前面有 2 层，后面是瓦房，听着说是有 3 套房……我就只分到 15 万，房子就不分了。（JY，待安置生态移民）

（2）土地承包经营权流转政策的分析

C 市是一个蔬菜种植大县，依靠肥沃的坝区土地、充足的水资源、丰富的蔬菜种植经验，打造了"滇中蔬菜区"，其蔬菜经呈贡、昆明销往省外，每亩土地的平均产值可达 2 万元[1]。对此，农户对耕地的依赖性强，但人均耕地面积低于 1 亩，只有依赖精细化种植及大量农药、化肥才能将产值提高。在尚未开始土地流转时，其农药、化肥施用量最高时期是在 2013 年，农药使用量 342 吨，化肥施用量 31328 吨[2]，这对抚仙湖水质及土地质量是一个极大威胁。对此，为保护抚仙湖和发展生态农业，澄江县大力实施抚仙湖径流区耕地流转及休耕轮作，调整优化种植结构，以发展生态农业为重点，从根本上着力解决径流区农业面源污染突出的问题。2017 年，C 市全面开展土地流转，政府以每年 4000 元 / 亩的流转费用从农民手中"租用"承包经营权，若土地上有着经济果木、构（建）筑物、水利设施等，另按相应标准进行地上附着物补偿。在亩产值与流转费相差较大的情况下，农户从土地上获得的收入大大降低，难以达到相当一部分农户的利益诉求。

舒尔茨在对"改造传统农业"的论述中，曾提出过"收入流"的概念。其认为农业产值的提高在于引进新的、现代化的收入流来源，包括良种、技术、组织、机械、新型职业农民等，而含有一种及以上新要素的农业就可称为过渡型农业或现代型农业。[3]C 市的农业种植正是处于过渡型农业阶段，其通过修建灌溉渠、引进新型品种、施用农药化肥、远距离运输、销往外地等系列过程已形成从传统到现代的农业形态。但因为还处于琐碎地块、小家小户式生产，按中国现代化农业话语体系——规模化、产业化、组织化、技术化——

---

[1] 中共澄江县委党史研究和地方志编撰办公室:《澄江年鉴 2019》,昆明:云南人民出版社, 2019 年。

[2] 中共澄江县委党史研究和地方志编撰办公室:《澄江年鉴 2014》,昆明:云南人民出版社, 2014 年。

[3] 舒尔茨:《改造传统农业》,梁小民译,北京:商务印书馆,2018 年,第 65—71 页。

判断，其才不属于现代化农业。在这样一个蓬勃发展且农业产值极高的农业经营地区，土地流转无疑人为地中断了农业对地方经济和农民经济增长的机会，直接阻隔了农民从农业上获取收入流的来源，即土地。如果分析笔者所在调研地点——YS镇——的农业产值与农村经济总收入，能明显看到农业产值在农村经济总收入中占据重要地位。但在2017年土地流转之后，农业产值陡然下降，致使2018年的农业产值倒退到10多年前的水平，并且2018年的农村经济总收入还不到上年的一半。如图5所示。

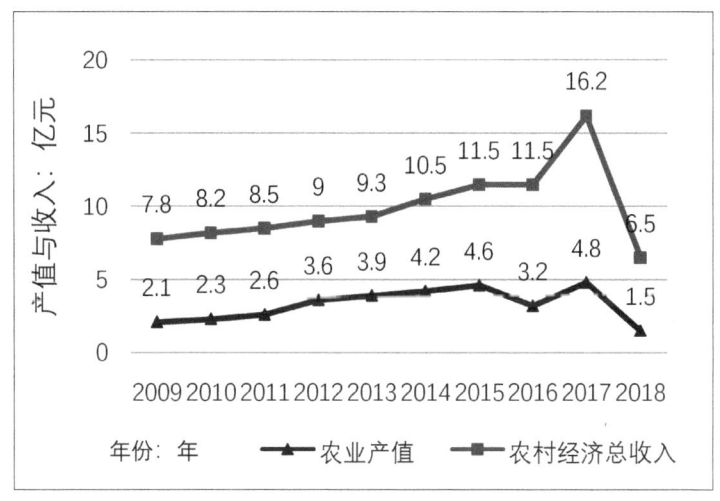

图5 YS镇2009—2018年的农业产值与农村经济总收入[1]

土地作为自然资本，农民种植经济作物就是一种对土地的投资，在投资效益好时，农民自然也能得到较好的经济转化。同时，土地种植也是一种生计途径和稳定的收入来源，农业经营以及包括由农业经营衍生而来的相关产业链在土地流转政策的实施下受到直接影响。在劳动市场没有扩张的前提下，土地流转就把农民的就业机会与生计选择域缩小了。综合来看，土地流转政策对移民农户的生计

---

[1] 图5数据由笔者查阅2010—2019年澄江历年统计年鉴制作而成。

冲击主要表现在收入的显著降低、就业选择域的缩小、农业相关产业的衰退及农村闲置劳动力增多。

> 土地流转，农民的日子不好过了，一亩地只给4000元。像我家一户有6个人，有2亩多土地，一年补贴9000来元。原来盘土地的时候，一年还是有三四万元，再加上其他打点杂工，生活还过得去。一家6个人可以抽出2个人来盘土地，而其他人可以去打工，打散工一天最便宜80—90元还是苦得着的。现在不行了，年纪大了，有地的话还可以种地，去工地上，那些老板不要了……这个土地流转对澄江农民的影响是最大的，害着许多人，种菜的、拉菜的、卖菜的、卖化肥的、卖农药的，影响许多人。澄江这些年轻的原来买张车可以拉菜去昆明卖，拉菜去冷库还是赚钱的，现在都受影响了。（LX，Y新村生态移民）

（3）保卫抚仙湖"雷霆行动"的分析

为深入贯彻李克强总理就抚仙湖保护治理做出的重要批示精神，C市政府于2017年12月启动保卫抚仙湖"雷霆行动"计划，列出100项问题责任清单，每一项分配一位责任人。其中包括"三禁"和"关停拆退"，前者指禁渔、禁游、禁娱；后者是对径流区1544户餐饮住宿服务业经营户实施关停整改和拆临违建的分类整治措施。包括对抚仙湖一级保护区内的22家中央、省、市直属企事业单位进行拆除退出工作，以及关闭搬迁径流区内规模畜禽养殖户和砂石料场、磷化厂。上述措施同样冲击了生态移民的就业与经济发展。

首先是"三禁"措施，其对餐饮住宿经营者以及海边摆摊做生意者有较大影响。抚仙湖地区是一个旅游、避暑的胜地，游客来此主要基于其夏季凉爽的气候进行游泳、烧烤、露营等休闲娱乐活动。

在游泳和其他娱乐项目纷纷禁止后,抚仙湖对于游客的吸引力减弱,靠湖农民围绕此类旅游消费的生产活动相应减少。Y 新村的 LQ 在"三禁"政策出台之前利用湖边的经济机会开展了游船、烧烤、小卖部等经营活动,但此项规定出台后,其在湖边的经营活动仅保留游船经营。访谈内容如下:

> 打工我们都不打的,就在这边做点生意都可以,这后面生意才难做的……现在虽然也不用交啥子承包费了,但是啥子都不允许做,我们都做不了。之前可以做烧烤,怕做了三四年,就不准整。以前允许游泳、烧烤、摆摊、麻将,现在不准整了,旅游项目少了,来玩的人就都少了,只有节假日有些人,平时人都没有,家家冷清清地坐着。(LQ,Y 新村生态移民)

其次是"关停拆退",主要对在这些行业就业的生态移民有影响,包括在酒店工作的客房服务员、工厂员工、自营业者等。在抚仙湖岸边的餐厅、酒店和工厂等是吸纳农村劳动力就地就近工作的生产场所,对湖边企业的关闭、拆除和迁址造成了在此行业工作员工的下岗,使移民农户的就业机会减少。TXC 的从业经历可说明这一点。

> 原来这边的房子可以盖,国家没有压着,盖个 2 层、3 层。之前我们就是跑运输,拉料子、拉水泥,然后保护抚仙湖,水泥厂停了,砖厂也停了,沙场也赶在山里面,建筑也不给盖,所以我们跑运输的就没有生意了……以前生意好的时候,开手扶拖拉机给人家拉沙拉砖,一日开三四转,一天就有 200 来块……没有办法做了,几千块钱就把车卖掉"。(TXC,L 小区生态移民)

（4）土地流转区农村劳动力非农就业政策的分析

C市为解决生态移民及土地流转农民的就业问题，以提升农户技能水平、提供就业机会、拓宽就业途径为目标，通过"八个一批"就业促进工程试图解决土地流转区的闲置劳动力就业问题。包括：①鼓励一部分人外出租地，以每亩每年300元的标准发放租金补贴；②鼓励外出就业，在县外就业稳定6个月以上的，每个人奖励1500元；③发展生产，在已流转土地上建设田园综合体，以此提供一定的用工量；④引入劳动密集型企业，对来C市的企业进行补贴，鼓励招募本地工人；⑤成立合作社，鼓励部分村集体农民继续进行农业种植，但必须按照政策要求只允许种植特定作物及水肥需求量少的产品等。[1]

除此之外，C市政府也开展了农村劳动力转移就业创业培训班、现场招聘会、劳务输出等具体活动，通过低息贷款、免抵押贷款、发放外出就业补贴等措施鼓励移民农户就业创业。这些措施一定程度上提高了移民的就业能力、拓宽了移民农户的就业渠道和增加了金融资本的来源，但对于不同禀赋的移民，这些政策所发挥的效果并不一致。一些移民鉴于适应能力的限制，在制度资源的支持下生计转型也会不顺畅。个人的适应能力、经验、技术等人力资本会对移民生计变迁产生限制，并进而抑制制度优势的发挥。调研资料如下：

> 开馆的话也贷款的，政府扶持贷款的利息低点，我借了6万，还了一些，还差着2万……向农村信用社贷的，贷的少就没要担保或者抵押。（ZYC，X民宿村生态移民）
>
> 政府会安排人去上海、杭州、广东那些地方，我老公去过

---

[1] 2020年1月5日，C市民政局座谈资料。

江苏……去了没知识，只能做一些苦活，那边消费又高，生病了都不敢买药……他们的生活节奏太快了，休息的时候，天气又热不想出门，整天就是上班和睡觉……不适应，出去了还受苦。（SH，X民宿村生态移民）

民政局的M局长对相关就业促进措施的效果进行如下评价：

C市这边一方面是因为拆迁，另一方面是因为土地流转，造成了大量的劳动力是闲置的。这些人现在如何谋生，县上想了很多办法，但实际效果都不好……技能培训这些是县上安排人社局来做的，但是就叫各村统计需求，据我了解，各个村统计的这些需求是非常不精准的。这样的情况下去组织这些人进行培训，培训完，就业依然解决不了……反正县上为了解决就业还是想了很多办法的，只是说成效不显著。

2. 结构嵌入——社会空间的再塑

斯科特在《国家的视角》一书中曾分析坦桑尼亚和埃塞俄比亚的"强制村庄化"运动，认为国家遵循"改善"的逻辑通过行政的力量将散居的、流动的农牧民迁移到距离较远的、陌生的生态环境下定居和生活的做法忽略了农牧民的地方知识和实践，反而创造出了疏远的、怀疑的和不合作的农民。[1]反观中国的生态移民搬迁安置工程，两者具有一定的相似之处，也存在异质性。其差异性主要体现在目的和安置补偿政策上，前者在斯科特的描述中突出了政治控制、秩序化和美学化的目的，不但缺乏安置补偿，还剥夺了移民长

---

[1] 詹姆斯·C.斯科特：《国家的视角：那些试图改善人类状况的项目是如何失败的》，王晓毅译，北京：社会科学文献出版社，2019年，第325—348页。

远发展的社会资源；后者主要是基于环保与扶贫的目的，通过货币补偿、安置房补偿、自愿选择安置方式、后续产业发展等措施尽量降低搬迁所带来的副作用。相同之处在于"强制村庄化"运动与生态移民搬迁安置工程的主导力量都是国家和地方政府，实践过程都是从原居住地迁移至规划安置区定居的过程，带来的结果都表现为共同的纽带关系与地方合作网络的衰弱。无论是强制村庄化还是移民搬迁安置工程都意味着原来社区的解散以及新社区的建立，进而凝结在社区当中的身份地位、纽带关系、社会资源、互惠网络、发展机会等往往随之改变。

从社会空间的角度看，安置也是一种重要的社会空间现象，其处于社区"解体—安置—重塑"的转换过程中，安置的环节就是生产社会空间的环节。就本文中的生态移民而言，社会空间的生产主要通过安置政策来实现，包括安置方式、安置区的选址以及安置房置换，不同的安置实践蕴含着差异化的规则和资源。在移民社区建构的过程中使得涵括在其中的个人位置、公共空间、社区邻里、社会关系、区域经济等发生相应变化，从而"牵引和塑造着我们的行动"[1]。

如表4所示，本文中的移民社区被再塑为四种类型，分别是Y村的新村安置、X民宿村的特色村安置、L小区的市区高层公寓安置和待安置移民的多元安置。四类社区在地理空间上看，其迁移的距离较短，均属县内迁移、就近安置；从迁移的去向看，通过城市与乡镇的划分可将其安置类型整体划分为城市安置与乡镇安置[2]；从政府的安置区规划与资源投资来看，四类安置区是官方在"进城、进

---

[1] 景天魁等：《时空社会学：理论和方法》，北京：北京师范大学出版社，2012年，第13—37页。

[2] 冯雪红、安宇：《三江源生态移民的"边缘人"处境》，《广西民族研究》2015年第4期，第67—72页。

特色小镇、进项目、进特色村"的话语体系下建构的移民社区类型。其是在政府差异化的政策安排背景下而形成，通过凝结在政策当中的不同规则和资源形塑了不同类型的社会空间。由此，按照本文的研究目的，笔者试图对这四类移民社区进行社会空间的比较。

表4 Y新村、X民宿村、L小区生态移民及待安置移民安置政策比较

移民阶段 政策内容		Y新村 2000年	X民宿村 2010年	L小区 2014年	待安置移民 2019年
安置政策	安置方式	就近后靠、统迁统建、片区安置	就近后靠、统迁自建、片区安置	市区高层公寓安置	就近后靠、特色小镇安置、县城集中安置
	安置区选址	原址往后1800米，距湖约1.9公里	原址往后400米，距湖500米	市区高层楼房建设，距湖约6公里	——
	安置房置换规则	安置房购买：5.7万元/套	地基互换，房屋货币补偿，自建安置房	安置房补偿：90平方米/人置换：以每户可得安置房的面积选择房屋套数，根据新老房屋面积补资金差额	选择全部货币补偿的自行购买安置房，选择部分货币补偿的，政府提供安置房

资料来源：Y新村、X民宿村与L小区的政策方案来源于多位生态移民口述记录；L小区政策方案来源于《抚仙湖环湖棚户区改造暨生态移民搬迁项目万海、右所—吉花、矣旧片区集体土地上房屋搬迁补偿安置方案》。

为什么社会空间可做比较？这是由空间的社会属性而定。亨利·列斐伏尔的"空间生产"思想将传统的"空间作为生产的物质载体"的地理空间观导向了对"空间本身的生产"的关注。列斐伏尔认为在"空间生产"过程中对空间的利用与创造（空间实践）、想象

与认知（空间表征）重构了社会空间秩序[1]。景天魁等学者将这种"秩序"看作"关系"，认为"空间和社会是互为关系的，这些关系可能包括土地利用、位置、稠密、近亲关系、公共空间、邻居、社区政治经济等"[2]。对此，社会空间的关系与结构的复杂多样性往往使之包含众多内容，并具有多样性的空间特征。例如，政治的空间、经济的空间、文化的空间、关系网络的空间、都市与乡村的空间等。鉴于本文对移民生计与移民社区的关注，笔者重点聚焦生态移民迁移往安置社区之后经济条件与社会关系网络的变化。这反映在空间视角上，即为经济空间与关系空间，如表5所示。

对"经济空间"这一学术用语进行拆分，可以分辨出蕴含在其上的"经济"属性和"空间"属性，分别表示着某类经济活动、经济资源和地理场所。再对其整合进行理解，"经济空间"即指"人类从事经济活动所占有的地理空间范围"[3]。同理，"关系空间"在"关系"属性和"空间"属性辩证统一的联系之下，即指发生在某一特定地理空间中的社会关系网络。两者在空间分析中都纳入了经济与关系之流的社会要素。其中，本文所指的经济空间主要关注内蕴在移民社区之上的经济发展机会，具体表现为区域经济条件、就业面向的广度和资源获取的方式与便利性。关系空间主要关注移民群体迁移前后的社会关系的变化情况，具体分析居住的方式与格局、社会关系的疏密与应用以及作为交往平台的公共空间。通过对经济空间和关系空间进行综合分析，考察附着在移民社区之上的资源，包括经济资源和关系资源，从而为生态移民的经济策略提供行动分析的基础。

---

1 杨芬、丁杨:《亨利·列斐伏尔的空间生产思想探究》,《西南民族大学学报（人文社科版）》2016年第10期，第183—187页。
2 庞景天魁等:《时空社会学:理论和方法》,北京:北京师范大学出版社,2012年,第72页。
3 孙浩进:《论经济空间与社会资本》,《经济问题》2020年第7期，第14—18页。

表 5 四类移民社区的社会空间比较

社会空间		Y 新村	X 民宿村	L 小区	待安置移民
经济空间	区域经济	一般	优	优	一般
	就业面向	一般	广	广	一般
	资源获取	不便	便利	便利	不便
关系空间	居住格局	片区安置村落居住	片区安置村落居住	市区高层分散居住	多地租房分散居住
	社会关系	优	优	一般	差
	公共区域	一般	一般	优	差

（1）经济空间的比较分析

有学者指出，随着城镇化、市场化的深入发展，传统农业时期农民的生产生活空间高度融合的特征将会并且已经出现了生产与生活空间区隔、分离的态势[1]。在大方向以及中国农村发展状况来看，本文深感认同，但"普遍之外，也有例外"。C 市农民的农业生产虽然保持着小家小户、零碎地块、自主经营的特点，但技术的投入、优良种子的使用、销往外地的市场、延展产业链等具体实践象征着该地的农业生产已具有较高市场化和部分现代化的特点。然而，由于土地分包到户时期，村落共同体与村集体土地的邻近与交错，农业生产一直围绕在村落周边进行，生产与生活空间仍具有较高一致性。这种一致性没有被市场化、城镇化所打破，反被政府工程——"生态移民"所消解。生态移民搬离原居住空间并进入安置社区的过程，往往使得生产与生活空间相分离，分离出来的生产空间即经济空间。在新的经济空间，生态移民因移民社区的区位、政策、资源、设施

---

[1] 项继权、张含梅：《融合与分离：农民生产与生活空间关系的变迁及其逻辑》，《江汉论坛》2020 年第 3 期，第 131—137 页。

等异质性因素而表现出不同的经济处境。

四类移民社区都处在C市加速建设旅游城市、发展旅游经济的大背景之下，客观来看，它们面对的是相同的经济发展机会，但这并不意味着它们都有相同的能力和资源充分地抓住机会。对此，我们除了关注宏观经济背景，更应该关注附着在移民社区这一微缩区域上的"微观经济"，即Y村、X村、L小区和待安置移民的差异化经济空间结构。四类移民社区的案例表现出了"经济空间分异"的特征，这一分异是由移民社区的空间布局与区位资源所形塑[1]。X民宿村与L小区凭借其区位优势在经济空间中呈现区域经济优、就业面向广与资源获取便利的特点。而Y新村和待安置移民的"漂泊不定"在多项约束之下整体表现为区域经济发展一般、就业面向一般与资源获取不便。

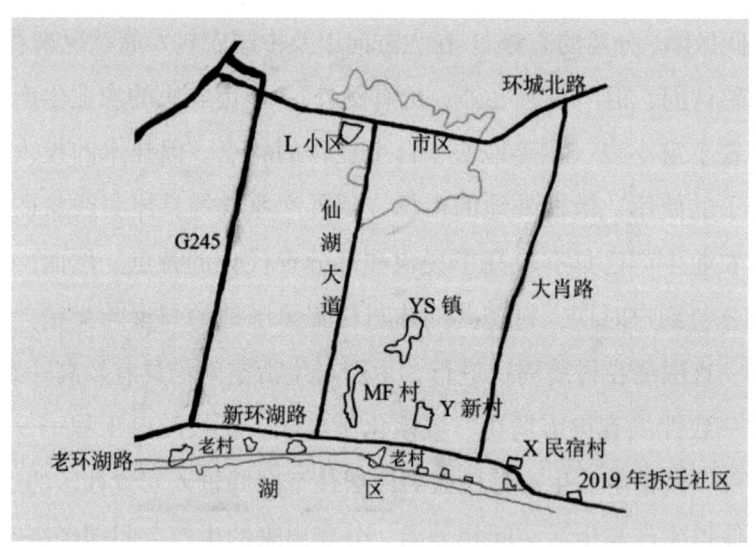

图6 X民宿村、Y新村、L小区及2019年拆迁社区区位

---

1 李军、吴海涛、单铁成：《传统村落旅游经济空间分异及影响——基于西江苗寨的调研》，《西北民族大学学报（哲学社会科学版）》2021年第4期，第49—58页。

图6中，X民宿村的老村位置距离湖边仅有30—50米，移民社区在老村往后约400米的地方重新选址修建，位于新环湖路旁。政府提供地基，移民农户自行建房，平均高至3—5层。在政策规划上，政府将其打造为民宿村，统一社区的外部装修风格，规划有宽敞道路、小广场、停车场等公共空间，现有餐饮住宿商户28家，占X村总家户（88户）的32%。X民宿村的移民社区属于旅游发展型空间格局，鉴于其"近湖近路"的地理优势和政策关照的资源优势，其区域经济特征表现为旅游经济，就业面向表现为旅游行业从业（餐饮、住宿的自营业者或雇员），资源的获取表现为政府支持与外部资源的投入（地方宣传、品牌打造、外地经营者的进入）。

> 现在有机会来改变，反正是自己的房子……我们在这另外有个地基卖了80万，20万拿给老人，剩下60万就是买了张车，再投资这个客栈，还向朋友借了七八万才弄好的……刚刚过去的五一假期那几天，我们挣了1万块左右……7月10多号有一个大单，一个旅行团的要来住一个星期。（LY、SH夫妇，X民宿村回迁移民，客栈经营者）

Y新村的老村位置与X村的老村位置相似，但移民社区是在老村往后1.8公里左右就近选择一个片区由政府统一建设而成。建设时，政府统一提供120平方米的地基，其中88平方米作为房屋主体修建有一层红砖平房，另外32平方米留出作为房屋前院，且20年内不得加盖。在安置房入住上，Y村的生态移民需以5.7万元的价格回购安置房。总体看，Y村位于既不靠近市区，也不靠近抚仙湖和新环湖路的中间地带，位置优势不明显。另外，政府对前院房屋"20年内不得加层修建"的规定抑制了移民农户的发展积极性，使Y村移民错过了旅游发展的"空窗期"。最后，安置房回购这一政策行为使大多移民失去补偿资金的扶持。因此，虽然Y新村也处于旅游发展的区域经济背景下，但因区位条件、政策条件和资源供给的限制，其社区经济发展的并不如X民宿村，进而Y新村生态移民在"个人没有土地，社区经济受限，政府资源供给不足"的客观约束下不得不向外拓展发展空间。

> 搬上来有20年了，我们那会儿搬，一样都没有……要5.7万块的钱才能住到政府给的房子，大多搬上来都还贴钱……现在发展得差点，看以后政府会不会支持。（集体访谈20210625：4名择韭菜帮工，Y村某农户家前院）
>
> 我们村处的位置是一个死角，位置不好，不像西边的那些，他们的路直接通村子……X村比我们整得可以，本来我们是第一批搬迁的，恼火得很，搬过来就不管你……我们这个村没有当官的……主要是需要改造一下，能够帮助我们发展民宿也是好的。（HGQ，Y新村生态移民）

L小区距离海边约7公里，安置在市区内，属于城市小区，其内的广场、停车场、物业公司均配备齐全。"进城"的政策安排使得移民空间城市化，生态移民的生产生活围绕城市就业的进路发展。城市里面各行各业的经济体或公共部门为生态移民提供了广阔的选择域，移民社区的区域经济也就囊括在城市多元经济的范围之中，就业面向广与资源获取便利成了L小区的固有优势。

> 我们打扫卫生、搞保洁，一个月工资1700元，就是这个小区的物业公司雇的我们……亲戚说这边有招工，我们就来报名

了……老倌是在 MS 公司做绿化，工资有 2000 元。（LXF，L 小区生态移民）

2019 年生态移民属于待安置移民，其安置房正处于建设阶段，安置方式较为多元，包括就近后靠安置、特色小镇安置、高层公寓安置。该阶段的移民大多把租房作为过渡时期以维系生产生活空间秩序的手段，移民社区的经济发展功能暂时交给了"租房"这一实践。租住房屋的区位与条件一定程度上也影响了过渡期的就业选择与资源获取。在此阶段中，移民的生产生活"漂泊不定"，附着在原有生产生活空间上的资源暂时隐匿，拟迁入社区的资源尚未动员，待安置移民的经济空间总体上处于贫弱或一般状态。因此，虽然待安置移民在政策补偿上来看是最具优势的，但安置社区的不确定带来了发展的不确定。

补偿的钱给了，但房子在哪都还不知道，现在租房一年都要 1 万多块，我们搬家都搬三四回了……现在租房住，有老人的家庭基本不好租房，老人去世了，又不让死在他家里，前两年我家老人去世都是在公路旁边搭棚子办的事……租房住，吃的、喝的、用的都贵，现在还是难整的，只能打点零工补贴下。（集体访谈 20210620：6 名烟田帮工，X 民宿村后坝区）

（2）关系空间的比较分析

从学术话语和本土化语境的视角看，社会网络更多是西方的概念产物，而中国社会的部分学者更倡导本土化的"关系"研究。例如，翟学伟对"关系、人情与面子"的研究。不过，社会属性意义上的"网络"和"关系"通常并不做严格区分，两者处于交集的状态。如林南对社会资本研究中所涉及的社会网络与人际关系，格兰诺维特在研究社会网络对求职选择的影响中伴随的弱关系假设，以及边燕杰与之相反的强关系理论等，都是社会网络与社会关系的融合研究典范。[1] 对此，学界常有"社会关系网络"与"社会网络关系"并用的实践，但笔者认为两者还是具有不同的侧重点。前者或许更意指以个人关系和人际关系为核心而推演、扩散开来所形成的网络结构，是一种从"点"和"线"到"面"的过程；后者或许更强调社会网络结构建立之后，发生在其中的关系建构，它是一种从"面"到"点"和"线"的微缩过程。

与之对应本文的研究对象，生态移民在原居住社区之中已经形成了特有的社会网络结构，以及凝结在这一结构中的各式关系，如亲缘关系、朋友关系、雇佣关系等，社区里的人们依照这些关系开展社会交往与互惠活动。但是"拆迁"的政策安排打破了原社区的网络格局，"拆"的是农户赖以交往的共同体空间和情感联结空间，"迁"的是人与人之间的关系纽带。所以，笔者在该部分更倾向于分析生态移民的社会网络关系，即社区社会网络结构被打破之后的关系变动，包含原有社会关系的断裂与新社会关系的建立。对此，该小节主要进行关系空间的分析，从移民社区的居住格局、公共空间和社会关系三个维度探讨四类移民社区中的关系强弱、广度与运用。

首先是居住格局的差异直接形塑了移民社区的社会网络结构。一定程度上，社会关系是与空间形态紧密联系在一起的，农户所处的物理空间的变动会促进其生活方式与社会关系的转变[2]。四类不同时期的生态移民在原居住社区的空间形态上都表现为团状或块状集聚，

---

[1] 张文宏：《中国社会网络与社会资本研究 30 年（上）》，《江海学刊》2011 年第 2 期，第 104—112 页。

[2] 丁波、李雪萍：《乡村振兴背景下民族地区空间改造与农村现代化建设》，《中央民族大学学报（哲学社会科学版）》2020 年第 2 期，第 71—77 页。

具有滕尼斯所说的机械团结的特征，内部蕴含着共同的相互交往规则与同质的情感联结。但在差异性安置政策的作用下，生态移民的居住格局被人为地重塑。Y新村和X民宿村是最早建立的两个移民社区，其都是在距离原居住社区不远的地方新建安置社区，移民社区虽由两个村小组组成，但划定共同地块进行片区安置与建设的实践再次把原村落的居民汇集在一起，只是村落街道的布局和房屋的排列有所不同。可以说，移民社区的空间秩序感和社会规划感更强，不再是自然形成的杂居错落之态。因此，Y新村和X民宿村社会网络结构的变动并不剧烈，其社区成员仍以同村落的村民、熟人为主，居住格局仍是一家一户式的独栋住宅，社区空间如同以往处于开放性状态。对此，Y新村和X民宿村的居住格局整体可归结为块状集中居住，社会网络仍是紧密团结型。

而L小区的生态移民是进城移民，移民社区属于市区高层公寓，其内的农户按照"插花式"的方式散乱地分布在不同单元、不同楼层之中。再加上来自7个不同村小组农民以及外来购房者的进入，L小区成了充满异质性的城市空间的一员。L小区的这种特点也带来了一定的矛盾性，矛盾之处在于它既是封闭的，也是开放的。封闭性不仅表现在小区门禁、单元门禁和闭门闭户的实体上，更是意味着L小区生态移民社会网络结构相对于原居住社区而言也是封闭和断裂的。这种断裂是网络结构中某些部分的暂时或永久消失，这种封闭是依赖原有社群，不愿及不能与外部社群交往。但是L小区的身处城市以及多元异质又带来一定的开放性，使之有更多机会接触不同人群。因此，L小区的居住格局从社区整体上看可归为点状集中居住，而社会网络结构的变动则更为激烈，处于拉扯、压缩与延展的多元状态。

2019年的待安置生态移民则较为特殊，由于其不确定的安置地点与居住空间，虽然其通过"租房"来缓解过渡期内的安居问题，但不可避免的是分散在各地的租房者（生态移民）在这一时段的社会网络结构是处于极度不稳定的状态。他们或在未拆迁的邻近农村地区租房，或投亲靠友，或进城租房，或直接买房。不同的租房实践模式代表移民群体的不同能力并影响后续经济选择，但从社会网络结构看，他们的社会网络在空间上并不成团，原有社会网络各个点与点之间的联结较远，强度较弱，网络结构处于弱化状态。

其次是公共空间的设立影响移民间的社会交往。公共空间是移民社区之内的人都能共同进入，在其内发生直接或间接互动关系的场所。此公共空间并非哈贝马斯笔下的公民社会中谈论政治的场域，而是为民众生活提供共同交往与互动的特定地方，其发挥着情感联结的作用。[1] 在拆迁以及土地流转以前，"海边"和"地里"是农户们共同活动的地方。茶余饭后，在海边的娱乐活动包括散步、洗澡、钓鱼、出海和聚会聊天；而土地也发挥类似公共空间的作用，农户们在农业生产较为繁忙时期，会请同村的邻里帮忙一起种植或收割。在土地上的共同劳作使农民间的交往也带有经济关系，经济关系与亲友关系共同交织，"锁住"了村落内的社会关系[2]。另外，在原来的社区中，村落可以表现为一个更广层次上的公共空间，不仅消息会在村子里传播，并且村民间的经济互助网络同样在村落的基础上形成经济共同体。访谈对象TZY说道：

> 我们YJ（地名）出去打工的少，基本在村里，前面的做生意，后面的帮做生意的那些的忙。我家房子在后面，没有做生意，

---

[1] 宋靖野：《"公共空间"的社会诗学——茶馆与川南的乡村生活》，《社会学研究》2019年第3期，第99—121页。

[2] 项飙：《跨越边界的社区：北京"浙江村"的生活史（修订版）》，北京：生活·读书·新知三联书店，2018年，第406页。

都是帮人。在后面的街道小，一张三轮车都难过，不好做生意，车都停不了，没有人进去，开了（店）也不起作用。

在拆迁及土地流转之后，公共空间主要依赖移民社区。移民社区在建设过程中人为地预留出的公共空间成了日后移民们交往的场所，包括凉亭、健身广场、棋牌室等。对Y新村、X民宿村和L小区而言，三类社区都存在类似公共空间，仅只是在空间的规模、秩序和利用方面存在差异。L小区的公共空间规模较大、规划合理，包括健身广场、凉亭、文化长廊等，为彼此熟悉的人们提供"下楼"交流的区域。Y新村有健身广场和凉亭，比之L小区的公共空间规模小，但村内移民会时常聚集在广场上闲聊以及凉亭里打牌，社会交往较好。X民宿村有健身广场和一个停车场，在笔者调研期间，较少发现人们会在小广场聚会聊天，不过却有另外的景象，即夜晚7—8点之后，一些村民会在广场附近生火坐着聊天，还有些村民会去到我所住的客栈老板那打麻将。综合来看，上述三类社区中的公共空间交往状况并不差，其中L小区的空间设置是最为合理的，其余一般。而待安置移民在公共空间中的交往就是状况最差的，居无定所、漂泊不定的居住性质使其更少参与公共交往。

最后，在社会网络结构和社会交往的共同作用下，四类社区形成不同的社会关系空间，具有不同的特征。Y新村和X民宿村具备较为紧密团结的网络结构和持续的社会交往，其内部社会关系处于优势状态。另外，X民宿村在旅游经济的发展下，更表现出外部关系进入和社会关系复杂的特征。L小区虽然社会网络结构变动激烈，但由于公共空间的弥补，其在社会关系上总体呈现一般，不致移民间关系太差，也不会太紧密。待安置移民由于其多点、散乱、远距离分布，其社会关系最为贫弱。

（二）认知嵌入和文化嵌入下的生计影响

1. 认知嵌入——资本存量的转化与评估

在祖金和迪马吉奥的笔下，"认知嵌入"指的是心理过程的结构化规则（The structured regularities）对经济实践逻辑进行限制的方式。[1] 这里的"结构化规则"实质就是组织在经济活动过程中形成的长期性、结构化、规律化的社会认知和群体思维，其对组织管理行为起到塑造作用。[2] 在这一规则的指导下，人们能凭借有限的理性来认知"什么是对其有益处的并采取行动"（what is good for them and try to achieve it）。本文中，笔者将认知嵌入的主体从组织缩小到个体，社会认知从群体思维缩小到个人思维，即自我认知，这一认知来源于个人对自我的评估与判断。就生态移民而言，"拆"与"迁"带来的是附着在原有生活生产资料上的生计方式的改变。在生计方式从一种向另一种转变的过程中，移民农户需要进行考虑和权衡，这种权衡就是个人在对目前的资源、能力和优势进行认知。

当前，学界对农民个体或家庭进行资源和能力的评估最常采用的是英国国际发展署所提出的可持续生计框架，通过对穷人家庭的脆弱性背景、生计资本、制度规则进行综合分析，以此判断农民做出的生计策略是否具备可持续性。[3] 其中，"生计资本"就是这一框架中的核心概念，同时也是直接对农民个人及家庭进行能力评估的体系，包括人力资本、自然资本、物质资本、金融资本和社会资本。人力资本是指能促使人们追求不同生计策略及实现生计目标的技术、

---

[1] S.Zukin and P. Di Maggio, *Structures of Capital：The social Organization of the Economy* Cambridge：Cambridge University Press, 1990, p.16.

[2] 杨玉波、李备友、李守伟：《嵌入性理论研究综述：基于普遍联系的视角》，《山东社会科学》2014年第3期，第172—176页。

[3] DFID, Sustainable Livelihoods Guidance Sheets, London：DFID, October, 2001, https：//www.livelihoodscentre.org，访问时间：2022年1月3日。

知识、劳动能力和健康身体；自然资本指有利于生计发展的资源和服务所构成的自然资源存量，包括无形的公共物品（大气和生物多样性）和有形的生产资料（树木、土地等）；物质资本指代交通、住所、水、能源、生产设备等能使人追求生计的资源；金融资本是指用以发展生计的经济资源，包括现金、储蓄和获得贷款的能力；社会资本指人们达致生计目标所需要的社会资源，包括社会关系、制度安排、互惠、信任等。[1] 上述五类资本既可单独发生作用，代表农户在各领域的资产状况，又可交互转化和相互作用，共同促进农户生计发展。就本研究的生态移民来看，在搬迁补偿安置政策、土地流转政策和就业促进政策的相互作用下，其生计资本处于动态的转化过程，资本存量的变化影响生态移民的经济行动选择。

第一，自然资本的极度减少。C市农民对自然资本的利用主要集中在土地和湖泊之上，土地和湖泊作为生产资料为农民提供生产的渠道和场所，农民通过农业种植活动和水产捕捞与水上娱乐活动获得经济收益。但是在土地流转政策及"三禁"政策实施以后，以此为主要生计模式的农民失去了对自然资源的利用，土地和湖泊不能发挥其自然增值效应。这表现在移民的生计资本上，即自然资本存量减少。

第二，物质资本的相对稳定。此处所指的物质资本更多是住宅，生态移民在拆迁中最为直观的一个表征就是老房屋的拆除与新房屋的建设、入住，伴随这一过程的有"拆—建"两个阶段的政府行动。通过"拆—建"的平衡，生态移民在失去旧有物质资本的同时也获得了新物质资本的补偿，如宅基地和安置房，而且政府所提供的此类补偿往往比移民以往的物质资本状况要好。但是由于"拆—建"

---

[1] Mulatu Fekadu Zerihun, "Agroforestry Practices in Livelihood Improvement in the Eastern Cape Province of South Africa," *Sustainability* 13 (2021): 8477.

在C市的移民工程中并非同时进行，这就导致了两个阶段并不能有效衔接，反而存在时间差，即所说的过渡期。2019年的待安置生态移民就处于这一时期，他们的补偿类物质资本还未发挥作用，所以只能依靠租房来弥补老房子拆除所带来的负面效应。

第三，金融资本的波动起伏。在移民及土地流转之前，生态移民依靠固定的生计模式拥有较为稳定的收入来源，现金收入、储蓄存款一般不会发生较大变化。但是在土地流转以及移民之后，政府的资金补偿及低息贷款改变了移民稳定的金融资本状况。房屋拆除补偿费、宅基地补偿费、附属设施补偿费、人头费、过渡安置期的租房与生活补助费、土地流转费、贷款等组成了生态移民的短期而多元的现金收入流。但是由于各个阶段补偿政策和移民家庭原有资源的差异，四类不同的移民社区及同一移民社区之内的农户在金融资本的变动上都处于完全异质的状态，金融资本整体起伏波动大。

第四，人力资本的低效利用。人力资本是一个较为稳定的资本形式，它主要是通过后天的培养与积累而塑造且不轻易改变，例如体现教育水平的文凭、某类技能证书、工作经验、健康的身体、劳动力的数量与效用等。就本文的访谈对象而言，教育水平和个人技能是影响生计策略选择的重要因素，低教育水平和技能缺乏阻碍了移民追求更好生计。另外，土地流转使得每个移民家庭的劳动力从土地中释放出来，但"出来"之后却并无"去处"，或者从事与之前相比低附加劳动价值的工作，造成劳动力大量闲置和劳动力的低效利用。

第五，社会资本的相对弱化。社会资本有多种定义，布迪厄将其看作同某种网络相联系的资源集合体[1]，林南将其定义为"行动者在

---

[1] 许泽想、梅丽霞：《社会资本：一个基于多元视角的理论综述》，载中国产业集群研究协调组主编《第十二届产业集群与区域发展国际学术会议论文集》，2013年，第6页。

行动中获取和使用的嵌入在社会网中的资源"[1]。这些定义都有共同的特点，即都强调了社会网络、社会关系以及其中的位置、规范、参与、互惠、信任等基本元素。所以，此处的社会资本应与前文中已经论述过的社会关系网络的变动联系起来。上文中表明四类移民社区都存在不同程度的社会关系弱化现象，或是由于社区结构、居住格局，或是由于社区内移民的经济活动与经济关系，或是由于外部人群的进入而引起。总之，社会关系网络的弱化会相应影响在网络中获取社会资源的能力和程度，即生态移民个人的社会资本随之弱化。

如上所述，生态移民在生态保护系列政策实施前后生计资本方面的转化现状是：自然资本极度减少、物质资本相对稳定、金融资本动荡起伏、人力资本低效利用以及社会资本相对弱化。但具体而言，生态移民的群体异质性决定了各个移民在面临不同的情境中会呈现出差异化的生计状态，相应也会选择差异化的经济行动。下文将通过两个移民农户的案例呈现其如何评估自己的生计资本以及做出何种选择。

本部分选取了生计资本转化较差以及生计资本转化较好的两个移民作为代表。其中，ZPR 是一位依赖土地谋生的农民，其和妻子有丰富的农业生产经验，加之又受限于年龄和文化，因此在生计转型中，继续从事着农业生产。政府的资金补贴和房屋补偿并未在生计变迁中起到促进作用。ZYM 长期脱离土地，虽然自然资本在形式上减少了，但是实质并未对其产生影响。反而最新一批的生态移民项目为其提供了生计发展所需要的资金，加上丰富的非农就业经验和较强的家庭人力资本，其生计变迁向上发展。

ZPR，45 岁，2019 年待安置生态移民，租住在 ZS 社区，现为

---

[1] 林南：《社会资本：关于社会结构与行动的理论》，张磊译，北京：社会科学文献出版社，2020 年，第 25 页。

某土地承包大户做农业帮工：

房子拆迁的补偿倒是得到了，这点钱够啥子嘛！吃吃喝喝用用就完了，现在还是难整的，打点零工补贴下……土地流转三四年了，以前我家有2亩多点的土地，一亩地一年下来三四万还是能整得着的。现在就恼火了，土地没有了，政府拿的4000块够都不够吃……劳务输出是有的，但那是正规厂子，我45岁了，也没读过几年书，人家要的都是些年轻的、有文化的，我们就不行了；而且我家还有老人、娃娃要管，所以都出不去打工。现在做这个又苦，你做嘛还有点钱，不做就闲着……我是给这个老板做长工了，帮他照管这片烟田，她（ZPR的老伴）就是做零工，哪点要人就去帮忙……我们这土地好，技术也好，外地老板要砍菜的都来找我们。这主要是我们的本事好，但是太苦了，有时候需要苦一天一夜才能挣着400块钱……以前是帮自己苦，现在是帮别人苦。

ZYM，60岁，Y新村生态移民，二次拆迁户，居住在Y新村，现为客栈经营者：

我在老路上面还有房子，2019年的时候就又拆着了，算得60多万，拿着6套房子，4个车位……现在的话我就开这个宾馆，就是因为前年下面搬迁了，就拿着钱来这上面装修房子。去年整个装修下来花了100多万，投入大。那60多万全部投资在这了。不够的就是2个儿子一起出钱。我2个儿子一个在昆明，一个在遵义，都是有正式工作的，他们一个贷了20多万，我也贷了10多万。今年才开业的，生意在周末和假期的时候还可以。在昆明工作的那个儿子也会带着同事朋友下来玩,反正是自己的房子,没啥人也不慌……土地流转嘛,我们的地也占着了,但是对我没啥影响。我基本2000年以后都没种地了,土地都拿给我侄儿盘着,不过对靠田地的那些就影响大了……我以前做过的事太多了,1987年旅游公司开始成立,就有人来租我家的房子,他们开过旅社、馆子,还卖过藕粉,他们不做了,我就转过来继续做。

在这两个案例中,虽然两位移民的选择大相径庭,但背后的逻辑却有着相似之处,做出的选择背后都带有对个人基本情况的认识,这种认识用与生态移民日常话语相对应的学术用语来讲,即生计资本的评估。所以,个人的行动选择是深深嵌入在这种评估所产生的认知之中。

2. 文化嵌入——"固守一方"的社会文化

对文化进行一个统领式的定义是比较困难的,学界对其有着诸多的理解。祖金和迪马吉奥视文化为"共享的集体理解"(Shared collective understanding)[1]。文化有着多元的样态,不同的自然区域、人类群体、经济发展塑造出不同的文化模式,而同一文化模式下也有着具体而微的不同文化层次。无论文化是怎样的多样态,其核心则保持不变,即它围绕着"人与社会"这一主题。其既是一个社会长期塑造的产物,又会反作用于社会,对我们的生活实践、制度安排、社会心态等产生影响。翟学伟明确地指出中国人的价值取向中就包括文化取向,它一定程度上影响中国人的社会行为选择[2]。另外,

---

[1] S.Zukin Sharon and Paul DiMaggio, *Structures of Capital : The social Organization of the Economy*, Cambridge : Cambridge University Press, 1990, p.17.

[2] 翟学伟:《中国人行动的逻辑》,北京:生活·读书·新知三联书店,2017年,第107—113页。

文化也会随着时代的演进而变迁，在转型社会中，"社会变迁—文化变迁—心态变迁"就是一个连续统，最终作用于某些社会群体的社会心理，从而影响其价值与行为[1]。因此，要深入理解C市的生态移民为何会做出这样或那样的生计选择，对于文化的分析必不可少。特别是在中国社会剧烈变迁40年的大背景及经历生态移民与土地流转的地方性背景之下，C市的区域性文化和转型时期的社会心态文化更是移民在做出决策时的考量范畴。

所谓"一方水土养一方人"，某一特定群体的人格气质和行为模式是与特定的区域环境分不开的，包括自然区域环境、社会文化环境和商业经济环境。C市三面环山、一面临湖，是"坝子+湖区+山区"的地理类型，其拥有充足的水产资源和肥沃平整的田地，使得C市的农民不用外出也足以自给。这与费孝通笔下的擅长外出经营的玉村人不同，C市农民更倾向于待在本地。另外，C市良好的商业环境也为当地民众提供本地发展机会。"滇中蔬菜区"与"旅游度假区"的发展策略使得C市农民依靠在自家土地上种植蔬菜和开展旅游相关经济活动就能获得较大收入。再者，中国传统文化中的"家"与"孝"的观念也影响着C市农民，其"顾家与恋家"情结的社会文化较为浓厚，家庭在他们的眼中或许比离家追寻更好的发展更为重要。因此，在自然环境、商业环境和社会文化的综合作用下，C市部分农民带有"不愿外出"的行为文化。

在心态文化方面，改革开放后，中国人的社会心态经历了巨大的嬗变。在现代化、市场化、信息化、智能化齐头并进的今天，社会变迁的速度越来越快，中国人的价值观一方面变得更加开放、成

---

[1] 周晓虹:《转型时代的社会心态与中国体验——兼与〈社会心态：转型社会的社会心理研究〉一文商榷》,《社会学研究》2014年第4期,第1—23页。

熟和理智，另一方面又是浮躁和迷惘[1]。在C市这样的一个内陆边远县城，其同样受到社会大潮的裹挟，工业化与城镇化也在发生着，但是在过渡型农业和村落共同体的作用下，不安的心也有归处。不过，近年来，C市的生态移民工程和土地流转却打破了这种平衡，C市农民完全暴露在了社会变迁的浪潮之下，直接遭受冲击。

贺雪峰曾表示：村庄和土地是中国农民最可靠的保障，农村是中国现代化的稳定器与蓄水池[2]。而生态移民工程弱化了乡村社会网络，土地流转则拿掉了农民在土地上获得生存与发展的权利，相应也就带来了保障缺失与不确定性剧增的问题。在此过程中，C市移民的社会心态也随之变化。首要的就是心理不确定性，脱离土地以及进城上楼之后，"我"能做什么以及未来如何是他们的痛点；其次就是不适应，C市移民中的较年长者已经形成了稳定的技能和观念，突然使之变换生计的手段与地点常常带来不适应。对此，C市移民自身要发展出一种"稳定与适应"的心态文化来应对不确定与不适应，在"稳定与适应"的心态文化之下移民也会采取个人所认为最佳的行动来避免其遭受最大损害。

X民宿村LY、SH夫妇的经历最生动、典型地体现了上述文化倾向与社会转型中的心理过程，其经济行动策略是在"不愿外出"的行为文化和"适应与稳定"的心态文化交织作用下发生。调研资料如下：

> 开个玩笑的话，我们出去是怕被人卖了，其实这只是一句玩笑话，最主要的是这个地方富饶的资源让这里的人更愿意留

---

[1] 周晓虹:《中国人社会心态六十年变迁及发展趋势》，《河北学刊》2009年第5期，第1—6页。
[2] 贺雪峰:《农村：中国现代化的稳定器与蓄水池》，《党政干部参考》2011年第6期，第18—19页。

在这里。留在这里并不是没出息,而是在这里我也一样生活得很幸福、很好……其实打工不是长期的,年轻点的可以出去,老一点的出不了。

我没有接触计算机这块,所以就有一个跨度,有段时间我觉得手足无措,我出去什么都不会、适应不了。这是一个信息的时代,我是困惑的,但我觉得我的父母更困惑。说句实话,在这一个交接、过渡的时代让人觉得郁闷、很为难,什么都信息化了,包括用钱都信息化了,但是我不能用这些方式……所以每件事一开始的时候都会觉得很难接受、很困惑,但要愿意去接受,要调整思维和接受能力,不能说不接受。

农村人,我觉得最好的还是乡情比较重,就觉得我一辈子了,搬了以后还是愿意大家聚在一块……因为在搬迁的时候,大家就说过:在农村,我们出来了大家都可以互相串门,吃饭的时候就可以抬着碗聊天;但你要是在城市里面买那种房子,左邻右舍基本见不着,大家都是朝九晚五下班,一年不见几次面,住在那种地方会感觉很孤独。住在农村就不一样了,基本一个村的人都是了解的,我觉得村子里面还是有一个向心力的,总体上比较融洽……所以最后会选择这样一种搬迁方式(片区集体安置),这是村民集体选出来的。

外面在不住,他们的生活节奏太快了,一天起来就是上班,上到晚上差不多 10 点就回来睡觉,而且一个月的工资到手了,开支用下来,就没剩多少钱了。反正,那边就是不适应,生活节奏太快了。

上述四段访谈内容向我们呈现了个人及家庭在社会转型期的心理与实际行为选择,由此可见,不愿外出、对信息社会迷茫、对村集体眷恋以及生活节奏太快等文化因素实实在在地影响了人们的心理与生活。

（三）四种嵌入类型相互作用下的经济行动选择

生态移民的生计变迁是一个策略选择与经济重组的过程，这一行动过程并不能单方面地从农民的理性计算与逐利行为来理解，也不能过于强调制度、道德等因素对农民经济行为的影响，而要摒弃"理性"与"道义"、个体与社会的二元分化思维，在一个整合与包容的视角下进行系统分析。[1]本文对生态移民行动选择的分析就是遵循这样的一种逻辑：生态移民作为行政性移民，最首要的是受到政策的影响，继而政策作用于移民个人及其所在社区，冲击着个体的生计与社区的结构，在冲击过程中，文化的调适作用被激发。因此，生态移民的生计变迁不是单一因素能决定的，而是在政策、社区、个体及文化的相互影响、相互作用下完成，即政策先赋、社区网络结构、个人生计资本与"固守一方"的行为文化的综合效应。另外，由于不同时空条件下的移民工程对移民政策、移民社区类型、移民群体会进行差异化建构，移民在上述四个维度的禀赋自然各不相同，这也会使移民的生计变迁具有多样化的形态，表现为多元的生计路径选择。

1.农业自营的衰退与农业雇工的兴起

谈到农业，还是得回到土地这一话题。在中国土地政策的实践下，农村土地是归集体所有，农民拥有土地的承包经营权，而土地流转政策将承包权与经营权相分离，主张土地经营权可以向外流转，

---

[1] 马良灿：《理性小农抑或生存小农——实体小农学派对形式小农学派的批判与反思》，《社会科学战线》2014年第4期，第165—172页。

农民享有流转所得的收益权[1]。在 C 市的土地流转中，政府出于保护水质与耕地的需要，委托 YF 开发投资有限责任公司对抚仙湖周边土地进行流转，以田地 4000 元/亩、山地 1500 元/亩的价格从农民手中租用土地，累计已流转土地 5.8 万亩。另外，YF 公司又将 5.8 万亩土地授权 XF 土地整理开发（云南）有限公司进行二次流转管理，即个人、集体和公司如果需要在 C 市的土地上进行农业经营应向 XF 公司提出申请并审批。[2] 在此过程中，农民作为出租方、政府作为土地流转的实际主导方与实际承租方、YF 公司作为土地流转的管理公司与名义承租方、XF 公司作为土地二次流转的管理公司、个人或集体作为土地的实际承包方与直接经营者，土地的使用经营权就从农民的手中转让到政府和公司或个人与集体的手中。农民不再享有在土地上进行相关生产获得收益的权利，只享有获得土地转让金的用益物权。

土地流转实践中，移民农户农业就业的方式与身份发生了变化。大规模土地的流转使得生态移民又有了一个新的角色——"失地农民"。土地不能作为生产资料为其提供主要生计来源，移民农户的自然资本极度弱化，离开了土地之后的大部分农民不再从事农业生产，以往以家庭自主进行农业经营的自营—农业就业模式出现了大范围的衰退趋势。但是，个人、集体或公司可以向相关单位承包土地的规定也为移民农户提供了再次从事农业经营活动的机会。那么，移民农户真的可以选择这样的方式来维持自己的原有生计吗？情况可能更为复杂。

---

1 史卫民、曹姣：《中国共产党百年征程中农村土地制度的探索与经验》，《财经科学》2021 年第 8 期，第 39—52 页。

2 该处的资料是 YF 公司的某总经理所提供，其向笔者介绍了他们公司的土地流转经历以及展示了一份"授权委托协议"，其中就有对该部分内容的描述，出于隐私与安全的考虑，本文不对该份文件做附录。

在C市土地二次"流转—承包"的环节中，按"授权合同"的规定，承包人应该直接找XF公司来申请土地承包，但在实际操作中，笔者所访谈到的土地承包户都说是直接找村委或镇政府签的承包合同。另外，承包土地还需要遵守以下规定：无论是个人或集体，需一次性承包30亩以上；承包合同一年一签，每年的2月开始签约，直到次年的2月就是一个新的签约周期，按照1000元/亩/年的土地承包价格对外出租；为吸引及激励土地承包户规模化、节约化、环保化生产，政府承诺该笔租金可返还承包户，但需接受相关单位的检查考核，实施田间作业评分制；另外，在种植作物的类别上，严禁种植蔬菜，改种烤烟、小麦、玉米、马铃薯、蓝莓、荷藕等经济类、粮食类和观赏类作物。在众多的规定之下，移民农户再次承包土地进行农业经营的少之又少。一方面，农业经营原本是农民自身的私人事务，但经此规定，从种植何种农作物开始直到农作物收获的全过程都有"政府之手"的介入，农业经营活动从自由生产变为了"规划"生产。另一方面，承包土地需要通过几个主体，这增加了土地流转的弹性，"关系"在其中发挥的作用越来越大。最后，最重要的是"规划"生产所要投入的成本和经济效益不成正比，远不如农民自己种植蔬菜时的产出高。所以，农民纵然是有再次从事农业生产的机会，却往往不会以承包人的身份维持"自营—农业就业"模式。

在移民农户自身不想或不能承包土地进行农业经营，但又缺乏其他资源促进生计良性发展的背景下，他们会作何选择？还是农业经营，不过身份已发生了转变，从农业自营业者变为农业雇工，通过帮助外来或本地的土地承包户在田间劳作获取短期收入。这一选择或许是移民农户们最迫不得已、不得不为之的经济策略。首先，从生计资本上看，固有的农业经验、低文化水平、低经济实力、弱社会关系网等构成了一个贫弱的生计资本结构，个人没有能力向外探索更好的发展机会；其次，在移民拆迁中所获得的制度性补偿，特别是资金补偿较少或不足以支撑其长久发展的情况下，移民农户不能坐吃山空，还是得寻找临时工作补贴日常生活家用；最后，长期的农业经营使移民农户形成"路径依赖"，当有本地的农业就业机会进行选择时，其更倾向于自己所熟悉的领域。对此，"农业雇工"的生计模式正在大范围兴起。这一生计模式常表现出临时性、低工资、高强度的劳动特征，使其生计处于不稳定状态。

正如下文对某土地承包户和某农业雇工的访谈。

PSG，待安置移民，土地承包大户：

> 我现在承包了85亩土地，土地承包费是1000元一亩，政府也有补助的，包括梅补、药补和1000元地租返还补贴……承包土地种烤烟的话，我现在已经投入40多万了。地租要85000元，人工费是最高的，平均下来，一亩烟田的人工费要到4200元左右，像我80多亩，到最后人工费都要30多万……产出的话，去年我种了140亩，除开成本就只剩着10多万。这是投入大，回报少。

LLZ，X民宿村生态移民，现为农业雇工。

> 我家以前种自己1.2亩的土地，再向外租了2亩地种菜，好的时候一年能挣六七万。土地流转了嘛，我们现在就是找点散工或者有老板招人就去帮忙，做些除草、收菜、修路这些零工。有就做，没有就闲着，男的工资一般一天100，女的一天80……现在包地不划算了，又不准种蔬菜，而且包地是要资金多、有关系，我们没钱没关系就只有打点工了。

2. 非农业自营与非农业受雇的发展

土地流转在降低生态移民农业就业规模的同时,相应也促进了移民农户的就业向非农行业转移,土地的确权、流转与休耕一定程度上都有助于提高农户本地或外出进行非农就业的比例[1]。本地非农就业实则是在土地依赖程度减弱、县域经济第二三产业发展空间充足、个人工作经历丰富与技能水平较强等因素综合影响下,农村劳动力从农业生产部门就地向非农业生产部门转移的一种方式[2]。反观C市的移民农户,他们从土地中走出来之后一样带有选择本地非农就业的倾向。

首先分析影响C市移民农户本地非农就业的因素。非农就业不仅意味着从事行业的转变,其更要求的是相应主体需具备一定的非农就业能力且就业空间中能提供充足的非农就业机会。所以,移民农户的非农就业选择既要看个人能力,也要看区域经济条件。生态移民的个人能力受到生计资本的约束,丰富的非农就业经验、较好的技能与教育水平、有一定积累的经济资本和相互支持的社会网络能为移民农户寻找非农就业的工作提供基础性作用。另外,拆迁安置补偿中所获得的现金收入和移民社区的区位也从侧面为其提供发展机会,使之通过较高的金融资本存量和较便利的非农就业空间获取向非农工作转型的机会。而"不愿外出"的文化始终发挥作用,通过家庭照料负担、适应与稳定的心态等共同作用于移民农户。除了上述四类嵌入性影响因素外,笔者认为C市移民农户非农就业规

---

[1] 谢先雄、邓悦、刘霁瑶、卢玮楠、赵敏娟:《休耕对农户非农就业的影响》,《资源科学》2021年第2期,第280—292页。

张苇锟、何一鸣、罗必良:《土地流转市场发育对农户非农就业的影响——基于村庄土地流转"成本—规模"视角的考察》,《制度经济学研究》2020年第2期,第1—22页。

[2] 王兆萍、卢旺达:《嵌入性视角下农村劳动力就地转移的影响因素研究》,《西北人口》2021年第4期,第57—70页。

模的扩大还与本地县域经济的发展分不开。C市在新型城镇化建设过程中，以旅游经济为发展目标，大力开发、建设旅游景区，从而带动建筑业、酒店住宿、商业餐饮等相关行业发展，这为C市移民提供了较多的就业岗位。

但由于移民所处的境况各不相同，在非农就业中仍有较大差异，表现为就业方式和具体工作岗位的差异。移民农户在就业方式上存在自我雇佣和他人雇用之别，就业身份分化为自营业者和雇员，相应从事着不同的工作，这在本质上体现了移民农户之间深层次的不同。自我雇佣通常是创业者，他们通过对本地区经济发展趋势、创业的成本投资与收益预期、家庭经济实力与个人工作经历进行权衡而选择是否创业[1]。在所访谈的移民农户中，选择自营—本地非农就业的有经营客栈的、有开餐馆的、有经营游船的，也有买了一张洒水车在市区进行绿化工作的。他们共有的特点就是具有较强的金融资本储备与转化能力，以往工作经历和社会关系网也起着支持作用，能够通过补偿收入、资产变卖、获取贷款等方式积累资金以进行创业投入。而非农就业受雇的移民农户虽然在某些方面和自我雇佣类移民有着相似之处——如较好的人力资本，包括一定的非农工作经历和技能储备、年轻力壮的身体等——但较之自营业者，他们或许因为经济实力、风险承受力、家庭生计资本等处于相对贫弱的状态而选择更为保险的被雇用式就业，如酒店客房、餐馆服务员、超市导购、保洁绿化人员、保安、建筑工人等。

> 我以前是在酒店工作，做着客房服务方面的事务，后来在L小区租房住，就在旁边的超市做导购……我和老公一直没有

---

[1] 王玉玲、施琪：《县域视野下青年返乡创业研究》，《中国青年研究》2021年第7期，第23—28页。

盘过地，所以拆迁及征地后，我们两个人的工作都没多大变化，一直在服务行业。（HCY，待安置移民）

我做这个工作主要是监督……是以前跟着一起捕鱼的那个老板承包了这一块的绿化监督，他叫我来做……我们很不靠土地为主，主要还是外面的经济……现在脚又不得力，也50多岁了，再出去也不好了，这个工资就是低点。（TZY，2019年待安置移民）

我又赶上了后来的拆迁，分到了2套80平方米的和1套120平方米的，补贴拿到了40多万……我女儿是个老师，姑爷是个骨科医生……他们想着我种不起地了，就把这个房子装修起来开客栈，让我有点事做……前前后后花了100来万，补偿款不够，女儿用学校的公寓房去抵押贷款……旺季生意比较好，淡季人就少点，每年平均下来有10万左右。（YWQ，Y村回迁移民，2019年二次拆迁户）

对此，从农村劳动力转移的角度来说，虽然移民农户放弃农业生产是非自愿的，但按照现代经济的发展趋向，非农就业又是必要的。拆迁补偿和土地流转为其提供了就业转型的机会，无论作为自营还是作为雇员的非农就业者，相比以前的农业就业，非农就业更能符合国家视角下乡村振兴与农业现代化战略的安排。

3. 外地非农业受雇的稳定与外地农业自营的探索

移民拆迁与土地流转给农民带来的影响还体现在就业空间的转变上，即"在地"与"外出"的变化。"外出"一直是农村劳动力为追求更好发展机会与更高收入来源的选择，我国也经历了不同阶段的农村劳动力异地转移，从放松到控制再到放松。农民如今已能有序地在城市开展相应经济活动，劳动力异地转移的比例与非农化的规模也正逐渐缩减[1]，但不可否认，劳动力跨县或跨省外出就业仍是较大规模的人口流动模式。C市的生态移民无论是在拆迁之前还是之后，都始终处于这一劳动力流动的大潮之中，区别只在于是否"顺流而动"。有的移民是长期在外务工，有的移民又是长期在家务农，以往稳定而持久的工作经历使他们各自熟悉并适应了所在的就业领域，但拆迁及土地流转给移民农户带来新的选择——让"外面"的人返乡，让"里面"的人外出。

在讨论移民农户的外出问题之前，我们首先来看已经在外工作了的生态移民的行动选择。由于在外移民农户的生计并不依赖于原有社区周边的经济空间，不以土地作为核心生产资料，因此拆迁与土地流转对之没有剧烈影响。反而这部分群体从拆迁、土地流转和鼓励劳务输出的政策中获得额外的经济收入，使其金融资本的存量大幅上升。在原有的工作经验、储蓄积累及新获补偿资金的背景下，部分移民可能选择继续在外务工，保持稳定收入来源，部分移民也可能借机选择返乡创业。如L小区的FML和X民宿村的HF。

FML，L小区生态移民，拆迁前，其和老公均在外地务工。

> 我和老公之前是在一家船厂工作，做的是带有一定技术含量的，工资很高，我每个月能拿到7500元，我老公能拿到1万多……这个工作是在那边的老乡介绍的……拆迁后，我就回来了，老公还在外面。我就是把家里面闲置的两套房租出去，每套一年12000元的租金，所以现在每年的房屋出租收入都有2.4万。

HF，X民宿村生态移民，拆迁前，其一直在外做着较多类型非

---

[1] 陈咏媛：《新中国70年农村劳动力非农化转移：回顾与展望》，《北京工业大学学报（社会科学版）》2019年第4期，第18—28页。

农工作。

> 年轻的时候,跟着我叔叔在外面,跑工程、揽项目什么都做,我还做过木匠和装修这块……厨艺的话,是我以前打工的时候跟着一个厨师学的,在外面的餐厅学了有三年……拆迁我得到了2套房的地基和20万补偿,后来在我叔叔的提议下,我们把房子装修起来,他开客栈,我开餐厅。开餐厅我也申请国家创业贷款,贷了10万,3年免息。

"里面"的人外出是农村劳动力向外流动的过程,一方面在就业促进政策的作用下,通过提供技术培训、发放外出就业补贴、引进省外工厂对口招人等具体措施鼓励移民农户积极就业,这一外出就业方式即"农民工"式的就业,是学界关注较多的领域。但在C市,生态移民外出就业还有着另外的选择,即仍然从事农业生产。这一部分移民农户虽然转换了就业空间,但仍从事与原有生计模式相同的经济活动,其在农业生产中只是在就业身份上从自有土地经营者变为土地承包种植大户。这一群体通过前往其他土地未被流转、蔬菜种植较好、交通条件通畅的县市承包土地用以种植蔬菜,其生计再次按照原有经济生产模式运行。这部分移民为什么选择外出再次从事农业经营呢?在笔者的调研中,这类移民往往呈现家庭式或朋友邀约式的群体特征,通过一家人或一帮朋友共同结伴外出,并利用在C市时已有的蔬菜交易网络继续进行蔬菜售卖。另外,C市虽然也可进行土地承包,但却禁止种植蔬菜,这限制了移民农户在本地进行土地承租的积极性;再者,拆迁补偿的经济收入为其异地开展农业经营提供资金支持。所以,在内部约束、外部宽松,且自身具有丰富农业就业经验、较好社会网络和金融资本的前提下,这部分移民农户因而选择异地的农业经营。

我们一家有 7 口人，土地有 3 亩，以前我们村在 C 市种蔬菜都是先进的，如果盘个两三年的地，家家都有小轿车，以前用大棚来种蔬菜，家家都能挣钱……土地流转了，我的两个儿子去到石林承包了 70 亩土地种蔬菜，大儿子负责生产，小儿子负责用车拉菜到昆明或者 C 市卖。投入了几十万，现在还是亏着的，像去年就亏损了 10 多万。（PDS，Y 新村移民）

三、"嵌入"之后：分化与风险

"生态移民"是政府发起、制定方案、动员群众、签约补偿、实施拆迁、后续安置与帮扶的链式项目。它带来的最直接的正外部效应就是生态环境的保护，间接的正外部效应是通过移民人口集聚、社区与工业园区建设及产业转型等推动地区城镇化和人口城镇化[1]。但这一项目并不如政策制定者的期望般发挥巨大作用。政策制定主体的不同、政策作用对象的差异、不均的政策内容与政策执行的偏差往往会带来预期外的结果，如移民社区的公共服务投入不足、移民农户的后续产业发展和生计保障困难等[2]。C市的生态移民在大方向上同样面临着上述正负效应，但从"结构—行动"视角和其现实境况来看：政策先赋地位的不平等、移民社区的分异和移民生计资本的波动起伏带来差异化的经济行动选择策略，同时，这一行动选择又在塑造、建构移民群体。在这一移民群体的"再生产"过程中，生产生活空间的再生产与生计模式的再生产是核心，这些核心通过凝结在其内的异质性规则与资源反作用于生态移民。因此，本部分在这一理论逻辑导向与实际调研发现的指导下，选取"分化"与"风险"进行结果分析。

（一）分化：生态移民的群体分化

社会分层一直是社会学研究中经久不衰的主题，其伴随着社会

---

1 孙银东：《生态移民助推城镇化经济发展研究》，《商业时代》2013年第36期，第21—22页。
2 陶少华：《基层政策视阈下民族地区生态移民的现实困境与优化路径——基于渝东南民族地区的调查研究》，《西南民族大学学报（人文社会科学版）》2018年第10期，第203—207页。
张瑜：《宁夏生态移民政策供给缺陷与原因分析》，《北方民族大学学报（哲学社会科学版）》2016年第5期，第141—144页。

的转型与变迁，在每一个独特的时代自有其价值与新的内涵。社会分层理论始于西方，主要形成以涂尔干和帕森斯为代表的功能论分层范式及以马克思和韦伯为代表的冲突论分层范式。前者强调分层的必要性以及阶层对社会整合、协调与分工的功能；后者则强调分层的非必要性以及主张阶层由竞争和冲突而产生。[1]另外，在同一分层范式中，各学者也有不同的阶层分析观点，如马克思的阶级分析理论通过对生产资料的占有与否划分资产阶级和无产阶级，韦伯的多元分层模式突破经济决定论将阶级（经济）、地位（声望）和党派（权力）作为社会分层的多维指标。

中国的社会分层研究主要以陆学艺、李春玲、李强等学者为代表探讨中国的社会流动、分层与结构问题。其中，陆学艺以"职业分类为基础，组织资源、经济资源和文化资源占有状况为根据"将中国社会划分为十大社会阶层，包括国家与社会管理者阶层、经理人员阶层、私营企业主阶层、专业技术人员阶层、商业服务人员阶层、产业工人阶层和城乡无业、失业、半失业阶层等[2]。李春玲将职业声望与社会经济地位相结合，对职业群体的声望划分为上层、中上层、中层、中下层、下层五个层级[3]。李强在最新的研究中表明，中国的中下层群体占比仍较大，中产阶层群体规模有所上升，因而中国的整体结构已从"倒丁字型"社会结构转变为"土字型"[4]。

上述的社会分层研究已为我们提供诸多观察、分析的维度和视角，他们所共有的特征都涉及职业，这表明职业是进行社会分层研

---

[1] 侯钧生、韩克庆：《西方社会分层研究中的两种理论范式》，《江海学刊》2005年第4期，第84—89页。

[2] 陆学艺：《当代中国社会阶层的分化与流动》，《江苏社会科学》2003年第4期，第1—9页。

[3] 李春玲：《当代中国社会的声望分层——职业声望与社会经济地位指数测量》，《社会学研究》2005年第2期，第74—102页。

[4] 李强：《21世纪以来中国社会分层结构变迁的特征与趋势》，《河北学刊》2021年第5期，第190—199页。

究的核心要素,由职业延展而来的经济收入、社会地位相应成为判别阶层变动的指标。对于本文中的生态移民而言,最大的变动就是生计模式的调整,即职业的更迭。在拆迁及土地流转之前,农户各自经营所属生计活动,虽然一样有职业的高低之分,但却通过生产空间的集中、经营活动的互补与联结等形成较为稳定的结构。而拆迁与土地流转使农户的生计方式发生剧烈变迁,再加之不同的资源与不同群体对资源的利用差异,移民的生计选择呈现异质性,这为移民农户带来了就业上的分化。另外,住房在社会分层研究中是透视阶层分化的重要视角[1],移民搬迁带来的另一结果是居住空间的改变与移民社区的分异,不同类型的移民社区与居住格局使移民农户在住房上同样存在分化现象。因此,本研究中移民的群体分化主要表现为就业分化和住房分化。

1. 就业分化

生态移民在就业分化上表现得较为复杂,这是由移民农户的群体异质性、政策差异性所决定。首先,搬迁补偿安置政策直接影响移民农户的短期现金收入及长期发展潜力。搬迁补偿力度越大的政策,生态移民相对能获得更多的现金收入,这些收入更能支持移民农户进行生计转型;反之,补偿力度越低,移民在搬迁过程中所得的政策福利越低,越不利于生计发展。其次,移民农户个人在人力资本、物质资本、金融资本等方面存在差异,即使在同一政策之下也可能产生不同的就业状态。这一就业状态与其选择的职业类型相关,就业分化从根本上说就是职业选择带来的分化,表现在行业分布、职业类别和收入水平三个方面。

如图7所示,生态移民在拆迁及土地流转之后,其就业形态多

---

[1] 张文宏、刘琳:《住房问题与阶层认同研究》,《江海学刊》2013年第4期,第91—100页。

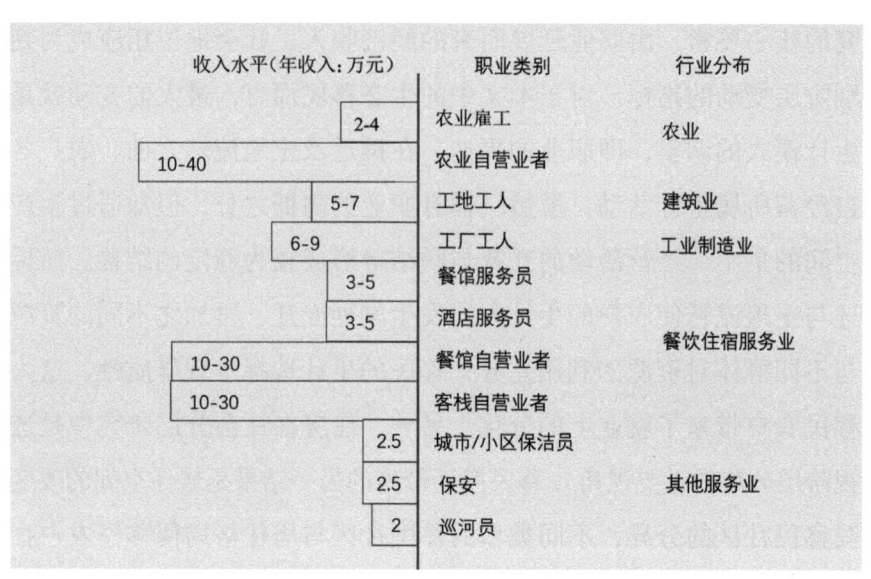

图 7 C 市生态移民的行业分布、职业类别与收入水平比较[1]

从农业就业转移至非农就业并呈现内部分化特点。从行业分布和职业类别看,农业从业人员分化成了农业雇工与农业自营业者两类职业群体,非农业从业人员主要转移到建筑业、工业制造业和服务业。由于行业分布与具体职业类型较为多元,非农业从业人员的就业形态也更为多样。从收入水平看,生态移民中的农业自营业者(土地承包户)、餐馆自营业者和客栈自营业者的收入最高,这三者都具有共同的特征,即前期投入大、要求移民农户所拥有的生计资本较强,包括金融资本、社会资本、人力资本等。再加之这三类从业者顺应地方经济发展趋势,以土地规模化种植和旅游经济为切入口,其经济机会丰富与市场潜力巨大,因而能获得较高收益。而农业雇工和从事低端服务业的保洁、保安与巡河员的工资收入最低,前者是因为仍从事农业工作,以"零工"的身份就业,工资属于日结且并非"天

---

[1] 图中数据由笔者通过访谈资料整理,收入数据根据移民农户自述的收入估算而成。

天都有活做"；后者虽然转型从事服务业工作，但低技术要求、低文化要求与地区行业工资水平的约束使之并不能如高端服务业般获取高工资。工地、工厂里的工人和从事餐饮、住宿的服务员则处于居中偏下的状态，两者都为二、三产业的体力劳动者，要求其具备一定的技术、文化和健康的身体等；另外，工地和工厂里的工作劳动强度更高，其工资相较于服务员的更高，而外出工人的工资又比在本地的高，这是由行业发展及区域经济发展差距导致。

所以，按照陆学艺、李春玲等学者的职业分层标准，职业类别、经济收入、职业声望与社会经济地位同样是影响生态移民就业分化的因素。对生态移民的职业类别进行"等级序列"的排布，则土地承包户、餐饮住宿自营业者等个体工商户则属于上层，建筑及制造业类产业工人与餐饮住宿业服务人员则属于中层，农业雇工和保洁、巡河员等属于下层。下文是移民对自己工作的经济收入、就业质量等方面的自述，也从侧面印证这一就业分化现象。

> 以前在交通局上班……拆迁之后，我和我老婆辞职了，也不想出去上班，就把这个房子装修成客栈……年收入差不多30万吧，但不是纯的。（LH，X民宿村回迁移民，客栈经营者）

> 以前种菜，一年还是有几万的，现在没有做的，就出来打工。这个工资也不好说，人多就多给点，人少就一般2000块钱……馆子里面还能做啥，我又炒不好菜，就是收盘子、洗洗菜、擦桌子这些。（JY，待安置生态移民，餐饮服务员）

> 这个工作还是难做的，就算是老员工也没什么好的，一日50块，1500元一个月，工资一直不会涨……做这个主要是时间太长了，早上6点多一直到晚上8点钟都要守在湖边，中午下午回家吃饭半个钟头就要回来看着了，做这个还是累的，

十三四个钟头才1500元,而且还要随时打卡,管得严。(TZY,待安置移民,巡河员)

2. 住房分化

"住房"问题无论中西,其自古以来具有的不仅仅是居住的生活属性,其还具有经济属性、社会交往属性等[1]。如在房屋的归属方面,西方早已在法律上对其作财产权的界定,房屋是个人财产的一部分。中国自古就有"房契"与"地契"之说,以"契"这一类似法律文件的存在确认房屋的所有权;而当代话语则是以"房产证"对房屋所有权归属进行所有权证明,所有权人可自行使用、处理该房屋。因此,住房在被官方确认具有财产属性之后,住房所有者可通过买卖、租赁等形式将住房转化为可计量的资产,资产的变现程度主要由住房的数量、面积、用途、区位等要素来决定。另外,住房也被视为地位的象征,不同的住房类型一定程度上能反映出地位的分化[2]。差异化的住房类型凝结有不同的资源,其既包括住房所有者自身拥有的,也包括外部可及的资源。从西方的"富人区"与"贫民窟",中国的"大豪宅""四合院""小平层""茅草房""活动房"等话语表述看,同样能发现群体间在住房上的分异。这种分异是住房财产变现能力的分异,也是群体间地位的分异。

就本文而言,生态移民"搬出、拆除原住房,迁入安置房"的实践过程就是一个转变住房属性的过程。移民农户在差异化的安置政策下享有不同类型的回迁房,对回迁房的投资与变现成为移民间分化的重要原因。首先来看属性的转变,生态移民的原住房位于某

---

[1] 刘精明、李路路:《阶层化:居住空间、生活方式、社会交往与阶层认同——我国城镇社会阶层化问题的实证研究》,《社会学研究》2005年第3期,第52—81、243页。
[2] 李强:《转型时期城市"住房地位群体"》,《江苏社会科学》2009年第4期,第42—53页。

一特定乡村聚落之中，属于该乡村共同体的组成部分，移民农户常以住房为中心向外延展并进行社会交往、经济交易等活动。而且在未拆迁之前，移民农户可将住房作单一居住之用，也可将住房改造为餐馆、旅店、小卖部等以作商用，居住属性、商业属性、交往属性没有明确分界线。而在迁入安置房之后，移民的住房类型、布局、数量、居住区位等发生改变，部分属性也相应变化。X民宿村和Y新村的安置房仍然保持原有乡村聚落的形态，虽然社区成员经过村组融合比以往更为复杂，但每家每户的独栋房屋以及相互交错的内部连通道路仍维持了原住房所具有的居住属性和交往属性。其最主要的变化是在于现有住房的商业属性或者财产属性更为突出。一方面是由于政策原因，部分移民获得2块宅基地及以上，移民农户可处置的资产增多，为移民提供将额外宅基地或房屋变卖、出租的机会；另一方面是随着C市旅游经济发展及房价上涨，现有住房的可变现能力增强。因此，X民宿村和Y新村的住房属性中居住属性和交往属性基本保持稳定，财产属性上升，且三种属性并未有严格区分。

L小区作为进城的高层公寓安置点，对移民的原聚落形态的冲击较大。村落聚居式的独栋住房变为小区散居式的一家一户，且家户处在某一栋楼、某一楼层中的某扇门背后。这与乡村聚落的开放性、交错性不同，L小区通过小区门禁、单元楼门禁、自家门户的关闭带来了重重的隔离。对此，L小区的住房居住属性更为突出，交往属性比过去弱化。交往通常仅通过小区的公共空间实现，"走亲串戚""开门迎客""你来我往"的乡村"串门"情境有所减弱。但是由于L小区的生态移民获得的安置房数量通常是2—6套且位于城市位置，移民农户所拥有的房屋经济价值较高、易于出租、获取资源便利，能够通过房屋获得多元的可持续收入，因而房屋的财产属性和变现能力更强。最后来看2019年待安置生态移民，由于他们仍处于过渡安置期,回迁房尚未建设完成,安置房的居住、交往、财产属性均是"暂时虚无"的状态。这一批次的移民在3—4年之内不能通过安置房获取财产性收入,反而要租住房屋,一定程度上还得付出相应成本,这个成本不仅表现在租金的付出上,还表现在社会关系的临时断裂上。

以上论述是四类移民社区依据不同安置政策所带有的客观差异化属性,还未加入"人"的因素。其实,移民农户个人对住房的建设、改造与利用同样是观察群体间地位分化的切入点。在笔者的实地调研中,Y新村和X民宿村存在类似的现象,即部分移民农户将自家房屋进行豪华装修,用以客栈、餐厅经营之用;也有移民农户将房屋以毛坯的形式整栋出租由外地人装修做生意;也有人直接将多余的宅基地及房屋进行售卖。但部分移民农户或在安置补偿中未获得多余房屋、或缺乏经济实力对房屋进行加层与装修等投资,这使得笔者在观察中仍发现还有一些安置房经过了几年乃至10多年的时间仍保持简陋、红砖房的样态。这一系列的房屋处理方式使得移民内部的住房所带来的收益上也存在明显分化。同理,L小区的住房可出租但政策规定不可售卖,使移民通过住房获取的财产性收入有限,但可依靠多套住房的出租来获取较高收入。所以,拥有不同住房数量以及住房是否装修完成一定程度上也影响了生态移民的收入获取。这表明移民农户是否有力对安置房进行投资以获取收入是判断移民群体分化的视角之一。

综上所述,住房与分化是紧密相关的,住房是社会分层的独特标签[1]。生态移民的住房分化主要表现在四类移民社区的客观住房条件、移民所拥有的住房数量以及对住房的投资方面。住房数量拥有

---

[1] 闵学勤:《社会分层下的居住逻辑及其中国实践》,《开放时代》2012年第1期,第110—118页。

较多、有力对住房进行投资、住房所处区位条件较好的移民，其更有利于获取住房带来的额外收益，从而在群体分层中位于利好位置，反之则不利。

（二）风险：新生计模式的不确定性

风险代表着一种不确定性，在贝克和吉登斯看来，我们现在的社会已进入风险社会，它是现代文明发展的结果和"人为制造的风险"普遍存在的社会。[1] 斯科特也认为，在现代社会中随着知识、技术和国家权力的发展，人们越来越有能力建设社会、改造自然，但是在某些国家项目中对特定区域、事件和群体的简单化处理忽视了地方实践的特性，导致不可预见的偶发事件发生。[2] 这一"不可预见的偶发事件"同样是风险的表征。生态移民作为政府规划下的移民项目，既从政府角度出发对移民项目进行设计与规划，又从移民群体出发进行补偿与安置。但在这一过程中，政府与移民群体之间并不存在完全的信息对称，基于政策偏差和移民异质性而生的项目风险始终存在。生态移民工程避免了环境恶化的风险，却衍生出了另外的风险。王伯承认为生态移民面临技术风险、制度风险和文化风险[3]；刘学武指出生态移民在资源、环境、经济和社会四个子系统中存在风险[4]；扎洛从经济社会变迁的角度将风险分为短期风险和长期风

---

1 庄友刚：《风险社会理论研究述评》，《哲学动态》2005年第9期，第57—62页。
2 詹姆斯·C. 斯科特：《国家的视角：那些试图改善人类状况的项目是如何失败的》，王晓毅译，北京：社会科学文献出版社，2019年，第7页。
3 王伯承、吴晓萍：《风险社会与生态移民社区治理》，《西北民族大学学报（哲学社会科学版）》2016年第6期，第135—141页。
4 庞琴、刘学武：《宁夏生态移民无土安置区风险评估研究》，《地域研究与开发》2016年第5期，第175—180页。

险[1]。从学界已有研究及本研究的核心点出发，笔者重点考察生计变迁的风险，一方面是长久以来形成的稳定性生计消失之后带来的经济不稳定风险，另一方面是移民在不稳定生计模式之下应对某些突发事件的外部冲击风险，具体表现在就业与收入、社会事件与市场波动四个方面。

1. 经济不稳定的风险

在农村，土地被视为稳定的收入来源，农业经营就是围绕土地的稳定生计模式，政府主导下的大规模土地流转则消解了这一稳定性。C市生态移民在土地流转之前大多依赖土地进行蔬菜生产以获取较高经济收入，虽然彼此之间也有相互转租土地的情况，但那是自发性、小规模、情义化的出租与承包。而政府主导、企业代管模式下的土地流转则是将土地的经营权全部从农民手里集中到政府手里，土地的承包更倾向于市场化运作原则，其对于前文中所述的"经济地位弱势"的移民农户带来负面影响。

就业上，从稳定的农业经营者转变为不稳定的农业雇工、工地临时工等，以前在农闲时才出去帮工，现在则以帮工作为主要生计活动。帮工即临时工，他们所共有的特点就是不确定，一方面是工作时间上的不确定，"做一日，闲一日""有就做，没有就闲着"成了此类生态移民的常态；另一方面是工作事务的不确定，今天在田地里帮人打农药，明天就可能去工地上干泥瓦工，没有固定工作。整体看，经济地位弱势的生态移民常面临就业渠道狭窄、就业能力贫弱、就业岗位低端的问题。而收入由职业选择所决定，农业雇工、临时工的不稳定性注定移民农户的收入不高且不可持续。另外，农民进行市场化就业是一个"由熟转生"的过程，在原居住社区和经

---

[1] 扎洛：《三江源地区生态移民的经济社会风险分析》，《青藏高原论坛》2014年第3期，第1—10页。

济关系中，移民主要依靠熟识和信任开展相关活动；而去到陌生的地方跟着不熟悉的老板工作，可以说这是一个极其不确定的过程，能否拿到工资成了移民们最大的担忧。调研资料如下：

> 田也被占了，我们的田地是非常好的，流转这次，损失大了……去哪里找工作，大多时候都是闲着的，生活都是时不时有人过来叫过去打点散工，出卖劳动力……虽说环境整上去了，农民的收入反而低掉了……找得到活计就做，找不到就闲着……建筑工地上，不能去啊！虽然那里的工资高，一日给你说着倒是两三百，你拿得着拿不着都是回事，我们这边好多人去了工地上，那些老板都一直不给工资，你走也不是，不走也不是，那些老板就说后面会发的，你走了就一分没有，就这样吊着。（LCA，待安置移民）

2. 外部冲击的脆弱性风险

"脆弱性"常用于气候变化、自然灾害、生态环境等领域，Nani Maiya Sujakhu 指出脆弱性是某一系统暴露于环境或社会变化之中，因缺乏适应性而敏感于某一负面效应的状态，发展适应能力是有效应对气候变化和潜在风险的方式。[1] 从这一定义看 C 市生态移民的脆弱性，其虽然不是环境恶化所导致，但仍是在环境保护的背景下政府进行的规划改造所引发。生态移民失去了土地这一保障，他们暴露在直接的劳动力市场与生产和消费市场之中，当某一社会事件发生或市场波动起伏较大时，移民的适应能力决定了其遭受损害的程度。

---

[1] Nani Maiya Sujakhu, Jun He, Sailesh Ranjitkar, Dietrich Schmidt-Vogt, Yufang Su, and Jianchu Xu, "Assessing the Livelihood Vulnerability of Rural Indigenous Households to Climate Changes in Central Nepal, Himalaya," *Sustainability*, no.11(2019) : 2977.

在笔者2020年和2021年进行的两次调研期间，猪肉价格的飙升和新型冠状病毒肺炎（COVID-19）的暴发就是两例特殊的社会事件，其直接关乎百姓的日常生活、饮食消费、生命安全和经济收入。移民农户在土地流转之前，蔬菜种植不仅拿到市场上交易，也满足家庭消费之用，不必再额外去市场购买。但是当整个C市的土地都流转并禁止种植蔬菜之后，该地区的蔬菜供应需要依靠外部市场，蔬菜的供应紧张致使价格上涨。再加上猪肉价格的飙升，移民农户的生活成本急剧增加。另外，新冠病毒的暴发使整个国家的经济处于停滞状态，交通运输、工地工厂、餐饮住宿等多个行业遭受冲击[1]。虽然后续疫情大幅好转，但疫情的反复使中国对疫情的控制延续至今，其"余震"效应不断，对人民经济生活仍有影响。C市的生态移民也不例外，对于从事餐饮、住宿、旅游等行业的移民来说，无疑是又一次痛击。如果有土地的话，生态移民在面临突发社会事件时还能从土地中获得满足自己需求的物品。反之，没有了土地作为后盾，完全暴露在社会与市场的双重冲击之下，移民表现得则更为脆弱、更缺乏能力进行自我调整。

> 我经营这家餐馆有7年了，但是当时没人，这边还没打造好，就空了2年，实际才做了5年。生意好了2年，但是从土地流转后，生意就淡了，农民没有经济来源就不敢去外面吃喝……疫情也有很大的影响，好多人因为疫情都不敢来云南了，现在的生意也没有人，以前生意好的时候，一天就有两三千的收入，现在一天能多点人吃饭，有个几百都算好了。（GL，X民宿村生态移民）

---

[1] 许宪春、常子豪、唐雅：《从统计数据看新冠肺炎疫情对中国经济的影响》，《经济学动态》2020年第5期，第41—51页。

以前种点菜,虽然钱少,但菜不用自己买,现在买菜买肉什么都需要花钱……搬到 L 小区之后,绿化、卫生、交通好是变好了,但工资又低、物价又高,怕跟不上生活。(LXF,L 小区回迁移民)

四、结论与讨论

在前人的研究中,学者们或从生态移民的个人角度出发,通过可持续生计框架分析移民的资本结构变动情况,进而探讨生计变迁;或从移民政策角度对移民生计进行效果分析。但生计变迁是一个持续、动态的就业选择过程,它不仅是个人的自发经济选择,更是社会转型之下的驱动行为,通过个人能力、资源拥有量、中央与地方政策、社会经济、文化等因素的变动而不断重组,使之紧密嵌入社会之中。本文认为,从原社区的解体、生产资料的丧失到移民社区的建构与生计模式的重组,生态移民的生计变迁受到地方政策、社区结构、社会网络、社会文化与个人资本的综合影响,而这种影响的异质特性又带来了差异化的行动选择。从农业到非农、从自雇者到受雇者、从本地到外出,这转变的不仅是赖以为生的生计手段,更是地方民众的经济实践、生产关系与社会位置。

在这一过程中,政治嵌入、结构嵌入、认知嵌入与文化嵌入是如何相互关联并作用于生计变迁的?对于改善移民生计,哪一嵌入类型起着关键作用?经济行动发生了哪些转型?这些变迁带来了哪些经济和社会后果?如何促进生态移民的生计可持续发展?带着上述问题,本研究拟在该部分总结前文,并展开更进一步地思考与探讨。

(一)四类嵌入要素的内在关联与运行逻辑

"嵌入性分析框架"的实质在于对波兰尼的"经济嵌入社会制度"和格兰诺维特的"经济镶嵌于社会关系"的拓展。一方面,祖金和迪马吉奥以政治嵌入和结构嵌入重申经济组织会受到政治环境和网络位置的约束,从政治制度与组织所处的网络位置和所维系的关系来分析影响经济行为的嵌入性。另一方面，社会中的"文化"因素和个体的认知能力被纳入嵌入性分析之中，前者指外部文化所涵括的传统价值观、共有信念、集体理解等对组织经济行为有影响；后者关注个体或群体的思维与认知对行为选择的影响。在这四种嵌入类型中，它们分别扮演着不同"角色"。政治嵌入与文化嵌入是宏观面向的外部因素，认知嵌入是微观层面的内部因素，而结构嵌入是中观层面且介乎内部与外部之间的因素。因此，四类嵌入要素的核心是围绕经济组织或个体所处的宏观、中观与微观环境，对其经济行动做多角度的嵌入性分析。另外，四类嵌入要素相互作用、相互影响。其内在关联在于：政治嵌入效果的发挥往往需要通过影响经济组织的结构特性与自我认知来间接作用于经济体；在这一过程中，经济体的结构特性与自我认知或受到政治制度的约束，或受到政治制度的激励；而文化嵌入因其稳定性，通常作为独立的外部因素对经济体发挥效用。如图8所示。

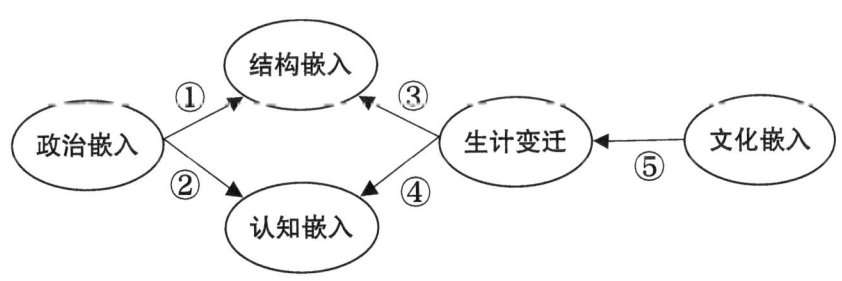

图8 四类嵌入要素的内在关联与运行逻辑

在形塑移民生计的动态过程中，政治嵌入性通过影响结构嵌入性与认知嵌入性对生态移民的生计变迁施加影响，文化嵌入性则直接作用于生计变迁。具体表现为：第一，政治嵌入代表生态保护系列政策对生计变迁的影响，其通过路径①与路径②影响结构嵌入与认知嵌入。其中，路径①的发生主要通过拆迁实践与安置政策实现，指代移民社区结构的改变,包括移民社区的空间形态、社会关系网络建构及附着在社区中的资源等。路径②的发生主要通过土地流转实践、拆迁的资金补偿与就业支持政策实现,指代生态移民生计资本存量的变动。第二,结构嵌入与认知嵌入作为中介变量作用于生计变迁,其通过路径③与路径④实现。其中,路径③指代原生产生活空间解体、社会网络弱化、移民社区重建及社区资源再配置。路径④指代移民对个人生计资本的评估过程,即生计资本结构的重组,包括自然资本减少、社会资本弱化、物质资本改善、人力资本低效利用及金融资本增加。第三,文化嵌入直接作用于生计变迁,表现为地方性的社会文化、转型期社会心态与就业观对生计变迁的影响,即路径⑤。

因此,生态移民的生计变迁是多元要素共同作用的结果。但在生计变迁过程中,何种嵌入性要素发挥关键性作用?这一问题是改善移民生计、促进移民可持续发展的核心。

如前所述,文化嵌入由于具有稳定性、广泛性、传递性等"文化"属性,对于移民群体而言,文化对其经济行为的影响则具有普遍的特点。文化嵌入并不受某一临时、特定事件的干扰,而是作为一种常态化的机制始终影响人们的行为选择,人们的行为选择也不因某一事件的发生而突然改变文化倾向。所以,文化嵌入并不是影响生计变迁的关键要素。再看结构嵌入与认知嵌入,两者的相似之处在于把移民作为能动的主体,前者是占据一定网络位置并能动员附着在网络上的资源的主体,后者是能充分评估自身资本而做出理性选择的主体。相比文化嵌入,结构嵌入与认知嵌入无疑占有更重要的地位。但对于"生态移民"这一事件来看,结构嵌入与认知嵌入又是由政治嵌入所导引,政治嵌入是直接原因,结构与认知是政治嵌入发挥作用的中间机制。对此,在四类嵌入性要素中,政治嵌入是关键性要素，移民生计的改善与可持续发展更应从制度入手，同时兼顾与移民主体息息相关的网络结构与资本结构。

（二）生计变迁轨迹与社会经济效应

"轨迹"相对于"路径"，其代表着生计变迁的特征和典型类别，勾勒出移民农户的经济演变。本文中，就业行业、就业方式与就业空间是识别和提炼生态移民生计变迁轨迹的三个维度。这三个维度在四类嵌入性要素的相互作用下，呈现差异化的转轨倾向，即就业行业上的农转非轨迹、就业方式上的自雇转他雇轨迹、就业空间中的本地转异地轨迹。

首先是农转非轨迹。"农转非"指代移民群体从农业就业转变为非农业就业，这是由政治性嵌入中的土地流转政策及其实践所决定。对于农业依赖型生计的移民农户而言，土地流转政策导致土地这一生产资料及围绕土地而开展的生计活动和收入来源丧失。因此，部分农民把就业转向工业、建筑业、服务员等非农行业。其次是自雇转他雇轨迹。"自雇转他雇"是指在雇佣身份上从自雇者转变为受雇者，最为明显的就是移民农户从农业自营业者转变为农业雇工和非农雇工。农业雇工是在自营土地丧失后，仍利用自身耕种经验与技能帮助土地承包大户经营农业的群体。非农雇工则是除了农业经营以外，能有效转移到其他行业从事受雇者工作的群体。最后是本地转异地轨迹。"本地转异地"是指从县域范围内的经济空间转向县域范围外的经济空间进行就业。这类群体中含有少部分的外出创业人员，即外出租种土地继续进行农业经营，而大多数是作为"农民工"前往省外的工厂、工地进行劳务工作。他们既能走出去，又能快速有效进入新的行业，一定程度上具备较好的人力资源与社会关系。

三类生计变迁轨迹带有理想型的特质，它们代表着移民农户最大多数人的选择。另外，生计变迁轨迹之间并非毫无关系，它们也彼此交织、相互形塑。这一形塑和交织的过程就是经济行动选择与政治、结构、认知、文化四类嵌入性因素相互作用的过程，充满着多样性与复杂性。如图9。

就业行业	就业方式	就业空间	生计方式
农业	自雇	本地	农业自营
		异地	外出租地
	他雇	——	农业雇工
非农业	他雇	本地	非农雇员
		异地	外出务工
	自雇	——	创业

图9 生计变迁轨迹的交织与细分[1]

　　生态移民中，部分群体的生计并不受损于拆迁事件与土地流转事件，反而从政府项目中获得生计向上发展的资源。他们不以农业为生、拥有丰富的非农就业经验，家庭人力资本与社会资本能支持生计改善，加之政策性的资金补偿和机会性补偿，这部分移民群体更倾向于选择非农业的自雇方式。包括在本地经营客栈与餐厅、承包土地进行规模化农业经营、外出租种土地等。还有一部分群体虽然受到移民拆迁与土地流转的冲击，但较好人力资本与社会资本以及经过补偿而增强的金融资本会弥补这一损失，生态移民更倾向于选择非农业的他雇方式，即在本地或外地的非农行业就业。另外，

---

[1] 农业与非农业、自雇与他雇、本地与异地可以相互交错进行排列，组合成8类不同生计方式。由于实际调研中，"农业—他雇"与"非农业—自雇"的本地与异地之分并不明显，特对此生计方式不做就业空间细分。实为6类生计方式。

部分移民农户在拆迁、安置与土地流转中，生计整体处于衰退的状态。他们对土地有着强烈的依赖性，家庭的原有物质资本与人力资本也并不丰富，因此在政治性嵌入中并未获得充足补偿。继而该类移民的资本结构弱势，人力资本低效利用、社会资本支持作用弱化、金融资本增幅较小，其并不足以弥补自然资本与物质资本变迁后带来的损失。这部分移民更倾向选择农业领域的他雇方式，成为农业帮工。

不同生计变迁轨迹也为移民个体带来差异性的社会经济效应。首先是持续性收入流的中断。"农转非"将生态移民的生计从持久、稳定与同质的农业就业转向不确定与异质的非农就业。表面上看，生态移民的就业选择域拓宽了，使其劳动力从土地上解放出来。实质上，移民农户在这一生计变迁过程中失去了土地这一缓冲性生产资料和持续性收入来源，直面社会经济的转型与动荡，风险也随之增加。其次是就业的低质量与不稳定。从农业雇主到农业雇工，虽然这类群体不用直接承担市场风险，但低就业质量，低收入、低自由度、高劳动强度使其社会经济地位具有边缘性。最后是社会支持网络的弱化。从本地到外地的他雇轨迹将生态移民从熟人经济环境放置到陌生人经济环境。原有村落的经济共同体衰落乃至消亡，移民间的经济交往联系弱化、社会支持网络效用不显。

（三）社会投资与农业再开发

社会转型与生计变迁并不意味着只会给社会与人民带来阵痛，在改革与发展的关键期也会充满诸多机遇。生态移民、土地流转、就业促进等政策措施改变了移民农户的发展能力与资源构成，虽然使其面临着社区解体、就业不稳定、持续性收入中断等问题，但原生计的打破以及外来资本（政府资本、社会资本）的注入使之有了改变的机会。这种改变是发展型还是倒退型,既取决于生态移民的生计维持系统能够应对重大压力和打击,也取决于移民在现在和未来能够拥有保持甚至提高自身的能力与资产,同时不损害自然资源基础,这就是可持续的生计内涵。[1]可持续生计是要将经济增长与社会投资目标结合起来,把农村群体利益置于优先考虑位置,对不同生产性群体的不同需求及时做出反应。

按照四类嵌入性要素对移民的影响及移民所采取的生计方式判断,C市的生态移民可以分为优势移民与弱势移民。优势移民是指在拆迁前就有较好的资源,如较多的家庭人口数、宽敞的房屋面积、丰富的非农就业经验和一定的资金储备等,而在拆迁后的各项政策补偿犹如"锦上添花"般增加、强化其已有资源的移民群体。弱势移民则相反,是指在拆迁前就以农业经营为依赖型生计,各项政策补偿也因家庭人口数少或老房子面积小等处于一般及低等水平,从而在生计变迁中受约束的移民群体。这些约束可能表现为技能限制、教育文化约束、农业就业的路径依赖。因此,对于差异化的移民群体,既要以整体主义的思路考虑社会转型过程中政策、结构等约束因素对生计变迁的影响,也要以差异化的移民发展思路聚焦于弱势移民主体。

第一,社会投资。在生计变迁过程中,生产资料丧失、人力资源与市场需求对接不畅、就业选择域狭窄、持续性收入中断是农户面临的普遍问题。而要解决这些问题,既要关注移民自身的能力发展,也要从外部为其创造良好就业环境与平台。对此,无论优势移民还是弱势移民,社会投资都是亟须的。社会投资采取多机构、参与式的思路,主张政府、企业、社会组织通过一定的方式对民众及

---

[1] 安东尼·哈尔、詹姆斯·梅志里:《发展型社会政策》,罗敏、范酉庆等译,北京:社会科学文献出版社,2006年,第136页。

其所在环境进行干预。一是人力资源投资,即对移民农户进行就业培训。农民的知识、技能与经验一般是在长期地实践过程中习得,具有地方性和独立性。当生计方式发生变迁,他们原有的经验与技能或许并不适应于新的生计要求。对此,需要对移民农户进行针对性就业培训。鉴于已有培训中出现的问题,如培训不精准、无效化培训。本文在此主张变被动式培训、单一式培训为参与式培训和政企合作式培训。一方面,针对优势移民,政府应该依托就业促进政策宣讲低息贷款、创业补贴等政策优惠,并同时开展创业培训和技能培训,鼓励个体创业,从而带动更多就业。另一方面,针对弱势移民,政府应提前通过劳务输出、就业推荐等方式为部分移民提供工作岗位,为吸纳移民农户就业的企业提供补贴。同时,政府与企业合作开展在职培训,促使移民的培训与就业能有效对接。二是项目投资,即在本地依托经济项目解决就业。澄江是旅游开发城市,主推休闲小镇、湖滨观光、绿色农业等项目,涵盖餐饮、住宿、娱乐等细分领域,为当地创造更多就业岗位。一方面,企业在其中应担负地方社会责任,优先供给本地劳动力就业岗位;另一方面,鼓励农户以土地、房屋作为入股形式,直接参与项目开发。

第二,农业再开发。土地、农民与农业是政府不应放弃的生产要素,"一刀切"式地割断农民与土地的联系,盲目把绿色现代化农业生产体系作为"真理"而追求,这并不可取。在土地面源污染治理、绿色农业与农民生计可持续发展方面应寻求一个平衡点,既能保证农民生计不受影响,又能达到生态环境保护的目的。对此,农业再开发是必要之举。对于弱势移民而言,农业再开发遵循优势发展原则,在弱势移民群体中选择他们最擅长、最占优的生计活动解决就业难题。毫无疑问,他们的优势就业领域和能力就是农业经营,弱势移民应该继续发挥特长从事农业生产。但并不是以前的一家一户式的小农生产，而是抓住大规模土地流转的契机，弱势移民组织起来形成农业集体生产组织进行规模化、标准化、现代化的农业生产。在这一集体生产组织中，农民的成本就是土地成本、劳动力成本和运输成本等，农民的收入来源就包括土地出让租金、自己充当农业工人的工资性收入、集体分红以及上级政府补贴。因此，以农民为主体，充分发动农民的主动性，让农民自己建设自己，是提升农民经济、发展农村产业的前提。[1] 弱势移民反而要借助相对优势来发展生计，将小农户和现代农业发展有效衔接[2]，让劳动力的能力限制与就业不充分问题在农业再开发中得以解决。

---

[1] 贺雪峰：《乡村振兴的前提是农民组织起来》，《决策》2021年第7期，第73页。
[2] 李培林：《高度重视乡村振兴中的两个问题》，《中国乡村发现》2018年第4期，第17—19页。